《光明日报》国学版丛书

国学访谈录

梁枢 主编

商务印书馆
The Commercial Press

2011年·北京

图书在版编目(CIP)数据

国学访谈录/梁枢主编.—北京:商务印书馆,2011
(《光明日报》国学版丛书)
ISBN 978-7-100-08288-4

Ⅰ.①国… Ⅱ.①梁… Ⅲ.①文化—名人—访问记—中国 Ⅳ.①K825.4

中国版本图书馆 CIP 数据核字(2011)第 062807 号

所有权利保留。
未经许可,不得以任何方式使用。

《光明日报》国学版丛书
国 学 访 谈 录
梁 枢 主编

商 务 印 书 馆 出 版
(北京王府井大街36号 邮政编码100710)
商 务 印 书 馆 发 行
北京市白帆印务有限公司印刷
ISBN 978-7-100-08288-4

2011年8月第1版　　开本787×960 1/16
2011年8月北京第1次印刷　印张25½
定价:45.00元

國學

中石題

告 读 者

原载：国学版（光明日报2011.1.10第15版）

今天，是本刊五周岁的生日。五年前，我们在国学版的创刊号上，刊载了一则"告读者"。五年后的今天，我们把这段文字再度刊出，以志纪念。也以此方式，向五年来不断给予我们关爱的广大读者、作者表示衷心谢意。同时，在这个特殊的日子里，我们向生前对本刊曾给予亲切关怀和指导，五年间先后辞世的朱伯崑、孙以楷、肖萐夫、任继愈、卞孝萱、丁冠之、范敬宜等国学学者表示深切的怀念。

国学是中国人的精神家园。这个"家"很大。它不仅凝聚了五千年的文明历史，也将承载十三亿中国人的未来。经过一个月的紧张筹备，《国学》版从今天起正式推出了。我们愿和广大读者朋友共同品味在"家"的感觉。（2006年1月10日）

目 录

序·························许嘉璐 （001）
《光明日报》国学版创刊五周年感言
··········胡占凡 汤一介 余敦康 张岂之 李学勤 邢福义 （006）

第一单元 国学是一门学科

该不该为国学上户口
　　——大学四校长"国学学科问题"高端访谈（上）············（002）
国学学科可以从试点开始
　　——大学四校长"国学学科问题"高端访谈（下）············（022）
国学是一门学科
　　——六教授访谈录·······························（034）
国学动态：国学"户口"再受关注·····················（052）
国学学科建设系列访谈·课程体系
国学院该开什么课？······························（059）
国学学科建设系列访谈
国学即中国古典学································（080）

第二单元 这个世界需要对话

这个世界需要"对话"
　　——尼山论坛组委会主席许嘉璐先生访谈录···········（092）
世界文明对话日：来自中国的声音
　　——联合国世界文明对话日高层座谈会纪要···········（098）

关于日本汉诗……………………………………………（113）
庄子的世界与世界的庄子……………………………（123）
道家之"中西问题"……………………………………（146）
中西文学传统缘何不同………………………………（164）

第三单元　新国学之路

《新理学》七十年……………………………………（184）
新国学之路
　　——访清华大学国学研究院院长陈来 ……………（219）

第四单元　"中西马"对话实录

儒学与伪善主义………………………………………（236）
官方儒学与草根儒学…………………………………（258）
价值普遍主义：合理不合理？………………………（274）
国学是"理论"还是"看法"？………………………（289）

第五单元　中国人的精神现象学

大难之时　中国人的精神现象学……………………（312）
边地上的国学…………………………………………（340）
儒学与城市文明对话之城市中的孝…………………（361）
"原生态"引起的一场论战：传统是什么？…………（377）

附录：《光明日报》国学版"国学访谈"总目录
　　（2006.1—2007.12）………………………………（388）

序

许嘉璐

《光明日报》国学版,今年五岁了。五岁之于人,还是儿童,但语言能力已经接近成人。"国学版"似乎就像一个人:虽然年岁不大,但却很善于表达:叙说了五年来国学的现状,包括国学复苏的态势、趋向、困惑和喜悦。国学版和商务印书馆合作,编辑了《国学精华编》和《国学访谈录》,在我看来,恰似是为贺其"大"寿而准备的鸡蛋或蛋糕*。

两本书里的大部分文章在发表时我就读过,受益多多;为写这篇序,日前又把两本书的样稿通读了一遍,感觉又有所不同:但觉满目琳琅,异彩纷呈,大家云集,新秀蜂出——这是《国学》五年来蹒跚、健步和跨跃的浓缩展示。

近年来,《国学》在争辩声中渐渐复兴。这实为势所必然。"国学"——暂且把对它的内涵外延的不同意见放一放,仅就对其认识的最大公约数而言——之复兴,是民族的需要,是追求"非物质"、"非肢体"享受者的需要。因为非物质的精神和信仰,犹如空气和水,人人须臾皆有,时时不得离;而作为民族文化的核心,从来是代代相传,难以中止,又与时俱进的。所以任继愈先生说:"这种文化的继生性特点对于一个国家和民族来说是无法否认的。没有传统就没有今天,大家都是在旧文化基础上建设新文化。"(《精华编》2页)现在我们正在努力建设社会主义新文化,自然缺少不了传统文化的营养和经验;甚至可以说,如果以"国学"为根本标记的传统文化为中国多数人所生疏,就等于没有牢固的地基却要建造摩天大厦。眼下"国学"之所以在国内微热,不是哪个或哪些人"掀"起来的,而是"当春乃发生"的。

对"国学"以及《国学》有所争议,也是势所必然。从上个世纪初"国学"一词出现之时起,围绕着它就出现了不同声音;尔后曾经消停了很久,那是因为它在中国大地上已经没有了踪迹。现在之复

---

* 我家乡的俗语说庆祝生日,"大人一顿饭,小孩一个蛋",这里即取此意。

出,是耶,非耶?福与,祸与?此乎,彼乎?都成了研讨争辩的内容。何况"国学"此词此事于此时重现,既是历史的延续,从一定意义上说,又是个新事物,起码对许多年轻人来说是新的概念。凡是新事物,无论其性质、作用,还是应有的方式、方法,都有很多未知,仁智之异自属当然;国学既有重出的一面,则旧有的歧见势必随之被重新拾起。

这是好事。说明人们,至少学术界的人们关注它了,思考它了;所有的意见都对从事这一领域研究以及关心它的社会人士有所启发——便于人们从正反、两侧、上下、古今、内外多个角度审视反思。看看现实,近些年国学不正是在争辩声中前进成长的吗?当前国学之"热",就是在种种意见的纠结中一点点地探索,一步步地创造着"创造之路",在磨砺准备异日收割庄稼的镰刀。其间有对过去的回顾,有对当下的深思,有对未来的预测,这从一个侧面体现了中华民族对于文化的自觉、自信和自强。

当今对国学的思考虽然和上个世纪初有许多相似之处,但"语境"却已经有了很大不同。相似者,都有一个中西间的交流、比较和融通,古今间的继承、发展与弘扬以及这两组关系纠缠在一起的问题。不同者,昔日国家积弱积贫、痛感自家落后的舆论为主流,而西学的弊病其时尚未充分显现,因而呼唤树立民族文化主体性的声音微弱;今天的交通和信息传输速度为一个世纪前所不敢想象,内外研究成果和普及读物可称海量,但也优劣真假混杂;当时所谓的传统,专指自先秦以迄明清的文化积淀,百年来,中华儿女已经用汗水和鲜血铸就了近代的传统,另一方面,20世纪西方对自己文化的反思也成潮流,因而古和今、中和西两组四项的交叉也较昔时复杂得多;研究国学所需要的基本而重要的工具,如"小学",当年几乎是学人皆备的基础知识和技能,而今早已成了翡翠"手件儿",不但研究者理解与诠释典籍急需之,而且"小学"本身也急需充实发展;……

过往的五年,是未来的基础和起点。《国学》专刊创办,《光明日报》之功巨矣;瞻念未来,难处不会略少。国学下一步的困难就是《国学》的困难。我相信所有关心它的人们会与之同心,一起知难而进。

在我看来,未来的困难不仅仅在于学术水平的提高需要时日,普及既需从上到下逐级进行,更将旷日持久,而且在于国学身处上述的当代语境需要回答一系列世界性难题。恐怕起码以下几点是未来五年首当其冲的:

1. 国学的发展、弘扬、复兴,一要深入研究,二要生活化,因而只有学者的自觉是远远不够的,最需要的是社会的"自觉"。只有当中华优秀文化内化于全国人民的心里时,国学的力量才能显现出来,为全民所珍惜捍卫,民族才能立于不败之地。一方面,需要学者关注社会,关注普及,关注民心(这也是古昔之"士"的必备品格)。只有学者的自觉才有社会的自觉;只有社会自觉了,方有学者的广阔天地。国学的纯学术化是可怕的,是违背国学的本质特征的。另一方面,国学的一些内容需要逐步进入学校教育体系,此事之难不言而喻。为此,我们再花上十年的力气行不行?

2. 香港中文大学的刘笑敢教授说:"中国跟西方接触以来,在很多地方已经西化了。我们的大学体制是西化的,我们的学科分类是西化的,我们的思维方式已经受到了数学、物理、化学的影响。在这个意义上,或在潜意识、无意识的意义上我们实际上没有办法避免用西方的思维方式或西方的思维概念来观察思考中国哲学或中国文化中的问题。"(《访谈录》156页)所以有的学者就哲学问题分析道:"中西哲学是两个不同形态的哲学。我们不能因为没有西方以知识为中心的哲学就妄自菲薄,认为自家没有哲学,更不能用西方背景下的哲学观念硬套中国固有的哲学。哲学本无固定的形态,不同的文化背景凸显不同的哲学形态,而哲学自身也在发展变化。我们当下的工作是在现有的语境下深入挖掘中国特有的哲学智慧,而不是跟在西方哲学的后面亦步亦趋,随便比附。否则,我们将无法使我们中国传统哲学所蕴含的广大精深的智慧开显出来。"(《精华编》393—394页)

这两位先生的话触及了当前国学研究的关键问题之一。任何民族文化,总是从与异质文化的接触、冲撞和相互吸收中获得前进的动力和营养的。在这过程中关键是要有自身文化的主体性。在几乎完全被动,被强势文化压得抬不起头,因而多少带些盲目性时,如果思维没有浸透自己文化的核心(宇宙观、方法论等)并通观人类历史进程,就难免穿着高跟鞋扭秧歌,按咏叹调的旋律唱《打龙袍》。但是,要做到"避免用西方的思维方式或西方的思维概念来观察思考中国哲学或中国文化中的问题",不比附,就需真正深入到中国传统文化——国学中去修养心性,而并非把传统文化——国学只当作谋职求生的手段。要走到这一步恐怕也需要若干年吧。

3. 在地球变得越来越小的当代,国学如果只是在中国境内"热",哪怕已超出了学界范围,恐怕也还不能说是复兴了;我认为,只有在国学真正成为世界学术界显学之一时,才能算是"热"了,也才能说是复兴了。国学必须走出去,因为我们自信"中国特有的哲学智慧"可以成为世界多元文化中重要的一元,可以为世界走向和谐做出贡献。因此在研究和普及国学的过程中,无可回避的几个关系到世界未来发展道路的问题便提到我们面前:

经济发展的速度是不是越快越好?为了保障人类生活得幸福,经济发展需要怎样的速度?

经济的全球化和文化的民族化应该是怎样的关系?与此相关的是,人类的物质享受和精神富足应该是怎样的"比例"?

自然科学发展的速度和人文科学研究的速度如何相称?制度(包括法律)作用于社会的力度和道德力量如何协调?

遍及全球的价值混乱、环境恶化、恃强凌弱,贫富差距拉大、社会动荡不安、国际冲突不断等问题的根源是什么?国学研究的成果怎样才能转化为促使世界安宁的力量,人类怎样才能幸福?

国学的研究一向基本着眼于中华民族自身的现在和未来,所以对这类问题很少涉及,而它一旦与世界其他一些文化相遇,就不能仅限于自我介绍、一般论说,必须针对当代世界的种种危机做出我们的回答。

4. 国学要走向世界,还有一个话语习惯转换的问题。不同民族、不同文化的表述方式、方法是有很大差异的,有时相差还比较大。到现在为止,中国人看外国人的著作(原文的和翻译的)远远多于外国人看中国人的著作,欧美之不关心、不理解中华文化尤其严重,因此或许中国人看外国叙事在某种程度上已经比较习惯了,而对方则尚未习惯我们的话语。这虽然是思想表达问题,并不完全涉及文化的内涵,但是却是这些年来中外交流中时时遇到、迄今还没解决的难题。人们常说中国学术在世界上的话语权太小,这除了政治、历史等原因外,话语习惯隔膜的影响也不可小觑。须知,愿意接受"喜闻乐见"形式的表达,是人类的共性。

5. 工欲善其事,必先利其器。前面所提到的"小学"是国学各个领域都必须具备的。如果说国学一些内涵的生活化需要相关内容进入学校体系,那么,在大学的人文社会学科的教学中则应该把文字、音韵、训诂、版本、校勘以及出土文物和文献的运用列为必修。这样,再过二三十年,国学领域的年轻学者在掌握研究的"工具"方面可以登上一层楼,从而对经典诠释的准确和开掘的深度必有巨大的提高。

《国学》五岁,于其"华诞"本应只说些恭喜恭喜之类的话,我却说了一堆前方的坎坷甚或泥泞,这并非担忧它的命运多舛,而是期望它眼界再宽些,想得更远些,和众多作者、学者、支持者一道,在未来,至少在今后五年做出更大的成绩。我对国学和《国学》是有信心的。

《光明日报》国学版创刊五周年感言

办好"国学"版
建设中华民族共有精神家园

光明日报社总编辑 胡占凡

讲到国学，可谓说来话长。中华几千年文明沉淀在里面，其中既有中华智慧的珍宝，也有糟粕混迹其间。我们这里所倡导的，当然是优秀的中华传统文化，不可笼而统之。"国学"是中国固有的文化与学术传统，是中华文化在应对西方文化过程中逐渐成长起来的一种新型学术传统。近年来，随着中国综合国力的迅速提升与国际影响力的日益增强，"国学"日渐成为表述中国文化的"主词"。

五年前，在中宣部领导的亲切关怀和指导下，《光明日报》国学版于2006年1月10日正式创刊。国学版的创刊，与中国人民大学成立国学院、北京大学创办乾元国学教室，共同被视为新世纪中国大陆"国学热"兴起的标志性事件；五年来，国学版在光明日报编委会的领导下，依托广大作者与读者的信赖与支持，以认真学习的态度，及时反映当代国学研究与普及的新情况、新进展、新趋向，努力探索"新闻纸上办学术"的特色之路。五年来国学版共出版185期，总计160万字。呈现在广大读者面前的这两本书——《国学精华编》、《国学访谈录》就是从中精选，结集而成的。

国学是中国人的精神家园。而以"文化"为主打词的光明日报来做这件事再合适不过了。五年来，国学版以新中国成立以来主流媒体唯一的国学专刊的方式，客观地反映"国学热"，及时地报道"国学热"，全方位地观察"国学热"。从这个意义上说，国学版是"国学热"的一个旁观者。但是与此同时，国学版还实际地参与到"国学热"之中，成为"剧中人"——

2007年11月，国学版组织实施的《三字经》修订工程，引发了社会上对诵读经典、"四书"进课堂等问题的热烈讨论；

2009年4月，于国内率先开辟"解读清华简"专栏，赢得海内外学界的高度关注；

2009年12月，率先发起"国学"学科问题讨论，引发了包括有关部委、大学校长以及百余位学者在内的社会各界的持续关注；

2011年3月起，开辟"中国路径"专栏，实际推动中国文化、中国哲学于当代的"主体性"建构。

五年来，国学版赢得了广大作者的信任与读者的爱戴，成为传播中华传统文化的重要平台。

这两部书的出版，是对既得成绩的总结，同时又是走上新征程的起点。党的"十七大"提出"弘扬中华文化，建设中华民族共有精神家园"的部署，这是指导我国进行当代文化建设的战略方针。《光明日报》以弘扬中华民族优秀文化传统为己任，继续办好国学版是时代赋予我们的责任与使命。今后，《光明日报》要进一步加强对国学研究与普及工作的关注与报道，努力为建设社会主义先进文化，构建和谐社会提供用之不竭的思想资源。

对"国学"应做全面的整体研究
北京大学教授 汤一介

《光明日报》国学版创刊已经有五年了，它对推动"国学"的研究和对中国传统文化的普及起了很好的作用，受到了广大读者的欢迎。对此，我们必须对编辑"国学版"的同志们表示感谢。

当前"国学"的研究与普及已成为我国社会各界的热门话题，但对它也有种种的看法和批评。甚至对"国学"能否成为一门学科也多有质疑。这里我想介绍一种对"国学"我比较赞同的看法。

1938年，马一浮先生应浙江大学校长竺可桢约，至该校讲"国学"，他说："今先楷定国学名义。举此一名，统摄诸学，唯六艺足以当之。""今楷定国学者，即是六艺之学，用此代表一切固有学术，广大精微，无所不备。"这个说法确有其独特见地。盖"六艺之学"为中国学术文化之源头，其后之学术文化皆源于此，而代有发挥，并在其间又吸取其他文化以营养之。这里也许可以特别注意的是马一浮先生用"楷定"说"国学名义"，而不用"确定"说"国学名义"，颇有深义。他说："学问，天下之公，言确定则似不可移易，不许他人更立异义，近于自专。今言楷定，仁智楷定，则仁智各见，不妨各人自定范围，疑则一任别参，不能强人必信。"盖学术文化最忌"定于一尊"，而以"百家争鸣"为好。马一浮先生之学术成就，正因其有海纳百川之胸襟，博通中西古今之造诣，而为世所重。

  作为中国学术文化之源头的"六艺"，其中必有"普世价值"的意义。正如作为西方学术文化之源的希腊文化其中也有其"普遍价值"的意义。任何民族的学术文化都是在其特定的历史境界下形成，它都是有其特殊意义的文化，而学术文化的"普世价值"往往是寄寓于其"特殊价值"之中。既然学术文化之"普世价值"往往寄寓于各民族文化的"特殊价值"之中，就此意义说"六艺不唯统摄中土一切学术，亦可统摄现在西来一切学术"。（马一浮语）盖因"人同此心，心同此理"也。人类社会所遇到的问题常常是共同的，人类对解决这些问题的思考往往也是大同小异的。因此，我中华民族当然就要由自身学术文化中寻求有益于人类社会生活的"普世价值"，别的民族文化亦可从其学术文化中寻求其"普世价值"。古云："道并行而不相悖"也。马一浮先生说，弘扬"六艺之学"，"并不是狭义地保存国粹、单独地发挥自己的民族精神，是要使此种文化普遍地及于人类"。当然，我中华民族也必须认真地吸收、融化其他各民族文化中所具有"普世价值"意义的思想资源，这不仅有益于中华文化的发展，而定会由这种交流中都得以受益。

  如果我们把"国学"楷定为"六艺之学"，也许有利于对中国传统文化有综合性地全面理解和更深刻的把握。这是因为，"六艺之学"所包含的内容可以说涉及文、史、哲甚至到要涉及政治、法律、经济等等诸多学科的内容。要真正了解中国文化的源头及其历代的诠释和发展，必须花工夫对它进行综合性的整体研究。例如五经中的每一经，它既是文学，又是历史学、哲学、政治学、经济学、法学等等，如要了解和领悟其中之总体真意，必须具备多方面的知识才有可能。不仅中国学问在一定条件下须要作综合性的整体研究，西方学问也是一样，例如"圣经学"，如果只对它分科进行，分成宗教的、哲学的、文学的、历史的、社会的等方面的研究，或可取得部分成果，却是很难综合性地整体把握《圣经》的真谛。

  我认为，把人文学科、社会学科等分科进行研究是适应近代工业化要求而有的，并不是自古以来皆如此。我国自古以来并未有绝对化的分科学术研究，其实西方在古希腊时也是如此，例如亚里士多德，他的书那么多，虽然可以从每个方面进行研究（例如哲学、美学、伦理学、逻辑学，等等），但要全面地了解亚里士多德思想，就必须进行综合性的多学科研究。

当前学术发展有一个重要的趋势，这就是跨学科研究，而对自中华文化的源头《五经》到历代对它的诠释和发展，其本身就是一种必要的跨学科研究，因此，我认为对"国学"的研究将会促进我们对中国传统文化综合性整体研究，进而真正把握中国文化精神之所在。就这一点说，大学分科过细，并不一定是大学必行之路。我认为，掌握多种学科的知识，通晓古今中外学术，很可能会在学术上更具有创造性。

我看国学热
中国社会科学院研究员 余敦康

《光明日报》国学版是在国学热中创刊的，而国学热的兴起是和中华民族文化复兴的宏观历史背景密切联结的。上个世纪80年代，改革开放刚刚起步，并没有出现国学热，兴起的是以电视剧《河殇》为代表的站在西化的立场批判国学的思潮。进入上个世纪90年代，这股西化思潮受到抑制，国学在学院派的范围内似乎显露出一点热的迹象，但是很快又受到主流意识形态的批判，认为国学封建复古，不应该提倡。到了21世纪，特别是2004年党的十六届四中全会，正式提出在中国构建和谐社会的宏伟目标，几位文化精英也在这一年发表了"甲申文化宣言"，把开展国学研究以促进中华民族文化复兴提到构建和谐社会的高度来认识，这才澄清了一些思想障碍，为国学热的兴起揭开了序幕。作为一个标志性的事件，在建国以来的60年或者五四以来的90年中，国学热是直到2004年即甲申年才算是真正的兴起，至今仅仅延续了六个年头。

在这六个年头中，国学确实是热了起来，成绩不小，但是也有显著的不足。最大的不足在于缺少正本清源、返本开新的研究，为当代中国构建一种得到普遍认同的主流文化,参与全球化的进程。比如2010年,由联合国发起的"世界文明对话日"首次在中国山东的尼山召开,在筹备这次盛会的高层座谈会上,吴建民先生坦率地指出:"我们中华文化是什么,怎么能够比较简单地讲清楚。恕我直言,我们现在对外讲的东西,条条多,例子少,听不明白。我们中国存在一个构建主流文化的问题。主流文化,这是需要几代人下工夫来做的。主流文化没有建立起来,中国不可能长治久安。"如果国学热在世界文明对话的大背景下不能清楚明白地回答"我们中华文化是什么"的问题,不能为构建和谐社会提供主流文化认同,只是停留在整理国故的层次,既不关注现实,也不着眼于未来,这就失去了根本,热不了多久,很快就会衰竭的。

关于国学的两点看法

西北大学名誉校长 张岂之

"国学"一词渊源甚早。西周时,学校包括国学与乡学两个系统。国学指的是中央官学,乡学是地方官学,故有"学在官府"之称。先秦以降历代的经史子集的学问,都可归为国学。19世纪末,随着西方科技和社会科学大量传入我国,与这种"西学"相对的"中学"或"国学",主要专指中国本土的学问。1925至1929年清华大学办"国学研究院",所谓"国学"即指中国传统文化的整体(包括古代的自然科学)。这种意义上的"国学"一直沿用至今。

五年来,《光明日报》开设"国学"专版,传播新知,振奋精神,反映了我国传统文化研究和普及的进展情况,沾溉学林,为人瞩目,已无须赘言。这里,略谈关于国学的两点看法,既表对"国学"版刊印五周年的贺忱,也供朋友们批评参考。

一、"百家之学"是"国学"的优秀学术传统和特色

从表面看,"国学"广博而杂乱,难以提摸,但实际上,回顾中国古代学术史,其演变脉络清晰可辨,其中重要的传统和特色之一就是"百家之学"。先秦诸子争鸣,彼此促进,形成了春秋战国子学与史学的繁荣;汉唐时期,儒道释三教融通,共同发展,开创了宋明

新儒学、新道家、新佛学的昌盛局面；西学东渐，中西会通，方兴未艾，促成了中华文化发展的新态势。

不同学派间思想的差异和融合，是学术繁荣和发展的生命，反映了相反而相成的学术精神与"和而不同"的文化观。清初，黄宗羲、全祖望撰《宋元学案》，以理学家为主干，但并不排斥其他学派的学者，如永嘉学派的陈亮、叶适，王安石新学，苏氏蜀学，强调不同学派的交流影响，相反相成，正如《明儒学案·发凡》所说："有一偏之见，有相反之论，学者于其不同处，正宜着眼理会，所谓一本而万殊也。以水济水，岂是学问！"

"百家之学"培育和滋养了中华文化的精神根基和发展动力。受时代激荡，它也具有现实的关怀与精神诉求。如唐代中期经济与社会急剧变动，舍传求经的解经新风悄然形成，韩愈《原道》将"尧舜之道"与"周公之礼"融合起来，便不仅仅出于一种对儒家道统的认同，而且是对庶族与士族、淳朴无为与礼法清俭的现实与理想矛盾解决的尝试。总之，从中华古代文化自身发展的连续性与逻辑性来审视，犹如奔腾不息的大河。如果只有一个学派、一种观点，哪里会有丰富多彩的中华文化呢？

二、继承和发展前人在中国传统文化研究上的成果，这是国学研究保持生命力的关键

历史上国学旨在"载道"、"明道"。《庄子·天下篇》和《史记·论六家要旨》评判当时的各种学术，均以见道的高下远近为根据。《明儒学案·序》主张学术史研究要努力反映各种学术体现"道"的曲折过程，"学术之不同，正以见道体之无尽"，学术虽有学派的不同，但都是"道"的体现。今天来看，不论在学术研究上持何种论点，只要是做出成绩的，几乎都在历史与逻辑的统一上有所贡献。没有脱离具体历史的文化，也没有无文化的历史。在历史与逻辑的统一上，今天的学者还有许多工作要做，衷心希望《光明日报》国学版在这方面多加关注。

国学研究与普及相辅相成。精深的专门的系统化的中国传统文化研究，有助于推进和提升国学知识与精神传播的水平；而科学严谨、生动活泼的国学普及工作，也有助于宣传和推广中国传统文化研究的新成果。

报纸上的学术文章要力求简明
清华大学教授 李学勤

《光明日报》国学版创刊迄今已五周年,这是一件非常值得祝贺和纪念的事。这几年来,我和众多学术界同人一样,每星期都在期待着读国学版。

在报纸上开辟定期的学术专版,是清末民初有了报纸以来一直持续的优良传统。不妨回想一下,在近代现代学术史上,有多少重要关键的成果在报纸上发表,有多少影响深远的讨论在报纸上展开。由于报纸出刊及时,流传普及,给了学术界很大的帮助。《光明日报》国学版在这几年"国学热"中所起重大作用,是大家周知的。

我特别喜欢读国学版上那些简短明快的作品。这使我想到,国学的一个重要传承,就是写简明扼要的学术文字。古远的不说,人人都知道的顾炎武《日知录》,王念孙父子的《读书杂志》、《经义述闻》,真是言简意赅,绝非所谓"饾饤"文章可比。近世许多位大家,所撰之作也是如此。

学术论著自然有长有短,应该以说明问题为度。列举文献史料,征引前人论点,也没有必要细大不捐,务求全面过细。这样,不少长篇大论的文章,就可以缩短,适合在报纸的专版上刊登,而且不降低内容质量。

因此,希望《光明日报》国学版发扬学术专版的特有风格,多发表短小精当的研究讨论文字,进一步推进国学的建设。

"国学"和"新国学"
华中师范大学教授 邢福义

《光明日报》国学版的创刊,有如一石击出千层浪,引起了学术界、教育界以及社会各界众多人士的高度关注。对于一门学科来说,五年时间太短了。然而,就这么五年的时间,"国学"这一概念却已经得到了令人惊讶的历史性发展。

2006年8月，在《国学精魂与现代语学》一文中，我谈过国学的定格和涌流，指出国学已经定格在了中国历史的框架之上，而国学精魂则一直涌流在中国文化承传的长河之中。这两年，我的看法有所改变，认为客观上已然形成"新国学"的概念。这一概念的形成，表明了学者们并非固守原来的国学阵地，而是在新的起点上研究国学，做继承创新的促进派。

任何概念都有其内涵与外延。新国学与原义国学相对比而存在，都在特定历史背景下产生。原义国学专指国故，范围相对确定，词典里可以列出词条，加以解释；新国学却是当今中国在继承原义国学的基础上发展起来的国学，范围十分宽泛，正处在形成和演变之中，想要确认其内涵与外延，恐怕还需要若干年。从概念之间的关系来说，既然有原义国学和新国学的并列，二者的上位概念自然便是"国学"。这样，"国学"便有了狭义和广义两个含义。狭义国学指原义国学；广义国学则指包括原义国学在内的新国学，即当今国学。《光明日报》国学版上发表的文章，总体看，是广义国学的文章。

是不是每一个国家都有"国学"？从理论上讲，是这样。但是，不一定每一个国家都会提出该国"国学"的概念。因为，这一概念是建立在特定的文化根基之上，并且在特定历史背景下产生的。中国之所以出现"国学"的专名，是因为：第一，中国的学术文化有悠久的历史渊源，上下数千年；第二，中国的传统学术文化极其辉煌，并且具有独特性和多样性，有益于全人类；第三，在特定历史背景下，中国的古代学术文化面临外学的挑战，处于受欺凌、受排挤的状态。当年，西学东渐，"国学"的概念正是在西学的侵逼下提出的。今天，我们又一次面对西学的侵逼，就语言学而言，其严重程度比当年更强，强到几乎要让人高呼：警惕中国成为某一个国家的学术殖民地或半殖民地！正是在这样的状况之下，国学热潮又一次掀了起来。我以为，当今兴起的国学热潮，既有利于中华文化的伟大复兴，又有利于助产具有中国特色的学术流派。这一点，意义极为重大。新国学的巨大生命力，就在于此。

那么，"新国学"应该如何处理跟外来理论的关系？以汉语语言学来说，百余年来，没有外来理论的引进，便没有中国汉语语言学的今天。但是，"引进"和"汉化"必须成为历史征程中先后衔接的两大阶段。"引进",是先发的第一个大阶段,重点在于把国外理论应用于汉语研究,举出若干汉语例子来加以演绎;而"汉化",即中国化,重点在于让国外理论在汉语事实中定根生发,使国外理论溶入汉语研究的整体需求,从而建立起适合于汉语研究的理论和方法。"古为今用,洋为中用",这是永远正确的一条原则。其中的"今"和"中",指的是"当今中国"。从古代承传下来的理论也好,从外洋引移而来的理论也好,都必须统一到服务于当今中国的应用实践上面来。这样,外来理论也许有可能溶入新国学,成为充实新国学内容的潜因素。

《光明日报》国学版,可以用"影响巨大"来评价。《礼记·中庸》:"博学之,审问之,慎思之,明辨之,笃行之。"这几个小句,我觉得,很能表达国学版五年来在视野、思路、策划、作为等等方面给广大读者留下的深刻印象。

第一单元 国学学科建设系列访谈
国学是一门学科

该不该为国学上户口
　　——大学四校长"国学学科问题"高端访谈（上）

国学学科可以从试点开始
　　——大学四校长"国学学科问题"高端访谈（下）

国学是一门学科
　　——六教授访谈录

国学学科建设系列访谈·课程体系
国学院该开什么课？

国学学科建设系列访谈
国学即中国古典学

国学访谈

该不该为国学上户口

大学四校长『国学学科问题』高端访谈（上）

摘要发表：国学版（光明日报2009.12.21第12版）

中国这样一个有五千年灿烂文明的国家，我们要对自己的老祖宗进行研究，为什么一席之地都不肯给？

现在提出国学作为学科来建设，是因为国学现在已经到了需要当作学科来建设的这一个关口上。

今天确是到了一个反思过细的学科划分给人才培养和新学科发展带来不利影响的时候了。

直到今天我们对国学的意义实际上还没有真正地认识到。

时间：2009年11月27日上午
地点：中国人民大学逸夫国际会议中心

访谈嘉宾：
纪宝成（中国人民大学校长）
顾海良（武汉大学校长）
徐显明（山东大学校长）
朱崇实（厦门大学校长）

主持人：梁　枢（《光明日报》国学版主编）

> 主持人：欢迎四位校长。首先请允许我对这次访谈的缘起做一个说明。
>
> 这次访谈的动议来自于9月23日。那天晚上，我们利用国际儒联召开儒学大会的间隙，邀请了清华国学院的陈来教授、人民大学黄朴民教授、浙江省社科院吴光研究员、台湾学者龚鹏程教授、岳麓书院朱汉民教授、武汉大学的吴根友教授等学者，进行了一次访谈。访谈以学者为主体，主要从学理上对建立国学学科的必要性进行了一些梳理，最后以"国学是一门学科"为题，成文后刊登于10月12日的《光明日报》国学版，见报以后反响很大。当时在访谈的时候我就有一个感觉：对国学学科问题进行学理上的分析固然非常重要，也很必要，而且据我们了解，全国社科规划办明年设立了一个重大课题就叫"儒学学科建设"。已经有好几个大学都准备申请这个项目，就是希望能在学理上把这个问题搞清楚。但是，仅仅这样还不够。因为这不单是一个学理上的问题，还是一个实践性的课题。
>
> 这种实践性更多地来自于今天在座的诸位校长近年来的工作：纪校长2005年在人大成立了国学院，顾校长领导的武大在2001年就成立了国学试验班，徐校长在中国政法大学担任校长时创建了国际儒学院，朱校长到今天还兼任厦门大学国学研究院的院长。在诸位校长的领导下，在你们的大学里，实际上已经把国学作为一个学科来对待、来运作了。这就意味着，我们在"该不该设立国学学科"的问题尚未解决的时候，实际上就已经在面对和思考"怎么设立"的问题了，也就是说，"该不该办"和"怎么办"的问题实际混在一起了。这就使得今天我们谈论的话题不再是一个纯

学理的问题，而是带有鲜明的实践性的课题。

所以，当时我就和黄朴民兄和梁涛兄商量，可不可以请几个以文史哲见长的、在国学学科方面已经做过实验并且积累了相当经验的大学校长坐在一起，共同就这个问题做一个高端的访谈。有了这个想法以后，我们分别跟纪校长、顾校长、徐校长、朱校长进行了联系，几位校长当即应允，欣然同意。说实话，这有点出乎我们的意料。我们原本以为这次访谈会因访谈者是校长的特殊身份而变得相当困难，但结果不到三天就完全落实了。我想这个事实至少说明在各位校长的眼里，国学学科的问题很重要。正因如此，各位才会放下手头的各种要务，从各自的学校专程赶来参加讨论。这让我很受感动。借此机会，首先要向各位校长表示我个人的敬意。一会儿我们报社的天林总编会专程赶过来，向大家表示谢意。

下面我们就进入讨论。我想分上下两个部分，第一个部分围绕"该不该办"，即国学学科的必要性和意义的问题，请大家发表意见；第二部分主要谈一谈"怎么办"。大致分这么两个问题谈。如果没有问题的话，我们就开始。

主持人： 纪校长您好！今天我们坐在一起讨论国学，是与您多年来的倡导与弘扬是分不开的，我们首先想先听听您的意见。

纪宝成： 人民大学四年前成立了国学院。这就意味着，人民大学作为一个学术机构，认定国学是一个学科。不认定它是一个学科，我们也不会这样去做。建立国学学科，通俗地讲，无非是在当代中国高等教育体系中为国学要一个"户口"，就是要在国家高等教育体系中制度性地体现国学的合理性，也就是让国学教育能够制度化地进行下去，进入国家制度设计的层面。我觉得这完全不为过，而且在我看来，这个问题本来是不应该成为问题。

党的十七大提出，要弘扬中华文化，建设中华民族共有精神家园。胡锦涛总书记进一步指出，要全面认识祖国传统文化，取其精华，去其糟粕，使之与当代社会相适应、与现代文明相协调，保持民族性，体现时代性。这个战略方针不光是对全党全国提出来的，当然也是甚至更重要的是对教育文化界提出来的。教育部门自然应该贯彻党中央的精神，尽快使其在制度上体现出来。

十七大提出弘扬中华文化，怎么弘扬？怎么全面认识祖国传统文化？怎么保持民族性？怎么体现时代性？这就要在学术界开展全面研究，要以学术界为主体。古代典籍浩如烟海，一般人不具有研究的能力，主要应该靠专家、靠教育界、学术界的人去研究。需要把专家、学者凝聚在一起，凝聚在一起就需要一个组织，这个组织就应该是在一个学科里。这是很简单的事情，道理很清楚。这样的问题反复论证，有什么意义？中国这样一个有五千年灿烂文明的国家，我们要对自己的老祖宗进行研究，对此要一席之地如果都不肯给，我们会感到很奇怪。我作为全国人大代表，在十届人大第五次会议、十一届人大第一次会议、十一届人大第二次会议连续三年提出来要求增设国学学科的建议。然后就是论证研究，研究了三年了，仍没有结果。

国家的学科专业目录，需要在一定的时间修订一次。我们在全国人大提出，希望至少在修订学科目录的时候要研究这个问题。现在国家有关部门正式启动了学科专业目录的修订工作，现在的学科专业目录存在不少问题，国学学科的问题就是一个。所以我们再次把这个问题提出来。

党的十七大报告关于弘扬中华文化的战略方针，集中了全党的智慧和意志，集中了全国人民的智慧和意志，是适应时代要求、作为重大的战略问题提出来的。我不知道现在弘扬中华文化何罪之有？现在有人写文章，说什么提倡国学是弘扬专制。真是莫名其妙！现在是什么时代了，还有这样糊涂的认识。

任何文化都有历史局限性，所以要全面认识它，取其精华，去其糟粕。世界上连续五千年的文明延续下来的，只有中国，其他文明都中断了。那我们来看看西方人是如何对待历史文化传统的。西方文化有两个源头，一个是古希腊、古罗马的文化，西方高等教育体系当中有古典学这门学科，专门研究古希腊、古罗马文化。另一个源头是希伯来文化，包括犹太教、基督教，与之对应的学科有神学，在神学中来研究，取其精华，去其糟粕，为当代人服务。像美国这样的国家，只有两百多年的历史，还有一门学科叫作美国学。中国为什么不能有一个学科对传统文化进行全面、整体的研究？我对这点很不理解。

中国近代学科制度是在19世纪下半叶开始的西学东渐的过程中到上一个世纪之交时建立起来的。对中国固有的学术文化，当时相对于西学叫作中学，相对新学叫作旧学。后来用了个更好的概念来代替，就是国学。国学这个概念本来就是在西学东渐的过程中产生的，是西方文化进入中国后产生的。国学这个概念无非是指中国传统学术文化及对其进行研究的学问。

清王朝于1904年颁布了大学堂章程，将大学学科分为八科，相当于现在的学科门类。第一个就是经学，下面是政法、文学、医、格致、农、工、商。经学就是研究中国的传统文化。清王朝颁布的大学堂章程，就学科分类而言，我觉得还是比较全面、合理的。清王朝虽然很腐朽，但在学制的问题上也有可取之处。章程一方面把西方的学科制度引进来，同时又对中国的传统文化给予了关注。一方面全盘引进西方的学科制度，但又意识到这样会使传统文化没有一席之地，于是就设立了经学。

可是到了1912年，当时蔡元培任民国教育总长，把八科变成了七科，把经学砍掉了。这就是全盘西化。传统文化作为一个整体，在中国人的眼中消失了。我不知道蔡元培先生当时是怎么考虑的。当时国人显然是存在着一种激进主义的心态。西学东渐，新文化运动，引进西方的科学民主等等，这都是进步的。那个时候如果不采取一些强有力的措施，还按照中国传统模式来运行，中国就会继续落后挨打，实践也证明是行不通的。所以我们需要引进西方的东西，需要向西方学习，这个是没有错的。但是过了近百年，回过头来看，我们得承认，当时的激进主义也造成不良的后果。当时有个外国人说，当欧洲人惊异地发现中国传统文化中"都有崇高价值"的时候，"中国人自己都对这些伟大的产物加以不耐烦的鄙视"，莫名其妙地糟蹋自己的文化。对此他感到很遗憾，感到不可理解，认为"这是一个令人大惑不解的现象"。实在遗憾，直到现在，我们依旧有这样的问题。这些人的想法我们明白，他们是想全盘西化的，他们认为中国的传统一无是处，充其量只不过勉强承认可能还有点营养，但在整体上是否定的，认为中国什么都没有，历史上什么都不行！我们现在穿的不是西装吗？吃的不是面包吗？坐的不是汽车吗？一切都是西方的嘛！所以中国文化整体上是没有用的，过时的。这完全是一种历史虚无主义、民族虚无主义。

传统文化是中华民族之根。今天弘扬国学不仅仅是道德建设的需要，也是治国理政的需要。不仅仅是道德文化品德的提升，而且在治国理政、管理企业、治理学校等方面，也可以从中国古代吸取智慧，对确立正确价值取向也会很有裨益。传统文化是全世界华人共同的精神家园，对于加强中华民族的凝聚力、向心力，增进世界华人的沟通、交流，是非常重要的。在文明多样化的世界格局中，中华文明是其中一支。如何让全世界，特别是西方理解中国，让中国的文化走向世界，是个重大的理论和战略问题。现在世界上已建立很多孔子学院，受到热烈的欢迎，这也表明了中华文明强大的生命力。我们的文化可以和西方的文化相得益彰，取长补短，共荣共存。所以费孝通先生的话讲得是正确的："各美其美，美人之美，美美与共，天下大同。"我们从来没有说西方的东西不需要学习，西方的东西不但要学，还要好好地学、认真地学。只有在学习与比较当中我们才能更好地前进。

当然也有人讲，你们说的传统文化这些东西，在文史哲的科目中也能保存下来。这个讲法不是没有道理。中国之所以现在还懂得一些传统文化，就是因为在文史哲的学科门类当中还保留了一些这方面的内容，所以我们现在还有人懂得老祖宗的一些东西。但是文史哲是西方的学科框架，是他们的思维方式。完全搬到中国来，并不完全合适，中国的传统学术不能完全装进去，削足适履之弊早已屡见不鲜。第一，它是分科的，而中国传统学术讲求贯通、融通。因而，第二，文史哲不能涵盖传统文化所有内容。比如说《史记》，说它是史学著作，当然是可以的。说它是经济学著作、政治学著作、社会学著作也是可以的。只靠文史哲的专家学者分科研究《史记》的话，宝贵的资源会被浪费掉许多。我反复说过，像《盐铁论》这样的著作，本质上就是在讨论政府和市场的关系：是政府的作用大一些好，还是市场的作用大一些好呢？但是《盐铁论》这样的经济学著作，中国学经济学的有几个人学过，有多少政治学家、经济学家来学习《盐铁论》？所以，在文史哲分隔的情况下，把中国大量的、极有价值的文献埋没了。仅仅从文史哲的角度来进行研究，不仅我们的视野非常狭隘，作为总体的传统文化也被分割、肢解了，断裂了。现在的学科既有越分越细的趋势，也有综合化的趋势。国学就是一种综合的、跨现行学科的研究，所以我们讲国学是一门学科，是有充分的学理根据的。国学学科问题的解决时不我待。要有正确的态度，不只是口头上贯彻党的十七大精神，要真正贯彻"弘扬中华文化"，就要在制度上体现出来；制度上不体现出来，没有行动，很难说是真正贯彻落实党的十七大精神。这就是我的发言，讲得不一定对，请大家批评指正。

主持人：谢谢纪校长的精彩发言。顾校长您好！首先我想表示一下我个人对您的敬意。差不多十年前，教育部在全国高校搞了一百家人文社科重点研究基地。这一创意是您的版权我没说错吧？

（顾海良微笑点头）

差不多十年过去了，现在看来，这是一种很有前瞻性的"制度安排"。这些基地对高校人文社科建设，包括推动国学的研究，起了很好的作用。下面请您就国学学科问题谈一谈好吗？

顾海良：好，那我简单说。关于国学的学科建设，涉及很多比较复杂的问题。但是国学作为一个学科，是无可争辩的事情，是一个并不需要过多学理论证的问题。实际上已经有很多人把国学当作学科来建设了，已经成为一个事实了。现在我们无非就是要统一思想，让国学作为一个学科建设，成为共识，大家所认同的东西。

学科建设嘛，我想有几种做法。有的是先说后做，有的是边说边做，有的是先做后说。从学科建设来说，国学是属于第三者，我们武汉大学也是先做后说。怎么做？肯定要有几个学校先做起。要做出一些成效来证明，国学作为一个学科来建设，比国学不作为一个学科来建设，可能更好一点。我们从2001年开始就招收了国学试验班，从本科开始。在2007年就来论证国学作为硕士博士学科点建设的必要性。2008年，我们又继续论证，同年得到国务院学位办的批准，在武汉大学设置了作为二级学科的国学的博士点。论证中包含了这个学科的重要意义，以及它的内在的结构、学科的构成等等。从2009年开始招收第一批以国学二级学科为培养目标的博士生；我们也选拔了一批导师。按学科建设的规范来讲是齐全的，而且"户口"也是正当的，是经过国务院学位办正式认可的。当然这还是把国学作为一个二级学科。现在很多学者提出能不能作为一个一级学科、能不能作为一个门类，这是另一个问题。但是作为一个学科来说，我觉得事实上已经得到了认同。这个我们不能多说，因为多说可能会有一些节外生枝的事情。我们做起来再说。

从过程以及结果来看，我觉得还是非常好的。从我们培养的国学试验班的本科生来讲，生源的质量，生源的知识结构，都得到了社会的认同。我们国学试验班的学生多数都是保送或通过考试进入硕士阶段学习。现在正在招收的第一批博士生，应该说整体基础还是可以的。

所以，作为一个学科建设，各校有各校的做法。今天我们想做的，是使国学作为一级学科作为国家学科专业目录中正式的"成员"的事情。在这个意义上，需要更多的宣传。那么《光明日报》国学版选择几家校长坐而论道这样的一种方式，还是很好的。学者们已经说了，希望校长们再说一说，再鼓吹一下。我觉得这是比较有智慧的一种行为。对我们来讲也需要。所以您（看着主持人）刚刚提出来，我很快就答应了，我没有做更多的思考就答应了。学者们、学术界本身就有这样一个愿望；学校领导呢，特别是文科重镇的高校，也都有这样的需求。所以很快就形成了今天这个座谈会的内容。

主持人刚刚也提到了教育部的人文社科基地建设。实际上当时的基地建设过程中，不能说有什么先见之明，但也确实是看到当时对中国传统文化研究的缺陷和不足——当然也受到各种非议。有领导找我谈话，要"慎重考虑"有些基地建设是否合适的问题，当时做了解释之后领导也就理解了。比如在四川大学建立的道教研究中心，当时就被认为不合适。压力更大的是在山东大学的易学研究。后来我采取了一个折中的办法：在易学后面加一后缀，易学与中国古代哲学研究，这可以了吧？单独的道教研究不行，那叫道教与宗教文化研究，这总可以了吧？这样采取一些办法也就建立起来了。对近十年来的中国传统文化研究，以及国学的研究还是有作用的。这样一种布局，包含着加强中国传统文化研究的一些想法，是要形成我们的民族精神，促进精神文明建设。当时也是一个文化热。从文化热到文明建设，再到我们民族精神的探究，这个过程必须有它学术研究的根基。我自己认为中国的传统文化里面，有先进的东西，也有糟粕的东西。文化中间的先进成分构成了社会的文明；文明中起着根本作用的就是精神的因素。而我们这几个概念都已经有了，关于文化的概念，关于文明的概念，关于中华民族精神的概念。这个不是我们凭空说出来的，这是需要进行研究的。从中国传统文化中体验其中文明的内涵，从这个文明中能够提炼出中华民族精神的精髓。这些都需要科学的研究，不是说说就能解决的问题。所以这个过程中我们做了一些事情。

从上个世纪末到现在也就是过了十年的时间，对中国传统文化的研究、对国学的研究，这种呼声已经变得非常大了。今天我们作为校长，提出把国学作为学科来建设，其重要性不仅仅来源于学科本身。我们可能还会有很多的学术研究领域，现在不成为学科，将来有一天可能会成为学科。换句话讲，现在提出国学作为学科来建设，是因为国学现在已经到了必须要当作学科来建设的这个关口上。不能说不把它作为学科建设就错了，而是说现在到了需要建设的时候不建设，可能就丧失了这个时机，从任何意义上来说都是不利的。

昨天我刚从欧洲几个国家访问回来。在瑞典，有几个搞汉学的给我说教了一通什么是中国学、什么是汉学云云。他们搞汉学的相当于我们传统文化的典籍研究、原典的研究；而且搞汉学的要懂汉语，搞中国学的不需要懂汉语——研究中国古代的、现代的、未来的问题，关于中国的广泛的问题都可以研究。这是汉学和中国学不一样的地方。据他们介绍说，几百年来和中国的交流，瑞典从来是主动的，中国总是被动的。他们认为原因在于他们是一个小国，中国是一个大国。这说明对中国的传统文化研究上，不仅是中国的学者，西方的学者也有他们的一些想法。

对于我们来讲，建立国学这一学科，首要的原因就是社会需要。我们现在对社会需要的理解比原来更广泛一些。原来可能就是经济社会发展的需要，而现在是经济文化社会以及生态文明发展的需要。这个国学的研究呢，则是现代中国社会全面建设和发展的需要。刚刚纪校长已经引经据典，把十七大有关精神说了。十七届四中全会提出学习型社会、学习型政党，把中国传统文化作为其学习内容之一。这之中没加任何修饰词，而是把传统文化作为一个整体，应该作为学习型政党、学习型社会学习的一个重要内容。从长远来讲，国学的学科建设也不是短暂的需要。历史上有过这个需要，但是现在更为强烈。我们现在正在进行中国特色的社会主义建设。所谓中国特色社会主义，我认为最根本的是三个"特"：第一个"特"是我们寻求马克思主义基本原理和中国社会实际的结合；第二个"特"是我们寻求适合于中国优秀传统文化和现代先进文化的表达方式，就是把马克思主义基本原理同中国优秀传统文化和现代先进文化很好地结合起来了；第三个"特"是中国共产党和中国人民独特的探索经历。这三个"特"中的第二个，实际上包含了中国特色社会主义理论和道理的来源问题。这个来源不仅仅是马克思主义基本原理，这是普遍的；要成为中国特色，就因为它把中国优秀的传统文化，用一种现代的表达方式，在内容和形式上都体现在建设和发展当代中国的理论体系之中，否则我们就没有中国特色之"特"了。毛泽东思想的来源，很多源自于马克思主义基本原理，但是在表达的方式上、在表达的内容上，用了很多中国优秀的传统文化。这种表达方式是易于被中国广大人民群众所接受的，也是更符合中国的思想文化实际的。所以就中国社会主义建设的长期过程来讲，我们对中国传统文化之中的国学的研究，是一个根本性的问题。

第二个原因是中国的经济实力与国际地位提高之后软实力增强的必然要求。我们假如不能用一个完整的科学的东西来表达什么是国学，什么是中国的传统文化，什么是传统文化中对现代中国、现代世界仍然有意义的内涵，如果我们连这些基本的东西都说不清楚的话，那么我们国家软实力的增加，以及世界对中国的思想文化的探究和理解，一定会遇到很大障碍。纪校长也提到像孔子学院这样的地方。我这次专门到巴黎狄德罗大学，它是一所包含了法兰西文化内涵很深的高校。我受国家汉办的委托，带了武汉大学的学生艺术团，去表演了一些中国的民族音乐，包括声乐和器乐。这样一个三十人左右的演出团，从巴黎狄德罗大学开始，然后在法国的五个大省、十八个点上，来进行中国传统音乐艺术的传播。大家对学生演出中表现出的中国文化、民族文化的内涵非常赞赏，引起了非常大的反响。大家对中国文化的了解，有非常强烈的渴望。这种渴望程度，我假如不是亲身经历这个过程，我也不会这么说。我们演出结束以后，一个年岁很大的狄德罗大学的学者就说到，通过今天的演出，对中国文化有了更深的了解，他决定到中国来看一看。除了音乐的表现之外，还有很多中国传统文化的因素，需要通过我们的努力，在世界上得到更大的传播。那么这种传播需要学科支撑，要有一个全面的正确的科学的支撑。所以这一点也是中国今后作为世界上一个负责任的大国，需要发展软实力的必然的结果。没有这一点，我们讲的软实力就没有什么特色，也没有优势。软实力世界各国都有，关键是它的特色和优势。如果说美国的软实力，是它的高校的人才培养能力以及好莱坞的文化影响力。那么我们的软实力是什么？我觉得中华的传统文化是我们最大的优势，也是我们最大的特色。所以从这一点上看，我们需要重视并大力扶持国学学科。

另外，我们从学术角度来看，国学学科的建设和以往的学科划分的角度不一样，按照学术界历来学科建设的思维方式，可能会引起一种不认同。我不认为这里面有很多意识形态的问题。大家误认为，有了文史哲，有了政经法，里面都有中国传统文化的东西，有什么必要又来一个国学？

这一问题在马克思主义理论学科的建设中也遇到过。我们在进行马克思主义理论学科论证中，也有人提出有了哲学中马克思主义哲学，经济学中的政治经济学，加上科学社会主义，三个部分都有，你为什么还要建一个马克思主义理论学科？我们也做了论证，这是从整体上理解马克思主义的学科，所以现在马克思主义理论学科的划分和历来的学科划分是不一样的。它的划分是按马克思主义基本原理、马克思主义发展史、马克思主义中国化，然后国外马克思主义，再加上思想政治理论等。它的划分和历来的学科划分不同，最根本地体现了我们科学研究的一个转变，即以问题、以对象需要来划分我们的学科。我觉得，这个思想是符合现代科学研究的要求的，而不是根据一个先验的结构，再进行学科划分。我们是根据学科的特殊性，它的研究对象是什么，从对象的需要来确定学科的整体框架和学科的内涵。另外，从问题出发来确定学科的划分，和从科学自身学理来划分学科，这应该是两种并行不悖的学科划分方法，对我们今后的学科建设将引起革命性的变革。人文社会科学学科划分的一个弊端，就在于它只从学理出发，从学科的自身结构来考虑问题，而没有更多地从学科的特殊性、学科的对象和学科的内在需要来考虑问题。那么，现在国学学科就是从国学这个学科本身的特点来划分。所以，我觉得这就有其学术和学科建设上的积极意义。假如我们能够在这方面做更多的探索，对中国的学科建设，特别是人文学科的学科建设可能会产生更大的影响、更大的推进作用。所以超过国学学科本身的需要，就是从学术、学科本身建设更广泛的角度来讲，这样的学科建设也是有意义的。所以我认为，这样一些理由是我们论证建立一个独立的、新的学科，或者说原来对它不重视的学科，现在加强建设，这些都是有促进和推动作用的。

对于建立国学学科，我倒不认为过去没建就是一种失误，过去没建是没到需要建的时候。比如马克思主义理论学科，你不能说我们过去对马克思主义理论研究不重视，但是我们过去很长时间没把马克思主义理论当作一个学科来建设。为什么现在需要建设？因为现在有它的需要，我们要研究马克思主义基本原理，特别是马克思主义中国化的问题。但是以前没有对马克思主义中国化进行广泛和深入的研究。问题很重要，但是原来的学科框架放不进这个问题，往哪儿放都不合适。1996年、1997年间研究生学科专业目录调整时，我在国务院学位办任副主任，分管文科研究生教育和学位工作，当时就有这个苦恼，当时就已经提出的"有中国特色社会主义"研究往哪儿放？往哲学上放，不行；往经济学上放，不行。它是一个从现实问题出发的学科建设的问题，在当时学科结构下装不进去。最后，只能暂时"客居"政治学一级学科内，政治学一级学科属于法学门类，在政治学下面设了一个马克思主义理论与思想政治教育的二级学科。这样显然不符合现实需要。在现在设置的马克思主义理论一级学科中，才开始有"马克思主义中国化研究"的二级学科。无论是马克思主义理论一级学科还是马克思主义中国化研究二级学科，就其研究的内容，在哲学、经济学、政治学、社会学等学科中都有，但是我们还是需要一个整体的研究。这个整体研究是这个学科自身的特殊性决定的，更重要的是从社会需要出发、从问题研究出发，需要这样的一种学科设置。

我们今天也同样看到，对于国学研究也需要有一个科学的态度、全面的态度，既不能全盘肯定，也不能全盘否定。那么什么要肯定，什么要否定呢？这是需要研究的。文化的东西怎么能够找到文化中的文明、文明中的精神，使得我们对民族精神的认同更加科学、更加全面，也更加理性，这是非常必要的。这样做靠什么？重要的就是靠学科建设。我认为，现在国学学科建设已经在很多高校试基地开展起来，成为学科建设的一个事实，现在无非是希望通过我们的工作，使更多高校形成一个共识，在更为全面、更为科学的基础上推进这一学科的建设。我们也不是说要争取每一个人的认同，但国学学科建设已经成为一个既成事实。因为现在社会有需求，人才培养有需要，学校学科发展有需求，同时整个学科建设的经验也告诉我们，假如将国学作为学科确定下来，作为学科建设的一种新的探索，对学科建设发展将产生不说是革命性的变革，也该说是极其重大的变革。

主持人：对于马克思主义理论学科的建设，我不了解过程，但是我看到了结果。马克思主义理论成为一级学科以后，全国各高校都忙着挂牌、设室，呈现一派制度化建设的蓬勃景象。这让我对学科建设的意义有了很感性的了解。因而我也很自然地联想到，有一天我们国学学科也设立起来的话，这种繁荣景象也会出现在国学界。

顾海良：我觉得国学学科建设，从学科建设经验上可以借鉴马克思主义理论学科建设中的得失。从学科建设本身上看，马克思主义理论学科建设在操作上的一些经验和教训，是值得我们借鉴的，以使学科建设更加完善。

主持人：我们希望早日在国学界看到这幅蓬勃景象，也希望通过借鉴马克思主义理论学科建设的经验，让我们少走弯路。谢谢！

三

主持人： 徐校长您好！据我所知，早在您担任中国政法大学校长时，就与国际儒联合作成立了国际儒学院；在山东大学，您同样是把国学当作学科来对待、来运作的。这使得您在国学学科问题上，一定有很多有价值的思考与大家分享。请谈谈。

徐显明： 谢谢《光明日报》给我一个与其他三位文科出身的校长交流对国学看法的机会。

中国政法大学在若干年前设立国际儒学院时，是以充分的理性思考为根据的。其一，我们认为由工业文明而产生的科学主义、个人主义和权利主义无法解决全球化之后人类共同面临的能源、生态、环境危机，责任与和谐具有替代自由、效率等被资本主义视为具有普世性价值的新价值功能，儒学在世界范围内被认识和接受是一种历史必然。其二，"和谐"是中国的思想和中国的智慧。中国儒、法、道、墨各家在治国方略上有较大区别，但在和谐观上却有惊人的相似之处，儒家主张"人和"，法家主张"制度之和"，墨家主张"兼爱之和"，道家主张"自然之和"。和谐是我们的民族精神，一个伟大的民族不能用外来的主义和思想作为自己的精神象征，用儒家思想表征我们的民族传统与精神应是最佳选择。其三，是基于市场经济之后人们对道德重塑与文化转型的需要。其四，是基于中国政法大学当时的现实需要和为了适应办学宗旨的要求。前者指政法大学因学科多集中于社会科学而应增加人文学科，故我们首选儒学。后者指法大以培养治国理政人才为办学目标，而"半部论语治天下"，法科大学的学生欲学治国之道，亦应修备儒学。正因为有这些思考，所以与国际儒联一拍即合。此四种理由的前三种，其实可以回答儒学兴起原因和大家希望设国学学科的理由。以上是我对主持人谈到的我在法大办儒学院的问题所做的回应。现在我回答您的关于"国学"作为学科的一些问题。

近代以来的中国学术分科大致经历了一个从合到分，再走到合的过程，这个"合"就体现在我们对国学的态度上。所以，我把国学的复兴看作是中国文化和中国学术走向自觉的一种表现。

说到"分"呢，其历史是从近代汉学被日本人率先抛弃，并在世界上引起反响以后开始。我们现在的学科划分是以西学为体例建立的，它与国学的路向恰好是相反的。西学的路向是分，我们的路向是合。如果把从合

到分，再从分到合视作中华文化和学术的发展规律的话，那么今天确是到了一个反思过细的学科划分给人才培养和新学科发展带来不利影响的时候了。从两方面来说，一个是中华文化复兴的需要，另一个是西方学科划分过细暴露出了相互壁垒的问题应予解决的需要。在这个意义上，的确应该从方法论出发，来考虑设立新的学科。但现在有一个矛盾，就是文史哲这三大学科的划分是根据西方的学科体系建立起来的，如果我们再设立国学的话，那么如何处理好与现有学科的关系？这是目前学科设置上最大的问题。首先，西学的体系与中学的体系在划分标准上是不同的；其次，就是合与分的方法论上，东西方也是不同的。处理好这两个矛盾以后，国学学科的设置就会比较顺利了。

　　从汉学的历史来看，鸦片战争以后，最先对中国文化进行反思的其实不是中国知识分子，而是日本知识分子。当时日本人急切思考的问题是：第一个东方大国瞬间土崩瓦解之后，西方将要灭亡的第二个东方国家是谁？答案自然是日本。所以日本的知识分子，像福泽谕吉、津田真道、加藤弘之等人，他们最早提出要脱亚入欧。"脱亚"的一个重要理由，就是亚洲的思想已经没落。他们所说的亚洲思想实际上就是汉学，所以他们的结论是汉学已如落日，如果日本再坚持汉学的话，那么就会像中国一样，成为第二个被西方征服的国家。他们的口号是："抛弃汉学，改学兰学。""兰学"是当时东方认为的西学的代表。"兰"就是今天的荷兰。日本最早了解的西学不是来自英国、法国，而是荷兰。从此，一大批日本的知识分子纷纷涌向荷兰。我们知道荷兰有一所著名大学叫莱顿大学，当时日本知识分子大多都在此求学。到了那儿以后他们才知道，原来西方还有更发达的国家、更先进的文化。于是通过莱顿大学，他们才真正走进西方社会。虽然明治维新是留学生回国以后才酝酿出来的，但抛弃汉学改学兰学，则早已是日本举国上下知识分子的共识，这个思想转变导致了明治维新。1895年甲午海战中国败于东方小国，中国的知识分子才开始觉醒，要求变法，要求改变传统文化的思潮实际上始于甲午以后。所走的路径，大体是一切向日本学习，所以就出现了一个"汉学反输"的现象。当时日本知识分子把西方思想贩运回东方以后，进一步提出要让日本的所有国民都了解西学。可是，怎样把西方的思想普及于东方？日本知识分子的选择还是要用汉字，但要把汉字所表达的思想予以改造，有一本叫作《中国人留学日本史》的书里面介绍，有七百余个汉字概念就是在这个时候，由日本人出于西学汉说目的而概括出来的，然后中国人再把这七百多个汉字概念反输过来，像经济、统计、革命、干部、宪法、法律、三权分立、权利义务等，今天我们中国人熟练运用的这些概念就是此时从日本反输而入的。所以中国学日本，走过的路径与当年日本学西方几乎是一样的。中国学习西方，大体经历了三个阶段，首先是洋务运动，开始学习西方的器物技术。然后是甲午以后，开始学日本和西方的制度。但是学了西方的制度，产生了共和以后，为什么共和却在中国不能存续？该复辟的复辟，该做皇帝的还做皇帝。于是，最后人们发现，其实最重要的还是土壤，还是文化，所以学习西方的第三个阶段应该是新文化运动。而新文化运动所走的路径，还是模仿日本，这时候汉学开始真正被抛弃，所谓"打倒孔家店"就是这个时期提出来的。

以上就是汉学在近代中国的命运，可见我们一直是跟在日本人的后面来反思我们自己文化的。中国新文化运动中那些旗手们无一不是有留学背景的带有激进情绪的知识分子。鲁迅先生说："凡有改革必定是在先觉悟了的知识分子中进行。"讲的就是这个道理。如何看待新文化运动这段历史？我认为有三个不争的事实：一是新文化与旧文化在当时不能并存，采用新文化必须抛弃旧文化；二是新文化运动才使民主与科学进入国民的生活，中国人开始与时俱进，有了新的生活方式；三是抛弃旧文化过于简单，连民族精神一同像泼洗澡水一样泼出去了，导致一个民族近百年来处在无根的漂浮状态。

今天我们来复兴国学，其实是在中华民族共同的精神家园、中华民族延绵不断的独特文明和中华民族独有的生活方式三个层面来寻找其必然性的。这实质上是在九十余年之后重新回答新文化运动当时遗留而未作回答的问题。对此，我们应有三种关照，其一是国学有广、中、狭三种定义。广义的国学可以理解为中华文化，但狭义的国学，常把它定义为"国故"或通常理解为四书五经，对此我们不能忘记它在历史上曾经被演变为封建礼教，而礼教是吃人的，也就是说，它有封建意识形态的功能。所以现在我们复兴国学，对于其糟粕的方面要予以充分的警惕。作为封建礼教、封建意识形态的国学，比如其中的人治观、身份观、统治观、服从观、官本位、等级观等，像这些内容，不应是我们所要复兴的东西。相反，还要进一步肃清其遗毒。其二是还要关照到五四运动和新文化运动对于今天的意义，不能因为要复兴国学而否定五四和新文化运动。五四运动使新文化运动达到了高潮，给我们带来了科学、民主、人权、法治、人道、理性，这些成果在今天仍然是我们制度与精神的文明形态，而且它们恰恰是传统国学中所缺乏的。当然，把科学奉为一种主义，形成唯科技论也是有害的，这是我们误解新文化的结果。其三应当看到现代科学的趋向是分工越来越细，没有分工，就没有现代科学。学科分工遵循的是"波罗尼亚"规律，即由门类到部门再到学科再到方向的四分法。波罗尼亚大学在11世纪时，把全部人类知识分为"社会科学"、"自然科学"、"思维科学"三部分，至17、18世纪，学科分工进入第二历史阶段，尤其是第二次工业革命后，洪堡精神影响到学科划分，其趋向就是更加精细。美国则创造了若干新学科。但西方大学在人才培养上，历来重视文理结合。学科划分与人才培养是两码事。进入第三次工业革命，亦即计算机时代到来之后，科技创新的爆发点又回到了学科的交叉上，学科又出现了"合"的趋势，这种趋势正方兴未艾。其特点是以解决问题为目的，而需多个学科协同作战，学科间的壁垒正被打破。所以，"合"只是一种方法，而不是学科的本质。因此，我们在设立国学学科的时候，应对以上三点作充分的关注，要审慎理性地对待这个新的学科。

另外，我觉得国学学科的设置应当是因不同的大学而异的。当今中国做传统文化研究的大学，也可以大致分一下类，像北大、南开、山大、武大、中山、川大，这些历史悠久的综合性大学素以文史见长，文史哲三大学科都具有很强的实力。这样的大学，它对于国学的态度与一些缺乏这种传统的大学比较起来，可能就会比较理性和慎重。换言之，它们对于国学的迫切性就不一定会强烈地反映出来。因为既然已经按照西学的学科标准建立起了一套学科体系，如果现在要用另一个体系把它打破，这可能会制造学科发展规律上的冲突。我的想法是，作为学科、学位主管部门的教育部或国务院学位委员会办公室，应用一种比较灵活的方式来处理是否要单独设立国学学科问题，可以允许一部分大学，尤其是高水平大学、"985"大学，自主设立三到五个自己认为有必要且所研究的问题与对象符合学科要素所要求的自设学科，它们可以是二级学科，也可以是一级学科。在国家制定的学科目录之外，如果允许一部分大学自主设立三到五个自主学科的话，那么其中就可以包括国学，这样就可以解决要不要设的矛盾。这些大学设立了以后，得到国家承认，就等于国家批准设立。中国的学科制度和西方不一样，我们所有的学位都是国家设立的，这是中国学位制度的最大特点,大学设出的每一个学位都是代表国家的,而美国大学设立的学位只代表大学,不代表国家。日本的学位如果是国立大学授予的,是要经文部省批准的,我最近获得了一个日本的名誉博士学位,该校校长在致辞时专门说明是经文部省批准的,而日本私立大学则不必经批准程序。德国的大学,甚至允许大学下面的学院独立授予学位。像中国这样,将学位"一统天下"的国家似乎很少。如果国务院分管学位的机构能够给予大学一种自主权的话,这个矛盾就可以获得解决,如其以国家名义设立,不如给予具备条件或者愿意设置的个别大学一定的自主权。

四

主持人:谢谢徐校长。朱校长您好! 2006年岁末厦门大学国学研究院成立时,我也去了,给我留下很深的印象,我注意到厦大国学院被安排在和人类学一个楼里,显得很有文化底蕴。

朱崇实:是人类博物馆。

主持人:是啊。馆内的收藏有很多是上个世纪30年代由陈嘉庚、林文庆创办的厦大国学院从民间收集来的。

朱崇实(点头):许多宝贵的馆藏主要是厦大人类学家林惠祥个人捐献的。

主持人:厦大的国学在历史上有属于自己的路向与追求,也为我们今天探讨国学发展之路提供了宝贵的思想资源。对于国学学科该不该建的问题您是怎么看的?

朱崇实:国学有没有必要成为一个学科,我觉得关键在于对国学的认识。我个人感觉,现在对国学的意义认识得还不够。现在社会上普遍把国学看作是文史哲的一个综合,把它看作是中国传统文学、历史、哲学的一个集合体。对于国学,有很多专家、学者都给它下了定义。但是迄今为止,根据我对国学这一问题很有限的解读,我还没有看到一个我个人最能够接受的定义。我不是研究这方面的专家,不是专家说话有时反而更大胆。什么是国学?我个人认为,国学就是所有发端于中国的学问。20年代厦大国学院成立时,其学科设置就不仅包括文、史、哲、语言、考古,还包括医药、天算、地学、美术、法政、教育、神教、经济和闽南文化,而聚集在厦大国学院的学者的研究则涉及经学、史学、语言文学、哲学、中西交通史、人类学、考古学以及编辑学，这是通常的文、史、哲学科所不能囊括的。刚刚纪校长也说到，汉代的《盐铁论》里面就讲到政府和市场的关系，这可以说比现有西方论述政府与市场的经济学著作还早得多的一部经济学著作，也是国学的一个部分。从我个人的观察来看，像曾经在一段时间里被批判得很厉害的地理风水，说中国人讲风水是讲迷信，完全不科学。但恰恰是这个被认为不科学的东西，现在越来越多的西方人在学习它，认为它是科学的。我接触了好几位来自于欧美的建筑学家、规划学家，他们一谈起建筑和规划，特别推崇中国古人关于风水的一些见解及其应用。他们说，你们中国人真是太有智慧了，那么早就能够把人和自然的这样一种关系用理论描述出来。西方人最崇拜的中国古代经典之一是《易经》。这里面有很多哲理，说它是一部迄今为止水平很高、内涵极其丰富的哲学著作丝毫不为过。很多西方人从《易经》里去探寻人类智慧和把握世界的方式，探求他所遇到的所面临的人与自然、人与社会的种种关系，从中寻找解决自然与人类所面临的问题的途径。但很长一段时间内，我们却把它看作是一种迷信，当作是不科学的。前段时间还有人要完全否定我们的中医学，公开说中医是伪科学，要把它取消掉。我感到很吃惊，延绵了数千年的这么一种学问，给无数的百姓、苍生带来很多好处和利益的这样一门学问，现在竟然要这么轻易地把它完全否定掉。这些问题的存在，是我们所要正视和解决的。国学究竟是什么，它的意义何在？怎么才能够把我们所说的中国传统文化（我更愿意说我们的中华文明）继承并发扬光大？怎样才能让它继续并且更好地造福人类？所以，我个人觉得，直到今天我们对国学的价值和意义实际上还没有真正认识。从这个角度讲，我个人非常赞同加强对国学的研究。不仅要研究，还要考虑如何更好地应用，如何把我们国学的精华、优秀的传统传下来，用起来。

　　人类是有普世价值的，我们应当大胆地谈这个问题。现在我们不太敢去谈普世价值，不是说没有普世价值，关键的是有哪些是普世的价值。居然在这个问题上面，一谈普世价值好像只有西方人才有话语权，一谈普世价值就是西方的那一套，一谈普世价值就是臣服于西方的价值观。其实在我们的中华文化、文明里面，有很多很多的价值理念和人生观念，都具有普世价值。比如我们通常说的"己所不欲，勿施于人"，我觉得这就是一种很好的普世价值。自己都不愿为、自己都认为不好的，不要强加给别人，这是多么好的一种处世的态度、一种为人的态度。再比如我们现在讲的和谐、大同、天人合一等。天人合一实际就是追求人和自然之间的一种和谐，人不能够离开自然，人要敬畏自然、要尊重自然，要按照自然的规律来办想办的事情。这些都是一种普世的价值。20世纪后期以来一个重要的特征是近代西方文明遭受到重大挫折而进入深刻的现代反思阶段，在此情况下，很多西方人就到中华文明里来寻找现代的答案。而奇怪的是，今天的中国人自己都要把自己文明抛弃掉。所以，前面纪校长、顾校长讲的一些观点，我很赞同。是什么导致我们中国人在今天要把我们自己延绵了几千年的文明否定掉、抛弃掉？现在我们自己回过头来好好研究一下我们自己的文明，来看一看我们几千年来铸就的文化哪些是要继承发展的，哪些是应该扬弃的，这也是学习研究国学的使命。为什么有些人会觉得我们这样做不行呢？我感到这是极其奇怪的。

我跟许多西方学者交流，当谈到中国传统时，他们都非常推崇。在人类文明史上，中华文明曾经在数千年中是世界主导文明之一，只是到近代工业社会兴起后才有点消沉，有点显得"落后"，但其内核并没有受到损害。经过几千年多少代人的不断努力、传承下来的传统文化是非常宝贵的，它是全人类的文化。西方人都有这样一个见解，反而我们自己对这一问题没有一个准确的把握和认识。所以，我觉得谈国学问题首先还是要把国学究竟意义何在，它究竟包含了哪些东西，对此要做一个很好的讨论，有一个很好的共识。

至于国学该不该成为一个学科，在我看来也是不成问题的。我们不知道是受到什么影响，好像把学科看得很重，我觉得这是没有必要的。前面两位校长也举了一个特别贴切的比喻，将有没有学科设置比作有没有户口。中国人对户口是特别重视的，户口是个要命的东西。一个人没有户口，什么也干不成。西方没这回事。一个学校认为什么问题重要、该有一个学科作为平台来学习研究，就可以设一个学科。如果大家都意识到国学重要，像刚才顾校长讲的，如果我们大家都认为马克思主义非常重要，对我们经济、社会、文化各方面的发展来说都是很重要的理论，我们把它设一个学科，给它一个更好的平台来发展，让更多的人认识它，有更多的资源支持它，更多感兴趣的青年学生来学习、研究它，这有什么不好？我觉得设立国学学科完全可以，是一件很好的事情。有了国学学科，能够使国学的学习、研究、传播，包括让它的应用更加系统化，让国学有一个更好的平台，得以充分发展。我们现在要建设和谐社会，要有社会主义的价值观，要弘扬我们的中华优秀传统文化，简单地说和谐社会是需要自己的优秀传统文化做支撑的。

在国内高校中，厦门大学应当说是比较早地注重于国学研究的一所大学。在1926年，厦门大学就专门成立了国学研究院。厦门大学国学研究院是继北大国学门和清华国学研究院之后，大概是国内最早设立的专门的国学研究机构。所以当时有一批非常著名的学者，像鲁迅、林语堂、沈兼士、顾颉刚、史禄国等等，都在这一研究院里做过研究。国学院的成立是当时厦门大学第二任校长林文庆教授极力倡导的。林文庆教授出生于当时的马来西亚，留学于英国，完全受的西方教育。就是这样一位"完全西化"的人，20年代任厦大校长时，却"切齿心痛"于千年的中国文化在自己国土上的衰落，为让厦大的学生更多地了解自己的文化与传统，他尊奉陈嘉庚的"首重国文"的方针，极力提倡设立厦门大学国学研究院，并亲任院长。厦大国学研究院成立时间虽不长，但却为我们学校留下宝贵的遗产。所以，我们选择了在厦大国学院成立80周年之际，重新把国学研究院恢复起来。我们是希望像厦门大学这样的学校，能在弘扬我们的传统文化、研究传统文化方面做出一份新的贡献。因此，对于国学应不应该作为学科这一问题，我觉得没有什么必要去争论，有关主管部门应该大胆地让一些学校去试一试。

主持人：好的，谢谢朱校长。

國學访谈

国学学科可以从试点开始

大学四校长『国学学科问题』高端访谈（下）

摘要发表：国学版（光明日报2009.12.21第12版）

中国一夜之间可能会冒出一百个国学院，对这种情况我们也要有思想准备。

现有的学科归类有其不合理的地方，但是我们要从现状出发。

试点的做法，是中国行之有效的独有的管理思维。

国学作为一个学科已经没有太多必要去争议或者去阻碍。

时间：2009年11月27日上午
地点：中国人民大学逸夫国际会议中心

访谈嘉宾：
纪宝成（中国人民大学校长）
顾海良（武汉大学校长）
徐显明（山东大学校长）
朱崇实（厦门大学校长）

主持人：梁　枢（《光明日报》国学版主编）

一

主持人：刚才几位校长分别结合本校的情况，就国学学科的必要性发表了精彩的意见。下面请围绕国学学科怎么办这一问题，开展一下讨论。我想就这个问题，各位校长或许不必依次发言，可以自由交谈、对话式地发表意见。您觉得怎样，纪校长？

纪宝成：关于国学学科的问题，我们理想的方案是，如果文史哲依然是学科门类的话，我们认为国学应该是一个与文史哲并列的门类，既是学科门类又是一级学科。哲学就是这样，既是学科门类又是一级学科，然后下面设若干二级学科。这是一种方案。如果把文、史、哲合并了，叫作人文学科门类，那么，国学就应当是人文学科门类之下的一级学科，而不称门类了，且文、史、哲都称为一级学科。

据我了解，这次国家修订专业学科目录，已确定现在的学科门类不动，在这种情况下是不是增加国学学科门类可以讨论。最好国学就是学科门类。当然，如果实在不行，国学必须是一级学科，然后下设二级学科。我们人民大学经过反复讨论，在人代会提交的建议上也写明了，下设七个二级学科。如果作为一级学科，是挂在文学、史学还是哲学的门类下，现在意见不一致。若按照张岂之先生的意见，他认为挂在史学的门类下最合适。

主持人：那就得在史字后面加个括号：六经皆史。（笑）

纪宝成： 当然也有人说，传统文化主要是学术思想文化，挂在哲学的门类下更好一点。挂在文学的门类下好像不是很好，但据我了解，台湾是挂在文学之下的。但是台湾的中文与大陆的中文是相当不同的概念，大陆的文学变成文艺学的文学了，当然尽管还有语言、文字等等，而台湾的文学是文章之学，所以台湾是把国学设在文学的门类下。因而我们将国学设在中文门下还是不太恰当，比较难办。

当然我们也有担心，一旦国家学科专业目录上了国学学科，中国一夜之间可能会冒出一百个国学院，对这种情况我们也要有思想准备。对此我们的建议是，应当先在一部分学校进行试点，以试点之名进行控制。控制到什么时候呢？控制到师资条件比较具备了，国学人才培养出很多了，这个时候再进行适当地放开，否则国学教育的水准会大受质疑。如果国学教育的水准受到质疑的话，这个学科的合法性也会受到质疑。所以一开始的时候，应当是少部分学校进行试点。当然不仅仅是人大、武大、厦大、山大四校，还有像北大、清华、川大等现在有一定基础的学校。少量的学校进行试点，试点也要有"名"，国务院学位委员会特许成立一个学科，这个办法也不是绝对不可以。我们觉得，还是先上学科专业目录，一开始要严格控制范围，一部分学校进行试点。如果实在一时难以处理，在专业目录之外，特许一个专业目录进行试点，也不是不可以，只要有文件，"另册"也是册嘛。这当然也是权宜之计，但只要能把事情干起来，并且在制度设计里面，虽然是另册的"名"，但也还是一种名分。所谓名不正则言不顺，我们只要有"名"，只要是国家承认的名就可以。

主持人： 我觉得您说的"户口"很形象，户口代表着一系列的待遇，没有户口，进幼儿园都会成问题。

纪宝成： 上世纪初引进西方学科制度以后，学科就成为我国现代高等教育的立学之基、教学之范，它关系到人才培养的规格和人才培养的数量质量，关系到教学资源的配置，关系到学术研究的导向。是否设立国学学科也就关系到国学的兴废，而设立不设立这个学科，并没有太复杂的问题，道理其实很清楚也很简单，就是一个不好的东西也要研究嘛，不研究怎么能了解？何况国学里面有很多优秀的东西。研究总是应当允许的，研究和学术是没有禁区的，学科设置应该和研究没有禁区相适应，科学研究就是这样的，研究中国传统文化也应该这样。至于是试点还是特许，这都是可以的，我本来就提出一开始要试点，这就是我的意见。

顾海良：任何学科建设都是从现状出发的。大家认为文科设的门类太多啦，理工农医就四个，文科为何搞了这么多呢？但是他不知道研究人、研究社会的复杂性，研究自然现象的理学工学农学医学基本就涵盖了，可文科就不同了。西方把政治学还当成一个门类呢。现有的学科归类有其不合理的地方，但是我们要从现状出发。比如武汉大学在设置国学博士点二级学科的时候，我们不得不把它放到哲学门类里面，哲学门类比较特殊，它下面只有一个一级学科。即使将国学作为一级学科来设置，也有一个门类的归属。我们这样做，绝不是认为国学研究的就是哲学问题，就像现在马克思主义理论学科作为一级学科还是归属为法学门类，但是法学和马克思主义理论研究对象的差距还是比较大的嘛。也有人提出把马克思主义理论学科作为一个门类，但是最后还是放在法学门类下面，和政治学并列。法学比较复杂，下面有一个一级学科就是小法学，还有政治学、民族学、社会学等，现在加一个马克思主义理论。它搭的框架是在法学下面，门类就是授学位的名称啦，所以马克思主义学科出来的人也授法学学位。我们呼吁国学作为一级学科建设，我觉得暂时可以归类在哲学门类下面，因为现在研究国学的人当中研究中国哲学的人可能更多一点，但是并不排除研究文学、历史学、政治学、经济学的这些学者，这个是学校灵活调整的问题，这是学校内部自身规定的问题。那么到一定时候，国学可以作为一个门类，这个要建设到一定的程度，需要一个严谨的科学发展和学科发展的过程。至于一级学科内二级学科的设置，大概设四到五个为好，这个设法就不按文史哲设了，而是按照国学自身的要求来设，这个是有关专家们讨论的问题啦。现在我们有些高校已经自主增设了国学二级学科，武汉大学上报国务院学位办后，很快就批复了。现在我们无权进行一级学科的设置。国学的二级学科的设置我们是有权的，一级学科的设置我们是要争取的，等国学发展到一定程度的时候，再谈门类的事情。我建议，一级学科设置先放在哲学下，和现在哲学变成两个一级学科，一个国学，一个哲学，这是能说通的，就像马克思主义理论学科放在法学下。如果认真讲，怎么能成为法学的一级学科呢，但是往哪儿放呢？没有更合适的，只能找个更接近的，我认为是个权宜之计，大家也都能理解。

二

主持人：国学作为学科的地位一旦确立，势必对现行的学科分科制度带来冲击。自1929年清华国学院停办开始，这种分科制就大行其道。现在情况又改变了：国学要回来了。国学是通学，是作为一个整体的学科之学，它与文史哲为代表的分科制将如何共处？作为国学学科的实践者，今天在座的各位校长于日常工作中和细节上，都实实在在地感受到了两种制度之间的冲突和矛盾。可是问题在于，这种矛盾与冲突并不只限于校园之内。长久以来，分科制造成了一种社会需求。比如说现在的用人单位，都是根据分科制的学科体制建立起来的一种架构，它需要的也是分科制产生出的人才。现在，假设教育界把国学学科这个"瓶颈"给突破了，但在突破之后它实际上仍然要面对一个与社会需求对接的问题。这些都是我们在建立国学学科时应该考虑的。

徐显明：政法大学设立了国际儒学院以后，有一位教授提出来，说能不能回到中国古代的那种用人标准上去，比如如果你具备了国学的基本知识，经过了严格的考核之后，我们可以授予他"举人"的学位；如果他达到了研究生的水平，在国学上已经是一个通才、一个高级人才了，那么我们再给他授一个"进士"的学位，所以我们实际上已经讨论过这个问题了。（笑）儒学院成立了以后，我说我们首先要理解中国学位制度的特殊性，即在国家学位之外不可能允许一所大学再单独设立学位目录以外的其他学位，后来老师们理解了我的意思。在讨论时我们都认识到，我们现在希望培养的国学人才是一种通才，国学最大的特点，就是我们讲的"三通"——通经、通史、通论，这三者皆通的人才，应该说就是一个大才，而在目前四年的本科教育当中想要培养这样的大才，我觉得是做不到的，即使把本科、硕士、博士三个阶段全部连接起来，用十年的时间，仍然有困难。昨天我在山东大学文学院调研，几位八十多岁的老先生就提出，想要达到我们国学理想的状态，必须改革现在的培养机制。过去的国学大师，比如王国维，他可以把十三经背诵出来，像这样的例子我们还可以举出很多，比如陈寅恪、郭沫若更是十三岁就能背。所以要培养这样的高才、通才，学生应该从幼童时就开始起步，尽管他对里面的内容一时不理解，但是这些音符已经印在他的脑子里了，当他有能力理解的时候，这些音符就能转变为思想。因此，我们目前的学制是很难培养出这样的通才和高才的，所以，国学作为一个学科到底应该怎么建设，学制也是一个值得我们深思的问题。

我现在在想，我们山东大学对国学的研究肯定要加强，但是我们的路径主要是通过建立"儒学高等研究院"来解决。我们的路径有两方面，一方面，在今年12月份我们要成立山东大学儒学高等研究院，我们对它的定位是一个高起点的研究机构，我们山东大学本身也具有这样的优势。

主持人：是否类似于杜维明先生担任院长的北大高等人文研究院？

徐显明：应该说比较接近，但肯定会有自己的特色和优势。这是我们希望突出的一个高级别的研究。我们这个研究院的特点，一是具有地理优势，儒学是山东大学独特的本土资源；二是有学科优势，山大30年代即已形成"文史见长"的办学传统，校内与国学相关的学科门类齐全且实力雄厚；三是起点比较高，国内一部分权威的学者都有可能成为我们的正式研究员，比如许嘉璐先生、庞朴先生、刘大均先生等都将是我们的核心成员；四是我们也会和世界上的一些知名院校进行合作，比如哈佛大学燕京学社、东京大学、韩国的成均馆大学、法国的巴黎大学等，我们所建的研究平台将是一个国际化的平台。除此之外，第五点，也是很重要的优势是我们会有一个创新的体制，这个体制就是和山东省人民政府共建，这样的话，在山东省更多的儒学资源就会成为山东大学儒学高等研究院的资源，包括世界儒学大会、尼山论坛、孔子基金会、中华文化标志城建设、孔子博物馆等，这些资源都可以被配置到我校的儒学高等研究院。另外，我们自身的建设体制也是独特的，实行理事会领导下的院长负责制，它是一个单独的学术体系。因此儒学高等研究院可能就是我们弘扬国学的一个主要方式。同时山东大学也可以成立一个国学研究中心，至于是不是要建国学院，我们现在还没有这方面的考虑。

主持人：（看着徐显明）如果建院的话，您会像纪宝成校长、朱崇实校长一样兼任院长吗？

徐显明（笑）：不会，肯定不会。

主持人：我看山东大学关于国学学科的建设设想中一共设置了三套方案：一个是学科门类，一个是一级学科，一个是在不触及现有体制前提之下的二级学科。

徐显明： 山东大学提出三个方案，本身就说明在山东大学对国学学科建设上有不同理解，这是正常的。学术问题由学者们讨论，如果只有一种观点，反而就不正常了。我个人认为，学科设置的问题，假设条件成熟，国学可以被作为一个一级学科来对待。在这个一级学科之下可以设立一个相同名称的二级学科，没有必要划分得过细，分得过细，就不符合国学的特点了。国学是通学，离开综合、融通、会通就不是国学。

主持人：（看着徐显明）您觉得，无论采用哪种方案，要想把这个问题真正解决的话，从决策上看，还需要什么条件？或者说，咱们的顾虑还有什么？

徐显明： 决策上最大的问题可能还是高等教育的管理体制。中国高教管理体制，形式上叫依法自主办学，但实质上各大学均无专业设置、学科设置的权力。所以我刚才的那个设想，即给予某些大学一种自主的权力，教育部门则作为一个监督者来进行批准，这样就可以部分解决与现行体制的冲突。因为教育部批准了以后，它就自然纳入到国家的学科管理体制之中了。如果体制上的解放还达不到我所希望的这样，至少应设置国学的学科目录，然后选择五至十所学校先行试点。试点的做法，是中国行之有效的独有的管理思维。

再回到刚才您提到的用人问题上，现在的社会是按照五四之后的学科分类所形成的社会观念来对待人才的，现在我们要重新建立一套体系，就有一个社会是否了解和适应的问题。用人单位选用人才首先考虑的还是专业与特长，其次考虑的是人才的通识性问题。对用人者来说，有专业特长，又有一定国学修养的人，才是理想的。社会上对国学的态度与我们学者对国学的期望是有巨大差距的。国学专业出身的人无法成为"全科医生"。

主持人： 总之，是要开始做这件事。先做起来了，制造出一种社会需要，就会慢慢扩展开来。尤其是以文史哲见长的，又都是在社会上、民众中享有广泛声誉的这几个学校。如果它们带头做起来，可能就比一般的全面铺开更容易被社会接受。

三

主持人：今天几位校长都建议，解决国学学科不妨先搞试点，以试点名义让几个学校先搞起来。听上去，这个搞"特区"的办法更贴近实际，更可行。

顾海良：从学科建设的得与失来讲，马克思主义理论学科在第一次审批博士点的时候设立得多了一点，没有对这个学科内涵做更深入的了解。多了以后，质量上可能会出这样那样的问题。所以我们为了高质量高水平地建设国学学科，可以在一些学校进行试点。试点也是在一级学科上的建设，二级学科不妨让学校自设，不要硬性规定哪些是二级学科。二级学科的设立可以有一些差异，反映出自己学校对国学研究的传统和理解。我想学者们很容易解决这个问题，没必要在二级学科的问题上争论不休。一级学科审批授权设置后，二级学科在国务院学位办备案经过专家委员会认定就可以，所以我们只能把国学归到哲学门类下，先办个临时"户口"，以后再办个正式"户口"，独门独户。

主持人：纪校长，人大国学院的"户口"办了四年了，明年就有学生毕业了。如果学科还解决不了，您打算给学生授予一个什么样的学位？

纪宝成：我们初步的设想是根据学生的毕业论文，看他们的方向。在现行学科后面加括号，括号里面注明国学，等待有正式的学位的时候，也不排除给学生换证书。这是一个权宜的办法。关于学科专业目录修订问题，我们人大专门做过课题，而且写了一本《中国大学学科专业设置研究》的书，这本书2006年就出版了，工作的后期也有领导谈过、议论过，学科门类变动不太容易，已经搞了二三十年学位了，突然没有历史学博士了，没有文学博士了，没有经济学博士了，大家会感到很奇怪。据我所了解，这次修订学科专业目录，不想大动，大动会引起社会上很多议论。因此，国学要么单独设一个学科门类，要么就是设一级学科，挂在某个门类之下；再一个就是特许，少数学校先行试点，以后再说。如果学科门类不变，我觉得现在最好的办法就是设一级学科，挂在哲学、历史学还是文学下面，看情况而定，但是一级学科必须有；或者就是特许，指定十所或八所大学搞试点，同意授予国学学位，等成熟了之后再推广，这是最低要求了。我们人民大学的想法就是最好是一级学科。

主持人：您认为现在上面的顾虑是在哪里？当然这个问题不会见报了。（众人笑）

纪宝成：您说的上面具体指谁？（众人笑）

主持人：那个能把"户口"给您的人。（众人笑）

纪宝成：我觉得还是对国学缺乏正确而全面的认识，不一定是反对，可能是所谓的"慎重"，是担心国学会有什么莫名的负面影响吧。

主持人：我能不能请您预测一下，这个事最乐观的估计，什么时候能定下来？不管是试点也好，一级学科也好。

纪宝成：我觉得这次学科专业目录的修订应该解决这个问题。国务院学位委员会每年开一次会，或者年底，或者年初，我估计今年不可能讨论这个问题，因为还在论证当中，所以见分晓应该是一年以后的问题。

主持人：朱校长，请您谈一谈怎么办这个国学学科？

朱崇实：对于这个问题呢，我觉得要有高校愿意去试并且有能力有条件去试，我觉得厦大既有能力也愿意去做这件事情，有些学校希望从本科一直到博士培养国学人才，有些学校想从研究生这个层面来培养等等，我觉得这里面有很多很多的争议，可以的话先做些探讨。我认为国学作为一个学科已经没有太多必要去争议或者去阻碍，有这方面需求又愿意来做这方面工作的学校，放手让他们去试一试，做个两年三年，等它成熟了，觉得这样的模式确实能把这样一个学问系统化，能够给它一个更好更高的平台来培养人才做科学研究，到这个时候，看看怎么去吸取他们的经验，把他们成功的做法进行总结，然后国务院学位委员会把它定下来，这个就水到渠成，我觉得完全可以试一下，没有什么不可以。

四

主持人：最后问问各位校长还希望我们做什么？

纪宝成：《光明日报》开设国学版，本身就是顺应历史潮流，是对国学教育的极大支持。对国学的支持，《光明日报》功莫大焉，因为《光明日报》的地位摆在那里，社会舆论是可以看得到的。

我们希望国学版能够更加生动活泼地办下去，办得越来越好，不断发表高质量的文章，继续为贯彻党的十七大精神，弘扬中华文化，共建中华民族的精神家园做出应有的贡献。《光明日报》报业集团有多家子报子刊，我们希望这些媒体、平台、管道对国学也加强一些宣传。现在连国外都有一个学科来研究中国，研究中国的传统文化，叫作汉学，但我们自己却不把自己当回事，我每每想到这一点就很遗憾。所以关于国际汉学界的动向，我们也希望国学版有一些报道。因为汉学是从西方人的视角来研究中国传统文化，和国内国学界将形成互动的关系。我认为，对外国人如何认识中国文化也要进行研究，国学版如果能把国际汉学界的一些学术动向、见解和观点也有所介绍，这对国人正确认识中国传统文化也有好处，他们的研究视角，他们取得的学术成果对我们会有一定的启发。总之，我们希望"国学"版坚持的一定是国学，如果不坚持这个，那就不叫作国学版了。

顾海良：研究国学有三件事情，假如这三件事情能够做到，就比较好了。一是从学术界的学理上，国学和民众疏远了，怎么请专家把国学"世俗化"。这个工作我觉得做得已经非常好了。二是现代研究国学的方法问题。方法的创新和探讨是国学研究中的一个重要问题，现代人怎么来理解国学？我的观点是不能全盘肯定也不能全盘否定。看哪些符合时代的要求，有一个国学的现代化和时代化的问题，能不能在我们这个时代生机勃勃地发展，这个可能是个方法问题。第三就是学科建设问题，一个是国学自身的学科体系，要吸收现代的一些方法，不一定沿用我们原来的方法，19世纪中叶以后人文科学研究西方的方法是值得我们借鉴的。另外就是学科建设希望《光明日报》能够起到一个中介的作用，对学界、学校和政府的管理部门，如教育部和国务院学位委员会起到一个沟通的作用。根据我的经验，舆论界、学术界过多地议论而不与有关主管部门沟通，这样效果不会很好，舆论疏导的同时假如能够借助你们这个平台，学校、学者和学科学位管理部门能够共同坐下来讨论这个问题，效果可能会好一些。现在没有听到对称的信息，但据我的了解，应该是没有问题的，人文科学学科评议组的大多数专家，我认为都会赞成的。假如这些人赞成了，这个问题就好办了，包括理工科的一些专家，他们也会赞成的，因为他们本身也有比较深的国学涵养，把它作为一个学术学科问题来探讨，是学校、学者和管理部门的结合，希望《光明日报》起到一个中介的作用,起到一个平台的作用,让大家心平气和地讨论这个问题,我相信在很短的时间内,至少可以把一级学科建设这个问题解决了,至于采取固定的方式还是试点的方式,这个可以探讨,但允许一级学科的建立在不远的将来是能够看到的。如果是遥远的将来的事情,我们也没有必要出来呼吁的。我们愿意为促成这件事情而做些学校的工作,学者和学位管理部门也会尽自己的责任,大家都希望学科建设好。我希望《光明日报》在国学的理论观点上、宣传和梳理上,在国学时代化和现代化方法的探讨上,以及在国学学科建设上发挥更大的作用。

徐显明: 我对《光明日报》有三个希望:一是希望利用国学版先把几个交叉但又有区别的概念讲透,以让我们的大众知道到底什么是"国学",我想这应是文化和学术的基础。这几个概念是:国学、儒学、孔学、儒教、孔教、汉学、中国学、中学、中华文化等。把普及与提高相结合,应是《光明日报》的一个责任。二是希望把外国为什么对我们的国学感兴趣的原因讲透。中国文化中的"和平主义"、"责任主义"、"统一主义"恰是西方文明中所欠缺的。中国有如此古老的文明史,但中国未曾对外侵略过;中国人口如此众多,但中国人的责任意识远大于权利意识;中国幅员如此辽阔且民族众多,但中国统一的时间远长于分裂的时间。此三者,都是希腊文明发展至今,在整个欧洲所不曾具有的。我想这也是中华文化对西方的魅力所在。三是把中华文化的精华和糟粕区分清楚,让我们以一种理性的精神和态度对待国学。把作为文化的国学和作为意识形态的国学分开来,以便让我们的学生和民众知道继承什么、扬弃什么。

朱崇实:《光明日报》是中国非常有影响的一个媒体,为我们社会的健康发展发挥了非常好的作用。在国学这个问题上,我同样希望《光明日报》能够发挥自己的作用和影响,使得国学能够沿着符合科学的进程去发展,我很赞成一些学者在国学研究中的一个心得,即他们认为国学是一种通学,我觉得这不仅仅是对国学的一个定位,而且,这种通学的提法对我们的教育怎么才能办成一个真正出人才、出优秀人才、出创新人才的教育体制也是有启发的。我们的学生现在越学越窄,中学就开始分科,大学的专业也是越分越细,这对我们优秀人才、创新人才的培养和成长会有什么影响，是很值得认真研究的。我很希望《光明日报》能够站在一个更高的位置上去阐发国学的争论和讨论，挖掘出国学真正的更深层次的文化价值和现实意义在什么地方，更深远的对中国社会的影响和作用在什么地方，《光明日报》可以发挥自己的力量和作用，以更高的站位、更深邃的眼光和远见来看待国学。这就是我对《光明日报》的期望。

主持人：访谈到这里就结束了，再次感谢四位校长的到来，谢谢。

國學訪談

国学是一门学科

六教授访谈录

摘要发表：国学版（光明日报2009.10.12第12版）

汉学在西方的发展也有一个学科的框架，被作为一个独立完整的学科来对待、来建制。

我们最大的愿望就是让文史哲成为一个大人文学科，下面历史、哲学、文学包括国学都是一级学科，这个是最理想的。如果能借这个机会整体反省与改善我们的整个学科架构，我觉得会更好。

我们应当看到国学的特色，就是综合性的通学。中国人讲的『通』，就是在整体上如何把握世界。

目前没有一个人能够把国学概论全部讲下来，但是我们可以把它分成文史哲三个老师各讲一段。

时间：2009年9月23日
地点：北京中国职工之家滴水轩茶楼

访谈嘉宾：
陈　来（清华大学国学研究院院长、教授）
黄朴民（中国人民大学国学院常务副院长、教授）
吴　光（浙江省社科院研究员）
龚鹏程（台湾佛光大学原校长、北京大学中文系教授）
朱汉民（湖南大学岳麓书院院长、教授）
吴根友（武汉大学哲学院副院长、教授）

主持人：
梁　涛（中国人民大学国学院教授）
梁　枢（《光明日报》国学版主编）

　　主持人（梁涛）：当前的国学热不是来自少数几个知识分子，是社会的需要推动了国学重新回到我们的视野之中。那么国学"复出"之后，又面临着一个在体制内身份认同的问题，也就是国学作为一个学科能否成立的问题。五四以后成立的国学研究机构，如北大国学门、清华的国学研究院、燕京大学国学研究所等等，它们基本是借鉴了西方分科的方法对固有的学术、文化进行分类，一般分为文、史、哲，加上语言、文字、民俗、考古等等，正是这种分类，最终导致国学的解体。因此有人提出，"国学"只是在现代学科建立之前的一个过渡阶段，等现代学科建立起来了，国学也就自然解体了。我觉得这个问题还是值得讨论和商榷的。目前国学在体制上还面临着一些困境，国学作为一个学科还没有得到认可，这就要求我们思考国学之为学的问题。陈来老师，你们清华国学院已经成立了，您来开个头吧！

陈　来：历史上的清华国学研究院即国学门，通称清华国学院或者清华国学研究院。吴宓在1926年初写的报告里面就称国学研究院了。这个院成立的时候，吴宓写过一个缘起，这个缘起里面有一个对国学的定义，国学就是中国学术文化的整体。我们今天还是沿承这个讲法。

现在的问题是，国学学科的问题怎么来思考？有一种观点认为，清华历史上有国学研究院，清华国学院停了以后，就按文史哲分科发展了，认为不分科的国学研究是一个早期的阶段，分科的发展是进步的阶段。现在再把国学当作整体之学，当成学科是不是一个倒退？我觉得分也好，合也好，没有高低进退之分。国学确确实实是一个学科。我们可以做一个对照，就是西方的汉学。汉学在西方的发展也有一个学科的框架，汉学被作为一个独立完整的学科来对待、来建制。早期最重要的就是法国。法国有几位前辈是欧洲汉学的鼻祖，法国是最早把汉学作为一个整体的学科来看待的。法国的典范影响了日本、荷兰和俄罗斯。今天来看，我们发现欧美的研究也不是像我们这样按文史哲的建制划分来做的。就拿中国哲学来讲，我是做中国哲学的，在哲学系是理所当然的，可是你到欧洲、到美国，哲学系里基本就没有中国哲学，我们叫中国哲学这个东西人家就不在中国哲学学科里面研究。

龚鹏程：台湾也是这样，中国哲学的专家都在中文系。

陈　来：这就说明不一定非得要文史哲分开这样研究。当然也不能排斥分的研究，这个里面不一定要说谁高谁下，如果说原来分的破坏了整体，是不好的，我们要回到整体，这个讲法也不见得是最好的。我觉得人类的学术发展是不断在发展摸索，不断在变换角度，这种情况反映在学科上就是有分有合。这两个方面要结合起来。现在文史哲以外有很多综合的院所，比如说各种研究院，比如说武汉大学的中华文化研究院等建立起来。为什么要成立这个呢？整合。现在已经分的东西，也许有的不错，但是它有所长也有所弊，有所长就是它的分科比较西化，可以更专门更突出，这是一方面。可是怎么沟通这方面？中国的学问是沟通的，怎么能把沟通的方面再现出来，把它掌握住，那就需要一种整合。我现在看不仅是中国文化这个学科，很多社会学科、人文学科包括自然学科都讲究跨学科的整合。今天我们国家有很多尝试，包括人大国学院的出现，应该鼓励在这方面走出一些新路，不要仅仅囿于原来一些传统的做法，比如科系的划分。毕竟今天这个时代是个鼓励创新的时代。

黄朴民：现在国学讨论的好多问题是民国时期的翻版。民国的学术可以分为三大类，第一类就是清华国学研究院，完全是用科学的方法、先进的理念、中西文化汇通的角度进行科学的研究，这是一种。无锡国专的诗词歌赋琴棋书画都是很好的，他们出来一大批人，比如饶宗颐、钱仲联、冯其庸、王遽常全部是这里出来的，这又是一个路子。还有就是马一浮的，就是六艺为一切学问之本，最后所有老师都跑光了，熊十力也不跟他合作了，复兴书院也搞不下去了。这三种我觉得，清华是求真的，无锡国专是博，马一浮的就是纯，这三个是不一样的路子。今天我们人大国学院选择哪一种路子，更适合我们的学科建设？如果回到马一浮那个路子，那是纯粹的学者可以做，但是不是我们国学能够得到认同的路子。实际上还是要在无锡国专和清华研究院的路子上去推动，也就是以经史子集为主体，同时以西域历史其他新的学科为亮点，成为齐头并进的东西。

现在面临的两个最大的问题，即最核心的"瓶颈"是两个：一个是制度的限制。现在我们国学院的学生，从今年开始就有很多学生沉不住气了，因为人家来招聘，要学历史的，就到历史系去找；要学中文的，就到中文系去找，我国学靠在哪里？国学是干什么的？国学没有一个学位，最后授的还是有点拼在一起，然后侧重点跟我学可能就授历史，跟袁济喜学可能就是文学。制度没有保证，思想就浮动。

第二个是师资队伍问题。从我自己切身体会，我们原来搞训诂、音韵，还有搞版本、目录，包括搞文献的，经常陷于一种以其昏昏使人昭昭的状况，确实是有差距。国学的边际没有弄清楚，到底要具备合格的师资，哪些是必备的东西，哪些是专长的东西，专和博的关系怎么处理？到现在为止我们的课程还是有一定问题的，只能有什么人开什么课。

我同意刚才陈老师说的，学科完全是可以成立的。一个统计数字说，美国有四十多所大学开美国学，美国学就是美国的国学。美国也看到这个问题，比如说与我们有合作关系的明尼苏达高等研究院，他们都是想要做综合，从不同的角度、不同的学科、不同的优势进行优势互补。我们不否认文史哲分科的重要性，不能说文史哲分科不对，我非常赞同刚才陈老师的意见，但是在文史哲上面允不允许有一种探索，探索一种新的更综合的模式？我们历史学里面也是这个问题，比如说雷海宗先生他是通才，包括清华大学的何兆武先生，他是以通的这种类型做学问，他这个学位要承认是有价值的。当然也有人做得非常专，一辈子就注释一本书，或是考证一个时期的制度，我认为我们不要对着文史哲去做，否则会引起很大的问题，很多人对国学是有保留的，你要创新，学科都不被承认怎么创新呢？

主持人（梁枢）：刚才您谈到制度建设，我想知道从制度层面，您认为什么样的方案可以对您所说的问题提供一个基本的解决办法？

黄朴民：从国学院的角度，就是把国学作为一个学科门类来对待。我们最大的愿望就是让文史哲成为一个大人文学科，下面历史、哲学、文学包括国学都是一级学科，这个是最理想的。如果门类拿不到，至少把"国学"设成一级学科，至于放在哪个门类里面要有预案，比如说，为什么是放在文学而不是史学、哲学，或者是放在哲学而不是文、史，这需要讲清楚。

二

龚鹏程：综合起来讲，学术发展过程中，必然会有新学科不断出现。出现一个新学科是因为社会有这个需要，新学科的出现就是学术不断发展中，在面对社会的新需求时而做出的回应，因而不应当只从这一个学科的角度谈，如果能借这个机会整体反省与改善我们的整个学科架构，我觉得会更好。台湾的情况是这样的，"国学"并不是放在文学里，中国语言文学系实际上就是个国学系。不论是台湾大学还是台湾师范大学，所谓的文学是孔子时"文章、博学"的概念，与大陆中文系的概念是不一样的。台湾所有的中文系的概念都是指国学的范畴，文、史、哲，四库之学都在里面。学生进大学一年级，必修课就是国学导读、国学概论等基本的课程，大二时学文字学、音韵学、训诂学以及文学史、哲学史等等，基本是传统上的义理、考据、辞章的框架，而不是把经学独立出来。学生在这个学习过程中应具备三个方面的基本能力，得到一个总体的掌握中国学问的基本方法。我觉得这样的课程设置是可以作为参考的，可以免去一些不必要的摸索，或许也可以免去一些质疑。

既然我们是要建立一个新学科，在所谓制度化保证方面，我们要有一个心理上的准备。就是说，如果教育部门不批准，我们就不办了吗？不是的。台湾在大陆读书的学生数量很多，他们在大陆取得的学历在台湾至今是没有被承认的，若从没有制度化保证而言这要更严重，但是仍然有大批台湾学生愿意来学习。今天我们办国学假如确实是因为社会的需求，我们来呼应它、回应它，那么我们办学的方向很大一部分是要提供给社会。另外，现代化一定要跟国学区别吗？未必。比如在日本、韩国，人们在日常生活中穿戴古衣冠是很正常的、很普遍的。有人对国学产生质疑，是因为把古代与现代对立起来、切割开来了。再者，如果我们觉得"国学"作为学科的范围太大的话，那么同样文、史、哲也够大的。历史系也可以说古今中外无所不包，文学同样包括中外文学，也很大。但是历史系、哲学系、文学系无非是说从历史、哲学、文学等角度来观察社会，那么国学系是提供中国人面对社会、面对学问的一种态度，是从整体性上掌握的一门学问。国学学科应当从文化特性、从社会、历史的整体性来看，因而我个人不建议国学学科内部再做分化，若再分就没意义了。

如果有人觉得分化才是进步，原来未分是原始的状态，那说明他们对现代教育的发展实在太陌生了。因为现代教育的发展正是从分化走向综合，走向汇通，走向跨学科。现在民间为什么会对国学有这么多的需求呢？特别是家长，他们对小孩的教育要负责任，他们很谨慎。不止是家长，还有很多中学老师、校长，他们长期在做教育，他们也在做国学的普及工作。他们为了什么？真正的问题在于，现在的教育不能满足这个社会的需求。所以不是你来检讨这些人，该检讨的是你这个教育体制，而不是觉得所有人都搞错了，不是这样的。这是一个全国性的、普遍性的文化动态。

主持人（梁涛）：问题的关键是，我们对所谓的现代学科能不能进行反思？现代学科是不是已经尽善尽美，不需要发展、完善了？虽然上个世纪二三十年代人们采用西方学科体制对国学进行分类有其一定的合理性，但经过几十年的实践，我们也可以回过头来看看当时这种"分"是不是也带来了一些问题和弊端。比如，经学的传统彻底中断了，五经被肢解，分到了不同的学科，经之为经的价值、意义也被否定了。本来经学在历史上是最有影响的学问，是中国传统价值观的集中体现，对社会发生着重要的教化的功能，但这个传统完全被破坏了。而按照西方的模式建立起来的中国哲学学科，始终无法摆脱削足适履的困境。更重要的是，即便我们以西方的学科分类为标准，把西方看成是现代学科的典范，我们目前的学科分类仍存在一些不足和问题。西方的文化传统是"二希"，即希腊和希伯来，所以西方有古典学与希腊文化对应，哈佛、耶鲁等大学都有古典学系，专门研究希腊、罗马，做整体的研究。还有神学，与希伯来文化对应。所以西方也不仅仅是只有文、史、哲，对于其文化传统，他们都设有专门的学科。我们有这样丰厚的文化积累，五千年的文明，从来没有中断过，我们自己不珍惜，那就太可惜了。所以我们不应画地为牢，认为只有文、史、哲才是合理的，如刚才龚鹏程教授讲的，现代教育有一个综合的趋势，我们不否认有文、史、哲分科的合理性，但在这个基础上还可以有新的综合，像国学学科的设立，就可以起到这样一个综合的作用。我们常常讲"文、史、哲不分家"，这一句话细推敲起来不一定对，因为文、史、哲本来是现代学科分化过程的产物，不存在分家不分家的问题。大家之所以这样讲，意在重申其源头本来是一个整体，应该有综合。下面请吴光老师谈谈看法。

吴　光：关于国学的问题，其实我们讨论很多年了。人民大学建立国学院，我认为是一个非常好的举动。但是有一个问题是，到底国学是什么，国学学科怎么定位，国学课程怎么设计？这些问题从国学院成立以来还是有点模模糊糊的。我跟冯其庸先生有过一次通信提到"大国学"，但是大到什么程度，"新国学"新到什么程度，还是需要展开讨论的。现在有一种观点就是好像国学起来了，文史哲就没饭吃了，都被国学合并了。其实并不是如此。

我们现在关于国学的定义有很多，但我认为大体可概括为三种，一种是狭义的，国学即国故之学，如六经之学；一种是中义的，国学即四部之学，经史子集；一种是广义的，像张岂之先生认为的传统文化全是国学，甚至国家的学说文化都是国学。我觉得一般我们还是取中义的为好，狭义的国学是一种专门之学。我觉得，国学既是一门通学，也是一门专学。首先国学应是一门专学，因为我们不能不承认我们现在的学科设置是从美国、从西方、从苏联那里搬来的，这基本是新的学科潮流，难以否定，也不应该否定，但是这里面有很多弊病，确实把传统的东西肢解掉了。现在的学科设置是文、史、哲，使人隔行如隔山，比如说把经学肢解掉了。

现在我们要设国学学科，就是在现有的学科体系之外创建一门新学科。我觉得这个新的学科体系，应当看到国学的特色，就是综合性的通学。这样做不是要包罗万象，只是说一些基本的东西要有通的认识，比如说，经学、史学、文学、诸子百家之学，还有艺术。经学不是要面面俱到，我觉得作为一门通学，就是讲"三通"，第一是通史，经学的通史；第二是通典，经学的主要经典；第三是通论，从古到今的经学理论。其他几方面也一样，史学、文学、诸子百家等，也可以把"三通"贯彻到国学的基础教育里面。上面说的是本科基础教育，但到了硕士、博士阶段就应当是专学了。作为国故之学的国学，考据、音韵、文字学等属于国学的专学的方面。我认为国学作为通学是面向基础的教育，作为专学是更高的一种专门的教育，完全有其存在的价值。

三

主持人（梁枢）：各位谈到国学是通学，是整体之学、博雅之学，它今天的回归是适应社会需要。那么这就意味着承认国学的学科地位，把国学作为学科来对待是因势利导，是对社会需要和学术发展中出现的一种综合趋势做出制度上的回应。我想请各位对这种综合趋势究竟是一种什么样的趋势再做一个深度的讨论。

朱汉民：国学的社会需求大家都谈到了，我的感受也非常强烈。社会各界人士他们想学国学，特别是想在岳麓书院学国学，认为在古代的书院里学国学是比较不同的。但现在确实面临一个问题，那就是我们这些从事跟国学相关的研究和教学工作的、待在研究机构和大学里的老师们面临一个尴尬：国学这门学科在现在我们的体制内，到底是处于一个什么样的状况？西学是一种非常强势的文化，它整个从军事、到经济、到政治，然后带来文化，带来了知识学科的分类，使得我们把学科做了一个整体的改组。换句话来说，就是这种学科的分类给我们的废除科举、废书院、兴新学，整个连成一个整体。现在大学的分科，院系的分科，学科的分类，基本上完全是根据西学，理学、工学，文科里面文、史、哲、艺术、宗教、政治学、教育学等等，这样整体的分类。在这种情况下，我们中国传统学术的资源，在这种学科体制下变成了材料。比如过去的经学，我们不是叫它经学，我们可以研究它的文字、研究它的历史、研究它的哲学、研究它的宗教、研究它的教育。同样子学也好、经学也好、史学也好，全部化解到不同的学科的视野里面，就全部变成材料。

我认为这个确实有它的积极意义。一方面，由西方强势文化带来整个世界的文化大融合，就必然面临一个中西的交流对话的问题。通过这种瓦解之后，确实是，比如说西方有哲学问题，那我们中国人在这些领域里面怎么回答的？我们有一批从事哲学的人可以和西方对话。同样是政治学的、教育学的、心理学的、文学的等等，不同的学科我们有相应的对接。应该说西方的这一套知识体系对我们对客观世界的把握，确实有它的优势，我们经常采用它的方式，确实是有它的长处，除了文化交流以外，确实还带来了知识的所谓的近代化。所以，到目前为止，我们学科的体制、大学的体制都是以这种学科划分作为基础。那么，它有一个很严重的短处，就是我们刚才实际上已经讲到的，中国的传统学术是一个整体，可以说是和中国文化息息相关的整体性的东西，你用各种学科把它分割之后，它就失去了很多原来的东西。它在那个体系中，你把它拉出来之后，用每个学科把握世界的时候就有可能失真，尤其是对国学这个研究对象。比方说，原来讨论中国哲学合法性的问题，实际上把中国古典学中间的一部分学问拉出来和西方对应，我们的祖先可能不是在讨论这些问题，硬要让它和西方哲学对话，硬要去回答西方人的问题，有些它可能能回答，有的回答不了的，就使得它失真。另外还有一个很重要的，中国传统学术作为一个有学术生命的整体，确实是有它的特色的。因为每一种知识，说到底实际上是我们人来把握世界的一种主观的图式。同样中国人在把握世界的图式上，有它自己的特点，西方有它自己的长处，中国人确实也有自己的长处。比方说中国人刚才讲的"通"，就是在整体上如何把握世界；比方说中国人很注重实践，知识一定要和自己的身心活动结合起来。这一系列的中国国学把握世界的方式，放在整个世界大文明体系，还是有它很多的长处。所以从这两个意义上来说，我认为不应该认为已经有文史哲、宗教学、艺术学、政治学、教育学就够了，而是需要一个中国传统学术的、原生态的、有机的整体学问。这样一个整体学问，自身有内在联系，有总体特征。这样的话，在现在的大学体制之下，我认为这样一种学问完全有它存在的必要性和合理性。正像刚才举到的西方的社会为什么会把古典学、汉学作为一个整体？因为确实是，把它拉开之后它就变成了一个学科，它的视角发生了变化，变成哲学、变成了教育学，变成教育学就考虑教育问题，实际上中国传统的教育问题和政治问题，和伦理问题是一个整体，和整个做人是一个整体，把它变成一个纯粹的教育问题的话，反而失去了原来的丰富性和特殊意义。

吴根友：把传统的整体性的学科肢解了之后，传统学科的生命力就没有了。

朱汉民：对。所以在现在这种学科体制下，现代的学科分科有它的合理性，我认为同样国学作为一个整体的中国古典的学术，仍然有它的合理性，而且是为其他分科之后的学科提供一个基础的学科。就是说，假设你还研究中国哲学、中国文学、中国历史，和研究国学的人关注点不一样，特点不一样。研究中国哲学、中国历史、中国文学、中国政治学、中国法学或者中国教育学的人，可能要从国学那里去吸收营养，这样一来国学就作为一个基础性的学科而存在。这样的话，我认为这两种学科可以并存。而且讲到制度性的基础，我认为有两个：一个就是要在国家的学科的门类里面，作为一门独立的学科一定要进去。是作为一个独立的门类，还是作为一个一级学科还需要再讨论，但无论如何是要作为一门学科纳入进去，因为它有自身的研究对象和自身的特点，是其他学科不可代替的。第二个就是，大学和研究机构，在制度方面也可以建立一个基础，这有两种方式。一个是书院。现在建书院是个热潮，有的是恢复古代书院，我们做了之后，像嵩阳书院、白鹿洞书院等很多书院都想向我们学习，把古代书院结合到现代教育体制中来。从文化生态的角度，这种书院和国学是非常合拍的，最早熊十力、梁漱溟，包括钱穆先生，他们讲国学的时候都是办个书院讲国学的。现在还有很多新办的民间的书院。现在好多从事国学的老师，都有一个人生的理想：等到学问和经济实力达到一个地步的时候就办一个书院。再一个方式就是国学院，从本世纪初开始，一些大学成立国学院，到现在大学纷纷恢复或组建国学院。我认为以这两个机构为基础，今后可以成为我们的大学做国学学科、从事国学研究和教学的机构，有这两个体制的保障，我们就可以在国学的研究和培养人才方面，发挥更大的作用，更好地满足强烈的社会需要。

主持人（梁涛）：武汉大学虽然不办书院，但是你们办了国学班，招国学博士，请吴根友教授讲讲你们办学的情况。

吴根友：我简单讲一讲吧。郭齐勇老师本来要来，但今天到台湾开会，他委托我来讲武大办国学的想法。郭老师一个基本的理念是强调国学作为现在文史哲分科的一种补充。刚才大家讲得都非常好。现在的文史哲分科有它的长处，是培养各方面专门的，但是也明显有它的弱点，就是文史哲分科之后，特别是研究中国古代文学、古代史学、古代哲学的，很多方面本来应该通的，结果不通，做中国哲学史的不懂得音韵训诂，文字很多解不通。我那天开会的时候，我们一个做西方哲学回来的，他看到有的人写的中国哲学，引了一大段文字，后面又不解释，然后他当面质问作者这段引的什么意思，那个作者说大概就是那个意思，他说我问你具体是什么意思，作者讲不清楚。就是说做中国哲学的，他连中国文字古文都讲不清楚，这是很大的问题。为什么会出这个问题？就是在我们的基本训练上出了问题。文字音韵训诂对中国整个文化自己的解读，他搞不清楚。郭老师一再强调说，我们国学班，就是要补救现在人文方面文史哲分家的不足。通过培养通才的办法，弥补我们现在分科的弱项。基本就是比较低调的做法，仅仅是补充现行制度的不足、分科的不足，这是我们基本的办国学的理念。也是一个取弱的思路吧，免得引起和别人的碰撞。

在这种情况下，我们武汉大学有它自身的特点，自主增设本科和博士点专业，我们就利用现行制度的优势，2000年创办国学实验班。这是我们当时哲学院创办的两个实验班之一，还有一个是比较哲学实验班。先创办了一个本科生的国学实验班，从现有的大学一年级下半年、就是读了半年的第二个学期的来招生。当时我们只招十五个人，规定不超过二十个人，结果报名完全超出我们的预料之外，有将近一百个人报名，我们经过严格筛选选出二十个。我们当时比较哲学班也是这样的，大概六七十个人，然后我们筛选了十四五个。这个班办起来之后，一直培养了两届学生之后，涉及这样一个问题，就是因为现在的小孩子们都是独生子女，心理素质比较弱，还有一个教育制度就是保送研究生的事情，国学班的保送研究生的名额，不在我们人文培养基地内，培养基地是一半也就是百分之五十可以保送研究生，而国学实验班，因为它是新办的，不在体制内，所以保送得很少，只占百分之八，当然有一些就不能保送研究生。这个事情我们还是做了一些努力，当时郭老师当院长，在学校里也很有影响，他就到学校里去要，要到这个指标，大体上也达到百分之五十左右，因为人很少，也就是十五个人左右，所以基本上通过个人的魅力吧，解决了国学本科生读研究生继续深造的问题，但是还有一个问题就是我们研究生之后还要读博士怎么办，所以郭老师在学校里利用他校学育委员会委员的职位，就在学校里呼吁设立国学博士点。然后我们前年开始努力，去年正式通过国学的博士点，今年开始第一次正规招收国学博士。然后因为国家没有国学博士学位，所以我们采用这样一个变通的方式：所有在国学这里培养的学生，你自己想要什么学位，你就在历史、哲学、文学里面去拿学位，当然学的知识的构架，我们是用国学的方式来构架的。

我们有一个基本的课程体系大体方针，按照吴光老师这种说法就是，有本科的、硕士的、博士的，本科主要注重于通，就是关于中国整体学术的一个基本的，按照清代学术的说法，就是辞章义理考据，我们三者兼顾，掌握基本的古典音韵训诂、通史、通论。那么研究生的时候就开始慢慢分方向，跟各个导师研究你的专长，比如史学啊文学啊哲学，硕士生的时候课程体系就不再在历史哲学中文里面上课了，我们专门有个国学教研室，国学教研室就是把我们文史哲中做中国学问的、愿意做这样一个事情的老师们，组合在一起，组成一个国学教研室，以这些老师的特长，再根据中国学问自身的要求，增设研究生的课程体系。在研究生课程上再增设博士生的课程，就像金字塔，就是这样一个设计方法。目前整体运作还是比较良好。

主持人（梁枢）：你们那个国学教研室是不是虚体？

吴根友：实体。我们有教研室主任，有正式的编制。国学班最早在人文学院，这好办，文史哲在一起，曾经有一段时间被古籍整理所拿去了，因为古籍整理所仅仅懂得古籍整理、文字音韵训诂，一度把国学搞得很狭窄，后来郭老师讲这样不行，就把国学班要到我们哲学院来了。现在它的行政编制挂在我们哲学院，但它所有的课程体系全部都是独立的。编制在研究生院里也是单独给的，比如我们研究生和博士生的招生的名额跟哲学院、历史学院都不相关。课程也是我们专门为这个设计开的，比如说国学概论，目前没有一个人把国学概论能够全部讲下来，但是我们可以把国学概论分成文史哲三个老师各讲一段。目前基本上是用专才的方式培养通才。比较哲学也是这样，没有一个人对西方哲学、对印度哲学等都通，我们就是把印度哲学、西方哲学、中国哲学放在一起，我们现在培养的比较班的学生,非常厉害,至少懂一门外语,很牛的,对中西的哲学经典,至少每个人懂十本以上的经典,不一定全部读完,但你都读过。北大硕士生面试的时候,我们的学生,你要点一段文献,直接背,可以用英语讲,也可以用汉语背。我们比较班和国学班的学生,目前通过专才培养通才的方式,总体的路子在本科生教育上是成功的。既培养了一批很好的学生,也训练了我们老师。

主持人(梁枢): 用专才培养通才,这是很好的经验。很多人在质疑国学是怎么教法的时候,这些教学经验特别应该总结。

吴根友: 我们在实践上就是摸索着做,目前就是这么一些感觉。我们先在国学领域招生,主要是本科生,户口的解决也包括在内。武大的经验是先做,避免争论,我们先把户口开好。我们的本科、硕士学生就业没有问题,我们的学生后来分出去,很多都很好找工作。我们培养的这几届学生,从2000年招到2004年毕业的,一半以上读研究生去了,极个别的本科就到外面找工作。学生到编辑部或其他的地方工作,反映很好,适应的面也很广。

四

黄朴民: 我们的首届学生是明年毕业,所以明年是标志性的。在课程设置方面,武大的很多做法我们都可以借鉴过来。我也觉得我们国学院原来的课程不太合理,动不动就是中国通史、中国文学史,很多都是概论性的。学生们什么都只是知道一点,知道杜甫的,有的也只是读了他的"三吏三别"而已。

吴 光: 但本科阶段跟研究生不同。本科阶段就是要学习基础知识,我们历史系的学生都是读到研究生阶段才专的。

黄朴民: 我觉得有一点,一本经典读通了,如《左传》,先秦其他的古语就不存在太大的障碍。《左传》这本书中既包括相关的社会、历史问题,也包括它追记的商周的一些知识性、制度性的东西,还包括它的文字表述形式,历史叙述学的表述形式,如逻辑证史、经史证史。对这些问题,学生们读经典就可以有所贯通。

吴 光: 要让学生通一门《春秋》的话,有不少相关的知识要灌输给他。比如说，要有音韵老师教他音韵怎么学，还需要有文字老师、历史老师。实际上通一门，就是通多门，并不是单独的。

黄朴民：但是我们缺乏的就是这个。通要有点、面、线的结合。只是通论就只有点，面线的结合是做得很不够的。

主持人（梁涛）：这是讲经典课的设置。一门经典就是一门课，要讲一学期，在我读书时期是没有这样的。

龚鹏程：我来介绍一下台湾一般中文系的课程设计，仅供参考。课程是这样，大一有基础课，像国学入门、国学概论，大二是文字学，大三是音韵学，大四是训诂学，这是基本情况。可能还要看各校的师资情况，有些学校会开目录、版本或是校雠学，这些小学方法的课程算是基础。中国文学史、中国哲学史大概都要开两年。以上这都是必修课。

作为通论的课程基本贯穿四年，但也有分出去的专论课程。比如说，在经学部分，我们在大学的时候，《诗经》、《左传》、《尚书》、《礼记》的课程全开了，经典全读了。史部的，如《战国策》。子学部分，要配合读两年的中国哲学史，专论部分的经典《论语》、《孟子》、《老子》、《庄子》、《韩非子》、《荀子》全读了。有些学校还开了《墨子》或其他各项，有些学校会另外开到《传习录》，一直到宋明理学，这就包括诸子百家了。文学部分，配合中国文学史，又延伸出有关词章的课程。有历代文选，从先秦，以《史记》、《左传》、《战国策》为主，还有诸子文章的选读；再下来是六朝，主要是读《昭明文选》，是全读；然后就是唐宋八大家、然后明清文。历代文选是必修课，还要带习作，如读《昭明文选》要练习骈文。还有历代诗选，就是六朝诗、唐宋诗等。还有一些专家诗，像李杜诗、苏黄诗。这些专家诗就有点像你们开的经典课程一样。还有词曲选，也是带习作的，词选像周姜词、苏辛词。以上这些都是专论课。

这些课程结构里面，有通论、小学等基础、工具性的课程，另外通过两个大轴——中国哲学史和中国文学史，再把经学、史学、子学跟词章结合起来。所以一个学生在大学阶段就会对中国的这些基本典籍和基本学问方法有一个大致的掌握。比如说经书，几部大经都开专论课读过了。然后就是研究生，譬如说我们读到博士，十三经注疏是必须要全部读完的。不管做什么题目，不论是做小说，甚至是现代小说，他十三经都是全读过的,这个是作为他的基本训练。当然到研究所阶段还是会分化,有些人倾向不一样,可能有些专门做哲学,有些专门做文学,也有些人做现代文学了。可是也有很多人其实是没有太大分化,他其实是一直保持综合性的状态。

以我来讲,我大一时自己注《庄子》,大二时写谢朓诗研究,大三时做先秦学术通论,大四写近代诗论、江西诗派,我的硕士论文是《孔颖达周易正义》,博士论文是《江西诗派研究》。我从来就没有分,原来我受的训练就是综合的。可能原来的训练不是那么精密,可是却提供给我很多养分。如果当时我不是被逼着学一门《尚书》,我可能就不会去读《尚书》。因为这些经典基本上都读过了,大学配合着课程基本上都看了,让我把国学的基本领域大体上都摸了一下。我大体知道词曲是怎么回事,甲骨金文是怎么回事。后来当我研究碰到这种需要的时候,这些资源都可以提供给我各种帮助。

我现在的这个讲法有点参考林毓生。他在芝加哥大学,他当时在台湾有一篇文章,介绍他在芝加哥大学受的训练,对我们那代人影响蛮大的。我们原来对当时的教育体制也有很大的不满。譬如说,我是要做西游记研究的,叫我去读十三经干什么呢,对我的研究一点用都没有,可能永远也用不上啊,对不对?林毓生就介绍他在芝加哥大学硕士、博士的养成教育,人家是怎么做的。他那篇文章就详细介绍说,芝加哥大学的教育其实跟我刚刚介绍的台湾中文系的教育是非常像的。学生进来以后要接受总体的训练,让他自己去读。林毓生就解释说,这个东西为什么对我们的专业研究会有帮助。我们刚刚讲过,我们的研究后面会有分化吧,前面总体的研究对我们为什么会有所帮助呢?他利用伯莱尼的资源意识去解释。资源意识就是说,我们在做一件事的时候,当然集中意识在做这件事。比如说我现在在倒水,我集中意识在做这件事,但是我背后有很多从其他地方学习到的综合的能力,如我对茶水香味的鉴赏、品味等等,它提供我很多其他的支持我、支援我把这件事情做好的辅佐性因素。这些因素往往使我把这件事情做得更出色,所以在里面往往起了很重要的作用。刚刚有人讲,譬如说我们很多的哲学家,因为他缺少某些训练,可能缺少了文字音韵学的训练、文学的训练,所以说有些问题他可能看不到。我们过去可能在你的资源意识里面,你有很多这些东西,它可以帮助你看到很多从单一角度看不到的东西。虽然你将来还是要做专业，但丰富了你专业可能达到的效果。这个"专"跟"博"不是完全区分的。到最后，你"专"一个东西，你要懂很多东西才能真正把这样事情搞懂。

回到学科建设上来讲，就是说这样一种"博"也不是全然的、绝对的好。如果是觉得好的话，我刚刚就会讲，也不会再独立办一个文学系。分化出来的这个文学系有一个好处，其实刚刚朱先生讲得很对，这个整体性的方向跟分开来的方向是互补的，两者是可以产生互动的。不是说分化出来的就一定不好，它也有它存在的道理。所以，我们不是说办国学系就要把所有的文史哲统统取消，不是这样的，而是说它可以提供一个整体的角度跟观点，来帮助我们解决我们现在想要了解的有关中国文化的这些问题。从这个角度来看，文史哲科系应该是要支持、帮助我们这个国学新学科的创造，让这个国学学科可以发展得更好，让我们跟原来的文史哲科系做更多的配合和合作，帮助我们对中国文化做更好的解释。

五

黄朴民：我有一个补充，确确实实现在哲学这边分开更为明显。包括任继愈先生，老先生前段时间去世了，他的《老子译注》也是畅销书，也不知道出多少版了。但一些我们非常熟悉的话，他翻译得都有一些问题，编辑也没有看出来。这应该是他的助手做的，我想他自己应该不至于出这样的问题。譬如他讲"甘其食，美其服，乐其居"，这一看就知道"甘"、"美"、"乐"都是形容词的意动用法，吃什么都是好的，穿什么都是好的。结果译成现代汉语是怎么翻译的？吃可口的饭菜，穿漂亮的衣服，这正好跟老子思想是对着来的。"虽有甲兵，无所陈之"，我们读古汉语的都知道，"陈"就是"阵"，"阵"是名词，这里作为动词，是词性的活用。是虽然有武器装备，但不用来打仗。结果他却直译，虽然有武器装备，但不拿出来陈列和展览。这个是最基本的文字里面中学要解决的问题，意动用法和使动用法这些是最起码的。因为我们现在分来了，问题确实是很严重。这当然是节外言之了。

我觉得这里有三点应该要强调一下。

第一，我们现在讲国学的学科建设，包括国学的课程设置、研究方向，一定是超越单纯的汉族的。为什么我们人大国学院要有西域研究，刚才没有展开来谈。现在我们中华民族有五十六个民族，不能因为强调了五十六个民族的个性，淡化甚至否认了作为一个中华民族主体的共性的东西。这个是我们要强调的。不要让少数民族看来，你们这个大国学就是你们汉族的学问，这与我们都没有关系。譬如相对四亿美国人，我们仍是汉人，强调我们是势不两立的，这个观念一直在强化。他们原来也没有意识到这个，我们不断给他教育出来的。结果有分裂意识的人都是我们跟他们讲民族自主、独立，nation就是国家，讲民族就会不断强调国家。民族独立的时候可以这么说，变成一个统一的国家之后，最应该强调的是中华民族跟五十六个民族是什么关系。结果我们现在就很难说明，所以说我们的大国学应该是超越汉族的。

  第二，我们要超越经史子集。我觉得这是明摆着的，为什么后来国学变成大家觉得无用的了，或者说淡出了，因为后来限于经史子集中。但是去看一下《汉书·艺文志》，实用之学与理论之学是结合在一起的，"七略"实际上有"六略"。第一略通论，下面六艺略就是理论指导，就相当于马克思主义理论；诸子略，就是中国的学术学派；诗赋略，就是文学创作；兵书略，就是实践、操作性的东西；术数略、方技略，这些都是自然科学的东西。经史子集里淡化了这些操作、实践性的东西。我们一定要超越经史子集，而回归到《汉书·艺文志》的学科传统中。讲学习，如孔子的六艺之学，那个时候驾车什么都要实践的，算术也有。四书就是理论的。我们的六艺后来变成了纯粹的课本、书本。"学习"，一个词有两层意思，不是偏正结构，而是一个并列结构。"学"，首先是从知识层面上学，是被动的、灌输性的学；"习"，是练习，是在实践中练习它、升华它，然后真正成为自己的知识。本来"学习"是个很好的词，现在我们只有"学"，没了"习"的成分了。所以我们要超越经史子集的传统。

  第三，我们要超越只是中国的，以适应现代国际学术对话的需要。我们中国人民大学国学院今年把陈启云先生请过来讲"西方汉学述评"的课程。他在美国待了四十多年，所以他有他自己的西方汉学的学术传统。这与中国学术传统有区别，也有联系，至少能让学生不只站在中国的圈子看问题。也包括台湾的学者在内，为什么他们的视野有时候比较开阔，是因为他们确实开放。相比我们现在就有点"不论魏晋，不知有汉"。

我之前说过的，我们的国学要超越单纯的汉族，超越经史子集，回归理论与实践相结合的中国传统学术的原生态。实际上，经史子集就是次生态，原生形态应该是六艺之学，就是孔子的六艺之学，到班固《汉书·艺文志》的六略之学。

主持人（梁枢）：你看《庄子·天下篇》里讲的道术，内容是非常丰富的。

黄朴民：我们现在只有道，没有术。

吴　光：学说学说，本身有学的一面，也有说的一面，我们只讲说、不讲学，或者只讲学、不讲说。

黄朴民：国学本来就有理论的东西，也有实践的东西。实践层面的东西就是我刚才强调的。

主持人（梁枢）：黄老师刚才讲的东西，实际上是把我们强调的整体之学又进一步拓宽了它的领域。这几个小时谈下来，大家从不同的角度得到了一个基本的结论：国学学科设立是有合法性的。以我的理解，就是从国学自身的发展趋势来看，既有一个综合的社会需要，又有一个学术发展的要求。我们适应这些要求成立国学学科，进行制度上的建设来回应这些要求。所以应该把国学当作学科来对待，应该承认国学的学科地位。

同时，作为一种整体之学，国学在课程设置、教学安排等各个环节上都要体现这种整体性。从刚才大家谈的情况看，"各村有各村的高招"，都是在利用自己原有的资源，把国学作为学科来推动。吴根友老师他们那儿有一个传统文化研究中心，要没有这个，好多事也不好办。朱汉民老师则背靠一个千年书院，有一个自然的传承。其实最难的是人大国学院，什么问题都还没解决呢，国学院就成立了。因此在是日常的办学过程中，时时刻刻会遇到各种问题。

吴　光：像我们这儿的模式是学会跟图书馆结合，搞国学教育。

主持人（梁枢）：在这种情况下，保持一种允许试验的态度和开放的心态当然是很必要的，但还不够。我们要在设立国学学科是有合法性的这一点上，有立得住的理由，有明确的结论。这就要求我们要把道理讲清楚。我们得让人家明白，把国学作为学科来建设，不是处于功利的目的，不是为了多评几个教授，不是为了多设几个博士点，也不是为给毕业的学生一个身份。从任何一个层次角度看，它都是一个满足社会需要和学术发展的东西。学科的建设实际上是对草根形态的整体之学的一种回应，而两者是相通的。这才是国学。

吴　光：这就是学术文化的多元和谐。

主持人（梁涛）：我们可以在以后的学术会议中交流各自的经验，互相取长补短，在国学的课程设置、内在结构方面做更深一步的探讨。

黄朴民：以后应该建立一个平台机制，以便我们互相交流经验。

吴　光：这个我早就提出来了。纪宝成校长应该出面召集一些高层的专家，来探讨什么是国学、国学的课程怎么设置。

主持人：感谢大家。

（录音整理：金大伟、魏忠强、谭　芳、张文华）

国学动态

国务院学位委员会学科评议组成员回应大学四校长有关建议
国学"户口"再受关注

原载：国学版（光明日报2010.3.3第11版）

2009年岁尾，《光明日报》国学版邀约中国人民大学校长纪宝成教授、武汉大学校长顾海良教授、山东大学校长徐显明教授和厦门大学校长朱崇实教授四位校长聚首，讨论国学发展及国学学科建设。其间，校长们亮出鲜明观点：相关部门要给国学"上户口"，换言之，就是要让国学研究和国学教育获得制度化的合法身份，使国学以"学科"面目进入国民教育体制框架之内。（详见2009年12月21日和28日《光明日报》国学版）大学掌门人身份、"国学"这一逐渐升温的公共话语、突破现有学科格局的大胆设想，都使这次讨论备受读者关注。加之一些媒体相继跟进，对"国学学科"问题进行多侧面，多角度的"拷问"，使其关注度呈"升温"之势。

坐而论道还需起而行之。"国学学科"建设能否迈出实质性步伐，在很大程度上取决于国务院学位委员会学科评议组的宏深考量及论证。日前，记者联系到学位委员会学科评议组的三位成员：文学学科评议组成员、四川大学曹顺庆教授，历史学学科评议组成员、北京师范大学晁福林教授和哲学学科评议组成员、华东师范大学杨国荣教授。他们既是在文、史、哲研究领域各擅胜场的资深学者，又具有国务院学科咨询和学位评议专家身份。应

记者之邀，三位专家以"身在此山"与"隔岸观花"的双重视角，从情感、学理到实践的多维向度，对校长们提出的"国学学科"问题进行了回应。

基调：以国学学科挽救中国传统文化"失语症"

【校长论点回顾】我们假如不能用一个完整的科学的东西来表达什么是国学，什么是中国的传统文化，什么是传统文化中之于现代中国、现代世界仍然有意义的内涵——如果我们连这些基本的东西都说不清楚的话，那么我们国家软实力的增加，以及世界对中国的思想文化的探究和理解，一定会遇到很大障碍。——顾海良

当前，大学校长们在国学教育实践中，深感缺失制度化的学科保障而带来的种种掣肘。假设真如校长们所愿，国学最终获得"学科"的规范和支撑，国学研究目前的颓势能否得以改观？在传统文化承续和重建已成共识的大背景下，怎样认识国学学科的意义？学科评议组专家们对国学学科建设有何基本态度？

"大师缺席"是曹顺庆教授眼中的学术思想场景，他悲观地对记者说，这是个"无大师时代"。"造成这种现状的原因是多方面的，而国学学科的缺失，无疑是其中一个重要原因。"

在曹顺庆看来，今天的古典文化教育，多半是由老师讲时代背景、主要内容、艺术特色之类的"导读"，而不是由学生真正阅读和背诵元典文本。并且，所用的读本也基本是"古文今译"，这样就与原作"隔"了一层。古文经过"今译"之后，已经不复是文学元典了。他举例说，《诗经·关雎》中的"关关雎鸠，在河之洲。窈窕淑女，君子好逑"这几句，余冠英先生译为"关雎鸟关关和唱，在河心小小洲上。好姑娘苗苗条条，哥儿想和她成双"。余先生的今译是下了工夫的，但无论怎样今译，还是将《诗经》搞成了打油诗。还有译得更好玩的，"河里有块绿洲，水鸭勒轧朋友；阿姐身体一扭，阿哥跟在后头"。试想，读这样的古文今译，能真正进入中国古代文化吗？古文今译并非不可用，但最多只能作为参考，要真正"博古"，恐怕还是只有读原文，从原文去品味理解。

曹顺庆进而说，一旦全中国人都读不懂古文之时，就是中国文化危机之日。其实，这种危机状态已经开始呈现，其显著标志便是中国文化的"失语症"。读不懂中国古代典籍，必然会"失语"。反观当今，很多中青年学者没有真正读过原汁原味的"十三经"、"诸子集成"，以致造成了今日学界极为严重的空疏学风。

"告诸往而知来者",曹顺庆说,"博古"做不好就不可能真正"通今"。"怎么样才能博古通今?设立国学学科是最最重要的第一步。"

像曹顺庆一样,具有丰厚历史教学和研究经验的晁福林教授,也痛切地感到传统文化在当今社会没有受到应有重视,"国学被抛弃太多了,不少本科生甚至研究生读不通古文、不了解古汉语","这种情况令人担忧"。他表示,在这种背景下,校长们提出建立国学学科的倡议非常有意义,这体现了校长们的改革创新精神和忧患意识;同时,这些高校的国学研究和学生培养实践也取得了不小成就,令人钦佩。晁福林希望借助《光明日报》这个平台,表达对校长们的敬意。

杨国荣教授在接受记者采访时也表示,大学校长们对国学及国学学科的关注,对促进中华文化的认同具有积极意义。

定位:既不宜从单一的学科角度理解国学,也不能将国学完全排除在学科之外

【校长论点回顾】中国人对户口是特别重视的,户口是个要命的东西。一个人没有户口,什么也干不成。我们现在要建设一个和谐社会,要有社会主义的价值观,要弘扬我们的中华传统文化。……我觉得可以把国学设为学科,能够让关于它的学习、研究、传播,包括让它的应用,都能够更加系统化。——朱崇实

无疑,制度规范下的国学学科将为国学教育和研习带来秩序感和身份感,但国学与学科的关系比一般问题复杂得多。较起真来,"学科"一词本身就是个"舶来品"。以西方教育体系的"学科"来框范作为中国"整体之学"的国学,对国学的传承和发展来说是自缚手脚还是呼应时势?国学学科的设立对已经成形的高校学科体系来说,是扰乱秩序还是清整资源?

作为继续讨论的起点,杨国荣对国学及国学学科的关系进行了厘清。"对国学的内涵现在有不同的理解,就最宽泛的意义看,它首先与近代知识系统出现以前的思想、学术、观念以及相应的表达方式相联系,并以经史子集为其主要载体。"杨国荣说,"与之相应,国学具有二重性:就其形成于近代知识分化之前而言,它似乎不同于现代意义上的学科;而就其涉及相关的领域、包含独特的知识内容、需要专门的训练而言,又具有学科性。"

对于国学的"学科化",杨国荣持辩证态度,他说,学科化意味着"分门别类"化,从学科的角度去理解、定位国学,相应地意味着

以这种方式去规定国学，如仅以此为进路，或许会导致国学失去其本来形态；但另一方面，国学所具有的学科性，也为人们以学科方式对其加以理解提供了前提。"总之，我们既不宜从单一的学科角度去理解国学，也不能将国学完全排除在学科之外。"

杨国荣表示，因为世界本身既具有相对确定、区分的方面，又是相互关联的，后者决定了单纯从一个学科去了解、认识世界，往往难以窥其全貌。认识真实的世界本身需要学科之间的沟通、交融，这种要求从一个方面显现了学科之间划界的相对性，并展示了学科联系的价值和意义。

与国学有相近关系的是异域汉学的研究，后者也为我们提供了反观自身的镜鉴。杨国荣说，一方面，汉学家所研究的似乎不是现代人文或社会科学分类系统中的某一学科，而是"汉学"或"中国学"，这在某种意义上也折射了国学不同于具体学科的特点；另一方面，汉学家又有不同的学科背景和学科训练，除了掌握汉语之外，他们往往又以相关的学科，如文学、历史学、哲学、政治学等等为背景，去从事不同角度的研究，尽管汉学家常常试图体现跨学科的特点，但其研究的成果总是有不同的学科侧重。在这些方面，中国近代的国学或国故学，与国际汉学具有某种相通之处。

视域：在"世界"背景下观照中国固有学问及国学学科

【校长论点回顾】 传统文化是中华民族之根。……在文明多样化的世界格局中，我们的文化可以和西方的文化相得益彰，取长补短，共荣共存。我们从来没有说西方的东西不需要学习。西方的东西不但要学，还要好好地学、认真地学。只有在学习与比较当中，我们才能更好地前进。——纪宝成

当历史成为世界史，且在全球化趋势日渐加深的时代背景下肇建国学学科，是该固守本土学术立场，还是该在"世界"背景下拓新学科视角和研究范式？文化的保守与激进这两种价值取向，如何在国学学科的动态发展中达到平衡？我们又能从前人的国学实践中继承些什么？

在杨国荣看来，对于国学学科，除了从中国文化的维度进行观察和定位外，还可以有更广的视域。他说，我们应超越地域性、特定的文化背景和文化传统，从"世界"的角度来理解、看待这个世界本身。从以往的历史演化来看，中西文化在存在境域以及文化传统上都有自身的限定，这种不同的文化空间、历史背景往往在相关的思想和

观念中留下自身的特定印记。从某种意义上说，在历史成为世界历史之前，人们拥有不同的世界，在历史成为世界历史之后，人们则开始走向同一个世界，后者也要求我们在世界的视域之下，展开对世界的思考和理解。与此同时，对不同文化传统的内在价值及其自我更新发展的权利，同样应当予以承认。未来文化、学术的发展，应当在以上两个方面的互动中展开。

讨论国学总无法绕开近现代的国学实践和那些国学大师，于今的国学发展和国学学科建设也能从中获得诸多启示。晁福林说，从王国维到郭沫若，他们对古典文化非常熟悉，但仅凭于此并不能成为国学大师。他们所处的时代由于清代乾嘉之学的影响一直存在，所以国学底子深厚的还大有人在，但他们为何没有超越王国维等人？这是因为王国维等人吸取了西学的许多精华，从新的视角、新的观念来分析中国固有的材料，比如王国维提出"二重证据法"，郭沫若在分析中国古代社会中采取新的观念，这是他们那个时代及其以前很多国学底蕴深厚的学问家所没有做到的。简而言之，这些国学大师的出现是国学和西学相结合的结果。同样，现在的国学发展和国学学科建设仍然需要国学和西学的结合。

边界：国学学科对学术发展意义重要，但文史哲依然有存在必要

【校长论点回顾】文史哲是西方的学科框架，是他们的思维方式。完全搬到中国来并不完全合适，中国的传统学术不能完全装进去，削足适履之弊早已屡见不鲜。……比如说《史记》，说它是史学著作，当然是可以的，说它是经济学著作、政治学著作、社会学著作也是可以的。只靠文史哲的专家学者分科研究《史记》的话，宝贵的资源会被浪费掉许多。——纪宝成

国学学科的进入，将为目前"分疆而治"的人文学科提供一个学术交流和融汇的契机。但是也会碰到另一面的问题：国学学科建立后与血缘相亲的文史哲学科各自的边界该如何厘定？如何辩证地看待国学学科的"博通"和文史哲学科的"专深"，进而使它们各归其位、各展所长？

杨国荣认为，国学与近代以后形成的学科之间并不像想象中的那样泾渭分明，其实，中国古代学术思想中早已蕴涵文史哲等现代学科的基因。杨国荣举例说，以文献而言——早期的《诗经》中有涉及不同学科的具体内容，然而，从它的主要的归属来看，我们还是可以更多地将其理解为文学作品；至于《庄子》，它具有诗化的特点，并相

应地包含文学的内容,但在思想史中,我们一般仍首先将其视为道家一系的哲学文献。以历史人物而言——屈原有着深刻的哲学意识,但从文化史上看,他更多地被看作是文学家;其他人物如司马迁、司马光等,他们都各有自己的一套哲学观念,但又有历史学方面的成就,不过,从总的方面来看,我们仍将其视为历史学家。"这里,似乎可以对形式意义上的学科与实质意义上的学科作一区分:在形式的层面,中国古代固然没有严格意义上现代学科分类;但在实质的层面,我们依然可以看到不同的学科区分。"

杨国荣表示,从对世界的把握和理解来看,每一学科都是具体的知识领域。知识以经验世界的某一方面或层面为对象,从存在形态说,世界本身分化为不同的方面、不同的对象、不同的过程,要对这些不同方面、过程、对象进行理解和把握,就要求不同学科分别地具有各自的对象和领域,这种具有特定指向的学科之形成,显然有助于深化对世界的理解。在此意义上,学科的分化无疑有其历史性的理由,不能因为学科的过于分化所导致的一些问题,便简单、笼统地否定学科分化的必要性和合理性。当然,仅仅停留于或囿于某一学科之内也有其局限,正如前面所谈到的,国学具有学科性与跨越学科的双重品格,与之相应,从事国学的研究,无疑也有助于克服仅仅囿于某一学科的研究趋向。

接受采访的专家们普遍认为,既要承认国学学科对于学术思想发展的意义,同时也要注意,国学学科并无法完全替代文史哲等现有学科,现代学科以其成形的考察范围、研究进路和学术理念,在高等教育体系中占有一席之地。晁福林说,以历史学科为例,仅其中的世界史方向就是国学学科力不能胜的。

实施:要广泛讨论继续加强国学学科可行性研究

【校长论点回顾】我的想法是,作为学科、学位主管部门的教育部或国务院学位委员会办公室,应用一种比较灵活的方式来处理是否要单独设立国学学科问题。……在国家制定的学科目录之外,如果允许一部分大学自主设立三到五个自主学科的话,那么这其中就可以包括国学,这样就可以解决要不要设的矛盾。——徐显明

对于国学学科建设的实践,即便是国学教育的"槛外人",也不难理解其系统性和复杂性。这不仅包括大学校长们曾探讨过的国学学科的归属等问题,还涉及中小学配套课程和考试制度建设,以及社会的需求度问题。对这些具体的问题,专家们怎么看?

大学校长们提出国学学科先在一些高校做试点的设想，得到了晁福林的积极回应。晁福林表示，建立国学学科不妨先试点，不要匆忙上马，如果匆忙上马，就会造成一哄而上，就会出现大家都在"挂牌子"、"占房子"的情况，这对国学学科本身的研究和发展是不利的。"试点"的意义还有以下两个方面：一是可以了解国学学科到底怎么发展，现在已经有了中国人民大学国学院等经验，这些经验非常宝贵，在此基础上，这些经验都需要再总结、提升，还可以继续创造出一些经验；二是可以检验社会的需要程度，如果社会上对国学专业的学生有很大的需求量，那么设立国学学科就顺理成章了。

在晁福林看来，建立国学学科目前急需做两方面工作：一是要继续加强对于国学学科本身的相关研究，比如，国学学科定位、研究范围等；二是必须弄清楚国学学科和文史哲等学科间的关系。而要想真正解决这些问题，还需要发动主管部门、专家学者、社会人士从各个角度进行广泛调研和讨论。像《光明日报》国学版以两期版面刊发校长们的倡议就非常好，可以引起社会关注，对国学及国学学科发展有很大的促进作用。

曹顺庆在接受记者采访时表示，赞成将国学学科设立为学科门类或一级学科，并以传统经学为主干，与现有的历史系、哲学系、中文系区别开，实际上相当于西方的古典学系科，以培养研究型人才为主。现有的文科基地班可以转为国学班。（贾　宇）

國學 访谈

国学学科建设系列访谈·课程体系

国学院该开什么课？

摘要发表：国学版（光明日报2010.5.24第12版）

编者按：国学学科建设是一个系统工程，由多个环节组成。本刊自2009年12月相继发表"六教授访谈：'国学是一门学科'"、"大学四校长访谈：'该不该给国学上户口'"和"国务院学位委员会学科评议组成员回应大学四校长有关建议·国学'户口'再受关注"等文，从不同角度触及国学学科建设问题，并实际形成有着逻辑连贯性的系列。本期就课程体系的编制，结合武汉大学、南昌大学等高校国学课程实践，请有关学者，对国学学科建设问题再做进一步讨论。

时间：2010年4月19日中午
地点：南昌大学国学院

南昌大学国学院本科阶段课程体系

一、培养目标

具有崇高的精神境界与科学发展的世界观；具有扎实的国学功底与人文底蕴，精通传统经史子集的基本元典，熟悉中国、西方与印度三大文化传统的基本人文精神及其重要学术经典；具有创造性思维能力与综合性社会实践能力的文史工作者与社会工作家。

二、基本要求

毕业生要求获得以下几个方面的知识和能力：

1. 精通传统经史子集的基本元典；
2. 熟悉中国、西方与印度三大文化传统的基本人文精神及其重要学术经典；
3. 了解国内外人文学界的理论前沿和发展动态；
4. 了解国内外重大实践问题和国家发展的实际需要；
5. 具有分析和解决当今社会现实问题的能力。

三、标准学制、毕业最低学分

标准学制：四年

毕业最低学分：168.5+4（其中第二课堂2学分，大学生心理健康指导1学分、大学生职业发展与就业指导1学分）

四、各类课程设置、学分分配及教学计划进程表

（一）通识教育课程

I 类通识教育课程（必须全部修满）

课程编码	课程名称	学分	总学时	授课学时	实践学时	实验学时	周学时/开课学期
T5304I001	中国近现代史纲要	2	32	32			2/1
T5304I003	思想道德修养与法律基础	3	48	48	16		3/2
T5304I004	毛泽东思想、邓小平理论和"三个代表"重要思想概论	6	96	96	32		6/4
T5304I005	形势与政策	2	32	32			1/1～4
T6105I001	计算机应用基础	3	64	64		32	3/3
T5103I001	大学英语	12	210	210			5/1～3
T6201I001	体育	4	120	120			2/1～4
T6203I001	军事理论	1.5	36	36	12		2/2
T7200I002	马克思主义基本原理	3	48	48			3/1
小计		36.5	686	686	60	32	

II 类通识教育课程（至少修满10学分）

要求在历史与文化类、文学与艺术类、道德伦理类、自然科学类、哲学与社会科学类五类 II 类通识教育课程中各选2个学分。

| 合计 | | 36.5+10 | | | | | |

（二）学科基础课程（必须全部修满）

课程编码	课程名称	学分	总学时	授课学时	实践学时	实验学时	周学时/开课学期
J5001GX01	国学通论	2	32	32			2/1
J5003GX02	论语	2	32	32			2/1
J5003GX03	大学中庸	2	32	32			2/1
J5003GX04	孟子	2	32	32			2/1
J5001GX05	说文解字注	3	48	48			3/5
J5003GX06	广韵学	3	48	48			3/6
J5001GX07	圣经（英文版）	2	32	32			2/5
J5003GX08	形而上学	2	32	32			2/1
J5003GX09	哲学概论	4	64	64			2/2~3
J5001GX10	国际汉学	3	48	48			3/7
J5001GX11	天文历法	2	32	32			2/6
J5002GX12	左传	3	48	48			3/5
J5001GX13	毛诗正义	3	48	48			3/4
合　计		33	528	528			

（三）专业课程

1. 专业主干课程（必须全部修满）

课程编码	课程名称	学分	总学时	授课学时	实践学时	实验学时	周学时/开课学期
Z5003GB01	周易正义	2	32	32			2/6
Z5002GB02	汉书	4	64	64			2/3~4
Z5003GB03	荀子	2	32	32			2/4
Z5001GB04	资治通鉴	4	64	64			2/2~3
Z5001GB05	金刚经	2	32	32			2/2
Z5001GB06	老子	2	32	32			2/2
Z5001GB07	庄子	3	48	48			3/5
Z5002GB08	史通	2	32	32			2/7
Z5001GB09	史记	4	64	64			2/3~4
Z5001GB10	昭明文选	5	90	90			3/4;2/5
Z5001GB11	文心雕龙	4	64	64			2/5~6
Z5003GB12	理想国	4	64	64			2/3~4
Z5001GB13	《大乘起信论》与《中论》	2	32	32			2/5
Z5001GB14	楚辞补注	3	48	48			3/5
Z5003GB15	纯粹理性批判	3	48	48			3/6

(续表)

课程编码	课程名称						8
Z5001GB16	毕业论文						8
Z5001GB17	社会调查						17暑假
	合计	58	746	746			

2. 专业选修课程（至少修满23学分）

课程编码	课程名称	学分	总学时	授课学时	实践学时	实验学时	周学时/开课学期
Z5003GX01	自然哲学的数学原理	3	48	48			3/7
Z5001GX02	传统书法	2	32	32			2/1
Z5204GX01	绘画	2	32	32			2/3
Z5201GX01	曲学	2	32	32			2/5
Z6201GX01	太极拳	2	32	32			2/7
Z5001GX03	诗词写作	3	48	48			2/6
Z5001GX04	黄帝内经	2	32	32			3/7
Z5001GX05	普通语言学教程	5	90	90			2/4
Z5001GX06	杜诗详注	5	90	90			2/6;3/7
	合计	23	378	378			

一点未尝不可告人的小小私愿

【新闻背景】 南昌大学国学研究院成立之时，适逢学界正在热议给国学上"户口"的问题。自数月前本刊发表"六教授访谈：'国学是一门学科'"和"大学四校长访谈：'该不该给国学上户口'"以来，已有近百位国学界人士先后发表意见，参与到这场讨论之中。赞成与反对之两种声音此起彼伏，互不相让。南昌大学国学研究院于此时"开张"，无疑给这场讨论带来了新的热点：国学"户口"，也就是国学的学科地位问题尚在讨论之中，而如何于国学院的架构中，进行国学学科建设却已然成为一个亟待解决的现实问题。"该不该办"的问题与"怎么办"的问题就这样奇妙地掺和到了一起。

周文斌（南昌大学校长）：最近一个时期以来，关于国学学科地位问题的讨论，时常见诸报端，而且见仁见智，无所折中。我认为，开展国学教育，培养博学多术的国学专门人才，对帮助国人重拾民族记忆精髓和文化精华，巩固对华夏文明与中华文化的认同感，其重要意义是不言而喻的。这里最重要的不是"该不该办"的问题，而是"怎么办"或"如何办"的问题，这才是问题的实质与关键。只要把"怎么办"或"如何办"的问题解决好了，也就等于从根本上回答了"该不该办"的问题。

江西地区史称江右，漫长的历史岁月在这里累积了丰厚的文化矿藏：有欧阳修、王安石、曾巩、文天祥、陶渊明、黄庭坚、汤显祖等一大批历史文化名人；有庐山的白鹿洞书院、吉安的白鹭洲书院、铅山的鹅湖书院、南昌的豫章书院著名的四大书院。继承与发扬祖国这份光辉的文化遗产，光大江右地区的优良人文传统，南昌大学作为江西地区唯一的国家"211工程"大学，具有不可推卸的责任与义务。

2005年，我们与普瓦提埃大学合作建立了法国第一所孔子学院。2009年，学校开设了江西高校第一个国学试验班，同时决定成立国学研究院，扎扎实实地开展国学教育与国学研究。说实在话，这里也有一点未尝不可告人的小小私愿，这就是：我希望20年以后的国学领域，在著名学者甚至学术大家的行列之中，有几位是从我们南昌大学国学试验班里成长起来的，希望他们能够振兴江西地区的人文科学事业，薪火相传，后继有人！

为了实现这个人才培养目标，南昌大学采取了以下办法：第一，参照本校高等研究院理科试验班的教学模式,开设六年制本硕连读的国学试验班,使国学的学习年限能够得到充分保证。第二,实行择优选拔与滚动淘汰机制,每年在全校入学新生中以自愿报名择优录取的方式选拔25名学生,小班授课,精英教育,不适者转入文史哲相关专业。第三,每年投入150万元办学经费,用于国学试验班与国学研究院的教学与科研;制定与实施优惠的助学与励教政策:学生人均奖学金不低于所缴纳的学费标准,适当提高授课教师的课酬标准,以及高酬延聘校外卓有建树的学术专家授课与讲学。

作为一个学科,国学应该有其自成体系的知识结构,国学试验班开什么课的问题是国学学科建设的关键环节,也是国学研究院从事国学研究的具体对象,它不仅决定了国学学科有别于其他学科的本质属性,也决定着国学教育能否较大限度地取得预期成效。希望参加"国学学科建设高层论坛"的各位专家学者,对这个问题进行广泛的讨论与交流,以期形成一个相对稳妥的课程体系与培养方案。

哪些东西代表中国的学问

【新闻背景】在国学学科建设过程中,科学地编制国学院的课程体系,犹如为电脑编程,其重要性不言而喻。因此,研讨会上,南昌大学国学院的课程体系首先引起了与会学者的注意。利用研讨会午休的间隙,我们邀请了几位学者围绕这张课程表,讨论起来。

主持人(梁枢):近几年来不少地方都开办了国学院或国学试验班。该让学生学哪些东西,这是一个非常重要的问题。经史子集,茫茫烟海,究竟该从哪个地方下手?

程水金(南昌大学国学研究院教授、院长):黄侃曾说过这样的话:中国的学问,就那么二十几部书,把这二十几部书读通了、读精了、烂熟于心了,就行了。他的意思很明确:做中国的传统学问,离不开最基本的几部元典。把这几部元典掌握了,就可以收到控源溯流的效果。黄侃先生的话给我以很大启发。我想,国学班的课程设置,就应该是黄侃先生所说的那二十几部书,就是经部的《十三经》外加《说文》与《广韵》,史部的"前四史",子部的《老子》、《庄子》、《荀子》,集部里面的《楚辞》、《昭明文选》、《文心雕龙》，再加上仇兆鳌的《杜诗详注》。把这二十几部书读通读透了，国学的根基就打牢了。

现在所谓文史哲的分科，实际上不外乎就是一个学术视角的问题，你所面对的材料，你所要处理的对象，其实都是同一个东西。同样的几部典籍，搞哲学的离不开，搞文的和搞史的也离不开，无非就是一种学术视野与研究角度的不同。无论从哪个角度去理解，都离不开这些原始材料。基于这种考虑，国学班的课程设置，就应该把这二十几部国学元典安排进去。

主持人：看来黄侃的话为您如此编制课程体系提供了一种合法性。他说这个话时语境是什么样的？是针对国学教育问题说的吗？

程水金：黄侃这个话，是黄焯记下来，编在《文字音韵训诂笔记》里。他完整的话是这么说的，中国的学问重发明不重发现。意思就是说仅仅发现一些犄角旮旯的东西没有多大意义。他和章太炎的思路一样，他非常注重传世文献的整体研读与阐发，对无助于传世文献阅读的单纯考古发现兴趣不大。他认为对于传统学问有所承传有所发展和推进，就是发明。中国的学问都是由这二十几部书中不断地生发出来的。从这几部书读起，将来你学问的所有根基就在这个上面。无论做什么学问，这就是基础。

郭齐勇（武汉大学国学院教授、院长）：梁启超讲的是二十五本。《四书》、《易经》、《书经》、《诗经》、《礼记》、《左传》六种，这是经部；史部：《战国策》、《史记》、《汉书》、《后汉书》、《三国志》、《资治通鉴》或《通鉴纪事本末》、《宋元明史纪事本末》七种；子部就是《老子》、《墨子》、《庄子》、《荀子》、《韩非子》，五种；集部就是《楚辞》、《文选》、《李太白集》、《杜工部集》、《韩昌黎集》、《柳河东集》、《白香山集》。胡适之也有书目。虽然他们开的书目有所出入，但都是中国学术的基本入门书目、基本典籍。孩子进入国学之门，就是要精读这二十几本书。

程水金：此外，全球一体化的发展趋势越来越明显，仅仅局限于中国传统学术的学习与钻研，我觉得是不够的。年前，我们到北京去拜访汤一介先生，汇报了南昌大学开办国学研究院的有关情况，同时也谈到，在国学班的课程设置上，打算开设一些西方元典的精读课程。汤一介先生马上肯定了我们的想法。他说，在21世纪搞国学，一定要把中西打通。他指出,毫不客气地说,目前所办的一些国学班都是失败的。为什么呢?在面临世界文化重建的当今之世,不能仅仅只是局限于自己传统的东西,还要了解西方的学术传统。希望你们能够成功。

当然,无论是国学元典,还是西学名著,都以精读为主。可以说,我这个课程体系的最大特点,就是元典精读。

为什么要以元典精读的方式设置课程体系呢?在武汉大学工作时,就和郭齐勇老师有个共同的认识,感觉到我们现行的大学文科教育,长期以来都是"概论+通史"的课程体系。无论文史哲哪个系的学生,四年大学读下来,根本就没有机会接触原著,教与学越来越流于浅薄与平庸。

这样的课程体系,学生所得不过是老师讲灌的几个条条框框。现在教育部大力倡导多媒体教学,更加强化了这种条条框框式的教学模式,学生根本就不知道这些条条框框背后有血有肉的实在内容。而且更为可悲的是,这些条条框框很可能根本上就是错误的。就《中国文学史》而言,类似所谓"文学的自觉"以及"魏晋是文学的自觉时代"等等错误的概念与命题,比比皆是。与其给学生灌输错误的知识,不如引导学生直奔元典,让他们自己放出眼光,自己得出结论。我们的课程设置就是要解决这个问题,达到这个目的。当然,在开办国学班之前,武汉大学还办过人文班——

郭齐勇:人文试验班。

程水金:对,人文试验班。不过,开办人文试验班的目的是为了解决学科壁垒问题。

主持人:让学科交叉起来。

程水金:对。也就是要扩大学生视野,解决学科分割过细的问题。但经过一段时间的实践之后,发现人文试验班虽然可以体现学科融合与交叉的优势,而学生还是没有更多机会接触元典。

郭齐勇:人文试验班,教育部也是很支持的。但是文史哲三个系的课程成了一个拼盘。三个系的原理通论,三个系的概论课,三个系的通史课,垒在一起,学生负担很重。

程水金:垒在一起,仍然没有摆脱"概论+通史"的教学模式。于是在郭老师的倡导下,才开办国学班,使学生直奔元典,练就元典精读的功夫,在这个基础上求通,这种通就不是空中楼阁。

所以，南昌大学国学院的本科阶段，基本上就是以元典精读为主。我没有开通史课，概论课也只有两门，一个是《国学通论》，告诉学生关于国学研究的基本对象、基本问题以及研究的基本方法与所要达到的目的。再一个就是《哲学概论》，用的教材是唐君毅先生编的那个上下两册的。概论课只有这两个，其他的都是元典精读。本科阶段先把这些元典读下来，到了研究生阶段，再适当地开一些通史性的选修课、专题课。在本科阶段元典精读的基础上，开设这些贯通性课程，就有了基础，就有了很强的感性认识。如果一开始就是这通史那通史，一上来就是这概论那概论，雨过地皮湿，毫无教学效果。

国学是一种君子之学。所以，我们的课程体系也好，我们的教学改革也好，归根到底还是要提倡君子之学，培养学生高尚的人文情操、"敬德尊圣"的精神境界。通过学习国学经典，解读中国传统的人文精神，研究华夏民族的思想观念、价值体系、言说方式及其行为方式，在当代的文化语境中"融旧开新"，重铸华夏民族的情理范式。我觉得这就是国学，这就是我们目前应该努力的方向。

国学班培养孩子读经典也要适度

【新闻背景】 围绕国学院课程体系问题，大家各抒己见。在众学者的多重话语中，编制课程体系的重要性不断被强调，与此同时，其复杂性与难度也逐渐呈现出来。

郭齐勇： 南昌大学国学试验班的课程体系，我觉得非常好。因为它的确是融贯性的，特别是对于印度学、西方学的一些基础都加入了，这个非常好。

主持人： 武大是程水金兄的"娘家"（众笑），从2001年开始，他就在您的国学班里教课。他的课程方案里，有很多东西都是从武大汲取的。

郭齐勇： 程老师的方案和我们的方案有一个共通之处，就是小学的基础不能孤立地去讲，比如古代汉语语法之类的东西，它是可以通过读原著、读古文献读出来的，是不需要讲的。当然《说文》是要读的。我觉得小学和古文献的基础是最重要的。这就涉及刚才说的二十几种书，二十几种书怎么分配，特别是经、史、子、前四史，没有这个基础是不行的。几种主要的经，几种主要的子，这恐怕是要打基础的。所以这个原著经典的基础，是在读书的过程中和古文字、古文献相配合的。

我们还有请外国学者来讲学，特别是开设了西方文史哲通论通史课、国际汉学课。这样就是一个新国学的架构。无论怎么说，我们这些人来弄都不会是一个老国学。但是古文字、古文献这些基础的东西不能丢，学生一定要进入这个状态。

所以我觉得程水金老师在南昌大学这个培养方案是非常值得重视的、可行的，我们摸着石头过河吧。过去我下乡的时候，老乡告诉我打草鞋，说"草鞋无样，边打边像"。

我们武大还比较强调两门外语。现在孩子们第一外语英语很不错了，我们设置的第二外语为日语，日语的量很大，要学好几个学期，每个学期都是6—8学时。我让他们至少要有两门外语，要把英文掌握好，把日文掌握好，当然我希望他们还能学德文、法文。所以武大在外语这一块，语言基础的分量要重一点。

程水金：以前还开过古希腊文。

郭齐勇：是啊。后来看到太多了，受不了。孩子们只有四年的时间，他要读古文献，古汉语对于他们来说不异于一门外语。

主持人：应该是六年啊？

郭齐勇：我们还是分段的，还是4+2。

程水金：但是现在的问题是，六年制本硕连读的课程设置，在实际操作的培养方案中却分成本科与研究生两个阶段来做。我本想搞一个六年一贯的方案，但非要按照教育部规定的模块来做，还是把它分开了。

郭齐勇：本科是本科。中国人民大学是本硕连读，我们都是分开的。

程水金：这样一来，就不能真正地把我的教学理念贯彻下去，这是一个问题。第二个问题就是学分的限制。你看前面的这一部分，占掉……

郭齐勇：占掉三分之一。

程水金：我总共只有168个学分，前面这部分占了36个学分。

王长华（河北师范大学教授、副校长）：总共168个学分在本科里也不算少。规定本科155个学分。

程水金：是155个学分。这超出的13个学分，是我自己涨出来的。

朱万曙（安徽大学人文学院教授、院长）：这一看，长华就是教学管理的行家。

程水金：对，他一看就清楚。说实在话，我希望把155个学分都按我的设想安排为经史子集的元典精读课。可那不行啊！没办法，只好涨出一点。还有，经史子集，包括梵佛类、西学类的典籍我都是要一视同仁地开设的，没有什么"主干课"、"必修课"、"选修课"之类的区别。我开出来的每一部中西元典都是主要课程。但无奈的是，你必须要套进他这个课程类型的模块里面去。

郭齐勇：所以你没办法。

程水金：不过，课程类型的模块是个形式问题，关键的问题是学分的限制。按我原来的设计，梵佛类也有十部著作，包括姚卫群翻译的《古印度六派哲学经典》。但由于学分的限制以及师资的问题，就把它砍掉了。如果学生想要在这个方面有所发展的话，他可以到别的学校去继续深造。

郭齐勇：我觉得程水金老师刚才讲的一点也非常重要，我们还是要培养君子人格。我们在修习国学经典的过程中，不把它仅仅只是作为知识、学问，还要养成学生的健全人格。要全面发展，特别是心性的调节。这一点在南昌大学这个课程设置里面也有体现。我们是培养一个君子，不只是培养一个书呆子，当然我们希望他们能在这些方面下一些工夫。当时我们就曾提出来，我们的这个国学班是培养读书种子的。真正能够培养一些读古书的人不容易。

对这个方案，我的具体想法是，如果开《形而上学》、《哲学概论》其实就可以不必开。西方的哲学主要有：逻辑学、形而上学、知识论、伦理学。所以我觉得《形而上学》开了，就不必开《哲学概论》。另外《哲学概论》也不要用唐君毅先生的教材。唐先生是我很尊重的一位新儒家的代表，可唐先生的语句很累赘，喜欢用长句，几百个字一句。我们还是要让孩子们将来的文风比较畅达。

还有，作为四年的规划呢，国学班培养孩子，读经典也要适度。我现在发现经典课太多，孩子们拔不出来。所以后来我们的第二方案又适当的换了一点，又充实了一点"论"的课和"史"的课，"通论"、"通史"还是不可少，我们办了一个中西比较哲学班、一个国学试验班，还有一个哲学基地班。这些孩子们一比较起来，国学班的孩子基础知识比较扎实，特别是国学经典比较扎实，但是你要他"论"起来，就还有一个过程。要能"立论",分析能力和综合能力的哲学训练就不可少。后来我们还是适当地补了一点概论,加强一点哲学思维方面的训练、方法上的训练。

主持人：您刚才说的这几个班,哪个班的学生"论"得比较好?

郭齐勇：其他两个班的好一些。

主持人：为什么呢?

郭齐勇：训练方法不一样。我的意思是说我们不绝对排斥"通论"、"通史","通论"、"通史"有它的合理性,有它归纳的条理性。短话说长是分析,长话说短是综合。还有问题意识。当然通过元典的阅读,问题意识也会很强,但是担心孩子们会沉溺在这个里面拔不出来,淤进去了。因此文献他们很强,但是哲学,或者是提升性的,或者是阐发式的,就有所不足。当然从长远的发展来看,他们还是可以的。所以我觉得在课程设置上要适度。

另外我们读经典也要用西方的古典学的方法,除了小学基础,义理、辞章、考据三者的结合之外,还是要用一种现代方法来解读,吸取西方汉学家和今天水金先生讲的"融旧开新",用一种新的东西来把它提升。个人认为这个方案很完备,只是提这样一点小的建议,还是"草鞋无样,边打边像",慢慢地摸索吧。最近,我请于亭老师来做我们国学院的副院长,他专门抓本科,他也是在哈佛受过训练的。

程水金：嗯,知道,他讲国际汉学。

郭齐勇：我们就请他来重新修改第三套国学试验班的本科方案,你这个东西我也拿回去做参考。

程水金：到时候可以互相交流一下。

主持人：版权问题就免谈了。(众笑)郭老师,再追问一个问题；就是程水金兄刚才谈到的君子人格,您也谈到道德文章,培养人嘛,首先要学做人。我想问的是,二位所定的这个君子人格的培养目标与课程设置,这个关系是怎么定位的?

郭齐勇：古代的经典,特别是国学经典,其实做人做事是合在一起的。我跟国学班的孩子讲《四书》,我就是用生命对生命来讲,也让孩子们用生命对生命来读。我们讲《孟子》,讲"大丈夫"精神,讲它和现代性建设的关系,和做人做事的关系。做人总是要有一个人格的理想,如果没有这个终极的目标和人格的理想,那么人生活的意义何在?所以我们的老师，包括讲经、史、子、集各类经典的老师。讲史学，讲前四史，讲史学家"究天人之际，通古今之变，成一家之言"的史学精神，说明史家的历史记载和历史叙事总是和他的价值判断在一起的。"春秋笔法"，这种代表史学精神的叙述方式，总是通过具体的史学著作体现出来的。所以我觉得国学的课程本身，不仅在学科分类上更好地避免了文、史、哲的人为分割，更加有利于整体地把握中国古代的历史文化，另一方面也有助于孩子们人格的健全发展。我们将来也准备让他们去曲阜朝圣，去实地感受孔子的人文精神，把课堂开出去，读万卷书行万里路吧。

不能脱离元典去讲概论，那样讲概论没用

【新闻背景】这场访谈是在"国学学科建设高层论坛"会场的一角进行的。不知不觉，一个中午的时间在几位学者的话语间过去了。很快，参加下午论坛的学者们陆陆续续走进会场。看到这边谈得起劲，很多人都围拢过来。

主持人（翻阅课程表）：通识教育这部分课还真不少啊，近代的也有，军事理论也有，毛泽东思想也有。

郭齐勇：这是没办法的，前面这些课程你没办法动。

主持人：有没有一个统合的东西，比如说这个……

王长华：前面这一部分是教育部规定的，全是照抄的，没有办法违背的。没办法动，动不了。

主持人：学生脑子里打不打架啊，这几块？

程水金：但是学生对这一块都是应付式的。

朱万曙：能不能转化一下，比如说你就结合国学和毛泽东思想，弄成毛泽东和传统文化这样一门课，你一下就节省不少课时了。

程水金：不可能，它这个是硬性规定的。

王长华：我觉得这是一个很标准的培养方案，应该说想得很周到、很细。但是从一个教学管理者的角度来考虑，我觉得这个方案还是很满，东西很多。比如你在培养目标里面讲，"熟悉中国、西方和印度三大文化传统的基本人文精神及其重要学术经典"，我觉得我们在培养目标上一定会定一个相对来说不会很低的目标，但是这个目标的实现我认为是个蛮难的

事情，熟悉这三个方面都是很难的事情。我们肯定会说培养目标不能定低了，当年胡适不是有个"请款计划"的比喻，你要一百给你五十！

程水金：取法乎上，仅得乎其中。

王长华：对，可能有这个问题。我多年以来管教学，更多考虑实际操作、在教学过程中能不能实现，能实现多少。另外，我来之前，用了很少一点时间在国学网站上搜了一下，我把北大的课程大体看了看，包括梁启超先生开的书目。我觉得有一个路径的依赖，那一代国学大师提出来的东西很难突破。但是现在有新思路，比如说你这里面加了西学类和梵佛类的东西，已经不是简单的过去那个时代提出来的传统国学了。现在提出新国学是非常必要的，时代进步了。就课程来讲，这里面可能还有些东西，也就是说我们的前辈提出了这样的问题，这些问题从操作的角度来说，实施起来有没有困难，能不能做到？比如说，小学类里面有《说文段注》，我在大学二年级的时候就买了一套《说文段注》，老实说那时候我真是看不下去，没法看，你不知道从哪里下手。要让学生把它作为一个必读的书来读的话，可能这一部书都不是一个学期可以解决的，难度非常非常大。另外比如说经学类从制定标准的角度来讲也没有问题，《尚书》要精读，《大学》、《中庸》、《论语》、《孟子》，包括《左传》，相对来说这可能都比较好办，看你要到什么程度。我觉得这都需要很多时间。

然后在西学类里面，要把康德的三大批判从头到尾读下来，实现有困难。小逻辑，名著。我不敢这样公然提问，但我想这是个问题，中国的哲学家，有多少人把小逻辑弄明白了？多少人把康德的《纯粹理性批判》弄明白了？

郭齐勇：能把它读下来很难，很难。

主持人：倒是有合适的人，北大的朱德生先生。请他过来讲。

王长华：我觉得这个标准是一个真的不算低的标准，比较难。就在本科阶段，在有限的时间里面把这二十几门课程大体上读完了，我们不能说这个标准要降低，但是要看它的可行性，能不能实现？

郭齐勇：王校长是要讲落实，看效果到底怎么样？

王长华：比如说你这168个学分偏多，我们河北师范大学搞学分制，完全按学分收费，在省级大学几乎没人做到，完全量化。就按学年交学费，一门课程拿多了学分，我们把它坚决划掉，没有过你再重修，不超过155个学分。在学分里头我觉得别那么多，多了之后和常规可能不完全对应。

程水金：这155个学分的标准是按照一个什么东西确定的呢？

王长华：原来有一个课程标准，是多少年相沿而来的。

程水金：我是这样想的，我觉得在本科阶段还是多给点时间，规定他来读书，你让学生到外面读书，他不一定会读啊，他有可能上网玩去了。

王长华：在教学管理上有一个算法，四年时间1800个学时，不超过155个学分，算下来的，这是教务处的工作。

程水金：它是不是有一个科学的依据在里面？

王长华：就是学时和学分有一个比例关系。

郭齐勇：习惯法。

王长华：当然可以打破这个（方法），就是说不是在课时里面完成的，而是在课外，包括课外的阅读，可以把这个事情完成，然后检验学生是否做到了。我总体的感觉是：方案是蛮好的一个方案，应该说比原来老先生们提出的方案难度加大了，比传统国学的难度还要大，因为有西学类的那么多的东西，还有梵佛类的那么多的东西。然后呢，可能有些地方，比如说小学类，我不知道有没有这种考虑，就是《说文段注》，不开《说文》。

程水金：通过读《说文段注》，把文字这一关给过去，不讲什么文字学了。

郭齐勇：他不讲文字学概论、音韵学概论。他就是通过具体讲哪本经典，把这个概论灌到里面去讲。

王长华：我记得刚才郭先生讲的其中有一句话就是，可能概论的东西也不能完全排除，不能没有。

郭齐勇：不能没有。

程水金：我是想通过这种元典精读把概论灌到里面去讲，以这个元典作为依托，不能脱离元典去讲概论，那样讲概论没用。

王长华：也就是在讲元典的过程中讲概论。

程水金：对。要不就只是读就是了，不需要老师来讲，老师来讲什么。

王长华：是的，老师来讲那些东西就是累赘，起不到作用，你不一定叫概论，叫导读。

程水金：是啊，就是导读。在精读里面把概论性的东西放进去，要提炼。

王长华：把小学的东西，包括语言学的东西，包括语言学史的东西，也给他贯穿进去。

主持人：我追问您一个问题。您说的这个惯常的做法是一以贯之的东西吗？中间比如说来了一个新思路的校长，会有变化吗？

王长华：多少年了，没有大的改变。大纲不会随时做调整，这是个相对稳定的东西。我觉得中学改革失败的地方就是老变，新课标三年一回、五年一回，不断地变化，这不是好事。

（《文学评论》张国星插话：别忘了，纪宝成当过高教司司长。他那个国学院设立的时候，就是想打破现行的学科体制。咱们现在的大一大二的本科生，实际上是"高中后"，还在等着老师灌。你去查查他们现在的课程设置，有好多没有必要的东西。）

郭齐勇：有些是可以无师自通的，没必要开的东西。

程水金：我的考虑是，把这些经典读完了，那概论就不是问题，他自己找本书来看就够了。我的这个课程设置，前四年是打元典基础，后两年是打通的。有的学生说，他不想在南昌大学读研究生，他想读完本科就考出去。我说在我这个课程体系里面，你要出去考硕士，你必死无疑。因为我这个课程体系跟外面的是不一样的，你不能适应他的考试方法。但是如果你把研究生读完之后，既有元典的基础，然后你再有一些通贯性的知识，然后你把这些东西打通了，你再出去考，你就有可能大有斩获。

王长华：好，你这个话对他们来说非常重要。

程水金：对，我说你不能够半途而废，必须按照我这个培养模式走上来以后再冲出去，你就不一样了。

朱万曙：第一，我赞成长华老师包括齐勇老师刚才讲的，就是这个方案实现起来有一定难度，可以做一些调整，开的课程适当地压缩一些。我们做事情，一定要有理想，但是一定还要脚踏实地。另外，我们的期望值也不能太高。这么多元典，本科四年，包括他"高中后"的思维方式，以他已有的知识平台，他能不能接受、消化。即使让他从头到尾背下来了，但是他的消化肯定有一个过程。那就期望在研究生阶段、博士生阶段，再回过头来倒嚼、消化。

第二，刚才郭老师讲，国学班是培养读书种子的。我从我做系主任的这个层面略微发表一点不同的看法。我们作为读书人，是希望国学班培养读书种子。但是学生很可能本科毕业以后迫于种种压力，甚至兴趣转移，就选择做别的事情去了。所以希望能有一半读书种子就已经是很好的了，能有三分之一的读书种子也就不枉费我们这一番心力了。关于国学学科的问题，我准备讲的一个话题就是，实际上现在中文系学生就业，并不就是从事文化艺术工作，哲学系毕业也并不是一定去当法家的。他面对的是整个的就业市场，学非所用，是很正常的事情。现在的国学学科，我倒是觉得有它存在和发展的合理性。因为这些学生并没有专学中文啊、历史啊、哲学啊，他倒是把它们融汇了。他以后的工作能力、创新能力，很可能是大于某个单一专业学科的适应能力。这是面对我们现在的社会环境和就业市场来说。所以我觉得我们将来的中文系、哲学系、历史系很可能会慢慢地在本科阶段真的要走向融合了。它不融合，学生的综合能力就不强，因而适应社会需要的能力就弱，他的能力是单一的。所以从这点来说，我觉得国学跟现在市场对人才的需求、对职业能力的需求是对应的。因此，我觉得国学这个学科是有发展前景的，将来是能够得到发展的，这是第二个想法。

第三，刚才郭老师讲到他们有英文还有日文，程老师你追求的是涵化中西东这样的目标。目前这个课程设置里，你有康德，也有佛教，还有一个怎么学的问题。我住的对面就是钱冠华先生，研究康德的，他不是说拿着中文翻译的"三大批判"让学生读，他是读英文的。那么你的课程设置里面怎么体现你的外文这一块？我觉得围绕着你的培养目标，你的课程设置得有所体现，这一块能够体现得更充分一点，会更好。

第四，刚才郭老师也讲到了，就是说，我们读了这么多元典，实际上是接受，接受了以后必须要转换啊，转换了以后他要能够表达。无论是做读书种子的学术的表达，还是到一个单位去做文秘工作，或者到报社去做一名记者，或者做一个别的什么工作，都有一个表达的问题。所以我倒有个建议，我安徽的，我觉得可以把桐城派姚鼐编的《古文辞类纂》，至少可以作为一个选修课。所有的文体，包括应用文，它里面都有。这样可能对最后学生出炉的时候能力的提升会有好处，而这个古文辞本身也是咱们国学范围之内的内容。把它放在里面，可能会比读一本《杜诗详注》更有用处。

郭齐勇：钱宾四先生很重视《古文辞类纂》的。

朱万曙：有先生讲，文章在清朝，是靠桐城派给撑起来的。甚至到了曾国藩讲经世致用，他是把经济与义理、辞章、考据并列的。这对学生能力的转换，会大有好处，我就说这几点。

主持人：刚才您说要调整一下课程，您觉得哪些课应该调整？

朱万曙：我觉得在本科阶段，比如说《史通》，就可以暂时放一放，比如说《荀子》，在诸子里面，我也可以暂时放一放。先讲《老子》、《庄子》，因为难度比较大，学派也具有相当的代表性。《荀子》可以稍微往后靠一点，放在研究生阶段，可能会好一点。

主持人：我的第二个问题，4+2的本硕分段体制客观上要求打通。人民大学国学院的本硕连读是不是打通了？

朱万曙：没有打通，因为我女儿在那里读书，知道它没打通，到了研究生阶段是各奔前程，学中文的选中文的导师，学历史的奔历史的导师，学哲学的也是。

郭齐勇：在体制上有些限制。

朱万曙：人大和这个方案的差别，就是文字学、音韵学是单独开的，在学术方法这一块。

（张国星插话：水金啊，刚才万曙说的，他是从教学第一线过来的……）

朱万曙：我真是从教学第一线过来的。

（张国星插话：我理解万曙所说的那些，最重要的东西是什么。就是说，你一开始就进入元典的精读啊，是不是好事。如果一开始就进入一个元典的精读的话，你就又带入了咱们过去私塾的模式。）

朱万曙：还有就是，如果要是我的话，我宁愿先让他们读《唐诗三百首》。

郭齐勇：因为你的生源毕业以后，他走了，你训练了半天的人走了，而后来的读研究生的人呢，他没有经过你的训练。

朱万曙：你这个必须得起落同步的。

郭齐勇：但是你限制不住的。我那里比较好的学生都到北大去了。

（张国星插话：水金，从你那个梵学佛学的那一块，你规定那的三个课程，我觉得挺好。有一个就是《大乘起信论》，一个《中论》，还有《法华经》，但是实际上，如果真要从学科构想来说，吕澄先生给高级佛学班讲《中国佛学源流略讲》，把《中国佛学源流略讲》作为概论性的东西先给学生讲的话，什么《中论》，佛教的七宗六派，以及各个人的观念、理论、佛学理论的差异，看得非常之清楚了。然后再跟他讲经，你先从概论上给他一个基础。）

郭齐勇： 综合起来。经典导读讲了，概论中再带一下。

朱万曙： 可以想象，你看程老师费了多少心力。

郭齐勇： 刚才王校长讲这个很有道理，他有长期的教学管理经验，理想状况要把它现实化还要有一个过程，我们想要更好的、更理想的目标，但是我们要如何落实。

主持人： 谢谢各位，耽误你们午休了。辛苦了。

國學 访谈

国学学科建设系列访谈
国学即中国古典学

摘要发表：国学版（光明日报2010.10.18第12版）

你们为什么对古典那么痛恨，那么不友善？

马克思本人当年也是修的古典学。

尼采24岁就成了古典学专业的教授，他就是主张义理的。

这个学科在西方已有两百多年的历史，基本上成熟了，我们可以借鉴他们的经验。

时间：2010年9月3日
地点：湖南大学岳麓书院文昌阁

访谈嘉宾：
林庆彰（"中研院"文哲所研究员）
姜广辉（湖南大学岳麓书院教授）
李清良（湖南大学岳麓书院教授）
吴仰湘（湖南大学岳麓书院教授）
邓洪波（湖南大学岳麓书院教授）

主持人：朱汉民（湖南大学岳麓书院院长、教授）

主持人：国学是否可以成为一个独立学科，学界内外都还存在着不少疑虑与分歧。产生这些疑虑和分歧主要有两个原因：其一是国学学科体系的内在条件，即国学体系的知识构架和学理依据；其二是国学的外在条件，即国学能否具有现代学术视野而能得到普遍承认并开展国际学术交流。

最近我注意到，有些学者在讲到中国国学合法性的时候，援引了西方大学的"古典学"的概念。在世界一些著名的大学，如哈佛、剑桥、牛津等，都设立了古典学系。那么这个古典学研究什么呢？它是以古希腊、罗马的文献为依据，研究那个时期的历史、哲学、文学等等。古典学注重将古希腊罗马文明作为一个整体来研究。在西方，古典学可以作为一门单独的学科，为什么"国学"就不能被容于中国现在的学科体系呢？

我认为，"国学"其实就是"中国古典学"。如果我们用"中国古典学"来定义"国学"，可以解决"国学"作为一门独立学科的两个难题。一方面，在几千年的漫长历史中中国形成了建立自己特有的具有典范意义的文明体系，建立"中国古典学"，也就是以中国古人留下的历史文献为依据，将中华文明作为一个整体来研究。由于"中国古典学"是以中国传统学术体系为学科基础，这是一门从学术范式到知识构架、学理依据均不同于现有的文学、历史、哲学学科的独立学科，这是"中国古典学"得以确立的内在条件。另一方面，由于"国学"概念仅仅能够为中国人自己使用,西方人则只能使用汉学,以"中国古典学"来定义原来的国学,"国学"具有了文化共享、知识共用的现代学科的要求,并能兼容国学、汉学,为中外学者所通用,这是国学能够具有现代学术视野并能开展国际学术交流的外在条件。

今天我想利用这个机会,邀请各位老师,共同来从学理层面上思考、讨论一下以"中国古典学"来定义原来的"国学",以推进"国学"作为一门学科的学科建设问题。首先请林先生谈谈。

林庆彰:现在国学非常热,几乎每个星期都有国学机构在剪彩。那么剪彩之后能否有一个比较长期的规划呢?能否针对以前中国传统文化研究的缺点加以改造呢?我认为这些应该是更重要的。

其实国学在民国初年的时候就慢慢分化了:史部分化到历史系了,子部由哲学系来承担,集部由中文系来承担。单单这个经部,就无家可归了。所以今天的国学院最重要的是把经学放在比较重要的位置。

国学院不能以院长的专长来进行专业设置,不能院长研究什么,国学院就以什么研究为主。

我八年前曾去日本参加一个"古典学再构筑"的会议(古典学的再构筑是当时日本文部所四大研究计划之一)。与会者基本上都是洋人,只有我一个华人。我讲完后,大概有三四位学者向我提问。他们主要问我说,他们西方都有自己的古典学,你们为什么对古典那么痛恨,那么不友善?他们说古典对子孙后代来讲有着非同一般的意义,保护它、研究它,是他们的一个天职和责任。他们还追问我们对待传统的态度还有没有改善的空间。我当时确实不了解中国大陆的情况,就说不知道。他们有点失望。我回来后一直想这个问题。国学如果用其他用语来表示,可能会比较中性,不像"国学"有那么多的争议。这次朱院长有把"古典学"等同于"国学"的想法,我觉得非常好。昨天晚上请几个助理印了些关于西洋的古典学的资料看了一下。哪些大学有开古典学的专业呢?耶鲁、剑桥、牛津、哈佛、海德堡大学、慕尼黑大学、巴黎大学、莫斯科大学、东京大学等等大学都有。如果我们岳麓书院有意朝这个方向走,这些大学的古典学系都可以作为我们的参考。如果我们朝这个方向迈进,应该大有可为,因为大部分人还没有觉醒过来,只是在国学的热潮中炒冷饭。

主持人:从林先生所谈来看,古典学在西方是非常受尊敬的,是一门既让人感到高深也可为人们提供精神支柱的学科。

我为什么想到要把国学当成中国的古典学呢？西方古典学的研究方式和内容基本上就是研究古希腊、罗马依存的文献，跟我们现在研究以古汉语为载体的历史文献诸如经、史、子、集等非常接近。但另一方面又有差别。古希腊、古罗马、古埃及、古印度文明都曾中断了，它们都只是作为一种历史存在而被研究。而中国的古典从来没有中断，是延续的。由于近代以来西方文化的影响，虽然发生了很大的变化，但中国传统文化和古典自身的生命线没有断。只是作为一种学术，中国的古典学科分化到了文、史、哲等各个学科中去了。现在，我们需要重新回到中国古典学的历史的、整体的原生态。

经学是中国古典学的核心。姜广辉先生对经学的研究很有成就，那么接下来请他谈谈。

姜广辉：朱院长提出，可以把"国学"理解为"中国古典学"，从这个视角重新讨论国学在现代教育体系中的定位问题。我觉得这个提议非常好。

西方很多现代著名的大学都有古典学系，古典学甚至成为他们的招牌学科与专业。马克思本人当年也是修的古典学。而我们的大学却没有这样的古典学系。我们把古典学的内容分割成了哲学、历史、文学等专业。现在我们提出中国古典学，但学界对古典学的理解也有很大差异，有的把中国古典学理解为中国的上古史，或者上古学术史，下限到秦汉时期。其实，在西方称之为千年黑暗的中世纪时代，中国的古典学也一直在延续，一直延续到清末。这个延续一方面发挥了积极的作用，培养了无数的人才；但另一方面也带来较大的副作用，特别在清中期以后，影响了中国近代化的发展。人们把这个副作用看得非常重，以致现在很多人反对国学。我个人觉得，要定义中国古典学，不能简单地与西方古罗马时代相对应，截止在汉代。中国的古典学一直到清代都是一脉相承的。

最近学者在报纸、网络发表了很多文章，讨论关于中国古典学建构的问题。人民大学又走在前面，设立了比较古典学专业的实验班。这里就有个问题，中西比较古典学已经包含了国学，但又设立了国学院，这就有重叠和冲突。那么国学院还要不要呢？

很多人认为"国学"应该包括"今学"，指责搞国学的人基本上把国学定义为中国传统文化，或者是经史子集之学，没有包括"今学"。国学如果真的包括今学，那概念可能更混乱了。还有，他们觉得"国学"这个词含有感情因素。有篇文章提到，"国学是有感情因素的概念，因此也就由感情高扬而导致非科学理性"。我对这个意见甚不以为然。有感情因素并不是什么坏事。

主持人：西方讲古典学也有感情因素。

姜广辉：是啊。我们经常说的一些带"国"字的词汇也都有感情因素，比如祖国、国旗、国歌等，难道因为"有感情因素"就一定会"导致非科学理性"，就要把这些词汇废掉？我们承认"今学"对于国家独立和富强起了很大的作用，甚至是决定性的作用（我们权且用这个"今学"概念），但不能因为"今学"有这么大的作用就认为可以完全取代古典学。古典学仍旧有它的意义在。这个意义在哪里？我觉得可以从两个方面来讲：

第一个方面，是中华民族的精神家园问题。中国传统文化有几千年的历史，是一种辉煌灿烂的文化，一种在四大文明古国里唯一没有中断的文化。传统文化里面有没有寄托中华民族的价值和感情的文化内涵呢？答案是肯定的。我最近看程颐的文集，他有一段话大意是说：你要自己有家，别人的家再好，你也不会舍弃自己的家而跑到别人的家里去。有些儒者之所以跑到异教中去，是因为自己没有体认到儒学之道。我觉得程颐的话说得很好。中国传统文化中本来就有可以作为精神家园的内涵与因素，而我们许多人恰恰没有从中国传统文化中找到自己的精神家园，所以到处乱窜。有的学者写书，说孔子是"丧家狗"。其实我们想一想，到底是孔子是"丧家狗"，还是我们自己是"丧家狗"？没有精神家园，这是我们现代人的问题。

第二个方面，对当今教育改革的反思提供一些思路。刚刚过世不久的钱学森教授在病床上的时候，温家宝总理多次去看望他。钱老向温总理多次提出这样一个问题：中国的教育为什么培养不出来杰出的人才？这个问题是值得认真反省的。

我们回顾历史，唐、宋、明、清几个大朝代，差不多都有三百年左右的历史，所出的一流名人的数量大致与各个朝代的存在年数相当，检点各朝的历史人物，总能检点出二三百位著名的学者和文人，他们都有传世的著作。而且每个朝代都有非常著名的"超级"大师。为什么我们这个时代就培育不出可以与之媲美的杰出人物？在我看来，这与我们对传统文化的肢解有很大的关系。中国传统文化被肢解成哲学、文学、历史等等。这就像瞎子摸象，每个人都只接触到它的一部分，而不知其全貌，没有得到传统文化的全部营养，所以要成就大师级的人物就很难。而且现在的趋势，从全国许多文科的教学和科研机构看，是一代不如一代。这样的教育体系应不应该反省，应不应该改革？

现在高校重新考虑中国古典学的学科建设，意义非常重大。关于学科的名称，究竟叫什么好，我认为"国学"还叫"国学"，后面可以加个括号，即"中国古典学"。或者，将"中国古典学"简称为"国学"，用"中国古典学"来界定"国学"。没有必要因为提倡中国古典学而废掉"国学"的称谓。至于"国学"或者"中国古典学"应不应该设一级学科？我认为非常应该。但为了慎重起见，可以在某些院校先试行。

主持人：林先生和姜先生都赞成"中国古典学"这个概念。其实中国古典学也是借鉴了西方古典学的用语。接下来请李老师来谈谈。

李清良：西方古典学的兴起比较早，从希腊化时期就已开始，经过文艺复兴之后更加兴盛。发展到后来，它跟中国的经学有非常类似的问题，也有考据和义理之争。有注重文献、校勘、注释的，也有注重发挥义理的，认为如果不管义理，那就跟现实生活脱节了。尼采24岁就成了古典学专业的教授，他就是主张义理的，与当时一位非常有名的注重考据的古典学家维拉莫维兹（Wilamowitz）发生了争论并且产生了重要影响。德国古典学的传统，就是既重视对古典文献的研究、注释、校勘，也非常强调其中的义理并且据此来对现代性进行反思。所以德国思想非常发达，这与他们非常重视古典研究是密切相关的。

古典学的研究在西方从未间断过，因此他们的思考总是有基础、有根本。从西方哲学的角度来举几个例子。哲学诠释学的代表人物伽达默尔，他是海德格尔的学生。海德格尔对古希腊的解释并没有得到学术界的承认；伽达默尔则专门花费了时间从事古典学的研究，后来通过了国家考试，成为了一位古典学专家，是古希腊柏拉图、亚里士多德的研究专家，非常厉害，得到了古典学圈内的承认。他在古典学的基础之上提出他的哲学诠释学，与古希腊智慧联系起来，尤其是与经过他重新诠释的亚里士多德实践哲学、柏拉图的对话辩证法联系起来，他的基本观点就基本上能够为学术界所接受。这是因为他本人就是西方古典学专家。

此外，最近几年我们开始注意到法国著名哲学家列文纳斯。他是法国人，曾经在德国跟随胡塞尔、海德格尔学习过。他是把德国的现象学介绍到法国的第一人。但他在海德格尔的基础上讲出了另外一套理论，即"为他者"、"爱他者"的哲学，并且提出不是存在论而是伦理学才是第一哲学。他为什么能够做到这一点呢？因为他是一个犹太人，并且是犹太民族的经典《塔木德》的研究专家。几十年来他担任一所师范学校的校长，不仅在学校中推行犹太经典的教育，而且在研究《塔木德》的学术圈子中差不多每年开年会都要提交论文。这样独特的经历使他在哲学思想方面提出了与之前迥然不同的思路，但又能跟柏拉图他们的思想串联起来。举这些例子，都是为了说明，哲学思想的创造性，与古典学的研究是分不开的。

具体来讲，古典学对现代社会的意义主要有三个方面。

第一个方面，经典凝聚着一个民族的各个方面的经验和教训，并且是经过历史的淘汰与锤炼的经验与教训。如果我们围绕着古典学来继承和发展，就使得每个人都不是凭着个人的私智小慧，而是依赖整个民族的历史经验和集体智慧来思考、决策和行动。

第二个方面，古典经典是对整个民族智慧的积累、参与和反思的一个公共平台和公共空间，也可以说是精神家园，因而具有强大的凝聚力。它把大家的思考尤其是把历代的思考和智慧都汇聚到这个中心点上来，从而可以使一个民族的思想发展有始有终，有线索可循。最重要的是学有传承、思有传承。我一直在反思，西方哲学为什么有这么强大的创造力？我觉得其中一个重要原因就在于他们一直有传承。一有传承，整个民族的文化就不是凭借个人智慧，而是凭借一个庞大的公共空间和全民的集体智慧来发展。现当代的中国思想文化的传承味道不浓，其中一个重要的原因就是我们没有以经典为主轴来形成和发展我们的思想。用孟子的话来说，一个民族的学术发展，如果有传承、有这个公共空间的，就是"有本者"，就能够"源泉混混，不舍昼夜。盈科而后进，放乎四海"；而如果没有以经典为根本的，就像七八月的雨水是突然来也突然去的，虽然在下雨时"沟浍皆盈"，但"其涸也，可立而待也"。没有传承，就什么都是零散的、片段的，不能深入，也没有什么力量，不能发挥什么作用。

第三个方面，经典之所以成为经典，还在于它是永远不可能被完全占有的思想源泉与典范。没有一个人，也没有一个时代，敢说自己完全理解了经典，发挥了经典的全部意义。从这个角度来讲，经典可以说是一个"绝对的他者"。经典不仅是我们思想的基础，它还可以映衬出我们的相对性和有限性，从而使我们总是能够不断发展。

这三个方面中，前两个方面是使一个民族的创造力得以强大，亦即"可大"，后一个方面则是使这种创造力得以持续不断，亦即"可久"，三者合一，就是使民族文化的创造力"可大"、"可久"。其实不仅是对于整个民族、国家而言是这样的，对于个人而言，同样如此。把中国古典学作为一级学科来建设，确实是一项刻不容缓的工作。

主持人： 确实如李老师所言，"国学"或者古典学是我们中华民族的集体智慧的结晶，整个民族的精神家园，是促进我们不断向前发展的精神动力。下面请吴教授谈谈。

吴仰湘： "国学"一词，原指我国古代由朝廷设立并直接管理的高等教育机构。到了晚清，由于西学潮涌而入，加上欧化论日盛一日，不断有人从新的意义上来使用"国学"，用来泛指中国固有的学术、文化、思想乃至价值体系。民国以来，这种被赋予新义的"国学"名词，迅速在全社会流行起来，但是其间并没有经过科学的界定。习俗相传的"国学"，有时指中国传统学术、文化、思想（整体或局部），有时又指对中国传统学术、文化、思想开展研究的学问。这样的概念相当含混、游移。有鉴于此，当要表示后一种意蕴的"国学"时，只好改用"国学研究"或"国故整理"。今天继续使用"国学"这一概念，与当今的学术文化与教育体制更是不相适应。事实上，"国学"这个名词，民国时期就曾经引起过很大的争议，当代也不断受到质疑。前段时间因为申报"国学"一级学科，更是引起一场轩然大波。正是因为"国学"一词过于模糊、陈旧，有人提出了"大国学"、"新国学"的说法。然而，这些新的概念比"国学"更为宽泛、含混，不易获得学术界的广泛认同，似乎更难以纳入现行的学科体系之中。

1923年，梁启超在东南大学国学研究所演讲时，提出可以开展"古典考释学"的工作，即"将所有重要古典，都重新审定一番，解释一番"。近些年来，国内也有学者借鉴西方的"古典学"概念，提出"中国古典学"一词，将它界定为研究先秦秦汉时期中国古代文明的学问，并主张将"中国古典学"作为"国学"的一个分支。我个人认为，我们可以借助梁启超等前代学者的提示，借鉴西方"古典学"的界定方法，把研究以古汉语为工具记录文献的学问称为"中国古典学"。当然，这只是一个粗浅的想法，如何完成"中国古典学"的正名与定位，并且建立起一套相对完备的学科体系，还需要做大量严谨、详细的论证工作。

在我国传统学术体系中，经学一直处于主体地位。我们今天提出"中国古典学"，同样也要把经学放在主体的位置上。早在1999年，郜积意先生就发表了一篇文章，叫《经学的缺席：失落了的国学研究》，指出当时"国学热"中存在的一个大问题。如今十多年过去了，经学在有关中国传统学术文化的研究中还是没有得到足够的重视。因此，我们今天提出建设"中国古典学"并把经学放在一个主体的位置上，是很有现实意义的。

主持人：我们今天在岳麓书院探讨这个话题，其实也有特别的意义。书院在中国古代历史上，一千多年前就开始在研究、传授中国传统学术。我们今天在这里学习、研究传统文化和学术，可以说是对岳麓书院一千多年学术传统的承传。书院的现代复兴不只是形式上延续了古代的讲学方式，更重要的是内容上也有传承关系，古代书院主要讲授经史子集之学，现在我们仍然从事于中国传统学术的研究与学习。

邓洪波：国学在现阶段是不是（或可不可以成为）一级学科，这是一个争议很多的问题。可以回顾一下，过去的经史子集四部之学，受到冲击之后，是怎样一步步退出正规教育的学科体系的。1903年和1912年是两个节点。我们传统是讲究博通之学，四部之下没有具体的学科分类。晚清从书院到学堂，新的学科体系基本上是按西方的标准来建立的。当初张百熙的设计中，就没有经学的位置。但张之洞对此特别反对，第二年的癸卯学制中第一个学科就是经学，这是张之洞坚持的结果。最后实行的新学堂都有经学的地位。按照西方的学科体系，把四部之学拆分为若干部分，一一对应西方的学科如文史哲等，唯独经学成了孤家寡人，无处可去。张之洞就干脆单独为经学设立了一门学科。这种设计在1903—1911年间尚还一直得到实行，可是在蔡元培当教育总长的时候就全部撤销了，经学科目完全废弃，经学从此就无家可归四处游荡了。此后的历史不断对传统学术进行打压，一直在批判中国文化，连孔孟都被打倒，到"文革"时登峰造极。

传统学术中最精华的东西失去了。我们现行的学科体系和学术分科，一级学科、二级学科的设置，全是按西方的一套来设计的。在这样的学科体制之下，经学作为中国传统文化的核心始终没有挂靠的地方。还有史部也不能说全部进入了历史学。比如史部中的目录学是一门很重要的学问，不只是翻翻书本的工具，而是辩章学术、考镜源流的一门学问，是在更高层次上对学问的把握。但是我们现在的目录学，已经分到图书馆了，完全变成了一种工具了，本身所固有的最核心、最高的学术价值却丢失了。现在的新书出来两个月就上网了，可以查目录了，而大量的古籍却都没有上网，还要去靠卡片去找书。这也可见我们传统的东西难以进入现代的学科体系。现在很多人在争论国学是不是一级学科、二级学科；能不能作为一级学科等问题。其实问题的关键是，我们所有思考的原点完全是西方的学术体系。所以百多年我们传统中最核心的东西找不到自己的归宿，有些即使找到了归宿，但也变了样。

我们提出来中国古典学就是国学，并且列入教育的学科体系中。我认为是非常必要的。国学是承载着感情的，挨打的时候，当时的学部并没有反对，民国时候无论是北洋还是南京政府都没有反对；反而是今天我们的民族开始伟大复兴，找回自信的时候，为什么不能让它找到一个归宿，成为一门学科呢？我觉得国学理所当然地可以列为一级学科。它可以跟其他学科"中西并行"，没有矛盾。

这样一个以中国古典学为标志的国学，其研究内容，像刚才吴仰湘老师提到的以文言文（古汉语）承载的文献为标准，我也比较认可这样的定义。西方的古典学也是以他们的古文字记录的文献为依据。这样就基本上可以划定我们学科的研究范围和教学设计的范围。国学一级学科之下的二级学科怎么划分？我的基本考虑是，可以先参考西方是怎么做的，但仍然要以传统的经史子集四部来作为划分二级学科的依据。这一套学问是我们最传统的学术体系，它可以与根据西方标准设置的现代学科体系不相冲突。

最后，从书院的角度来讲，书院改制之前，长期以来都是讲授经史子集四部之学，这是当然的事情。晚明的时候就有西学的传入，但当时的西学都可以纳入中国固有的学科体系中，比如传教士带过来的几何学就归入到算学中。同光以后，西学大量输入，传统的经史子集四部之学就统摄不了了。这也是百年来的一个现状，是我们应该重视的一个问题。就岳麓书院来讲，同光之后，特别是"中兴"以后，岳麓书院的学生曾国藩等人打下太平天国之后，大清中兴了，书院等文化机构也开始"复兴"，都把经史作为根柢之学在书院教授。在书院课程的设计中（包括张之洞和岳麓书院的王先谦），虽然对西学大多都有过试验，都有翻译、数学等内容，但是经和史从来都是根柢，是不动摇的。如果我们把国学界定为中国古典学，使之以一级学科进入我们的学科体系中，然后参照传统中国一千多年中书院的课程设置，借鉴在与西方打交道的过程中总结出来的经验，再来设计一些二级学科，我认为完全是可以的。

主持人：今天这场讨论特别有意义。国学本身确实从近代以来就一直是一个非常模糊的概念。既然如此，是否可以用一个符合现代学术规范而且有利于中外交流、沟通的概念来重新界定它呢？我们今天至少形成了这样一个比较接近的意见：国学可以用中国古典学这样一个具有学理性更为清晰、并且能在中外学术交流中通用的概念来重新界定。这样一来，国学作为一门独立学科的思路、它的内涵外延都清晰得多。在这个问题上，我们当然要借鉴西方古典学的概念体系和学术范式。这个学科在西方已有两百多年的历史，基本上成熟了，我们可以借鉴他们的经验。但这并不意味着只有以它为依据中国古典学才具有合法性。我们更需要挖掘中国传统学术自身，从中寻找中国古典学的学理脉络。

刚才很多老师提出，中国古典学的建立还存在一些问题，这些问题需要我们探索解决。我认为，我们应该可以在一些著名的大学，对如何建立中国古典学开展讨论，做一些学术上的专题思考和研究，同时办一些试验班。我们岳麓书院研究中国传统文化的同仁们应该一起努力，来建立作为我们民族精神家园的中国古典学。

（录音整理：戴金波、邓梦军）

第二单元 这个世界需要对话

这个世界需要"对话"
　　——尼山论坛组委会主席许嘉璐先生访谈录
世界文明对话日：来自中国的声音
　　——联合国世界文明对话日高层座谈会纪要
关于日本汉诗
庄子的世界与世界的庄子
道家之"中西问题"
中西文学传统缘何不同

国学访谈

这个世界需要"对话"

尼山论坛组委会主席许嘉璐先生访谈录

摘要发表：国学版（光明日报2010.9.23第3版）

人类需要的那种坦诚的、善意的、意在求得相互了解、理解的交流，现在通常称之为"对话"。这个世界需要对话。

中华文明在世界不同文明对话中应该而且必然有所作为，有所贡献。

文化自觉就是一个民族要对自己的文化，有清醒的、全面的、深入的了解。也就是要了解自己民族的文化的规律、内涵、走向。

时间：2010年9月13日上午
地点：北京 孔子学院总部

主持人：梁　枢（《光明日报》国学版主编）

主持人：许先生好！首先感谢您拨冗接受我们的专访。

在这次尼山论坛筹备过程中，国学版有幸参与了其中的部分工作，如报道"世界文明对话日座谈会"，以专栏方式发表论及中西文明比较性分析的一系列文章等。论坛的筹备工作，从渐次展开的每一个环节，到过程中表现出来的每一个细节，都在向人们传达着一个十分强烈的信息：这次论坛将是一次真正意义上的"对话"，一场由中国人主办的不同文明、不同文化之间的对话。"对话"是首届尼山论坛的"核心词"。不仅如此，在时下各种各样的"论坛"中，"对话"也将成为代表与彰显尼山论坛的特色。作为这次论坛的发起者和领导者，您能否向我们的读者展示一下您关于"对话"的理念。

一

许嘉璐：近年来，我有计划地与佛、道、基督、犹太各教代表人物进行交流；我还曾和伊斯兰、神道以及婆罗门等教人士面对面地畅谈过。我之所以愿意和儒家之外的各种文明及其宗教进行交流，是基于以下想法：近三百年来，世界进入了文明多元化跟一元化这两种主张和趋向并存并激烈博弈的时代；自上个世纪之末经济全球化加速推进以来，这一博弈日益凸显。这一比拼的结果，将决定着人类未来的命运。

工业革命之前，那时的不同文明对话，只是局部的、线性的、自发的，主要的形式是贸易、传教和战争。工业革命以后，不同文明之间对话的方式与性质有了根本性的变化。例如18、19世纪欧洲自视为世界中心，"殖民运动"夹裹着基督福音向世界各地强行撒播和渗透；延至20世纪，美国接替了欧洲"世界中心"的角色，继续推行世界文明的一元化。而面对一波又一波的一元化浪潮，近三百年来，弱势国家和地区只能不自愿地、被迫地承受着自己的传统被扼杀、鄙弃、遗忘的残酷现实。

这种一元化的趋向在全世界范围内展现出巨大的能量，并且它也必然地影响到那个时代的思想家们。这种一元化给当时的思想家带来了什么？从制度设计到宗教信仰，再到对价值尺度、终极真理的哲学思考，这种一元化的趋向被这样那样地全盘接受下来，形成"一元主义"的思维方式。

然而，文明有着超出思想家们想象的伟大与顽强。文明一元化在实施强大压力的同时，也自然孕育并激发出坚持传统、抵制文明移植的巨大力量。从上个世纪末起，一元化的趋向在一定程度上开始被文明多元化的呼声减速了。遍布全世界呼唤多元化的声音，是由西方发起的经济全球化和科技现代化的强大趋势辩证地催生的。物极必反，当推行一元化的力度接近极致时，它的对立面就出现了。

主持人：当这一情景进入到思想家的视野之中，必然会掀起波澜。

许嘉璐：今天越来越多的人认识到，多元化是人类文明的本质属性。多元之间的接触、碰撞、妥协和相互吸收是各种文明进步的巨大动力。只有多元，各种文明才能获得相互接触、欣赏、吸取这样一种自身发展的外动力，以适应、维护并促进不断演变前进的社会生活和世界形势。换言之，如果文明单一，或虽内部多元，而缺少和外部足够的接触，则这种文明必然要渐渐衰微，乃至消亡。如果着眼整个世界，则可以预计，文明的单一化也将预示人类的停滞、倒退、灭亡。

但是，潜在于人民意识中的对多元文明的需求以及学界一波又一波的论证、呼吁、抗争，在现实中，其力量至今仍是微弱的。应该看到，文明有着拒绝异质者的本能，所以"一元主义"为了实现自己想象中的情景，就要诉诸刀枪，虽然平时主要是靠人人喜闻乐用的文化形式和物质产品。人类要达到彻底摆脱二百多年的桎梏，消除忘却民族智慧、失去自我、无所适从、灵魂空荡之苦，将是个极其漫长、复杂的过程。

所以我说，文明的一元化与多元化这两种理论和实践是一场长期的博弈。明智者，当前必须向人们揭示文明多元化的必要和必然，以抵消相反理论和实践的影响；然后，经过若干年代的努力，脱下铠甲，打开心锁，让良知战胜贪婪，让文明跨越边界，使世界真正成为友善、包容、和睦、幸福的家园。

人类需要的那种坦诚的、善意的、意在求得相互了解、理解的交流，现在通常称之为"对话"。这个世界需要对话。

这种对话，往往从学者开始。因为学者的思考有着比政治家、企业家、军事家更为宏阔的知识背景（历史的、哲学的、文化的等）和更为深刻的对历史和社会走向的关怀。人民是文明的创造者，是文明多元化最有力的推动者，是历史的主人。智者的言论可以作用于人心。只要真正渴望人类和谐的人们坚持不懈地奋斗下去，世界一定会有不同文明和谐共存共荣的一天。

二

主持人： 您充分论证了文明对话的必要性；即将召开的尼山论坛也将有力地推动不同文明之间的交流与理解。但由此也让我有一个问题想请教：诚如您所言，文明对话本身是博弈的产物，加之长期以来"一元化"思维定式的影响，作为博弈的对手，对话如何可能？

许嘉璐： 从人类社会发展史和思想史所揭示的规律看，如果能够超越意识形态和国家、民族、地区、社群之间在物质利益方面的矛盾这一狭小的视野——这当然不能妨碍人类共同追求的正义和平等的原则——来审视当代世界的特征，那么，所有的国家、民族、地区和社群，也就是全人类，不管是发达国家还是发展中国家，霸权国家还是后殖民国家，也不管是富豪还是贫民、强势群体还是弱势群体，所面临的困惑和痛苦有着相当的一致性。

工业化极大地扩大了人类的视野和知识范围，极大地提高了人们物质生活的便利和质量，但是它造成了人与自然的对立，人与人、人群与人群的对立，人身与人心的对立，现在与未来的对立，现象和本质的对立。可以这样说，这些对立凝聚成了这样两个很少有人思考，但却极为现实的问题：什么是幸福？人类将走向什么样的终点？现实中的种种对立在生活中就体现为科技发展的加速度、追求财富的欲望之不可节制与人的心灵需要一定的沉静和信仰、人类不仅需要物质更需要自我认识的精神之间的尖锐矛盾。这一矛盾所引起的人之个体和群体精神的迷茫，仇恨的莫名，社会的断裂，危机的频发，已经向人类显示了可怕的未来。因此，不同文明间的对话，不应该只是被文明一元化所折磨的弱势国家、民族、地区和社群的需要，其实也是发达国家、霸权者、富豪和强势群体的内在需求，虽然他/它们未必真正认识到了这一点。获得不同文明对话成果之益的，将是整个人类。

三

主持人：我了解到，尼山论坛是第一次由中国人主办的世界文明论坛。这是否意味着，在文明的问题上，我们有了更多的话语权？

许嘉璐：基督教和伊斯兰教的对话已经在世界上举行过好几次。在美国、西班牙、新加坡，都举行过。而在这些对话当中，我们没有话语权，没有咱们人参加。只有在马德里那次会，人家两家对话，我们是列席。当时学诚法师就作为列席代表团的代表，做了个简短的发言。发言讲佛家的理念，人家没听过，没见过，非常欢迎。这让我想到，世界上应该有中国的声音。应该让世界了解中华文化的核心是什么。怎么办呢？中国办论坛！论坛把朋友请进来，同时也可以让文化走出去。

中华文明在世界不同文明对话中应该而且必然有所作为，有所贡献。这是因为，中华民族向以极大包容、注重和谐、酷爱和平著称；我们有着保证了中华民族独树一帜地保持几千年一统和稳定的文明因素和丰富经验。中华文明的内涵，的确有许多可以作为其他文明的参考，用来补充、纠正、制衡现在统治着全人类的西方文明，以便人类在未来共同创造出能够真正促进自身进步，保障地球安宁与和谐的新文明。例如中华文明把对道德伦理的无止境的提升作为最高的追求；视自身为宇宙的一员，以"我"与"他"为同体，提倡体现无疆大爱的"仁"；虽然自古没有形成崇拜人格神的全民宗教，但是仍然有所敬畏，"畏天命、畏大人、畏圣人之言"；等等。尼山文明论坛通过对话所要追求的，也正是中华文明里天下为一体的理念所早已反复论证并为历史所证明了的真理。

主持人：您说过，多元化是人类文明、文化的本质属性，而中国传统文化的核心，正是充分体现这种文化本性的。那么，通过论坛发出中国的声音，同时也就意味着是在发出文化的心声。

许嘉璐：是的。

四

许嘉璐： 还有一点，就是想要通过对话来推进我们的儒学研究。长期以来，我们国内学界存在着就儒学论儒学的研究倾向。而对儒学的价值、儒家文化的价值，只有在比较中才能认识。搞儒学的，应该同时研究伊斯兰教，研究基督教，应该研究婆罗门教，即印度教，应该研究神道教。这样一比较，才能看出自己老祖宗留下的东西的可贵，也看出老祖宗的毛病。这样儒学、中华文化就往前走了。这次请来的外国学者中有不少和我对过话。我们把众多朋友请来，可以给我们的儒学研究者一个更广阔的视野，推动咱们儒学的进步。

我就想，一个民族文化的振兴，要靠民族的文化自觉。"文化自觉"这词是费孝老先提的。我也用这个词，但是重新界定了。概括起来，文化自觉就是一个民族要对自己的文化，有清醒的、全面的、深入的了解。也就是要了解自己民族的文化的规律、内涵、走向。这样的文化自觉，首先需要知识精英来担当，由知识精英把自己的民族文化放到世界的背景、历史的背景去认识、研究、解读、散布。

主持人： 通过对话，在国际视野中提升我们的境界，推进我们的学术建设。

许嘉璐： 现在中国正在参与世界上各种对话，不同层次，不同形态，都是对话。但是不能缺的就是这种直插文化根底的哲理的对话，要引向深入。没有深入，其他的文化形态走出去，就可能是不自觉的。所以，我们要有一个高端对话的平台。

主持人： 谢谢！

（录音整理：罗容海）

國學 访谈

世界文明对话日：来自中国的声音

联合国世界文明对话日高层座谈会纪要

摘要发表：国学版（光明日报2010.5.31第12版）

编者按：2002年，联合国大会一致通过决议，宣布每年的5月21日为"世界文化多样性促进对话和发展日"。为庆祝联合国世界文明对话日，尼山论坛组委会和本报于5月17日在北京举行高层座谈会，以中央精神为指导，围绕中国参与世界不同文明对话，畅谈交流，发出中国人的声音。全国人大常委会原副委员长、尼山论坛组委会主席许嘉璐主持会议。这次座谈会的召开，也标志着"尼山论坛"系列活动拉开序幕。

时间：2010年5月17日上午
地点：北京东方花园宾馆会议室

许嘉璐（全国人大常委会原副委员长，尼山论坛组委会主席）：各位先生早上好。2002年，联合国大会一致通过一项决议，宣布每年的5月21日为"世界文化多样性促进对话和发展日"，简称"世界文明对话日"。今天大家在百忙中聚在一起，就是让我们以中央的精神为指导，围绕中国参与世界不同文明对话，畅谈交流，发出我们中国人的洪亮的声音。

现在就进行会议第一项，请向红同志通报尼山论坛的信息。

徐向红（山东大学儒学高等研究院常务副院长，尼山论坛组委会秘书长）：尼山论坛，是以孔子的诞生地尼山命名，以开展世界不同文明对话为主题，以弘扬中华文化，以促进中外文化交流，推动建设和谐世界为目的，以学术性与民间性，国际性与开放性相结合为特色的一个国际文化学术交流活动。首届尼山论坛将于9月26—27日在山东曲阜尼山举行。

以儒家思想为重要代表的中华文化，是参与世界文明对话的重要力量。中华文化注重以民为本，尊重人的尊严和价值；注重自强不息，不断革故鼎新；注重社会和谐，强调团结互助；注重亲仁善邻，讲究和睦相处。这些价值观念对于推动不同文明友好相处，平等对话，共同构建和谐世界具有积极意义。

首届尼山论坛开展儒家文明与基督教文明的对话，主题是"和而不同与和谐世界"，口号是"仁爱·诚信·包容·和谐"。本次对话将为儒家文明与基督教文明携手共建新型世界文明关系做出努力。

许嘉璐：谢谢徐部长。下面我们就进行今天的主题。那么第一位，请汝信副院长先发表意见。

一

汝 信（中国社会科学院原副院长）：刚刚从希腊回来，参加了一个文明对话。

许嘉璐：是吗？

汝　信：我以前参加的一些文明的对话，我们中国的传统文化好像老是作为一个配角。这一次，举行这么一个文明对话的会，各方面的人士都参加，而且是永久性的，这可能是其他国家都没有过的。

为什么要进行文明对话？现在经济全球化以后，为了国家的共同利益，大家相互依赖，利益相互攸关，许多全球性的问题，需要大家共同来应对。应该承认各个文明之间有一些共同的大家都能承认的因素，如果没有共同的东西，那也没法对话。但是，另一方面又要承认有差别性，应该承认所有不同的文明都对人类做出了同样重大的贡献，没有高低或者优劣之分。

还有一条，大家要互相尊重。如果把对方总是看成一个潜在的对手、竞争的对象，那这个对话也很难成功。我想这一条也正是我们中国传统文化有优势的地方。

（掌声）

许嘉璐：谢谢，汝信院长在国际学术界参与了多次文明对话，积累了相当丰富的经验。下面请吴院长来报告。

吴建民（欧洲科学院院士、副院长，国际展览局名誉主席）：亨廷顿有一个重要的观点，他认为在21世纪，儒家文明会同伊斯兰文明结合起来，同基督教文明相对抗。他这个论断是相当武断的。1997年，在瑞士的圣加伦举行了一次国际问题研讨会，亨廷顿出席了。我当时是驻联合国日内瓦办事处的大使，我夫人是驻卢森堡大使，我们俩都应邀出席了这次会议，当面和亨廷顿先生有一番对话。我夫人就跟他讲，你觉得各种文明之间一定要对抗，这个可能有一定的事实根据，但也有事实说明不是这样子，20世纪两次世界大战都是在相同文明里面打起来的，怎么看？亨廷顿先生当时也一时语塞。

我认为从1993年到现在，世界有几个突出的变化，引起了大家的注意。我想，我们尼山论坛是不是要放在这个大的背景下：

第一点，基督教文明和伊斯兰文明的冲突在发展。特别是"9·11"之后，小布什政府处理这个问题的办法，他完全是按照文明对抗的方式来处理，所以导致了双方的冲突愈演愈烈。

第二点，在冷战结束之后，国际关系的重心在由大西洋向太平洋转移，转移的根本原因——亚洲在崛起。

第三点，一个新的现象出现了：今天世界，对于东方文化的兴趣，从来没有这么大过。

把尼山论坛放在这个大背景下面，我有几点想法提出来供参考。第一，我们中华文化是什么？怎么能够比较简单地讲清楚。恕我直言，我们现在对外讲的东西，条条多，例子少，听不明白。这个问题并不是很容易回答的。我们中国存在一个构建主流文化的问题。主流文化，这是需要几代人下工夫来做的。主流文化没有建立起来，中国不可能长治久安。

（掌声）

许嘉璐：谢谢吴院长。今天，中国正处在以学者为代表的重新认识自己的过程中，这个过程恐怕不是三年五年。除了学术研究，我认为不同文明对话本身，也是重新认识自己的过程。

下面我们就请张小安同志发言——是位女士。

张小安（中国联合国协会副会长）：我是刚从驻以色列使馆回来接任副会长工作的，对在耶路撒冷发生的一些问题有一些了解。世界三大宗教——犹太教、基督教和伊斯兰教，这三大宗教是从一个根儿上来的，也就是从犹太教来的。这三大宗教一直在冲突之中。为什么？它们都具有排他性。这一点，和我们中国，无论是宗教还是文化，有很大的区别。中国的文化，我觉得最大的特点就是包容性。这是我在以色列体会特别深的。我也和以色列的学者，以及一些在中国工作过、对中国比较了解的官方人士谈过，他们也有类似的感受。比如说犹太人，流散到世界各地，他们与任何一个地方都是相互不容的，他们都有自己的小圈子。11世纪的时候，第一批犹太人到了中国开封，就同化了。所谓的"同化"，实际上就是你来了，我就接受你，你在这里生活，可以开展自己的宗教活动，可以保持自己的文化。这样慢慢地，他们也接受了中国，接受了中国文化。这只有在中国才能出现。

我们的心态是一种平等的心态、一种包容的心态，而不是强加于人的心态。但是即便是这样，我接触的一些西方人还是说，就是因为你这种包容性，让我们觉得更加可怕。他很担心他们的文化今后就没有了。尼山文明论坛是一个非常有意义的事情。我们要利用好这个机会，让外国人来感受中国的文化，来了解我们的文化，这是个非常好的做法。希望今后这方面的工作能够持续进行。

许嘉璐：谢谢！给我们介绍了耶路撒冷的情况。我想，小安女士说到的西方的排他问题，这既是尼山论坛想要消除的一堵墙，又是首届尼山论坛把儒家和基督教对话列为主题的动因。我想其意义，将来可能也在这里。

按照顺序，现在我们就请岂之先生。

二

张岂之（西北大学名誉校长，清华大学历史系教授）：我今天要宣传"会通"这个词。我认为这是中国优秀文化里面一个核心的东西。

现在我们都说"包容"，不错，但谈中华文化只讲"包容"可能不够，要从积极意义上来了解。用"会通"，我觉得更为恰当。

"会通"一词正式出现在《易传·系辞上》。原文是："圣人有以见天下之动，而观其会通，以行其典礼。""会通"精神是我国古代哲学包含的基本精神之一。

它有三个特点。第一，"会通之学"善于互相讨论、交流，相互吸收、提高，既能看到其他学派与自己学派的不同点，又能看到其他学派的长处。第二，他不排斥域外的思想文化，而是力求了解他，并吸收它的长处，以与本土文化相融合。第三，中国古代思想善于融会、吸收各门具体学科的成果，并使之上升到理论高度，反过来影响各门具体学科的发展。

我国人文学术工作者面临的一个历史责任，就是在学术研究和文化建设方面真正做到中外贯通。在吸收外来文化方面，很久以前有一种提法，就是"中学为体，西学为用"。20世纪80年代为了矫正这种提法的不足，有学者提出"西学为体，中学为用"。这两种体用关系使我们在吸收外来文化上一直存在着将中华文化与西方文化分割开来甚至对立起来的局限。今天，我们在维护世界文化多样性的前提下，有必要消除这种体用关系的对立，真正实现民族文化与全人类优秀文化（不仅是西方文化）的有机融合，实现文化上的体用合一和中外贯通。

许嘉璐：我再给您补充一个例子，安乐哲有一本最新的译本，名字就叫《中西文化之会通》，他也在用。

汝　信：我的老师贺麟先生，他的集子就叫《会通集》。

许嘉璐：其实在历代的前哲著作里用"会通"一词，都是从《周易》里来的。实际上是一个世界观的问题，到哪里都贯通。

张岂之：对，是一个方法问题。

许嘉璐：谢谢。下面就请学勤先生了。

李学勤（清华大学历史系教授）：我特别说一下，在座的各位中，可能我和尼山的关系还稍微多一点。我1960年在曲阜劳动锻炼一年。

（众人笑）

许嘉璐：是吗？

李学勤：所以曲阜周围的地名，我还语焉能详。

（众人笑）

近几年来我一直在强调，孔子是集大成，他是继承古代的传统。清华简里面有很多东西，反映儒学集中了两千年甚至更长时期的历史积淀。

在近几十年来，我们这一行在观念上有一个很大的变革，就是特别强调中华文明从来就是一个多地区多民族的文明。这点过去没有注意到。考古工作开始的时候，就是在中原地区，从安阳的发掘做起，一直没有出华夏这个圈子。到了改革开放，全国各地的考古工作、田野工作大量开展，才逐渐地认识到，灿烂的中华文明，都是各个民族各个地区共同缔造的。我们的文明，本来就是一个多因素、多源、多线的发展。

我认为我们的考古学和古史研究很多年以来恐怕有一个很错误的观点，就是总以为我们这个古代文明是孤立的。中国的文明是独立起源的，但是不能说和其他文明毫无关系。这种说法妨碍了我们将自己古代的文明放在全世界的文明史和考古学的背景里面，进行全面系统的考虑，没有能和世界文明对接起来。上世纪80年代初的时候，我在英国剑桥，看他们收藏的甲骨文，我就挑出一块来，当时我想，这块很特别啊，一看就不同，武丁时候的，刻有文的。我把它送到了伦敦的大英博物院，请他们专门研究龟类的专家做鉴定。鉴定的结果就是，这种龟，在当时的历史时期，只能出现在缅甸以南。这样的例子，我们还能举出不少，所以说中国古代文明自古以来就和外国文明有所接触、有所对话。

（掌声）

许嘉璐：谢谢，为了节省时间，我下面就直接请，就请立文先生。

张立文（中国人民大学人文学院哲学系教授）：中国从古以来，就有自己的思维方式。西方是有一个上帝，有唯一的神来创造万物，中国讲不是，那是什么呢？是"和实生物"，怎么样"和实生物"？"先王以金木水火土杂以成百物"，那就是说金木水火土各种不同的因素，"杂"，就是"和也"，就是杂成百物。这里面有个很重要的思想，就是怎么样讲和。正因为中国是多种因素合起来才生天下万物，所以中国从古以来，从思维上就有一个"海纳百川、有容乃大"的思维方式。

《国语·郑语》讲"以他平他为之和"。这里面可以讲这么几个思想。第一，文明对话之间，"他"与"他"之间应该是平等的。金木水火土天地男女各种因素平等，都是互相尊重的关系。第二，就是"他"与"他"之间，应该排除先在的成见或者偏见，要用一种清净的心来对待其他文明。第三，"以他平他谓之和"，这个"和"其实是达到一个目标，"合作"。

在当代我们讲文明，有一个原因，我们的世界，正处在一个不文明的状况里。人与自然的冲突产生了生态危机，人与人的冲突产生了道德危机，人自身的冲突产生了信仰危机、精神危机。我在上个世纪80年代就提出"和合学"，我觉得应对人类这些不文明的行为，应该提倡"和合"的思想。"和"本身就是一种对话，因为"和"本身来讲就包含了冲突。正因为有冲突，所以要和。"和"就是互相妥协、互相谅解、互相了解这样一个过程。这样一个过程是为了达到"合作"的目的。合作的"合"，是要以"合作"为目的。结果如果没有"合作"，那讲"和"就是空的了。

各文明、国家、宗教之间，应该有个"合作"。具体讲，一是"和生"，我们人和自然，各个国家各个民族之间应该是和生的。第二点就是"和处"，以"和而不同"的理念来互相共处。第三点就是"和立"，每个国家按照自己的方式来独立。第四点就是"和达"。自己发达了，也该让别人发达起来；自己通达了，也让别人通达起来。第五点就是"和爱"。我想没有一个宗教不讲爱的。基督教讲博爱，佛教讲慈悲，伊斯兰教译作中"安拉"爱着草木也爱着人类，儒家就讲"泛爱众"，都讲爱。所以各个宗教间是可以互相融通的。

（掌声）

许嘉璐：立文先生关于和合哲学，也是皇皇巨制，今天不过是给我们说了个梗概。下面就请钟鉴先生。

牟钟鉴（中央民族大学哲学与宗教系教授）：我发言的题目叫"让当代温和主义流行起来"，副标题是"孔子能为世界提供什么"。

世界上有众多宗教文化和人文学说，就其多数而言，其经典宗旨都追求真善美，向往幸福美好的生活。但为什么人类一直冲突不断，甚至相互残杀？一个重要原因就是极端主义。可以说信仰和主义一旦被极端化，就会走向反面，被代表特定集团利益的政治势力所利用，成为破坏文明的工具。历史上有两种思想对今天极端主义产生深刻影响：一是基督教的原教旨主义，奉信"基督以外无拯救"，以救世主在人间的唯一代表自居；二是社会达尔文主义，把自然选择搬到社会，奉信弱肉强食、强者为王。这两种思想的共同点就是唯我独尊、唯我独重，强烈排他。后来的各种极端主义大都源于此：自己是最优秀的，代表唯一真理，他人都在我的脚下，为了自身的利益，可以不择手段。极端主义已成为当代人类一大公害。因此从思想上挖掘极端主义的根源，揭露极端主义的危害，反思人类文明的得失，寻找未来文明的出路，就成为今天人类的共同课题。西方许多有识之士正在深刻反省，并从孔子那里吸取智慧。

儒家文明的最大特点之一，我认为，就是从创建之始便种下了温和主义的基因，孔子乃是温和主义的始祖。这种温和主义的哲学便是中和之道。用现代的语言说：中是顺乎时代，合乎民心，不偏不党；和是尊重差异，协调关系，和谐共处。与"中"相反的是偏激、守旧、诡异，与"和"相反的是对抗、驯人、独尊。中和之道背后是忠恕之道，己欲立而立人，己欲达而达人（关心人、帮助人），己所不欲勿施于人（尊重人、体谅人），忠恕是仁爱的两个方面。有了忠恕之道就容易致中和，不偏倚、求协调，乃是体仁行仁之道。

孔子之后，《中庸》提出"道并行而不相悖，万物并育而不相害"，宋明理学提出"理一分殊"，当代哲学家冯友兰提出"同不妨异，异不害同；五色交辉，相得益彰；八音合奏，终和且平"。当代社会学家费孝通提出"各美其美，美人之美，美美与共，天下大同"。这是中国人很深的很牢固的传统，一直延续下来，传承到今天。这是一条贯穿中国思想史的温和主义中和之道的路线。

当今时代，人类已经成为真正的地球村村民，成为命运共同体。和平发展成为时代的主题,一家独尊、崇尚斗争都已过时,温和主义的时代已经到来。在这样的时代条件下,孔子和儒学的中和之道的精神会大放光彩。

(掌声)

许嘉璐:温和,就是孔子"温良恭俭让"的第一个字。现在请志民。

三

王志民(山东师范大学齐鲁文化研究中心主任、教授):不同文明之间差异的比较,有两个方面尤显重要:其一,要放在同一历史的断面。这样,其相互的联系及其可比性、差异性才有显现的基础和着力点。我们从德国哲学家雅斯贝斯对不同文明比较与联系的探索中,会受到很好的启迪。

二是文明的对话要注重文化渊源的探寻。就儒学而言,探讨其文化形成的渊源对把握其文化形态的特质至关重要。孔子思想的形成从大的方面讲,至少要从两个方面探其渊源:一是历史文化渊源;二是区域文化生态的渊源,二者又是有密切联系的。孔子说:"周监于二代,郁郁乎文哉,吾从周!"那么这样一个集三代文化之成的周文化,应是孔子思想形成的重要来源。而周之"礼乐"文明,实则由周公创制与发展。而鲁国为周公之封地,鲁实得周之礼乐文化之"真传",尤其是在"礼崩乐坏"的春秋时代,周之都城文化地位下降,鲁国集周文化之大成,实成为当时的东方文化中心,获得了"周礼尽在鲁"(《左传·昭公二年》)的称誉。从这样一个具体的文化生态,来理解孔子思想的形成和儒家文化的产生,尤其是来理解孔子生于鲁而非他邦之必然性,就会找到一个深入解读的切入点。

春秋战国,随周之衰微,诸侯割据,是一个区域文化大放异彩的时代。从区域文化的角度,探讨孔子及儒家文化的渊源,还不能只讲鲁不讲齐。孔子思想的形成,从地域上讲,是以吸收齐、鲁为代表的夷夏文化的融合。尽管我们还可以从多个方面去探讨儒家形成的根源,但孔子及儒家思想的形成从一开始即是中国早期文明精华的集聚,由此来理解孔子思想的博大精深及儒家文化的源远流长,并成长为中国传统文化的核心思想,就不难理解了。

(掌声)

许嘉璐：好，现在请胡占凡总编。

胡占凡（光明日报社总编辑）：不同文明之间对话的必要性与可能性在于，当今人类正处在全球化时代，正面临共同的挑战。在全球化这个时代背景下，不论对话的人来自或者代表哪一种文明，大家都承认，人类不同文明的成就，都承认文化的多元性和人类创造的多样性，都努力发挥各自文明的智慧，并且努力使这些智慧相互融通、彼此贯通。这一点，在21世纪的今天，正在成为全球共同遵守的知识准则和价值定律。

但是需要指出的是，我们中国人，对这个知识准则和价值定律的认知，有着我们自己的路径。《尚书·尧典》里说"克明峻德，以亲九族。九族既睦，平章百姓。百姓昭明，协和万邦"。所谓"九族"，就是以九代来排列父系血缘关系，也就是以自己为中心，往上推四代，再往下推四代。"九族"制通过"克明峻德"把散漫的个体血缘亲属，和谐成一个整体，在此基础上还要"平章百姓"，把一姓和百姓和谐成一个整体，再然后，还要和谐万邦，把国与国和谐成一个整体。

怎么样才能和谐成一个整体呢？第一，由内及外，由家至国，再到邦国，也就是修身齐家治国平天下。第二，是要把万邦协和，百姓章明看成是九族既睦的内在诉求。九族、百姓与万邦三位一体，和谐共荣。第三，和而不同。在这个大前提下，寻求九族、百姓、万邦之间的共性、共识，共同建设命运共同体。

所以，我认为儒家的思想观念，比如大家熟悉的"己所不欲，勿施于人"的原则，是内外贯通、四海兼用的。既可以用来处理家人的关系，又可以用来处理人与人的关系，还可以用来处理国与国的关系。这样思维和处理问题的方式，从上古时代开始，就带给我们中国人一种能力，即是与他者对话的能力，以及与他者和谐共荣的能力。对于世代中国人而言，传承承认中国文化的多元性，承认人类创造的多样性是不证自明、不言而喻的。周恩来总理当年参加万隆会议，上台的第一句话就是"我们是来交朋友的，不是来吵架的"，从国家领导人，到普通的中国人，都是这样来思考和处理问题的。把这样的态度和方法运用到我们文明的对话上来，我们的对话才会有好的基础，才能使对话有效进行、顺利进行。

中华民族是爱好和平的民族，中华民族的伟大复兴与西方的文艺复兴一样,必定是人类文明进步的促进力量。这个时代背景也显示了举办尼山世界文明论坛的必要性。

《光明日报》将竭诚地为知识界提供服务,我们也将积极地参与像尼山论坛这样有益的各类活动。

(掌声)

许嘉璐:有《光明日报》作为我们的战略合作伙伴,这是对尼山论坛的大力支持,我们如虎添翼。感谢感谢!

胡占凡:这是我们的责任。

许嘉璐:下面就请叶小文会长。

叶小文(中央社会主义学院党组书记,尼山论坛组委会副主席):在世界文明对话的舞台上,中国的声音现在还比较弱,中国的"话语权"还比较少。正在筹划中的"尼山论坛",是中国自己来搭建一个世界文明对话的舞台。

我曾问当年作为中方加入世贸组织首席谈判代表的龙永图,中国为何要加入世贸组织?他打个比方说,一个农夫挑担菜上市,可以卖了就走。但渐渐生意做大了,就总要摆个菜摊,进而就要开商铺、开超市,就要去了解和遵守市场规则,并争取和保护自己的权益。因而就必须加入这个市场的组织,遵守并参与制定市场规则。

今天,当农夫成为世界最大超市的总经理,当中国的贸易出口已居世界第一,我们在经济上已经加入了世贸组织,走向了世界。那我们的文化呢?中国文化不"走出去",中国在世界上就只能永远是"提篮小卖"的农夫。

中国文化拿什么"走出去"?要有外壳、有载体,更要有内核、有神韵。这个内核和神韵,最基本的,第一,中华文化的基因里,总有一股"君子以天下为己任"的天下情怀。第二,和谐理念。在世界三个比较突出的文明中,西方文明崇尚自由,伊斯兰文明崇尚公平,中华文明则崇尚包容,并由此形成了和谐至上的价值观。

罗素说过,"中国至高无上的伦理品质中的一些东西,现代世界极为需要。这些品质中我认为和气是第一位的",这种品质"若能够被全世界采纳,地球上肯定比现在有更多的欢乐祥和。"

(掌声)

许嘉璐：启正先生——

赵启正（全国政协外事委员会主任，中国人民大学新闻学院院长，尼山论坛组委会副主席）：今天的会非常重要，也可能是尼山会议的一个预热会。

中国六十年，特别是三十年以来的迅速发展，中国已经由世界的边缘走到世界舞台的中心了。中国因素是世界因素中的显变量，特别重要的组成部分，不可忽略中国。同时，我们对国际环境不可忽略。一个好的国际环境对中国的发展就是温暖的、有利的，而恶劣的外部环境对中国的发展就是制约的。

国际环境很多，为了讨论方便，我们给它分类——政治环境、经济环境、文化环境，再往下细分，就是舆论环境。在这方面，中国遇到的困难有以下几点。第一，是中国改革开放较晚，国外对中国所知较少。第二，汉语传播得不够。第三，西方媒体对中国报道的偏差。这种偏差是很严重的。为什么会造成对中国的歪曲乃至攻击呢？这是因为西方媒体是按照他们的标准来看中国的，凡是不一样的都要批判。再加上中国发展迅速，他们就产生了害怕的心理。这就造成了一个对中国不利的舆论环境。

世界是一个多样性的世界。在这多样性当中，实际上是不平等的。我们应该提倡对文化差异的正确态度。对此我们可以分析一下。

一种态度是互相尊重，从而可以互补，可以创新本民族的文化。

一种是"毫不在意"引起交流障碍。法国工商部长跟我说，他说中国我不敢再来了，我问为什么，他说，受不了，为什么在宴会上我不喝酒就说我不够朋友（众人笑），这就是在日常生活中毫不在意，构成交流障碍。

第三种是互相歧视导致文化冲突……

第四种，如果被政治家利用，就会发生政治纠纷和战争。十字军东征就是。

所以对待文化差异的态度需要端正。我们在论坛中一定得强调文化的多样性、文化的平等。我们要达到的目的是什么？不同的文化，彼此之间不要另眼看待，不要把自己高看一等，把别人低看一等。

许嘉璐：请邢先生。

邢贲思（中共中央党校原副校长，尼山论坛组委会副主席）：当前，经济全球化的趋势正在加速。而对这种趋势，人们存在着十分矛盾的心态：欢迎它给各国的经济发展带来机遇，害怕它的负面影响会招致某种严重后果。从文化的视角看，有人有一种担心，认为全球化的结果会使各国的本土文化遭到严重挑战，从而失去它的自主性，甚至被外来文化所同化。我认为，只要各方正确对待，完全可以避免这种结局。不但如此，还可以为各国的文化交流，为各国在文化上的取长补短、互相借鉴、共同发展创造条件。

两种不同文明之间，有时需要一个互相认识、互相理解的过程。拿中国人民对西方文明的态度就有一个全面肯定到全面否定、到既有肯定又有否定的过程。19世纪中叶，受西学东渐影响，一部分知识分子对西方文明曾经十分向往，甚至达到盲目崇拜的程度。后来由于中国人民一再受到西方列强的欺负，对西方文明的态度发生了根本改变，西方文明中的不合理的东西固然遭到中国人民的反对，即使西方文明中的合理的东西也遭到某些中国人的拒斥，这种行为是幼稚的，但却是可以理解的。随着历史的发展，特别是经历了新民主主义革命的洗礼和社会主义建设实践的锻炼，中国人民在政治上日趋成熟的同时，在对待外国文化特别是西方文化的态度上也更加趋于理性。毛泽东提出的对于古代和外国的文化要"取其精华，弃其糟粕"，邓小平提出要吸取人类创造的一切优秀文化成果，即是这种理性态度的集中表现。世界是丰富多彩的，各种文明形成有先后，都是人类宝贵的财富，都对人类社会的发展进步做出了贡献。只要我们有这样的认识，那么不同文明之间，虽由于历史传统、文化背景、宗教信仰、价值观的不同存在这样那样的矛盾，但它们之间的互相交流、互相沟通，是完全可以实现的。

许嘉璐： 大家谈的内容太丰富了，我想至少有这么几点，一是不同文明对话的重要性，不同文明对话是历史的、是世界的，是关系到人类未来的。第二，大家提到文明对话是时代使然，同时也是时代所需。第三，文明对话，对世界对中国都有十分的紧迫性。第四，文明对话也是中华民族了解学习异质文化的过程，也是建设发展中华民族新文化的过程。第五，各位都论证了对话中应该注意什么，原则、重点、态度、应该注意的问题。第六，大家贡献了自己长期积累和当前思考的一些文化论题中的精华问题，对中华文化包括儒释道进行了反思和开掘。

我这里也准备了一个稿子，题目是"长期的博弈 伟大的责任"。

不同文明间的对话，是当前世界文明一元化和多元化两种主张和趋向博弈的产物，是当代世界发展趋势的产物。各种文明都要走向世界，自古已然。工业革命以后，各种文明走向世界的力度加大了，例如18、19世纪欧洲自视为世界中心，所谓的"殖民运动"夹裹着基督福音向世界各地强行撒播和渗透；延至20世纪，美国接替了欧洲"世界中心"的角色，继续推进世界文明的一元化。二百多年来，弱势国家和地区只能不自愿地、被迫地承受着自己传统被扼杀、鄙弃、遗忘的残酷现实。当然，文明一元化实施强大压力的同时，也自然孕育并激发出坚持传统、抵制文明移植的巨大力量。人类的文明从其发生之时起，就是多元的；多元是文明自身的天性。只要真正渴望人类和谐的人们坚持不懈地奋斗下去，世界一定会有不同文明和谐共存共荣的一天。

在今天，不同文明间的对话是人类良知、人性之善的体现，而妄自尊大、以我为准、君临天下、排除异类，从其本质上看则是人性之恶的体现；唤醒人类古老的愿望和睿智、解剖当下、尽力运用人类幸福和平的必要条件以达到强有力地遏制乃至消除邪恶，为人类幸福和平准备充足条件，则是进行不同文明的职责。

从人类社会发展史和思想史所揭示的规律看，如果能够超越意识形态和国家、民族、地区、社群之间在物质利益方面的矛盾这一狭小的视野来审视当代世界的特征，那么，所有的国家、民族、地区和社群，也就是全人类，所面临的困惑和痛苦有着相当的一致性。因此，不同文明间的对话，不应该只是被文明一元化所折磨的弱势国家、民族、地区和社群的需要，其实也是发达国家、霸权者、富豪和强势群体的内在需求，虽然他/它们未必真正认识到了这一点。获得不同文明对话之益的，将是整个人类。这正是中华文明里天下为一体的理念所早已反复论证并为历史所证明了的真理。

中华文明在世界不同文明对话中应该而且必然有所作为、有所贡献。这是因为，中华民族向以极大的包容、注重和谐、酷爱和平著称；我们有着保证了中华民族独树一帜地保持几千年一统和稳定的文明因素和丰富经验。中华文明的内涵，的确有许多可以作为其他文明的参考，用来补充、纠正、制衡现在统治着全人类的西方文明，以便人类在未来共同创造出能够真正促进自身进步，保障地球安宁与和谐的新文明。例如中华文明把对道德伦理的无止境的提升作为人生和社会的最高追求；视自身为宇宙的一员，以"己"与"他"为同体，提倡体现无疆大爱的"仁"；虽然自古没有形成崇拜人格神的全民宗教，但是仍然有所敬畏，"畏天命、畏大人、畏圣人之言"等等。

现在中华文明正在参与不同文明的对话，但是，毋庸讳言，我们并没有做好应有的准备。一是我们对自己的遗产生疏了，精神遗产学术化了，需要接续上，需要生活化。这既需要把过去在泼洗澡水时同时扔掉的娃娃再抱回来，更需要在前人的肩膀上继续攀登；二是我们对自己的认识至今基本上还停留在自省的阶段，在地球变小，需要其他文明了解我们的时候，还需要一块多面镜，做多角度的自我审视，也就是需要参考其他文明是如何观察我们的，这也需要补课；三是随此而来的，需要把中华文明放到全人类文明的发展史和现实存在的大环境中深度思索我们的未来，在这方面我们也还有许多事情要做。

（掌声）

（录音整理：罗容海）

链接：

尼山论坛，是以孔子的诞生地尼山命名，以开展世界不同文明对话为主题，以弘扬中华文化、促进中外文化交流、推动建设和谐世界为目的，以学术性与民间性、国际性与开放性相结合为特色的一个高端国际文化学术交流平台。首届尼山论坛将于9月26—27日在山东曲阜尼山举行，将开展儒家文明与基督教文明的对话，为儒家文明与基督教文明携手共建新型世界文明关系做出努力。

國學 访谈

关于日本汉诗

摘要发表：国学版（光明日报2009.2.16第12版）

俞樾从中国人的地理感觉上把诗中的「入东关」改为「出东关」，大概是认为出了「东关」（函谷关）才能入长安吧。

从文化交流的层面上讲，日本汉诗是中日乃至亚洲汉字文化圈文化交流的结晶。

日本汉诗最有成就的地方并不是模仿中国诗歌，写中国人的事，而是写日本人自己的生活和情感。

日本汉诗是日本诗人所写的「中国古典诗歌」，理应受到中国学者的关注。

时间：2008年12月25日下午
地点：首都师范大学中国诗歌研究中心会议室

访谈嘉宾：
赵敏俐　（首都师范大学中国诗歌研究中心主任、教授）
李均洋　（首都师范大学中国诗歌研究中心专职研究员、外国语学院日语系教授）
佐藤利行（广岛大学北京研究中心主任、广岛大学研究生院教授）

主持人：梁　枢（《光明日报》国学版主编）

一

李均洋：首都师范大学中国诗歌研究中心是教育部人文科学重点研究基地之一，"日本汉诗汇编及研究"是2008年立项的教育部人文社会科学重点研究基地重大课题。

主持人：这个工作以前是否有人做过？

李均洋：清末学者俞樾编辑出版的《东瀛诗选》（1883年刊行），开创了日本汉诗编选研究的先河。

主持人：你们的项目同俞樾的《东瀛诗选》有何不同？

李均洋：首先是范围的不同：《东瀛诗选》所选日本汉诗的范围是江户时代至明治初期（约17世纪至19世纪初），我们的项目是从日本第一部汉诗集《怀风藻》（751年成书）问世的奈良时代一直到当代日本汉诗人的诗作。重点研究菅茶山、赖山阳、正冈子规等汉诗人。

主持人：总量有多大？

李均洋：日本学者富士川英郎在《鸥鹕庵闲话》中提到，仅江户时代就有约五千部，一万册以上。

主持人：能全部搜集到吗？

李均洋：比较困难。我们先从广岛地区的汉诗人菅茶山、赖山阳做起，再扩展到一千多年的日本汉诗史上有代表性的诗人。

主持人：你们的项目是中日合作？

李均洋：这是我们同俞樾编选的《东瀛诗选》的又一个不同点。

二

佐藤利行：俞樾的《东瀛诗选》是中国学者编选研究日本汉诗的一个里程碑，但也有局限性，如"和习"（日本式表达和汉诗意境）的问题。举例来说，高野兰亭的《送腾子常还西京》中咏道："青袍十载入东关，重向长安万里还。"这里的"东关"是指箱根的关所，"长安"是喻指天皇所在的京都。从地理位置上说，中国的"东关"是指都城长安以东的函谷关，"入东关"也就意味着"还长安"，但高野兰亭的汉诗中的"入东关"则是指从天皇所在的都城京都赴德川幕府的所在地江户（现在的东京）从政，"重向长安万里还"是说诗中送别的对象从政期满重新返回京都。俞樾从中国人的地理感觉上把诗中的"入东关"改为"出东关"，大概是认为出了"东关"（函谷关）才能入长安吧。《东瀛诗选》中类似修改的地方还很多。

主持人：也就是说，尽管同是相同的汉字词汇，但日本汉诗中的汉字词汇所承载的思想意义是日本文化版的，是日本汉诗人所云。

李均洋：的确是这样。如菅茶山在《寄肥后薮先生二首》中咏道：

升平百余年，人文随日盛。
作赋轻杨马，谈经蔑卢郑。
周末竞奇论，晋初尚怪行。
时名或得之，无乃叛先圣。

这首五言古诗作于1775年，诗中的"百余年"是指德川家康1603年创建江户幕府以来，至今已有一百多年。"扬马"是指扬雄和司马相如；"卢郑"是指卢植和郑玄。这首诗的主旨是批判江户文化中的"叛先圣"现象，是要继承以伊藤仁斋（1627—1705，《东瀛诗选》收有汉诗15首）为首的古义学派、以荻生徂徕（1666—1728）为首的古文辞学派等所提倡的否定朱子学、回归原始儒教、积极参与社会改革、经世济民的传统文化本质精神。这一思想文化动向为明治维新的尊王（皇）改革、西化与传统文化二元相容提供了思想文化武器，为日本近世重考据疏证的国学的兴盛打下了坚实的基础。

再就是"和习"（和味）问题也关乎中日编选者对日本汉诗评价的审美趣味和标尺的问题。如赖山阳的门人村濑太乙（1803—1881）编选的《菅茶山翁诗抄》自序中写道："五律七绝，往往动人，七律则多俗调。"但俞樾编集的《东瀛诗选》中所选菅茶山120首诗中，七律最多（45首），接下来是七绝（26首），而五律五绝较少（各11首）。

主持人： 东亚文化以汉字为媒介，也可称为汉字文化圈，有很多文化相似点，但毕竟又是不同国家的文化，即便是汉文化，到日本和韩国后也发生了很多变化吧？从文化特色的角度来看，研究日本汉诗也就等于从日本文化的角度反观中日文化的相互影响。

李均洋： 从文化交流的层面上讲，日本汉诗是中日乃至亚洲汉字文化圈文化交流的结晶。延喜五年（905）醍醐天皇下诏编纂、延长五年（927）编成奏上、康保四年（967）开始施行的律令（法规）细则《延喜式》，有关大学寮（隶属于式部省的培养官吏的最高学府）的教科书和讲授时间等的条律写道："凡应讲说者，《礼记》、《左传》各限七百七十日。《周礼》、《仪礼》、《毛诗》、律四百八十日……"

我们知道，日本没有固有的文字，汉字文化约在公元前4世纪随着稻作文明和铁器文明一起传入了日本。正像日本著名史学家上田正昭所指出的："古代东亚文化圈的特征之一，是汉字和汉文化的传播"，"语言和文字的问题，不只是对日本列岛内部的交流、交际来说具有重要作用，同政治、经济、社会、文化的发展也有着密切的关系，而且在日本同海外的外交、贸易往来等方面也发挥了重要的作用。"（上田正昭《汉字文化的接受和展开》）在汉字文化的母体上，平安时代（794—1191）诞生了日语文字平假名和片假名，但日本政府依然在法律文件中规定以汉文典籍作为"大学寮"的教材，这其中就包括《毛诗》。

汉诗之所以如此受重视，这自然同它的教化作用有关，但汉诗的外交及交际作用也不可小觑。如《怀风藻》中所收近江朝以后至和铜年间（708—715）的50余首汉诗中，最多的是以"应诏侍宴"和"应诏从驾"等以朝廷际会为中心的诗，所收养老年间（717—724）至天平初年（729）的汉诗，一是以长屋王为中心的诗宴上的作品，再就是以朝廷文人为首、时有新罗（朝鲜半岛古国名）使节诗人加入其中的作宝（又写作"佐保"）楼诗苑的作品。

说到"反观中日文化的相互影响",菅茶山站在"维吾皇统垂无极,国无异姓仕世官"的"万世一系"传统史观上对中国历史人物的评价也值得人们深思:

> 皂帽蓝衫形相异,捕鬼如鼠何快意。
> 我恨汝不出高宗中宗朝,灭彼长发还俗鬼婆妖。
> 又恨汝不现大历建中间,肉彼蓝面鬼貌佞臣肝。
> 最恨当时不能屠戮林甫与太真,徒驱微疾三郎身。
> 规小舍大人所嗤,鬼神聪明故知之。
>
> 《题钟馗图》

"长发还俗鬼婆妖"是指称帝改国名为周的武则天。当然,这里也隐喻着诗人要江户幕府还政于天皇的政治情绪。赖山阳评述这首诗"可当一部唐书",言下之意是让读者思考为何大唐由盛而衰,以致不复存在。尤其是诗中引用了《长恨歌》成句"渔阳鼙鼓动地来",让读者思痛之余清醒地分析时政大事。

三

主持人:我想问佐藤先生一个问题:从江户时代到明治时代这一时代转型对日本汉诗创作有什么影响?

佐藤利行:从时代性质上讲,是完全不同的两个时代,但汉学的根本性地位没有变化。如去德国留学的日本浪漫主义文学的开创者森鸥外,去英国留学的日本小说大师夏目漱石等,他们都有着很深厚的汉诗汉文修养,被称为学贯东西的"两足"文化人,他们也写汉诗。

李均洋:进入明治时代,日本把目光转向西方,科学技术、思想文化等,大有全盘西化之势。即使如此,正式的公文依然用汉文书写,现代印刷技术催生的报纸、杂志的大量发行也使汉诗的发表空间和出版空前扩大和便利(如报纸文艺栏里有汉诗专版),使汉诗得以继续发展。

赵敏俐:从中国的角度来看,这项工作的背景似乎是以中国文化为基础的。但中国文化对世界文化的发展也做出了巨大的贡献。从现代的角度上看,在人类社会的历史发展上,文化的交流曾经起过巨大的作用,将来还可能会起更大的作用,这也是我们现代学者研究的一个背景。俞樾时代的研究形态和现在已经完全不一样了,他那时候完全是站在中国的角度上看日本人学我们中国的东西是否被学像了。

主持人:就如同老师看学生那般?

赵敏俐:对。我们现在也不能说这种情况完全应该排除。因为在这个问题上,日本确实学习了中国。但是,以另一种文化眼光来看,我们现在比俞樾的时代开放得多——站在世界文化立场上来看事情。若从这个角度来说的话,日本汉诗可以说是日本传统文化的一部分,这一部分在日本过去或许比较受重视,但随着中国的政治、经济的衰弱,日本人学习中国文化的热情逐渐消退,因此日本汉诗在日本也有个逐渐衰落的过程。但我们不能否认,它是日本文化的一部分,而且对日本上层文化的影响非常大。所以,现在日本也有很多学者开始重视这项工作。我认为这是我们研究的一个方面。

第二个方面,站在中国文化的角度上来说,也是中国文化对外影响的一个重要表现。可以将汉诗看成中日两国人民共同创造的文化财富,是两国文化融汇而成的瑰宝。

第三个方面,汉诗也是世界文化中很有价值的一个特殊类别。我们应该以世界文化的角度来看问题。

主持人:我刚想问您这个问题,到底该给日本汉诗怎么样做定位?开始您说汉诗是日本文化的一部分。

赵敏俐:对。

主持人:刚才又说是中日文化衍生的一部分。现在又谈到是一种特殊的文化?

赵敏俐:对啊。这三个方面都包括,之所以一段时间里它在中国和日本都不受重视,是因为它处于一个交流的边缘——交叉点。尤其在近代以来的文化格局中,它被冷落了。

主持人:哦,非主流、边缘化了?

赵敏俐:现在既然我们认为它是非主流、是边缘的,因此我觉得我们可以从多个角度来解释它。你就不能把它定义成一种东西。我说它是日本文化的一部分没有错,我说它是中日交流的成果没有错,我说它是世界文化中非常有独特价值的一部分也没有错。现在我们觉得它有研究价值,起码来说就有这三个方面。这也是我的基本看法。

主持人：您谈得挺好。

赵敏俐：所以现在不但我们开始重视它、研究它，日本人也开始重视它。我们可以从多个角度去研究它。退一步说，作为一个中国学者，我要把它介绍到中国来，让中国人认识，在日本的过去（包括现在仍然存在）曾经有过这样一种特殊的文化现象。或者我再把范围缩小一点，若是站在文学的基础上，我觉得它的价值起码也有两个方面。

主持人：哪两个方面？

赵敏俐：第一是这些汉诗内容的文化价值，第二是文学审美价值。我们要研究文学，首先就要研究它的内容是什么？文学的内容就是文化。例如，我们在研究古代或现代文学作品时，首先要考察它写了什么？这是最重要的。我们为什么喜欢杜甫、屈原呢？因为他们二人从不同的角度写出了中华民族的精神及文化风貌的一个方面。日本汉诗也同样反映了这方面的价值。它有着非常丰富的内容，它和中国传统文化是直接相关联的。我觉得写日本汉诗的很多诗人对中国传统文化是非常熟悉的，他们用了很多中国古代诗歌里的历史典故，而且，和中国学者学习了以后，又将日本人对社会、自然的理解写入诗中。

主持人：我插一句。您说的传统文化是指什么？是指中国古代诗，还是……

赵敏俐：不一定。不仅仅是古代诗，还包括中国古代其他文化典籍……

主持人：中国古代典籍？

赵敏俐：对！包括中国政治、道德、伦理等方面的典籍，这些内容都包括在内。这是我们认识其价值的一个方面。让我来念一首诗，国分青崖的《咏史·杜甫》：

诗到浣花谁与衡，波澜极变笔纵横。

读书字字多来历，忧国言言发性情。

上接深雄秦汉魏，下开浩瀚宋元明。

灵光精彩留天地，万古骚人集大成。

这首咏唱杜甫的诗表面看来简单，但是诗中化用了许多中国文化的东西。诗中提到的"浣花"，指的是杜甫在成都住过的浣花草堂，所以人们常常用"浣花叟"、"浣花翁"指代杜甫。中国古代评价杜甫,称他为"诗圣",说他的诗是"集古今之大成",就因为他不但有一颗忧国忧民的心怀,而且在艺术上也达到了极高的成就,所谓"尽得古今之体势,而兼人人之所独专"。说他的诗"无一字无来处"。"凌云健笔意纵横"本是杜甫评价庾信的诗句,后人也常常用来评价杜甫。以中国人的眼光来看,这首咏杜诗没有什么特殊的创意,但是对杜甫的评价却非常到位,也是不错的,比中国的一般诗人写得并不差。如果我们考虑到他是一名外国人,把咏杜诗写到这个水平,说明他对中国文化、对杜甫的了解是相当深的。

主持人:您的分析有道理。

赵敏俐:但是我认为日本汉诗最有成就的地方并不是模仿中国诗歌、写中国人的事,而是写日本人自己的生活和情感。因为学写汉诗的日本人过去很多也不一定能很好地说汉语,他们写汉诗只是按中国诗的规矩来写,其内容是以日本人的生活为背景的。

主持人:是让日本人来读,不是让中国人来读?

赵敏俐:对。那些优秀的日本汉诗中无论对思想情感的表达、对风景的描写、对心理的刻画及对社会现象的认识等都是以日本为背景的。通过它我们可以更好地了解日本人民的历史文化与思想情感以及世俗生活的各个方面,这是其文化价值中另一个重要方面。我再给你念一首诗,义堂周信的《乱后遣兴》:

海边高阁倚天风,明灭楼台蜃气红。
草木凄凉兵火后,山河仿佛战图中。
兴亡有数从来事,风月无情自满空。
聊借诗篇寄凄恻,沙场战骨化为虫。

义堂周信(1325—1388),此诗题为"乱后遣兴",当是诗人在一次战争结束之后的即景生情。诗人登上海边高阁,临风远眺,眼前的荒凉景象让他感慨万千,历史的兴亡、战争的残酷与生灵的苦难,一一涌上心头,于是聊借诗篇以寄情志。我觉得这首诗不仅学得了中国古典诗歌的形式,还深得中国古代文人士大夫忧国忧民之精神,并把它化成内在的修养,描写自己国家的命运和人民的生活,表现了日本古代诗人反对战争的思想,表达了他们热爱和平的美好理想。

四

主持人：我再插一句。是否可以表述为当时的日本汉诗家以汉诗的方式来解读中国文化？或者说对中国文化的解读？

赵敏俐：包含解读。但不是以解读的方式，因为写诗实际上是一种表达的方式。是表达自己的思想，即他解读了之后再表达。是借助了中国文化和中国的艺术形式来表达。思想家的表达方式是理性的，体现的是思想的深刻性。而诗人则更多的是用感性的方式来解读。

主持人：感性的？

赵敏俐：对，是用感性的方式、艺术的方式和审美的方式。

主持人：这样也许更直接？

赵敏俐：对。这是一种特殊的表达方式。日本诗人在写作汉诗的时候，实际也是在进行一种新的艺术美的创造，日本有很多汉诗名家，如菅茶山、赖山阳、梅墩（广濑旭庄）等，他们的诗既有中国古典诗歌的神韵，又有日本文化的情趣与意境，在审美创造上独具一格。

主持人：是这样的吗？

赵敏俐：我再给你读一首诗你来体会一下。如赖山阳的《画山》：

　　青山一座翠沉沉，万态浮云自古今。

　　横侧任它人眼视，为峰为岭本无心。

我们一读这首诗就知道他是化用了苏东坡的诗意在里面的，但是这首诗并不是完全的模仿，而是在苏轼诗的基础上别开生面，它所表达的是与苏轼诗完全不同的另一种哲理。让中国人来理解很有些禅味，而这正是日本诗人的艺术创造。

再比如，大坪恭的《田家冬景》：

　　荒路夜深人不过，唯闻农舍数声歌。

　　二婆交杵捣粗布，一叟分灯舂晚禾。

这首诗的风格非常质朴，语言没有雕琢，但是却生动传神。寒冷的冬天，黑黑的深夜，偏僻的荒路，给人的印象是多么的寂寞与荒凉，但是在这里却传出了快乐的歌声，接着闪烁出灯光，让我们看到了一幅热闹的生活场景，两个女人在那里捣布，一个男人在那里舂禾。简单四句，就画出了一幅田家冬日晚景，具有浓郁的日本农村的生活气息。

所以我说，即便是从文学的角度来讲，这些日本汉诗也是值得我们研究的。日本汉诗是日本诗人所写的"中国古典诗歌"，理应受到中国学者的关注。日本汉诗是日本古典文学的重要组成部分，理应受到日本学者的关注。日本汉诗是两国人民共同的文化财富，理应受到两国人民的共同重视。日本汉诗也是展示世界文化交流的历史成就的典型范例，理应受到全世界的关注。我相信，它的多重文化价值，一定会被越来越多的有识之士所重视。

國學訪談

庄子的世界与世界的庄子

摘要发表：国学版（光明日报2008.12.8第12版）

如今，一般的韩国人喜欢说："『蝴蝶梦』、『庖丁解牛』"等等。

在日本，儒教的朱子学思想首先是在佛教寺庙中出现而且被僧人培育起来的，因此在江户时代，一半的日本朱子学都具有佛学化倾向。

要把《庄子》化为西方人能读懂的、能喜爱的经典，这一任务已经不是中国庄学的延伸，是庄学的新的工程。

庄子思想是我们消化、吸收异质文化的观念的桥梁、思想的通道。

但佛教各派中与老庄关系最为密切，吸纳庄子思想最多的，却还是此后创立的禅宗一派。

时间：2008年11月8日中午
地点：华东师范大学新逸夫楼三楼会议室

访谈嘉宾：金白铉　（韩国国立江陵大学校哲学科教授）
　　　　　池田知久（日本大东文化大学文学部教授）
　　　　　毕来德　（瑞士日内瓦大学中文系教授，现居北京）
　　　　　崔大华　（河南省社会科学院研究员）
　　　　　方　勇　（华东师范大学教授）

主持人：　梁　枢（《光明日报》国学版主编）

一

主持人：诸位好！今天中午我们利用华东师大主办的"庄子国际学术会议"召开的间隙，邀请几位来自海内外的学者，共同做一次访谈。首先我要感谢几位学者对我们工作的支持，希望大家围绕庄子的思想及其国际影响这个主题畅所欲言。金白铉教授下午还有一个大会发言，我们就请他先讲。

金白铉：非常荣幸参加这次庄子国际研讨会，我代表韩国的学者来发言，讲的主要是庄子现代性的问题。现代的产业社会是modern的，这一观念跟庄子的外物有关。现代性的文化，简单地说，都有一个中心，在西方是基督教文化；在中国也有，那就是儒家传统。它对东方文明的影响也是显而易见的。然而，正如同基督教文化的绝对优势将其引向了文化优越主义，儒家文化也有可能出现类似的情况。在这样的背景下，新儒家所倡导的"和而不同"的理念就格外重要了，它可以有效地防止文化优越主义所造成的各种负面影响，并且在新世纪继续发挥儒家思想的正面作用。而以庄子为代表的道家思想则是一种文化相对主义，提倡文化的多样性与包容性，因此，它可以有效避免因文化优越主义所引发的对"他者"文化的排斥。根据这种相对主义的观点，文化并无优劣之分，每一种文化都是平等的，都是独一无二的。

在21世纪，针对霸权主义我们要提倡"和而不同"、"不同而和"的理念。而在这一点上，儒家和道家还是有一定差别的。儒家思想侧重于"和而不同"，也就是在"和"这一大前提下再承认差异性。而庄子则认为事物先是不同的，然后才关注是具有差异的事物如何和谐共处。显然，庄子的思想更能有效地解决当前不同民族、国家所产生的地区冲突以及因为文化中心主义所导致的霸权主义。韩国是一个小国，因此我们更希望能在一个和平的世界中生存发展。由于历史原因和地理原因，韩国对美国的霸权主义和日本的军国主义一直很担心，除此之外，有人也担心中国是不是会走美国的老路，成为一个新的霸权主义国家。我觉得要避免类似的情况发生，新世纪中，各国的发展就应当在"不同而和"的前提下进行。

主持人：您能具体谈谈韩国的庄子学研究情况吗？

金白铉：通常，以儒佛道文化为东方传统文化，但严格讲，"儒佛道"只能代表中国传统文化；而韩国传统文化可说是"儒佛仙"文化；日本传统文化则可以说是"儒佛神"文化。进一步说，东方三国的固有文化为：中国的是儒道文化，韩国的是仙教文化，日本的是神教文化。但中国的道家、道教文化和韩国的仙教文化以及日本的神教文化都源于古代东方的巫教（萨满）文化，因而其中相近的地方非常多。

近人李能和辑述的《朝鲜道教史》可称为韩国道教研究的典范，此书第二章的章名为《朝鲜檀君神话最近于道家说》。而且说："以新罗政体观之，则颇得老庄无为之真髓。"推尊为东国文宗的崔致远（新罗人）作品中有《鸾郎碑序》，他说："国有玄妙之道曰风流，设教之源备详仙史。"由此可知，中国的道家思想与韩国的仙家思想之间应当有相似的渊源关系。

中国道家思想，尤其是庄子思想中多有与神仙家同源的思想。这就是源于古代东夷族的巫教思想演变来的舞袖飞扬而飞升天空的仙人思想。《庄子·逍遥游》篇说："藐姑射之山，有神人居焉……乘云气，御飞龙，而游乎四海之外……之人也，物莫之伤，大浸稽天而不溺，大旱金石流土山焦而不热。"依据《山海经》，韩国人认为藐姑射之山就在韩国，藐姑射之山的神人就是韩国人的祖先。如此，韩国人与《庄子》之间有亲缘性。

从朝鲜中期以前历史记载中，让我们能确定《庄子》传入或流行的时期的文献证据还没找到，可是研究者间或指出新罗和尚元晓的"和诤"思想里有《庄子·齐物论》思想的浸透，还有高丽文人李奎报文艺论的思想根据就是道家，特别是庄子思想。按照上述情况，我们可以推断，虽然《庄子》读本与批注本在朝鲜时代才出现，但《庄子》至迟在朝鲜时代以前至少在读书人之间早已被阅读起来了。朝鲜朝儒学者的理想就是建立儒教王国，如此的风气之下，受了《庄子》影响，许筠写了革命性的一篇小说《洪吉童传》，朴趾源的几个作品都批判儒家的虚伪意识。赵熙龙自称谓南华老叟而显现天倪为创新艺术。

如此，韩国文化中庄子思想的影响十分深远，但专门的《庄子》研究要到上世纪七八十年代才开始。随着时间推移，庄子研究的范围逐渐扩大，涉及文学、宗教、历史、艺术、哲学各个方面。刊行论文数目也不少，在韩国期刊网上只要以"庄子"为检索语找得到的关联论文就足有200多篇，如果加上关于庄子的硕博士论文和专著，再加上道家和道教关联论文及专著里关于庄子的讨论的话，数目可能还要加一倍。在此特别指出，关于庄子的纯粹哲学博士论文已超过了36篇。如今，一般的韩国人喜欢说"蝴蝶梦"、"庖丁解牛"等等，也随便提到"无何有之乡"、"方外"、"方内"等等的话。并且，韩国人的平等意识和批判精神之内，也含有《庄子》的影响。2002世界杯足球大赛时被称为红魔的韩国观众表现出无秩序的秩序，而最近的蜡烛示威文化中也表现出非暴力和无抵抗精神。

我最后说，在中国引起"韩流"的韩国大众文化当中，也含有一部分《庄子》的影响。

二

主持人：非常感谢金教授。池田先生是目前日本国内庄子研究领域的著名学者，今天就请他来给我们介绍一下日本庄子研究的一些情况。

池田知久：大家好。今天我简要介绍一下庄子对我们日本人、日本社会和日本历史的作用。如果时间允许，我还会提及一些当前日本庄子学的情况。

日本在明治时代（1868—1912）以前叫江户时代（1603—1867），那时的正统思想是儒教，主要是朱子学派的思想，这个情况基本上在韩国和中国也是一样的。朱子学派的开创者是林罗山（1583—1657），他生活在江户时代初期，最重视的是朱熹的哲学。不过，林罗山原来是个僧人，非常喜欢老子、庄子和列子，最喜欢庄子，他读庄子一开始依据的文本就是南宋林希逸的《庄子鬳斋口义》。林希逸是宋代的理学家，一方面他非常注重佛教，另一方面他非常喜爱老子、庄子和列子，他对庄子的看法基本上在朱子的框架内。大约在室町时代（1392—1573），林希逸的这本书传到日本，日本的知识分子正式开始研究老庄。林罗山是最早继承其研究方法的僧人之一。那个时候，日本的高中教育基本上都在寺庙，像京都的五山、镰仓的五山，都是寺庙，也是学习的主要场所。有为的年轻人在十三四五岁的时候进入寺庙，一面学习佛教，一面学习朱子学，一面学习老庄。但是，一般学习老庄的人不喜欢儒教。林罗山当时在幕府中担任儒官，于是就以林希逸的"三子鬳斋口义"为课本，从江户推广至全国，展开对庄子的学习和研究。

知识分子对庄子的研究主要从镰仓时代（1192—1333）时开始，最初对庄子的理解水平还很低，利用的都是郭象的注本，对郭象注和郭象思想也缺少准确的理解。"三子鬳斋口义"流行于日本后，日本的知识分子对老子、庄子和列子产生了浓厚的兴趣，开始进入广泛的研究。一直到了18世纪30年代到40年代间，林希逸的"三子鬳斋口义"在日本已经非常盛行。我认为韩国也是这样，但是韩国在这方面的研究还不够，只有成均馆大学校的安炳周教授和岭南大学校的崔在穆教授在研究这个题目。当时在日本，《庄子鬳斋口义》的版本非常多，韩国也是。

主持人：请问，当时韩国流传的版本是从日本传过去的吗？

池田知久：不是，《庄子鬳斋口义》的版本都是从中国传出来的，按照我的推测在贵国应该比较流行。林希逸是南方福州人，但是黄宗羲和他的门人编辑的《宋元学案》、《明儒学案》对南方的朱子学派评价很低，尤其是对林希逸系统的学问的评价非常低，我觉得这样的评价太不公平。结果到现在为止在中国研究林希逸的人很少，只有两三位。

林希逸的思想其实是儒道佛三教合一的思想。由于在日本，儒教的朱子学思想首先是在佛教寺庙中出现而且被僧人培育起来的，因此在江户时代，一半的日本朱子学都具有佛学化倾向，但以后则越来越纯粹了。到了18世纪30年代，荻生徂徕（1666—1728）学派出于巩固显学的目的，批评这种倾向。批评的重点之一，是认为林希逸和林罗山的儒教太佛教化和太老庄化了，而他们的老庄也太儒教化和太佛教化了；重点之二，则是林希逸和林罗山的儒教里包含了"自然"思想，即人类社会的成立原理是"自然而然"，而不是有意识的"作为"，这与徂徕学派提出"人要靠自己的责任来建设新社会"的思想针锋相对。正如丸山真男（1914—1996）在1952年出版的《日本政治思想史研究》中所言，江户时代的正统思想从"自然"的朱子学改变为"作为"的徂徕学，"作为"就是建设现代社会的新主张。徂徕学派一方面批评林希逸和林罗山的哲学思想，一方面批评他们的研究方法抛弃了汉文传统的训诂考释而使典籍的义理含混不清。在这样的攻击下，大概1830年到1840年之后，林希逸"三子鬳斋口义"的影响急速衰亡了。

之后，日本的新的老庄研究开始，我认为这种新研究一直延续到了现在。所以现代性的、具有实证科学性的新研究是从徂徕学派出现以后开始的。老庄的研究方法即现代性的、具有实证科学性的学风也非常重要，哲学研究也好，历史研究也好，文学研究也好，整个日本的文科研究方法基本上都是一样，到现在基本上根据这种学风发展下来的。

另外，江户时代那时候使用的"谈义本"即庶民教育的课本，都是使用林希逸和林罗山的儒道佛三教合一思想，内容里的一些绘画都取材于老子、庄子、列子，这个现象到了明治时代都根本改变了。老子、庄子、列子，特别是庄子的各种各样的思想可以说非常高级、非常难懂，一般的知识分子和老百姓理解不了，不过在江户时代整个期间通过如上所说的庶民教育、儿童教育还是使得日本国民的思考力，不光是哲学性的，还有社会性的道德、政治水平都得以提高。通过整个三百年江户时代的教育训练，国民的思考力得到了大大的提高，然后日本才遇到了明治维新（1868）。所以明治的现代不是突然出现的，而是经过之前这段时间在思想上、社会上的准备了。

主持人：我们都知道，庄子对中国人在文学艺术，特别是审美方面产生了深度的影响。我很想知道这种影响对日本人也有吗？

池田知久：这个问题问得非常好。一般来说，日本在这方面很少有特别的研究，但确实有的。相对于儒教思想来说，庄子确实对日本人的审美意识、艺术观产生了更强烈的影响。

主持人：能不能具体谈一下？

池田知久：比如，明治时代的画家横山大观（1868—1958），他画画的题目就是取材于《庄子·养生主》的"庖丁解牛"。但是庄子对日本艺术的影响，主要不是直接影响，而是画家自己看老庄的书，自己研究老庄的哲学，然后再通过自己的理解把它们画出来。除此之外，日本画家受中国画的影响也很大，特别是中国的山水画和书法家的作品。

主持人：也就是说主要是通过作品表达出来的。那么在日本的美学史啊、艺术史啊、艺术理论中能不能找到庄子？有没有专门研究的？

池田知久：有的，但比较少。东京大学的文学部美学研究室对此有专门研究，例如美学研究室的今道友信教授就有相关的研究。他过去写过了《东方美学》（1980）这本书，今道教授跟贵国的李泽厚教授可能有互相的交流，他们同样主张，庄子的美学在于"艺术之美使人类从自身的异化中解放出来"，因而给予了极高的评价。

三

主持人：非常感谢池田先生。毕来德先生您好！我能叫您毕先生吗？

（毕来德笑着点头）

主持人：您的汉语说得忒好了。我估计您经常因此受表扬。

（毕来德笑）

主持人：今天在场的就您和我是从北京来的，等回去后我哪天找您去玩好不好？

（众人笑，毕来德笑答：好的。）

主持人：那么请毕先生发表高见。

毕来德：我想在此简要地介绍一下欧美庄学的历史与现状，还对它的前途发表自己的一点看法。因为时间有限，只能略述概况，不能进入细节。

西方庄学的历史，概括起来可以分为四个阶段。第一是最初接触文本并加以翻译的阶段；第二是开始注意文本的历史及相关的各种学术问题，并吸收当代中国学者研究成果的阶段；第三是自己争取在这一领域内做出一点贡献尝试阶段；第四则是西方学者将来有可能要进入的一个新阶段，我下面再谈。

先讲第一阶段。《庄子》最早的西文译本问世于1881年，是Frederic Henry Balfour（巴尔弗）的英语翻译，很差，我就不多说了。1891年有苏格兰汉学家James Legge（理雅格，1815—1897）的译本在牛津出版，算得上西方第一部比较可靠的译本。1926年有剑桥汉学家Herbert A. Giles（翟理斯，1845—1935）的译本问世，贡献很大。法文最早的译本是1913年由河间府（今河北献县）天主教教会发表，译者为耶稣会士Léon Wieger神父（戴遂量，1856—1933）。最早的德文译本，是多年居住山东的Richard Wilhelm（卫礼贤，1873—1930）的翻译，发表于1912年。这四位译者，有三位由传教士变为汉学家，一位由外交官变为汉学家。他们都是大规模地翻译中国经典，并非专门研究庄子。他们的贡献具有开创性，为后人开启了道路。但是他们的译本，应该说今天只有历史价值了。

"二战"以后，西方汉学有了新的发展，逐渐成为建制相对完备的现代学术，已经不像旧式汉学了。到了上世纪60年代，开始有人感到，有重新翻译某些中国经典的必要，但各国的情形不同。在德国，至今没有人再重新翻译《庄子》。在法国，1966年有了新的译本，译者为长期居住法国的刘家槐，看起来原先对《庄子》没有专门的研究，受了Gallimard出版社的委托，才下了这番工夫。刘译本至今在法语区普遍发行，比早期法文译本全，也更可靠，但是译者缺乏对文本的深刻理解，更缺乏应有的文采。近年来法国还出现了新的译本，我下面还要提到。

在英美世界，1931年有冯友兰的《内七篇》和相关的《郭象注》的英文翻译在美国问世，但据我了解，没有得到广泛发行。到了60年代，在美国出现了《庄子》全文的两种新翻译，一是出版于1963年的James R. Ware（威厄）的翻译，据说比较差；二是1968年由哥伦比亚大学出版的Burton Watson（华兹生，1925— ）的翻译，名叫The Complete Works of Chuang Tzu（《庄子全集》），我个人认为，这个译本至今是西方最好的翻译。它虽然面对一般读者，但学术价值较高，吸收了20世纪中国学者的研究成果，采用简短小注标明是选取了哪位专家的读法。由于Watson文笔极好，通顺流畅，使西方读者从此看《庄子》很容易，比中国人看原文要容易，也就更容易欣赏，当然这并不等于说能把它读懂。英美世界后来还有两种翻译，一是美国汉学家Victor H. Mair（梅维恒，1943— ）的译本，出版于1994年，也很不错，但是没有Watson译本那么权威；二是英国汉学家

Angus C. Graham（葛瑞汉，1919—1991）的译本，出版于1981年，这个译本我下面还要提到。

我所说的第一阶段，是单纯翻译的阶段。到了第二阶段，才正式进入了学术领域。据我了解，最早讲授庄学学术问题，也就是文本的传承及历代注疏点评等问题，引介当代中国学者不同见解的人是（原籍瑞士的）法国汉学家Paul Demiéville（戴密微，1894—1979）。他从1945年到1951年在巴黎法兰西学士院开设了四年的专题讲座，分别讲解了《逍遥游》、《齐物论》和《秋水》三篇。我刚才所推荐的Watson的英译本，也应该算作第二阶段的一个环节。他除了系统地参考了中国学者的专著以外，还吸收了日本学者的研究成果，尤其是Fukunaga Mitsuji（福永光司，1918—2001）先生的《庄子》研究。这第二阶段，当然也持续到现在，因为研究中国古代思想的西方学者，自然是要继续借鉴中国学者的研究成果的。

到了第三阶段，有个别的西方学者在庄学研究上做出了一点尝试性的贡献。这里，主要应该提到伦敦大学的Graham。他是在深入研究墨家逻辑理论之后才转向《庄子》的，对《齐物论》有特别的兴趣，注意到了《齐物论》中借自墨家、名家的一些概念和与之相应的一些思想主题，他1970年发表了《齐物论》全文翻译和诠释，突出了其语言哲学内涵。这篇论文，据我了解，好像在中国学界没有引起它应有的重视。Graham后来对整部《庄子》继续加以研究，尤其注意文本的不同成分、不同思想倾向。1981年他发表了自己的英译本，其编排相当特殊：先是《内七篇》的全文翻译，然后是把《庄子》一书的文本按不同思想学派分类，每一类专门有介绍。这本书有一定的参考价值，提出了一些新的看法，但在翻译方面，远不如Watson的英译本。Graham治《庄子》多年，还在《庄子》的基础上形成了自己的一种哲学思想，在 Reason and Spontaneity（《理性思维与自然发生》）一书有所阐述，尽管该书恐怕没有永恒的价值。Graham著述不少，1989年发表了一部比较独特的中国先秦思想史，Disputers of the Tao（《论道者》）。Graham在美国汉学界影响比较大，好几个研究中国古代思想的美国学者是他的学生，其中对庄学研究有贡献的，应该提到Harold D. Roth（罗浩）。他在深入研究《淮南子》的编写过程之后，对《庄子》一书的形成提出了一些看法，我认为是比较有说服力的。别的美国学者在Graham引导下探讨了庄子的哲学思想，往往是拿西方哲学的一些主题做出发点或比较的对象,在学术杂志上发表了不少文章,也出了四本讨论集。有的文章值得参考,但总的来说,都经常只是用了《庄子》中少数孤立的语句或片段来引证自己的论点,未免有断章取义之嫌,并且对西方哲学的知识比较片面、比较浅薄。在欧洲,这一类型的研究比较少。道教研究在欧洲有很大的发展,而道家研究,尤其是庄学,却一直是冷门。其原因之一,大概是大家对庄子,过于"敬而远之"。

我要讲的第四个阶段,是我的一种设想。我的想法是这样的。

一百年来的西方庄学的结果是什么?到现在为止,对《庄子》一书有兴趣的西方人,只有两种:一种是研究中国思想史的学者和他们的学生,一种是陶醉于所谓"东方智慧"的信徒,后者看《庄子》也不是真看。当然,有时候也有具有一定文化素养的普通读者,出于好奇或认真,也看看《庄子》译本,但往往不能理解其思想内容,觉得非汉学家是看不懂的,所以看了几篇就放在一边了。至于真正爱好哲学思考的西方人,在现有的译本中看不到他们所能理解的论题。这就是现状。

我认为,这一现状是很难令人满意的。《庄子》应该成为许多西方人所熟悉的一部经典,成为他们喜爱的名著,像Michel de Montaigne(蒙田,1533—1592)的《随笔集》或Blaise Pascal(帕斯卡,1623—1662)的《思想录》那样珍爱的。我这么想,是因为我肯定《庄子》的价值,也是因为我觉得,目前的全球化进程不应该单独由商品经济和商品经济所产生的假文化来推动,而是应该也有真正的,法国诗人思想家Paul Valéry(瓦莱里,1871—1945)所说的"精神交易",也就是说,对某些终极问题的共同反思。这种反思要面向未来,但离不开对历史和历史遗产的思考,而这里缺不了庄子。

那么,要把《庄子》化为西方人能读懂的、能喜爱的经典,这一任务已经不是中国庄学的延伸,是庄学的新的工程,而这一工程只能由西方学者来承担。西方学者在很多方面都不能与中国学者相比,在精通语言、掌握文献、熟悉历史背景方面尤其如此;我自己对这一点深有体会。但是西方学者也有一定的优势,他们的优势可以总结为两点:第一,他们要翻译文本,而翻译工作会对文本产生新的认识;第二,他们诠释文本所采用的参照框架不同,这也会对文本产生新的认识。

我觉得中国学者似乎往往低估翻译问题的重要性,至少没有像西方人

那样重视。这与整个文化史,甚至跟语言文字有关。中国从魏晋南北朝及隋唐以来翻译了佛教经典,明清以来翻译了西学书籍,但是在研究自己最古老的文化遗产及其历史演化的主流传承时,则不存在翻译的问题,对文本有考证和诠释即可,文本本身是不变的;这当然是文字稳定性所决定的。这也是中国学术史连续性的一个主要原因。西方的情况大不一样。其经典随着历史的进程屡次译成新的语言,比如《圣经》由希伯来语译成希腊语,再译成拉丁语,再译成现代欧洲的各种语言,如德语、英语、法语等,后来又根据新的理解、语言的变迁、历史环境的变化重新得到翻译。从事这种翻译,要具备几个重要的条件:必须把文本的思想内容把握得很准;必须很清楚地认识不同语言之间的差异;语言运用必须大胆,富于创造性;还不得不考虑语言与思想的复杂关系。这种翻译反复更新的过程屡次推动了语言的发展,路德的《圣经》译本即是突出的例子,成了现代德语的源头。

这样,翻译变成了西方学术史的一个核心问题。通过翻译而推陈出新变成了一种历史经验,证明了通过创新才能真正地继承。当然,这里还有天主教和新教的区别。主张研究文本,主张翻译的是新教,不是天主教。我作为一个瑞士人,是在新教文化的环境里成长的,所以重视翻译,而法国是天主教文化的区域,所以法国汉学家,总的来说没有觉得翻译是一项基本事业,一般把它看作是为别的学术活动服务的、后勤性质的一项工作。

古希腊和古罗马的经典,有点儿不一样,因为一直到20世纪,只有少数有学问的人才看,而且看的是原文。近代以来是有翻译,但往往是为了帮助人去看原文,只是一种方便,没有独立的价值。但到了最近几十年,中学学古希腊文和拉丁文的传统几乎断绝了,因而学者们有了新的任务,要重新翻译经典,而新的翻译不再是单纯的一种方便、一种辅助,而要成为与原著具有同等价值的独立作品,要争取在严格遵守原文的前提下,尽量运用今天的语言把它传达给今天的读者,尽量为读者减少历史距离所产生的不必要的障碍。成功的话,可以使原著焕然一新。最近问世的法语的《柏拉图全集》,就是一个出色的例子,几乎把柏拉图变成了与我们同时代的人。在此,我不谈欧洲当代,从一种语言到另一种语言的各种翻译和各种翻译问题了。

我认为，到了庄学的新阶段，西方学者应该参考西方学术史的这些宝贵的经验和在学术界出现的新的治学方法，从而重新考虑如何翻译《庄子》的问题。我自己在这方面做了一些尝试，从读者的反应来看，应该说是比较成功的。我的具体做法，现在无法详细介绍，时间有限，只能举一两个例子略作说明。

庖丁回答文惠君的那句话，"臣之所好者，道也，进乎技矣"，到现在为止，所有的外文翻译都把"道"字原封不动转写作Tao移到外文句子里，或者把它翻成了表示"道路"的同义词，像英文的Way或法文的Voie，结果使得一般读者不知所指，也看不出庖丁这句话与他下面描述的具体经验有什么关系。那么，这句话，我译成法语后是这样的："您的臣仆所感兴趣的不是技术，而是事物的运作。"我认为，这符合庖丁的语气，也符合他的意思，对下文的内容也有一个明确的提示，使读者从一开始就知道应该怎么看，怎么理解下面的叙述。

我再举一个例子。《人间世》的第一个段落是孔子与颜回的一段对话，篇幅比较长，大家很熟悉。颜回准备到卫国去游说卫君，孔子觉得很危险，警告他，并讲了一个道理，说："夫道不欲杂，杂则多，多则扰，扰则忧，忧而不救。"这个"道"字，跟庖丁的"道"字一样，到现在为止也是一律变成Tao直接移到外文翻译中，或用Way或Voie来代替，使外国读者既无法理解那句话本身的意思，也无法看出它与下文的关系。那么，我把它翻译成法文的："行动要有一个明确目的，不然会分散，会乱，会走邪，最后不可收拾。"这样的翻译，意思很明确，是能说服人的。更重要的是，它道出了下文对话的主题，使对话迎刃而解。这一主题是什么？是行动。颜回要到卫国去行动，孔子只警告他很危险，并没有告诉他行动是不可能的，相反是一步一步启发他，启发他认识到自己要具备一些什么样的主观条件，要有什么样的精神状态，行动才有可能取得成功。从这一前提出发，对话的解读跟郭象以来的传统解读不同了，庄子所阐述的不再是一种"处世哲学"，而是一种"行动哲学"了，至少在这一篇对话是这样。我认为，在笼统讲"庄子思想"之前，必须对《庄子》一书的每一篇章进行单独的研究。

这儿，当然会出现两个问题。第一个是：哪一种解读是正确的？这一问题容易解决，因为有一个大家容易接受的标准：就是看哪一个前提能把全文解释得更通,既能毫无遗漏地解释每一个细节,又能清楚地展现其整体结构,就应该肯定哪一个前提。可惜这一点,我在这儿不能展开讨论了。第二个问题是:同一个"道"字怎么能在一种语境里指"事物的运作"而在另一种语境里则有"行动"的意思呢?这是一个有趣的哲学课题,可惜也没有时间在这儿讨论了。

  简言之,这还是翻译的好处:译者必须在任何一点上确定他赋予文本的意思是什么,才能用自己的语言表述这个意思。我认为,我对《庄子》的解读,主要体现在我的翻译当中,所以宋刚先生最近把我的《庄子四讲》由法文译成中文,也是把我法文的译文再译回现代汉语,而把《庄子》原文附印在小注里,供读者对照。《庄子四讲》是2000年我在巴黎法兰西学士院所做的四场讲座整理而成,其中介绍了从日内瓦大学退休之后研究《庄子》的一些初步成果,中文版将于今年年底由中华书局出版。中华书局也计划出版我篇幅较长的另一部研究专著《庄子研究》。关于我的治学方法,这两本书都有比较详尽的论述。

  这样翻译《庄子》的效果之一,是把庄子变成了一位语言平易通畅的作家,几乎把他变成了与读者同时代的人了。效果之二是,庄子所讲的问题,不再是远离西方读者的一些中国古代思想的主题,而是西方读者也能接触到的、带有普遍性的基本问题了。这是视野的一种转向,从此不再以庄子为对象,而是以庄子为友,"与庄子为徒",跟他一起去研究问题,以问题为对象了。这样,我们从思想史的领域进入了哲学探索,而在这一探索当中,跟庄子在原则上形成了一种平等关系,既受到他的启发,也看到他的局限或者盲点,都与之商榷。大部分西方读者都觉得,中国思想史与自己无关,但是有这样的思想家出现在他们的面前,能帮助他们对历史、社会,对现实和对自己得出新的认识,兴趣就大了。

  可是,要使西方读者看到庄子给他提出的新的问题,给他提供的新的认识,只靠翻译是不够的,我们还得指出,庄子用他的语言和他的种种表达方式,到底讲的是哪些问题,描述的是哪些现象、哪些体验。为此,要给读者提供他熟悉的、选自西方哲学史、宗教史、文学史的资料,指出其与庄子相呼应的或者有相区别的地方。我想,我的初步的一点庄子研究之所以引起了反响,也是因为我致力于提供这种参考资料。至于我引用了哪些资料,我是怎么处理的《庄子》本文和这些资料的关系,有兴趣的人只能将来看《庄子四讲》和《庄子研究》了。这种做法是只适合于西方读者还是也会对中国读者有一定的启发作用,也只能以后再说了。

有一些读者从《庄子》中受到了启发,而我从他们的反应中也受到了启发。我举一个小小的例子。《达生》篇有这么一段:"夫醉者之坠车,虽疾不死。骨节与人同而犯害与人异,其神全也。乘亦不知也,坠亦不知也,死生惊惧不入乎其胸中,是故遻物而不慴。彼得全于酒而犹若是,而况全于天乎?"我法文的翻译大概是这样的:"酒醉的人从车上坠下,车纵使开得很快,他也不会摔死。他骨骼和关节与别人一样,却没有受伤,这是由于他自发的活动能力是完整的。他乘车也不知道,从车上坠下也不知道。死、生、惊、惧都进不了他的胸中,所以碰触到任何东西都不会感到恐惧。假如说通过酒都能这样保持完整,那更何况通过天!""其神全也"四个字变成了"这是由于他自发的活动能力是完整的"。我在《庄子四讲》介绍了这一段落,接着又说:"我不敢保证经验事实会确如庄子所说的那样,所以在此只说明他的思路……"云云。而后来,有一位职业舞蹈家给我来信说,庄子的叙述完全符合她的经验。她说,舞蹈家只要害怕摔倒,就在摔倒的时候很容易受伤,而当他们不再害怕的时候,就像那个酒汉一样,几乎不会再受伤了。

言归正传,我还是回刚才提到的西方庄学的第四个阶段。我设想的这一新阶段,我感觉我自己的研究可以说已初步展示了它的可能性。但是它是一个项大工程,绝非我一个人所能完成的,我只是能做一点铺路的工作。将来会不会有人走上这条道路,还不一定。但是可喜的是,在《庄子四讲》2002年问世以后,法国出了好几本庄学方面的新书。首先有Jean Levi(乐唯,一作李维)的一本小书《不合时宜说庄子》,专门讲《混沌之死》和《朝三暮四》两则故事,从社会史、文化史和哲学不同的角度对其加以诠释,提出了一些新奇的见解,但是写得错综复杂,应该说属于随笔一类。这是2003年发表的。到了2006年,Levi又发表了《庄子》一书的新版的全文法语翻译,读起来比刘家槐的译本要精彩得多。Levi主要注意了原文的艺术效果,译文有丰富的想象力,有时甚至添枝加叶,在细节上未必可靠。对于该书,我写了详细的书评,后来又与乐唯有书信往来,讨论如何翻译庄子的问题,我们通信的部分内容也与书评一并发表了。Levi同时还发表了一部虚构的《庄子传》,根据《庄子》一书中的启示和战国时代的历史背景，撰写了七个不同的庄子传，并列在一起，应该说是一种思想和文学的游戏。Levi既是汉学家、翻译家，又是小说家，在法国比较有名望。2006年还有年轻汉学家Romain Graziani（葛浩南）的《庄子哲学虚构》一书问世，其主要部分是重新翻译并诠释《大宗师》各篇，也将其思想内容与西方的一些思想（例如蒙田关于死的思想）联系在一起，有精辟的新见解。我认为是很成功的一本书，写得很好。我的《庄子研究》也是那年发表的，内容上是比较多层次的。

因为连续有这几本著作出版，去年十二月在台北举办了为期一天的"法国庄学"研讨会，是文哲所德国籍副研究员Fabian Heubel（何乏笔）先生主持召开的。在会上发表讲演的主要有：巴黎第七大学副教授Romain Graziani（葛浩南）先生、台北华梵大学哲学系德国籍助理教授Kai Marchal（马恺之）先生、高雄中山大学哲学研究所德国籍副教授Mathias Obert（宋灏）先生、"中研院"文哲所助理研究员黄冠闵先生。他们的讲演稿将于今年年底在《中国文哲研究所通讯》上发表。黄冠闵和宋灏介绍我的《庄子四讲》和《庄子研究》时，都是从纯哲学的，应该说是从纯粹现象学的角度在评论两本书。这，我当然很欢迎。我觉得可惜的是，谁也没有指出我们几个人在研究庄子上的总体取向和方法。我们的共同点是：争取在吸收既往的中国和西方庄学的基础上，打破汉学的框框，与一般读者打开交流通道；为此，既要力图在翻译方面脱离西方汉学家惯用的旧式的翻译方法；还要力图把翻译和诠释结合起来。这是我最关心的一点。在译文的下面加很多注解，是读不通的；在译文之外加长篇大论的诠释，也无济于事，所以我努力尝试实践一种新的体裁，使翻译和诠释像复调音乐那样相结合，好比钢琴家同时用右手和左手一样，右手翻译，左手诠释，不同的旋律既要保持独立，又要彼此配合。我们的另一个共同点是，不愿意把我们的庄子研究局限在汉学或东方学方面的出版机构发表，而找了面向一般读者的出版社。这些做法都出于同一种策略性的考量。最终的目标，至少是我个人的最终目标，一方面，是认识，对现实和人的认识，一方面是我上面所说的"精神交易"。

台北的同仁没有看到的，还有一点：他们所谓的"法国庄学"，实际上是几个朋友的事。有我、有Levi、有Graziani，但是跟大仲马的三剑客一样，事实上有四个人，有广州大学毕业的、在巴黎留学工作多年的宋刚先生,他也研究庄子,同时从事翻译工作;另外还有第五个人,乐唯的学生Albert Galvany(高梵宁)。他的博士论文是研究《庄子》当中各种奇形怪状的异常人物形象与庄子的社会思想、政治思想的关系,将来也要成书出版。有趣的是,这五个朋友,一个是中国人,一个是西班牙人,一个是瑞士人,只有两个是法国人。

四

主持人:非常感谢。崔先生您好!这次庄子国际会议之前,我请方勇先生通过电邮为我发去了一部分学者的会议论文。其中,您的论文给我留下了很深印象。

崔大华:谢谢主持人。主持人将我们这次小型座谈会的主题确定为"庄子的世界与世界的庄子",我认为非常好,非常切合我们正在举行的"庄子国际学术研讨会"。在我们的研讨会上,学者们以不同的题目,从不同的角度诠释、阐发《庄子》的文本和思想,就是在揭示"庄子的世界";更有外国的学者朋友介绍、阐述了庄子在国外流传、发生影响的情况,展现的正是"世界的庄子"。

我想从较宏观的角度谈一点我对庄子思想在中国文化、中国哲学形成和发展起了何种作用的认识。我的看法是,庄子思想是中国传统文化、传统哲学形成和发展中的一个最活跃、最积极的观念因素,一个最理性、最深刻的理论成分。对此,我想可从三个方面来做简单的说明。

首先是在中国文化生活形态的根本的、哲学的精神层面上。庄子思想是以自然的观念为其理论基础,追求逍遥自由的精神世界。儒家思想不是这样,儒家学说以仁义道德为其主要内容,通过伦理实践来实现人生价值。庄子思想和儒家思想显然是有差别的,在人性本然与社会道德、个体自由与伦理秩序的不同价值取向之间,甚至是对立的。但是就构成全幅的中国文化的生活形态、人生境界来说,又是互补的。中国传统文化和思想在其发展过程中能形成一个非常完整的、周延的哲学境界,庄子思想起到了主要的作用。中国文化因此也具备了一个重要特色、一个独特的功能,就是有很丰富的精神自我调适的资源,有很强的自我化解精神危机的能力,对异质文化的宗教的侵蚀,具有抵御、屏障的作用。东汉以来,印度佛教在我们国家流传了两千年的时间,自唐代算起,基督教、伊斯兰教等外国宗教在我国也传播了1300年,但是我们中国文化总体上还是保持着非宗教的色彩。当然,这里的"宗教"还是指较严格意义上的以信仰某种"外在超越"对象为主要特质来定义的宗教,而不是以宽泛的"终极关怀"来界定的宗教。这一非宗教的色彩从世界文化和历史的背景下来观察,正是中国文化和社会生活的一个主要特征;而形成这一特征的一个重要原因,就是以儒家思想为主体的中国文化和生活方式,在道家思想,特别是庄子思想的补充和支持下,能够建构自洽、周延的人生境界,化解会导向选择宗教生活的那种精神危机,一种虽然世俗,但却充盈着理性,自有其道德的或自然的生命深度的生活形态就生成并巩固了下来。

其次是在文学艺术层面上。庄子思想与中国古代文学艺术的密切关系,应该说是更为明显。《庄子》一书中有很多寓言、故事等文学素材,有崇尚自然、自由的精神追求,中国古代文学艺术从《庄子》中获得了不曾枯竭的灵感源泉、美感源泉,《庄子》成为中国古代文学艺术机体上的血肉,升华出中国古代文学艺术自然主义的美学理想和审美标准,汉赋、唐诗、宋词以及古代书法、绘画中都能看到受庄子思想影响的痕迹。完全可以说,没有庄子思想就不会有我们今天所见到的这样面貌的、这样色彩的中国古代文学艺术。

最后是在某种特殊的理论功能的层面上,庄子思想为中国文化消化、吸收异质文化提供了观念的通道、思想的桥梁。庄子思想意境宽广,概念、观念、命题等都非常丰富,易于实现和异质文化的沟通、交流、对话。使中国固有的文化、哲学传统能不断融摄新的思想观念、文化内容而获得新的发展。

我想,从庄子思想在这三个方面所表现出的作用,应该可以判定:庄子思想在中国传统文化形成、发展中是一个最活跃、最积极的观念因素,最理性、最深刻的理论成分。在中国传统思想中,唯有庄子思想才有这样独特的价值和贡献,才有这样卓越的表现。

主持人: 关于您刚才讲的第三点我读论文时就想到一个问题,很高兴今天能当面向您请教,为什么庄子思想有这种能力沟通异质文化?

崔大华: 庄子思想的这种功能,从理论上说有两个原因:一是庄子思想的包容性的品格。在庄子看来,宇宙原自"无始",世界没有"绝对"，事物皆是"固有所然，固有所可"。这正是交流、对话所应具有的容忍、理解、"进入对方"的那种品质。再者是庄子思想意境宽广，概念、观念、命题十分富足，易与异质文化形成多领域、多层次的接触面，构成交流、对话的语境。庄子思想的这种功能在历史上主要表现为帮助中国佛学改造印度佛学，帮助宋明理学消化佛学，成就了中国传统哲学中的两座思想高峰。魏晋南北朝时期，佛教渐趋兴盛，对于先秦两汉的中国传统思想来说，佛教的许多思想观念，特别是诸如般若、涅槃等佛学的核心观念，都是中国所没有的。六朝佛学就是援引《庄子》的名词、概念，援藉庄子的思想把它翻译、表述出来的。在唐代，佛教完成了从印度佛教向中国佛教理论轨道的转变，这个蜕变过程，也是以庄子思想提供的观念因素为最多，例如标志着中国佛教理论的天台宗的"实相"观念，禅宗的"自然"观念中都存在着或者可以分析出庄子的思想元素。宋明理学是中国传统儒家哲学的最高峰，因为它消化掉了在此以前儒家思想未能消化的佛学。这里所谓"消化"，不是说儒学能把佛学"吃掉"，变成自己的东西，佛学和儒学有完全不同性质的理论主题、内容和逻辑，这是不可能的。而主要是指儒学具有与佛学相匹配的、同等水平的理论能力，因而能对儒佛之间差别做出明晰、准确的辨析，能对佛学思想作出自己的研判，能援用佛学概念、观念而保持自己的儒学本质。宋明理学这种理论能力的主要构成，是理学有了自己的宇宙图景，即周敦颐"无极而太极"的《太极图说》和张载的"太虚即气"的宇宙观；有了自己的本体理论，即作为宇宙之根源、总体的形而上的"理"的观念。理学这两个最重要的思想之观念渊源，都存在于庄子思想之中。所以可以说，宋明理学消化佛学的理论能力是借助庄子思想才形成的，是庄子思想帮助宋明理学消化掉佛学的。到了近现代，西方近现代的哲学、科学思想传进来了，很多内容也是援藉庄子思想来沟通、理解的。例如，从西方输入的、作为中国近代启蒙思潮最重要观念之一的进化论思想，虽然在西方国家至今仍受到基督教的教会和学校的排斥，但到中国来却很容易就被接受了。《庄子》中就想象地，当然也有部分经验事实地描述了物种演化的现象，胡适曾援引来解释进化论。上世纪20—60年代西方哲学流行的存在主义，是对"存在"之作为本体的论证和人之存在境况的分析，与中国哲学的固有理论内容、思维方式都甚有距离，但《庄子》中却有对人的生存状况、对人的复杂心理和精神结构深入的观察、描述，80年代以来也就有中国学者试图用庄子思想与存在主义来互作解读、互为诠释。所有这些都说明庄子思想是我们消化、吸收异质文化的观念的桥梁、思想的通道。

五

主持人：非常感谢！方先生，您谈谈吧。

方　勇：好的。庄子对中国文化的影响，正如刚才崔大华先生所说，可谓至深至远，无所不在。原来我对于这些认识也不是太全面、太深刻，但通过近十年来撰写《庄子学史》，越来越觉得庄子渗透到了中国文化的各个领域。下面，我主要就庄子与儒、佛、道的关系做一些阐述。

先看庄子与儒学的关系。一般多认为，庄子对汉代的影响基本上仅体现在汉初盛行的黄老学中。其实，汉代儒学在发展过程中，始终对老庄思想有所吸收。如陆贾因刘邦要求而著成的《新语》一书，即较多地吸纳了老庄思想，而以《无为》、《慎微》、《至德》诸篇最为明显。稍后的贾谊，其所著《新书》，虽被《汉书·艺文志》、《隋书·经籍志》及《四库全书总目》等列为儒家，但其中的《道德说》篇即体现出了其以儒为主的儒道合一精神，而《劝学》篇则更是大量借用了《庄子》思想资料。特别是文帝时的《诗》博士韩婴，他在《韩诗外传》中所引《庄子》思想资料之多，实为汉代其他所有儒学著作所不能比拟。与韩婴同时的董仲舒，虽然倡言"独尊儒术"，但在他的代表作《春秋繁露》中，也较多地容纳了老庄思想，尤其在《同类相动》中，其所论说的"同类相动"说法，更是明显地援引了《庄子·山木》"物固相累，二类相召也"、《渔父》篇"同类相从，同声相应，固天之理也"，以及《徐无鬼》篇"调瑟"寓言故事所包含的思想内容。董仲舒援引这些思想内容后，通过进一步引申发挥，从而导向了"天人感应"的神学目的论。此后的扬雄也是一位大儒，他所著的《法言》在总体上除"要诸仲尼"（《吾子》）而外，也酌情吸收了包括庄子在内的诸子思想。经学大师马融、郑玄等，同样把庄子思想部分地渗透到了他们的经学注述之中。

魏晋玄学，从何晏、王弼的"名教出于自然"到郭象的"名教等于自然"，以及竹林七贤重要代表向秀的"以儒道为壹"，无不具有混同儒学与老庄学的特征。进入隋唐以后，统治者推行儒、道、释三教并重的治国政策。魏征等修撰《庄子治要》（在《群书治要》中），通过节选或者重新组合《庄子》的有关文字来发挥庄子"无为而治"的思想。唐玄宗时，文如海著《庄子正义》，着重阐发了所谓庄子的"经世之用"思想，把庄子学引向了对现实政治的关怀。他又撰写了《庄子邈》，亦重在会通儒、道，努力从《庄子》中引申出儒家的纲常伦理思想和经世安邦理论。"安史之乱"给唐代社会生活带来了极大的灾难，人们痛定思痛，重新认识到了儒家在社会生活中的重要地位，因此这一时期的庄子学著作更是加强了与现实生活的联系，有了更强的经世致用思想。如德宗时马总编撰《庄子钞》（《意林》），从《庄子》资料片断中阐释出了救世济民的思想。代宗、德宗时的隐者张九垓，曾作《庄子指要》三十三篇，大抵"宏道以周物，阐幽以致用，内外相济，始终相发"，体现出了"为家为邦、为仁为智"的经世精神。

赵宋王朝在思想文化方面基本上沿袭了唐代儒、道、佛三教并行的政策，使这一时期的庄子研究出现了严重的儒学化倾向，如王安石《庄周论》、苏轼《庄子祠堂记》、王雱《南华真经新传》、吕惠卿《庄子义》、陈详道《庄子注》、林希逸《庄子鬳斋口义》等等，都具有这一明显特征。又由于先秦儒学本身就缺乏深刻的哲学意味，而宋代新儒学又以好议论、重思辨为其重要特征，因此理学家们在建构其哲学体系时，除了直接继承孔孟儒学外，还需要吸纳道家、佛教的许多思想理论和思维方法，这实际上使庄子思想与儒、佛在更高的理论层次和思维方法上得到了融合。其影响所及，便使元代的理学也具有了这一特征。

明代王守仁创立心学，曾"出入于佛老者久之"（黄宗羲《明儒学案》卷五），而且还公然声称"儒、佛、老、庄皆吾之用，是之谓大道"（《王文成全书·年谱》引）。他的弟子王艮又创立了泰州学派，强调"百姓日用是道"（《王心斋先生遗集·年谱》引），甚与庄子"道无所不在"、禅宗"平常心是道"等思想有以相通。明代三教合流，越到后来，越是表现为心学、佛禅与老庄思想的合流，共同起着冲击程朱理学禁锢的作用。其最突出的表现是，晚明时期一大批著名文人学士，既承袭王门心学宗旨，证悟佛禅教理，以获得心性的解放，同时又十分崇尚老庄素朴贵真、一任自然的思想，试图借此来表达其超然适性的人生态度和素朴求真的美学思想。如唐宋派的重要代表唐顺之,是南中王门心学的传承者之一,晚年又自觉追踪庄子,欲于"寂寥枯淡"之中求"不欲不为之初心"(见《荆川集·寄黄士尚辽东书》),故其为文主张"直据胸臆,信手写出"(《荆川集·与茅鹿门主事书》)。李贽既是泰州学派的承祧者,又曾落发皈依佛门,更对老庄有着浓厚兴趣,实可谓为"异端之尤",故其遂敢倡言"童心"之说,并著有《老子解》、《庄子解》等著作。公安派的代表人物袁宏道、袁中道、陶望龄,一方面服膺王门心学,证悟禅理,另一方面又嗜好老庄,故其为文能"独抒性灵",并著成《广庄》、《导庄》、《解庄》等专著。

随着明王朝的土崩瓦解,许多怀有深厚民族感情的文人士大夫选择了归隐的道路,与庄子亲近了起来。金陵天界寺觉浪道盛禅师,则通过撰写《庄子提正》一书,别出心裁地提出了"庄为尧孔真孤"之说,从而委婉地表达了他的爱国思想。他的这一说法受到了其门弟子的普遍赞同,尤其在得到方以智《药地炮庄》的大力阐扬后,更是产生了广泛而深远的影响。另外,由于清代统治阶级所大力推尊的儒学主要还是程朱理学,因而其影响到庄子学,便是普遍地出现了以儒解庄、同时亦每每牵引理学的现象。如吴世尚《庄子解》、宣颖《南华经解》、孙嘉淦《南华通》、陆树芝《庄子雪》、刘鸿典《庄子约解》等等,即无不具有这一明显特征。直至民国时期钟泰所著的《庄子发微》,这一特征仍还比较明显。

主持人:关于庄子与中国佛教的关系,刚才崔先生已有所涉及,请您详细谈谈。

方 勇:好的。由于大乘般若学的基本观念是"性空",认为心亦非有,佛亦如幻,因此支娄迦谶一派学者便借用老庄学说中"无"、"虚无"等重要概念来表述他们的般若思想,这就使般若空学从传入我国之时起便具有了较明显的老庄化色彩。到了魏晋玄学盛行之时,大乘般若学者的这种攀附态度就更加明朗化了。甚而至于,他们还从理论上自觉总结出了用来攀附玄学的方法,即所谓以当时玄学家所发挥的老庄学说来比附般若空学的"格义"、"连类"之法。如果说道安是一位由倚重老子学说到不废俗书《庄子》的著名般若学者,那么他的高足弟子慧远则显然可谓是一位善于以庄子学说解释佛义的名僧了。而少时即"每以《庄》、《老》为心要"的僧肇,他所著的《物不迁论》、《不真空论》、《般若无知论》等，则更留有"庄学"影响的明显痕迹。

但佛教各派中与老庄关系最为密切、吸纳庄子思想最多的，却还是此后创立的禅宗一派。慧能为禅宗六祖，他所开创的禅学"南宗"，后来逐渐演变发展成为许多派别，成了中国禅宗的主流。慧能因不识文字，"竟未披寻经论"（《曹溪大师传》），这就使他因较少受到佛典制约而仍能在一定程度上按中国人的独特思维方式来展开思维活动，从而把禅学的中国化推向了一个新的阶段。如他的一个重要理论观点，就是认为"诸佛之理，非关文字"（同上）。这种把经书文字看成是僵死的、外在的东西，而认为一切佛法皆在人的自性之中的思想，其渊源固然可以追溯到印度佛学的某些说法，但更多的当得之于中国传统文化中如庄子以语言文字为糟粕的思想，和以老庄思想为基础的魏晋玄学"每寄言以出意"（郭象《庄子注·山木》）的思维方法。而且，他所谓的"一切万法，尽在自身心中"，实际上又在说明，只要众生"自识本心，自见本性"（敦煌本《坛经》），那就可以在日常生活中"自在解脱"（同上），在现实世界中"来去自由"（同上）了。这一思想观念在中国文化史上的源头，便是庄子所追求的空明虚静的心境和逍遥自在的精神境界。此外，他所说的"于自心顿见真如本性"，则又要求众生对"自心"、"本性"的"顿悟"应该是一种超越语言文字的整体直观，而不应该是那种执著于语言、文字、概念、思维的逻辑推理和分析。这种思想观念，在印度佛学中是不容易发现的，而在中国传统文化中，则可以追溯到庄子"目击而道存"（《田子方》）式的悟道方法。

宋代禅宗主要有临济、云门、曹洞三派，而临济宗的发展势头最为强大。临济宗所传衍的各派系，大都能发扬慧能的禅学精神。这一时期出现的文字禅，虽然与此前的禅宗有所不同，但他们每引《庄子》中的寓言故事来与禅理互为发明，仍具有明显的老庄化思想倾向，并且一直影响到了元明清时期。

晚明有不少佛教学者参与了对庄子的阐释活动。如释德清著《观老庄影响论》，旨在宣扬儒、释、道三教一致的思想。名僧元贤也大量引用了《庄子》思想资料，以大力宣扬其"三教一理"论。直至清末杨文会著《南华经发隐》，仍主张儒、道、释三教完全可以互相通融。

最后我再谈谈庄子与道教的关系。到了魏晋南北朝时期，由于受到玄学思潮的影响，人们多以老、庄并称，甚至还把庄子放到了老子前面，因而庄子也渐为道教学者所认可，尤其把《庄子》中的许多思想资料阐释成了道教长生、成仙理论，而以葛洪所著的几部著作表现得最为突出。隋唐道教学者进一步把庄子思想融入了他们的道体论、修道论、养生论、仙道论，但从中唐以后，他们就不像以前的道士们那样多以服食金丹大药为成仙的根本途径，而是主要通过阐发老庄的长生久视之道来宣扬道教内丹理论，并一直影响了宋元明时期的道教内丹理论，至满清入关以后才渐趋衰退。

总之，庄子对于儒学、佛教、道教的影响十分深远。此外，他对于中国哲学、文学、艺术、医学等的影响也同样十分明显。假如中国没有庄子，传统文化将会显得单调很多。

主持人：再次谢谢各位。

國學訪談

道家之「中西問題」

摘要發表：国学版（光明日报2008.1.28第12版）

一百多年过来了，我们不应该继续讨论应该不应该用西方哲学概念研究中国。

读了四年西方哲学以后，我感觉到那些哲学跟我的生命不发生任何的关联。只是透过翻译了解他们是什么，只是一个对象。

我们中国人直接通过跟经典对话的方式，他们是通过跟问题之间对话的方式来进行的。

你不用套它的词语，但可以学习那套处理问题的方式。

时间：2007年12月19日晚
地点：香港中文大学哲学系中国哲学与文化研究中心

访谈嘉宾：
陈鼓应（台湾中国文化大学教授）
刘笑敢（香港中文大学教授）
陈少明（中山大学教授）
王　博（北京大学教授）

主持人：梁 枢（《光明日报》国学版主编）

　　主持人：感谢各位参加这次"夜谈"。作为白天会议的一个延伸，我们今晚的讨论有一个关键词：差异性。不知各位注意到没有，今天白天的会议上，中西哲学之间的差异性在不同问题的讨论中都曾多次出现。这是一次国际性研讨会，与会的学者，包括今晚在座的各位，都是在中西哲学比较研究的视域里研究问题的。在此背景下，我们今晚想直接面对差异性，把差异性上升为"问题"，深入进去，专门进行一下讨论。

　　白天的发言，很多是在价值意义展开的，比如台湾的林先生说要让汉语活起来。现在是汉语让英语欺负的，好像没有英语这条腿，自己都站不住，成了英语的附庸了。还有学者说，某某的论文从技术层面上讲，很有启发性，但是价值观层面的有问题等等。而我想强调的是，我们今天晚上讨论中西哲学的差异性，恰恰不是要在价值层面上展开，不是要在价值观上评判孰优孰劣。我们要做的，只是把这个中西哲学的差异性、分岔点找着，然后呢，如果能分析出为什么会有这样的差异来更好，分析不出来也没事。把分岔点指出来，留给别人去研究也很好呀。我就说这些。

一

　　刘笑敢：这次会议是我们中国哲学与文化研究中心成立以来的第五次国际会议。我们的会议都是围绕着中国哲学研究的方法问题，基本是中西的问题和古今的问题，这次会议的题目叫"我注六经"还是"六经注我"，主要涉及古今问题。但是古今问题还是跟中西问题分不开，所以冯友兰把古今问题归纳为中西问题。我觉得这个归纳有它的深刻性，但是不能代替。古今问题仍然存在，你不考虑中西问题，也有古今问题，当然你考虑古今问题，又避免不了中西问题。所以这次讨论六经注我和我注六经还是想探讨中国哲学作为现代学科的方法问题。所谓现代学科，实际上就是参照西方学科体系和西方哲学建立起来的。中国跟西方接触以来，在很多地方已经是西化了。我们的大学体制是西化的，我们学科分类是西化的，我们思维方式已经受到了数学、物理、化学的影响。在这个意义上，或者在潜意识、无意识的意义上我们实际上没有办法避免用西方的思维方式或西方的思维概念来观察思考中国哲学或中国文化中的问题。

在我们研究中心成立的第一次研讨会上，我曾经提出来反向格义的问题，反思借用西方哲学概念来定义中国思想之术语的做法带来的困难或困境。我是说在自觉的意识上，我们要不要仍然有意识地用西方的哲学概念来解释中国的或者来定义中国的思想概念，我并没有笼统地反对什么或提倡什么。有人写文章，认为我没有彻底否定借用西方语言来研究中国哲学的做法，向所谓现代性妥协。他主张回到传统，即经学和子学的传统，认为只有回到传统，才能体现中国哲学的主体性。相反，也有人写文章认为我太强调运用西方哲学所产生的消极面了，主张积极"援西入中"，认为不能把西方哲学当作中国哲学研究的"负资产"，而应该当作有价值的资源，并强调只有积极"援西入中"才能建立中国哲学的主体性。这两种相反的批评都不能代表我的立场。我只是说借用西方的概念解释中国的理论术语，这里面会造成一些困境，会产生一些讲不通的东西，应该进行反思。也有人写文章指出我们用于定义、解释中国哲学的所谓西方哲学概念都是"格义"后的误用，如本体论、宇宙论、形而上学这些基本概念都是过时的误用，连号称懂西学的牟宗三也在误用和混用。这对研究中国哲学或实现中西会通都是不利的。

所以今天讲古今问题和清代讲古今是不一样的。今天讲古今就必然牵涉到中西问题。古今问题是一直存在的。先秦战国到魏晋一直有的，但是20世纪以后再讲古今问题，又不一样了。因为今天我们的思维方式、我们的社会制度、我们的家庭制度、我们的学校制度、我们的治学方法已经跟民国以前不一样了。在这个时候的古今问题，其实已经纠缠着中西问题。

我们主持这次会议，考虑的就是我们中国哲学应该怎么发展？什么是中国哲学？有的人讲很简单，就是一个现代学术，中国哲学是现代学术，所以有的人说不可能不用西方哲学的术语来研究中国哲学。我的立场是可以用，但是要明白用什么、怎样用，可以达到什么目的和效果，会有什么困难或副作用。很多人认为不可能不用。但是，有人就是自觉地不用，而且很成功。一个实实在在的例子就是信广来。他在中国香港、英国、美国留学，学的都是西方哲学。他长期在美国伯克利大学教书，当院长，又到加拿大当大学校长。他写的第一本书就是孟子研究。孟子绝对是所谓中国的哲学。他是哲学系的教授，他的这本用英文写的研究孟子思想的书将近三百页，没有用一个philosophy（哲学），没有用西方哲学概念来解释孟子。他成功了。大家都承认他是孟子研究专家，而且他研究的是中国哲学。很多人就说你怎么可能不用西方哲学概念来研究中国哲学。但是他是非常自觉的，他说我第一本书是关于孟子的，第二本是关于朱熹的，我就不用一个西方哲学概念来解释朱熹和孟子。他有意识地避免，一开始我没有注意，有一个美国学生听我的课，他告诉我的，说信广来的英文书一个philosophy（哲学）都没有。我问信广来是不是这样，他说是。他是自觉的，他说我就是不用西方的哲学术语来解释孟子和朱熹。有些人不明白他是什么意思，但是我非常理解。你用西方的概念，其实就可能把某些中国哲学没有的东西加进去了，就造成了现在的某种误解。我们没有这个自觉性，他有这个自觉性，他是百分之百受的西方式训练。他说他大学毕业时曾经报考我们中大哲学系学中国哲学，但是我们系不要他，说他没有中国哲学的训练。

陈鼓应：他不是念西方哲学的？

刘笑敢：他的博士论文是关于孟子的。但是他修的课程都是西方哲学的。他在美国找工作，申请的伯克利的教职是西方伦理学的，他提交的求职论文样本和求职报告都是关于康德伦理学的，他的第一篇公开发表的论文也是关于康德伦理学的，而不是中国哲学的。

王　博：我在六年以前就读过他的书。当时一个留学生寄给我，三部曲的第一本。

刘笑敢：第一本是关于孟子的，第二本是关于朱熹的，很快就要出来，正在写。第三本书他就要作为现代哲学家，用中国哲学来讨论现代的哲学问题。讲孟子和朱熹的思想和理论，他用thought（思想），不用英文philosophy。我们到国内去介绍我们系的时候，他讲的是"中国思想的哲学研究"。他这么讲时，脑子里是非常清楚的。这就回避了中国有没有哲学，儒释道算不算哲学的问题。我觉得他是很聪明的。他这个例子是很值得我们重视的。有人问，你能说出一个不用西方哲学来研究中国哲学的例子吗？有啊。信广来就是，太典型了。当然，他并不是所有文章都不涉及西方哲学的问题和术语，但是他非常自觉，用什么，如何用，他非常讲究。他和人一起编过一本书，叫《儒家伦理》，关于自我、自律，以及社群的比较研究。他的例子说明不用西方哲学的术语来研究中国哲学不一定就是低水平的。他的书是斯坦福大学和剑桥大学出版的，能说水平低吗？不用西方哲学术语，也可能有很高水平的成就。当然，低水平的东西也一定有。但是，这说明不能将用不用西方哲学术语当作判断学术水平的标准。

总之，古今问题和中西问题难以分开。现代人讲孟子的思想，是不是可以不用现代或者西方的概念，我觉得在潜意识上是不可能的，英语就是现代语言。汉语也是现代的汉语，我在北大教书的时候，我讲老子的道是什么，很难讲。有个学生就问我，说刘老师我们能不能不用现代汉语或者西方的哲学术语来讲道是什么？我说理论是上可以，实际上不可行。道是什么，你不用现代汉语，或者不用现代哲学术语，是讲不出来的。你只能说道就是道，你什么都不能讲。我现在用总根源、总根据的讲法，我就回避了现成的西方哲学概念，有人接受，有人也不一定接受。但是这是一个值得思考的问题。一百多年过来了，我们不应该继续讨论应该不应该用西方哲学概念研究中国，或者应该不应该学习西方文化。这个问题早应该过去了。现在的问题是，学什么，怎么学，有什么困难，如何达到最好的效果？现在应该进入这个深入的层次来讨论这个问题。

陈鼓应：梁枢主编提出中西哲学差异性的问题，的确很值得我们讨论。我回台湾十年了。我在那个学校每年也要发表论文。一篇论文下来，得一百多个注。只有这样才算有根有据。按照这个标准，像过去很多大学者，恐怕他们的文章、书都出不了，都不合格。这是西方的标准。一个是知识产权，再一个你要严谨，有根据。

主持人：中国人做学问呢？

刘笑敢：没有这么严格，中国古人引述是凭记忆的。

陈鼓应：我当年上大学，四年的时间都是以西方哲学为主，知识论、形而上学、伦理学，等等。你哪怕研究中国的哲学，也还是要学这些。读了四年西方哲学以后，我感觉到那些哲学跟我的生命不发生任何的关联。只是透过翻译了解它们是什么，只是一个对象。是主体跟客体之间的交流，本来可以变成主体跟主体的交流，但是到最后，它是他，我是我，没有主体化。虽然我很欣赏西方抽象概念的思考，理论体系的严密和逻辑思维的清晰。但是当我进入西方庞大的抽象性理论系统里，我发觉我会失去自我的主体性。从我大学接受西方哲学教育开始，就产生了两个很深刻的印象：第一，西方哲学体系的建构，其理论预设最后总要抬出上帝。第二，在西方哲学缺乏人文思想的学术空气中，总觉得生命找不到立足点，也无从建立我的主体性。

刘笑敢：他们立论，最后可能靠上帝。另外一种办法就是靠一个理论的假设。他可以设定一个前提假设，假设本身不是要证明的东西，但后面的推理就非常的严密。最根本出发点，最初的假设反而不去证明，比如罗尔斯的无知之幕和霍布斯的自然状态都是论证的前提性假设。

陈鼓应：对，最高的理论系统的最后的保证，是上帝。看上去，中西一个是道，一切都是由道创生的；那么对西方来说，一切都是由上帝来创生的。道或上帝是一切价值的准则，所以看起来是相类似的，但是如果我们用文化的眼光去看，就会发现很大的差异性。西方文化有两个特点是十分突出的。一是上帝的绝对权威，神与人之间是创造者与被造物的关系，如同旧约里反映神与人的关系，乃是主奴的关系；第二，西方主流宗教的原罪论，这导源于希腊奥菲派宗教。相形之下作为中国文化代表的儒道两家，道家主性"真"；儒家则持"向善说"。儒、道的人性论始终都没有西方那种原罪意识，而中国宗教从殷代开始就出现了"祖宗崇拜"的特殊形态。从甲骨文和铭文中，反映出殷周时期重视孝道的伦理型文化。在殷周文化自然义的天道观和德治思想的人道观交流下，形成中国古代特殊的人文精神，春秋战国诸子的出现，更汇成一股人文思潮。诸子的人文思潮绵延不息，贯穿整个中国历史长河中。西方要到文艺复兴之后才有人文思潮的出现，的确晚于中国千百年之久。

刘笑敢：我想补充一点，陈先生是以道家来跟西方比，但是你把儒家考虑进来，儒家就比较接近西方的宗教。至少比道家更接近一些。他也讲一个绝对的。原来孔子那边没有那么绝对，到孟子良知开始有些绝对。到了董仲舒的"天"，还是有一点宇宙论色彩，到了宋明，"天"就是天理，那就是绝对的真理。

陈鼓应：还是不一样。比如我们读罗素。他一开始就讲人类有三种冲突，人跟自然的冲突、人跟人的冲突、人跟自己的内心的冲突。中国不是这样的，中国是一开始就讲和谐，比如说庄子，讲谦和、仁和、心和。起初都是仁和，包括尚书开始都是讲人与人之间的和谐。但是道家不只是人与人之间的和谐，还讲到宇宙的和谐、天和宇宙的和谐。我们是从哪里来的？天地来的。禀赋了你心灵深处的也是和谐的。天、人关系的中国人这种解读方式，这些东西都包含在绝对的体系里头。

从尼采过渡到庄子，才由道文化进入中国思想的园地里。道文化有什么特点？道的世界观是一个整体性的世界观，它是主体与客体、天与人、自然与人事形成的整体性思维。而柏拉图哲学和基督教文化都把整体的世界分离、割裂为二，正如怀海德所说的"自然的两橛化"。

在人文思潮的激荡下，文化的孔子和哲学的老子，都在神人关系中提升人的地位和价值。在道文化的影响下，首先老子将道文化赋予自然和无为的精神，他强调了人性的自然、天地的自然，他的无为消解了从天到天子的绝对的权威性，同时也消解了威权意识和偶像主义。老子强调道的"生而不有，为而不恃，长而不宰"，道德精神在于任人发挥其自主性、自发性、自为性，和基督教耶和华上帝的"生而有之、长而宰之"形成强烈的对比。

二

陈鼓应：使用西方理论和概念来套中国哲学，这有利有弊。在中西哲学比较的视阈下，可以开阔我们的思路；但弊端是西方学术有它的文化哲学背景，生吞活剥地抽离出来硬套中国哲学，常出现牛头对马嘴的现象，更常见的是粗糙地扭曲它的内涵。我没看到信广来的书，我看的话，也许可以从里面找出很多西方的东西来。

主持人：您的意思是他可以不用这个词，但是思想不可能摘那么干净。

王　博：这次会议的主题涉及中西方对于经典的关系问题。我觉得，在通过经典来思考这方面，中西是一样的。我们中国当然不用说了；西方的话很多人会说，所有的哲学都可以看作是柏拉图哲学的注脚，但是他可能未必是说我就一定是通过注释柏拉图的著作，而是什么呢？通过问题，柏拉图的问题、亚里士多德的问题，不同的时候有不同的问题，这就跟我们不一样了。我们中国人是直接通过跟经典对话的方式；他们呢，是通过跟问题之间对话的方式来进行的。前两天有一个人送了我一本书，是一个谈论爱的问题的。在讨论了所有的人和人关系之后，最后肯定会提到人和上帝的爱。要是我们中国人写的话，就不会这样写。但是他一定写，然后放在最后一章。对于他们来说，这是很重要的、不可或缺的。

陈少明：我插一下刚才提的这个问题。其实对于西方的传统，我们应该把握得更具体一些。比如说，他可能有一个从古希腊，然后跳到文艺复兴以至启蒙运动的传统。还有一个古希腊在中世纪跟基督教结合的传统。基督教的经典文化传统跟中国儒家传统，在通过注经寻找真理方面，是一模一样的。他们对柏拉图问题的探究是由于不是在宗教的传统里面，所以可以自觉回应问题，可以标榜自我创新的。宗教里面不能标榜创新，只能声称我更接近真理。但是回应柏拉图的问题，是可以做得比柏拉图更接近真理。这是两种传统（叫亚传统吧）。那么这样一来，就可看出一个问题，就是如果跟西方整体比较，儒家跟道家的差别就没有那么大。应该这么看，无论是道家还是儒家，其作用都有些类似于宗教的陶冶人心。当然你可以说道家跟古希腊智者有一定接近。然而中世纪以来的这些东西，跟中国的差别就小得多。再谈一下刚才刘老师一开始提出的问题。就是关于我们现在做中国哲学，可不可以不用西方哲学的术语，同时又体现我们是在现代的哲学学科里面做学问？

陈鼓应：我觉得这个是有可能的，但是不要太干净。

刘笑敢：不要太干净是什么意思？

陈少明：不需要"一刀切"的。不过这里有个问题得澄清，我们现在学的西方哲学有两种学法，一种是学他们解释、处理问题的思想方式，一种是学习他们得出来的那些现成理论，后者常表现为一个个的范畴。那一个个范畴是他们研究世界，研究生活所得出来的一些概念。这些概念通过理论的纺织，已经凝固成他们现成的想法了。当你用这个东西跟中国的思想对比的时候，我们不能说百分之百都不相同。因为有些对应概念的内涵确实有一部分是交叉的，虽然程度不一样，有三分之二、交叉一半、三分之一，等等。但如全部照套，结果便很不自然。还有一种情况是可以学的，就是西方人怎么把他们的生活经验、他们的历史变成他们的哲学的。你不用套它的词语，但可以学习那套处理问题的方式。那套方式也许是西方人先用的，起源于西方的也可能是普遍的，可以为中国所用。刘老师提倡的对中国哲学术语描述的尝试，我的理解是试图避免套用现成西哲理论的一种手段。我自己是对西方哲学概念可以不使用就尽量不使用，但是有些使用起来确实很好，为什么不呢？我自己就写《解惑》、《明耻》、《忍与不忍》，讨论这类没法从西方哲学找到对应范畴的观念。但从分析的方法看，并没有完全排斥西方思考方式的影响。

主持人：陈（鼓应）先生，刚才您讲自己的经历，我听了以后不知道能不能用王国维的"可信不可爱"来概括您的感觉，好像比那个还要复杂一些。我想知道，西方哲学，这个您无法从中感觉到生命的东西，对您后来从事中国哲学研究到底起了什么作用？还有，从信先生写的东西，找不到西方的概念。但是陈（鼓应）先生刚才就怀疑了，虽然找不到西方的概念，但还是能够在他的书里面找到西方思想的痕迹。听到这里我就有一个感觉，今天我们讲差异性是需要剥离的，需要我们从相似性中，从"一锅粥"的交往状态中把差异性剥离出来。

王　博：信广来的研究，在技术上面接受西方的影响比较大。在技术性的方法，就是文本的批评方法这方面他是绝对受西方影响的，表现出分析哲学的信念。其实我是比较欣赏这个路子的，我个人也说，他不用西方的概念，但并不等于他放弃了西方的训练。

刘笑敢：对于西方，我觉得最主要是学它的文化精神，不是学它的技术层面、具体操作，那个其实是可以根据国情改变的，但是基本求真求实。这两条是不管你哪个学科都应该走的路，不要嘴上讲一套，实际上干一套，表面上发展科学，实际上马马虎虎。

陈鼓应：西方的理论系统非常庞大，抽象思想这些确实令我很敬畏。但我还是说，从我念大学，念哲学开始到后来搞研究，我始终觉得西方的东西好像是用一个闷锅似的东西给盖住了。上帝无处不在，从它的文化到哲学，我没有办法接受这个。最后我找到了尼采，在尼采里面再找到庄子，然后再找到老子，然后是先秦诸子。

主持人：从您的话里头，我觉得西学至少让您在西学和中学这个对应关系中发现各自的优点和缺点，否则的话您怎么能让自己跳出来。回到刚才的话题上。王博兄刚才说西方人抓的是问题，柏拉图出来以后把这个问题提出来了，各个时代解决这个问题的方式是不一样的。而中国是不是不同时代的人带着不同的问题，去找经典，也是为了解决问题。他们两个之间的差异在什么地方？

刘笑敢：我回答你的问题。我的说法是中国与西方都会不断地回到经典，每个朝代都不断地回到经典。这一点中国西方都一样，但是回到经典的形式不一样，西方人的回溯是找问题、回答问题，而且他对前面是有所分析和否定的，他可能会觉得柏拉图讲得不对。所以虽说整个两千年西方哲学是柏拉图的注脚，可是这个注脚是批判性的，不断批判，最后没有人再相信柏拉图了。谁还相信柏拉图的绝对理念？早就没人信了，但是问题还是柏拉图提出的。西方是回到经典，不断找新的回答，对这问题本身反省。但中国人是注释的形式，表面上是解释古人，实际上有可能是讲自己的想法。西方人直接讲这个时代的新的回答，中国传统表面上总是在替古人讲话。这是很大的不同，糟糕的是现代有些学者意识不到到底是讲古人的思想还是在讲自己的思想。

主持人：是不是中国人的问题让老子先遇到了，人类发展到那会儿，思想史发展到那会儿，让他正好赶上了，就让他先说了，他说完之后别人就只能照着讲了。

刘笑敢：我想不完全一样。西方不断回答问题更像接着讲，而中国更像表面上照着讲。实际上也可能是照着讲，也可能是接着讲，但是接着讲不深刻、不明显。多数是不明显的，至少他很少公开说我就想另讲一套《逍遥游》，我不讲庄子的《逍遥游》。中国没有这个文化传统，都要假冒圣人之言，或者经典之言来讲。这个就跟现代西方学术精神完全不合。

主持人：您能具体说说吗？

刘笑敢：我想先讲讲形式不一样，一个是回答问题，一个是注经典。注经典为什么有这个不同呢？昨天讨论这个问题了，一直很难给出一个答案。我们先说现象的不同，西方是不断地回答问题，而中国是不断地重新解释经典。还有一个重要的不同就是说注释在中国算著作，在西方不算。

我就考察中国注释经典传统那么久，西方它可以说是诠释，但它不是注释，有没有注释？有注释，但是注释不能代替你的思想建构。

主持人： 从什么时候开始的？

刘笑敢： 不知道，它注释经典就是注释经典，没有人假借注释柏拉图建立自己的思想体系。最典型的、大家都知道的就是托马斯，他著的有关亚里士多德的著作有好几大本，但是他这个注释不管多大的不同，不管多么重要，在他的全部著作中，占不了三分之一。而且他取得神学的资格、职位不能靠注释，注释不算你的著作。这在中世纪就是这样，所以他要当一个神父、神职，必须有著作，或者他有他的神学大全。他靠神学大全。

主持人： 后来这个传统一直延续下来？

刘笑敢： 一直到后来，就是西方有注释，有注释黑格尔的，有注释古希腊的，注释他就是注释家，他不是哲学家。当然你说他注释柏拉图他哪能不懂哲学呀？

王　博： 一开始他这个注释更像是学术训练。

刘笑敢： 也可以那么说。就是说作为学术训练，每个人都经过先写注释性的东西。也不一定形式上写。就像一直到黑格尔这些好像否定西方哲学，它还是回到古希腊，这是不断地回。中国也不断地回，但是我是觉得中国文化缺一种东西，但是这个是优点也是缺点。

跟西方比，我觉得西方对普通人还是有一种尊敬精神，尤其是文艺复兴、启蒙运动，最基本的还是有一种尊敬精神，就是尊重他的权利。而且自己的战俘回来了，当英雄一样欢迎。你说人质他做什么英雄事儿了，什么也没做，他受苦了。大家欢迎他回来。相比较而言，我就觉得华人社会文化对道德是非看得过严，可是做事不认真。

主持人： 刚刚过世的余虹先生生前曾在《南方周末》开过专栏，他写的一篇文章影响很大，题目大概叫"有一种爱我们比较陌生"。写的是美国校园杀人案中有32个人被杀，但是美国人悼念的时候却是33个。凶手也作为受害者，这在中国是难以想象的。

刘笑敢： 我那年到上海，上海看大门的都特别认真。我去北京大部委，进门都很容易，到上海进复旦大学却很难，死认真的。受西方文化影响多的地方做事儿认真，或者叫敬业，香港人比较敬业。这点我比较喜欢。做人尽量宽厚一点儿，只要不太出格了，你就可以原谅他，但是做事儿还是应该认真，不然社会会有很多问题。像我们有"神五"上天，这个已经超过日本了，可是我们造洗衣机还超不过日本，也许现在能有少数工厂能超过，但是总体超不过日本。这就是在具体的生产过程、具体技术上说不够认真。不是真的能力不够，而是不够认真。我们能上"神五"，说明我们的科学水平足够了，但是做事，日常生活中做事还要认真，总体水平才能提高。

陈鼓应：另外我想说一下，我发现现在西方，中国的重要的经典，几乎没有哪一部没有翻译成外文，中国的学问正在变成世界公共文化遗产。现在外国很多最聪明的人来学中国文化。

刘笑敢：我有一个问题一直没有想明白。为此我问过很多人，没有人给我回答，犹太人在"二战"被杀600多万，而犹太人有一个反省，我们的上帝干什么去了？我们的上帝为什么不保护我们？反省的结果大多数人还没有否定他们的文化，即使是不信犹太教的人，星期五晚上还是点两根蜡烛。这不是宗教，是他们的民族文化传统。我想世界上很少有像中国这样一百多年来反反复复地批判传统文化，是精英们的批判，而最后的结果好像没有反思出一个什么结果，感觉只是反感，缺少深入的内在反思。

陈鼓应：我看了一个电视片叫《中国史话》，它利用了很多新的出土的东西，大陆拍的。看完以后什么唐宋元明清、不同民族的人们几乎融合在一起了。几年前有几个华人科学家告诉我，他们做基因调查发现，华人的智商是最高的。

三

王　博：我对道家，一直很关心的是他的一种态度。比如《庄子》中说的"一问三不知"，或者说"四问四不知"，还有《老子》里面的"知不知，尚矣；不知知，病也"，这样的一种描述，这个描述里面提出的是什么呢？其实在整个世界面前表现出的比较谦逊的一种姿态，这种姿态客观上表现为诸如宽容、节制这些品德，也就是说我们有没有必要那样自信？《老子》里面讲一句话叫"自爱不自贵"。这句话我觉得讲得太好了，我们要自爱，但是不要自恋。道家一直有这样一种反省的精神，这种反省让他在处理任何关系的时候有一个基本的限度。

刘笑敢：我补充一点。道家承认"道"是最高的，但它不是一个绝对不变的。老子说有一个东西是世界的起源，但是我不知道它叫什么，你非让我给它起一个，我给它表字叫"道"，非要一个名字不过是个"大"。这个"道"和"大"都不是老子所认为的绝对真理的代表，它是什么其实老子说我不知道，这种态度造成了他不以绝对真理的代表的形象来说话。这点我觉得能补充你的说法。

王　博：我觉得这是道家精神里面很重要的一个，我也特别喜欢的一种。

陈鼓应：我再说几句话。对于道家精神，我特别欣赏它主张多角度看问题。在地面上是一种角度，飞到天空又是一种角度。同样一个东西，可以由不同的人、不同的方法去看待它、使用它。横看成岭侧成峰，远近高低各不同。

主持人：陈（鼓应）先生您还记得吗？1992年，您、王博、我，我们曾一起去西安开过一个道家哲学研讨会。那是我第一次参加道家方面的会。会上宣读了张岱年先生的贺信，贺信中指出老子开创了中国的本体论传统。这给我留下了很深的印象。今天我的问题是，在解释中西方共同面对的这个世界的时候，道文化给出了怎样的答案？

陈鼓应：从总体上看，道文化具有这几个重要的特点：第一，它强调次序与和谐。道家从宇宙的和谐讲到人间的和谐与心灵的和谐，用庄子的话说是"天和"、"人和"、"心和"。第二，道具有方法和法则的意义。老庄重视天地法则的认识，并用于建构人间的社会次序。在思想方法上，老子特别提出逆向的思维方式，并强调对反以及相反相乘的辩证思维，这辩证思维应用于人与人之间、国与国之间，蕴涵着广纳异说的包容性。第三，老庄的"道"常指宇宙发育流行的过程，老子说道体是恒动的，周行而不殆，道的生生不息的精神，不仅激发了个人孜孜不懈的意志，也成为整个民族在困患中求变通的动力。第四，老子说"进道若退"，他晓谕人们在强盛时保持谦逊的态度；在进取中保留退让的余地。《汉书·艺文志》讲老子"清虚自守，卑弱自持"，讲到这里，我总是不免想到美国在中东发起的一场新十字军东征，大军陷入伊拉克的泥泞沼泽里，可惜不懂得老子退一步留有无穷天地的哲理。最后，老子讲道乃是理解客观世界的法则，以及治世的方法。我个人最欣赏庄子为道在于提升主体的生命境界，如果借用老子为学为道的话，为学是着重探讨客观世界、外在世界；为道则提升人们的精神境界。

王　博：我想问刘老师一个问题，现在我们发现中国一个独特性的问题，中国现代学术一开始是依附性的建立，这个大家也很清楚了，但是依附了这么久之后，开始走上自立的阶段，实际上这个自立的问题就是变成可能是差异性的这样一个思考。中国和西方都有经典诠释传统，但是中国和西方之间是不同的。当然可能更进一步是问题的不同，有这样一种思考。但是这种思考这个自立我觉得可能要避免两种倾向，第一种倾向这个自立不是排斥的，这个自立不是说一定要把所有的西方东西全部清除。但是另外一点，也不是抵触，抵触是指我拿出几个什么东西来。

宇宙论，本体论，各种各样的任何东西，把材料往里套，实际上是一个框架先行的处理方式。

主持人：对，好多人都这样。

王　博：那么这时候有一个很重要的问题，就是说你的框架先行实际上是有意识地进入到某个对象，那么它不是一个对象优先的。中国传统的思想毕竟是有它的表达方式，有它关注的问题，它会有它的特殊性。但是这个特殊性不能被放大，比如说陈鼓应先生可以通过尼采去了解庄子，有人可以通过康德去思考儒家，那么实际上，当然不能把它看作是一个简单的比附，它是问题的碰撞。我们生活在世界上，有时候我们人要处理某些共同的问题。

很多问题可能是我们要共同去面对的，但是这个问题你不能把它转化成一个简单的比附。其实就道家来说，我一直觉得比较欣赏的，就是那种比较冷的精神。道德中心的思考会比较热，有时候是很狂热的。其实道家是对儒家的一个反省，就是说把儒家的道德从那么一个状态拉过来，比如说对爱的反省，像"鲁侯养鸟"的故事，那个故事如果我们展开一点看，那是爱的反省，我爱你，但是最后结果我爱死你了。我们人到底是作为一个类存在的，还是作为个体存在的那么一个东西，这是一个永恒的矛盾。我觉得无论是我们中国还是西方都会处理这样一个问题。但是关键在于你更强调哪一方面。

比如说我们如果面对人群的话，我会充分地意识到自己是作为一个类存在的，我需要协调和他人的关系，可是你要很清楚我还有自己，每个人都是一个个体。这样思考的话就会深刻得多。你会知道爱有时候会出问题。其实美国人有时候很幼稚，美国人觉得他在拯救世界，他觉得我是爱，萨达姆是暴君，我是拯救伊拉克人民，拯救他们于水深火热之中，但是这种方式会不会导致一个鲁侯养鸟的悲惨结果？其实我觉得重要的不是爱，而是有智慧的爱。有智慧的爱就是道家里面我特别欣赏的一种精神，就是宽容。

刘笑敢：你讲的宽容，我觉得用老子的话说就是"辅万物之自然"，这个万物就是一切生存个体，不管你爱我不爱我，不管你有道德没道德，不管你是哪一个族、哪一个类，我都是辅的态度，这跟庄子的"顺"还不一样，它是"辅"。既不是强制、干涉、控制、操纵、设计，也不是溺爱、过分保护、揠苗助长。这个"辅"字我觉得大有文章。它看起来有点冷，实际上高度负责任。

陈少明：就是这样一个责任，它实际上是有一种智慧的责任存在。

王 博：不让你有任何压力感。其实宽容这个词在《庄子·天下篇》里就是讲老子的。儒家是一个讲究仁爱的学派，但是有时候它会苛刻，对别人也苛刻，对自己也苛刻。

刘笑敢：这个道德有一个问题，就是检查你是不是合乎道德，往往变成了手电筒照别人。这个很可怕。

陈少明：从理论上讲，儒家讲恕，应该是讲宽容的。关于仁爱的性质需要有个辨析。所谓"爱人"，按孟子的理解，是对弱者受难者有一种恻隐之心。如果一个人很正常，你可以把他当陌生人，不必有过分的关怀。但如果他无辜受难，你就得表现爱心，这就是仁的表现。因此这种爱同信徒爱先知、"粉丝"爱偶像，或男女之爱是不一样的。前者是守护某种已有的价值，后者则是去获取增加新的价值。前一种爱肯定是道德的，后一种爱则不一定，当你不顾一切地想占有爱的对象时，有时可能会走到道德的反面。道家没有儒家强调的这种爱，但当庄子说"相濡以沫，不如相忘于江湖"时，他是有感于爱的过分强调，可能导致某些强加于人的感情存在。

王 博：但是儒家有这样一个问题，会变成一个推己及人式的。他有个前提，有个很强势的一个东西，然后从这个开始，主张东海南海、西海北海。其心同，其理同，你如果不认同这个东西，你就不是人。比较起来，道家是强调个体的，每个人之间可以不同。其实这个方面很重要，有没有一个真理，我们公认的一个真理性的东西，儒家说有。可是庄子说没有啊，因此儒家很重视教化，教化就是通过洗脑的方式达成一致，达成一致性的一个东西，让你们知道，你是有良心的，你如果没有良心你就不是人。

陈鼓应：我现在会对儒家有更多的认同，虽然我脑子跟心思是道家的，但是我呼吸的这个空气……比如说我的家庭，我爱我的子女、孙子、孙女。这个东西儒家的就多一些了……

刘笑敢：这个也不见得一定要归为儒家，人之常情不一定非要归为儒家。

陈鼓应：对，但是我觉得儒家很有道理的。唯一对儒家的一直死命地抓住不放进行批评，就是它对异端的排斥。就是这一点。其他方面我挺欣赏它的。

刘笑敢：我对儒家没有什么反感，但是从道家角度来讲，儒家有它的问题。刚才你说的我们都同意，细讲起来没有分别。如果你拿道家跟西方文化比，道有点像上帝，或者这个道有点像西方的形而上学；但是你如果考虑到上帝是有意志的，那这个道离上帝就更远，反而儒家离西方的基督教更近。儒家带来的这个问题，就是儒家人格容易把道德绝对化，而把自己当成一个道德天理的化身，认为自己代表的崇尚的学说是绝对真理，所以自己也带有绝对真理化身的特点，喜欢以这样的姿态和身份来说话。这个其实造成了社会的紧张。我觉得孔子的儒家是最有亲情、最有人情味道的，当然也有人反感他总是想当官……孔孟所讲的上下关系是相对的，但是孟子已经有一种道德化身的身份了，喜欢骂人了。

陈鼓应：对异端的攻击，而且孟子讲孝和绝对化。

刘笑敢：我不反对儒家的一个重要原因是，我觉得中华民族应该有自己的道德体系。每个人都有道德，但是我们的道德来源是什么？当然也可以是马克思主义，也可以是佛教，也可以是基督教，还有一个是道家，但可能还是归于儒家更容易为大多数的华人社会所接受。如果儒家是华人社会道德的一个主要来源的话，假如我们承认这一点，那么我们不能否认儒家文化的地位。但是儒家需要反思。我看有人写了一篇文章，一百多年来对儒家的批判已经够了,所以我们现在不必再批判了,我们只要来弘扬就够了。但是我觉得其实批判的归批判,弘扬的归弘扬,批判的人很少研究儒家,弘扬的人很少接受批评,这就是两张皮,没有从儒家内部来反省。我觉得从儒家内部反省的一个问题,就是道德、伦理教人怎么样去做人,这是不能靠强制的。说孝就是对的,你不孝就是错的,靠这个是不行的,这就逼出了假孝、伪孝,逼出假忠、假仁慈。道德要让它自然地发生内部变化,这个道德真正有利于社会和谐,你如果把道德变成一个绝对真理,那就受不了……

陈鼓应:儒家的伦理道家化一些,这样比较好。

刘笑敢:道法自然这个原则其实有利于缓解和防止儒家道德绝对化所带来的负面影响。

王 博:就是说你说这个东西是真的,还是假的,是发自内心,是天光还是人光,这是个很重要的问题。天光可以说是完全自然地流出来的东西,那人光就是做出来的,就是一个伪的东西,其实道家和儒家这方面一直都能够很好地相互配合。

刘笑敢:儒家也有类似的东西。"仁者安人",毫无做作或强制,这是最高境界;"智者利人",智者遵守道德,觉得对他有利;而"畏罪者强仁",是因为害怕,害怕别人骂他,才实行仁德。安与仁是最高境界,儒家已经意识到这个问题了。

陈鼓应:我刚才顺着我的再说几句话,因为我觉得人文思想、人文精神在中国特别地发达。老子跟孔子同一个时代;然后距离两百年左右,孟子跟庄子同一个时代。老子谈心,孔子谈心,可能就是五次,很少。但是到了孟庄,一百多次,接近两百次,大量的谈心。什么意思?心就是生命最重要的部分。那么这个心有两个作用,一个是心神,一个是心思。那就是说发展思想会均衡生命,所以到了孟庄的时候就是对生命的关切。不停的战乱,人命犹如草芥,在这样的情况下,思想家们关怀着人,关怀着生命,这是一个心的境界,以孟庄为代表的话,我觉得孟子着重是发扬的是道德的行为,庄子的心,一个是开放的心胸,另外一个就是审美的心境。

庄子对审美、对后来的艺术影响是非常大的;孟子还是道德方面的。所以中国文化不是只管一块,一谈到中国文化就是儒家,就是《论语》,其实它还有别的东西,像道家。

刘笑敢：不光是儒家，儒家内部也有各种各样的儒家，其实当前如果真的是要弘扬儒学、国学，我觉得要对儒学做分析，比如说孝的观念，我们也许不需要完全抛弃，但是这个孝在现代的内容是什么？我觉得是需要研究的，是不是尊敬父母、抚养父母？抚养父母是一个道德表现，还是一个社会义务？新加坡有一个立法，香港也说要立法，就是不养父母要立法惩处的。大陆也立法了。那么道德法律化以后，那还要不要道德，我只要不犯法就行了。我只要不到了让你来控告我的程度那就无所谓了，所以我觉得其实弘扬儒学我不反对，关键是如何弘扬？我觉得从学术上要做深入的研究，另外思想上要有一个反省的能力。第三你要研究儒学在现代社会怎么讲、怎么用，其实应该有一个改造，道家拿到现代社会也是需要改造，或者说需要一个新的解释。儒学也是这样。

主持人：关于差异性的讨论，今天是一个开始。接下去，以差异性为核心概念的讨论，还要在不同学科领域，围绕不同的问题展开。再次感谢四位来自道家研究的一线学者为读者发表了精彩的意见。

国学访谈

中西文学传统缘何不同

摘要发表：国学版（光明日报2009.3.2第12版）

西方传统的文学是什么人在写，他们言说的动机，他们的身份，和我们中国的传统有什么区别，从这个角度入手我觉得能够发现一些根本性的、深刻的东西。

纪晓岚在他的《四库全书总目提要》以及在他别的论著里面，经常提四个字，叫『文各有体』。

与西方戏剧强调结构的集中性和逼真地模仿现实不同，我国传统戏曲的时空处理相当灵活，只凭故事需要，三五分钟的表演就可以斗转星移。

中西方的文学毕竟是在各自独立自存的文化背景中形成的两大审美文化系统，它们在其功能上，有很大差别。

时间：2008年11月12日
地点：中南民族大学文学与新闻传播学院会议室

访谈嘉宾：
李春青（北京师范大学文学院教授）
陈文新（武汉大学文学院教授）
胡亚敏（华中师范大学文学院教授）
彭修银（中南民族大学文学院教授）

主持人：
赵　辉（中南民族大学文学院教授）
梁　枢（《光明日报》国学版主编）

主持人（梁枢）：非常高兴也非常荣幸跟各位聚在一起来做这次讨论。为了这次访谈，我们筹划了一个多月时间，今天终于落实了。希望大家畅言。下面我请赵辉兄来主持这场讨论。

一

主持人（赵辉）：说到中国文学与西方文学，我认为应该有很大的区别。这区别既表现在本质方面，也表现在形式方面。中国本没有西方"文学"这一概念，如果我们将中国诗、词、文、赋、小说、戏曲也强名之于"文学"的话，那么中国的文学应是一种"为用"的文学，或者说，是带有很强的应用性质的文学。当然，这不是说中国的文学完全不注意"美"，但是它更多的是为着"用"。

从生成形态来说，由于要实现这个"用"，所以它更多地表现出一种"限定时空的言说"。就是说中国文学言说有一个特定的言说场合，有着特定的言说主体和言说身份，有着特定的言说对象。在"限定时空言说"中，言说主体被言说场合和言说内容、言说关系多方面规定着。此时，他作为"个体"的身份已被言说场合和言说内容、言说关系暂时消解，而失去了作为"个体"言说的自由，不仅心灵和思维都被限定场合的言说内容、言说关系占据,而且即便是他有着万种其他方面的思绪,也不能在这特定的场合和言说关系所屏蔽而不能进入言说。另外,在这双重的规定下,不仅是言说什么被规定着,而且,其言说的方式也始终被规定着。如唐许敬宗《奉和守岁应制》,从这首诗的诗题可以看出这是许敬宗在皇宫除夕奉和皇帝之作而作的一首应制诗。言说者的身份为臣子,而特定的对象为君主,是君臣关系的言说。从文本看,和其他奉和应制诗一样,内容是歌功颂德,辞采华美。而从许敬宗其他的诗作看,风格则和他的那些奉和应制诗大不相同。如他的《拟江令于长安归扬州九日赋》:"本逐征鸿去,还随落叶来。菊花应未满,请待诗人开。"不仅不见歌颂之辞,也绝少他应制诗的华艳。许氏这两篇作品风格决然不同,显然是因为《奉和守岁应制》受宫廷这一言说场合、自己臣子的身份和帝王这一特定言说关系的规定。作为臣子的他在除夕这一特定时空,面对君主的兴致,只能以华丽的歌颂去博取帝王的欢愉,而不可能去陈述政治的黑暗,或像《拟江令于长安归扬州九日赋》那样去抒写别离的朋友之情。

从文体方面来说,诸如史、论、策对、章表、奏议等等这些应用文体不必说,它们原本就是实用的文体,或叫应用文体。就是诗、赋,甚至是戏曲和小说,也带有较强的实用的性质。比如汉代的大赋,还有那些赠、和、问、答应酬诗或者说"交际诗",都有一个比较明确的、直接的现实目的。从主流的文学观念方面说,诗、文在中国古代总是更多地被当作一个政治的工具。从先秦的乐论、诗论,到元、明、清的一些文论、诗论,更多地强调的是教化的作用。从主体方面来说,其价值取向更多的是指向一种当下的直接目的,或为着仕途,或用于人际之间的沟通。我认为这是中国文学一个最本质的特征。西方文学应该说更多的是为"美",当然西方也强调"用",但西方近代以来总是强调文学的审美价值。

下面请各位就中国和西方文学的差异这一问题发表高见。

李春青:说到中国传统文学的特点,根据我个人的思考,赵辉教授这个"时空限定"概括了某个方面的特点,是有道理的。

中国古代文学的发展,如果说跟西方相对而言的话,我们就从"用"说起。赵辉教授说的这个"用",确实从西周开始一直到当下,中国文学始终贯穿着一种为社会功用的或者说社会功利主义的价值取向。这种价值取向在儒家产生之前就有了。但西方的文学当然也有它的功用,从古希腊的史诗、悲剧、抒情诗，一直到文艺复兴以后，到当代，到现代派，都有它的社会功用。从功用的角度来说，文学本来就是从社会中产生的，又反过来对社会有一定的影响，这都有功用。从创作动机的角度来讲，文学作为一种言说，都要达到某种目的。这之间的区别在哪里呢？

中国古代文学的功用，从它产生之日起，始终同中国的主流政治有非常密切的关系。《诗经》中的作品是西周，或者东周、春秋中叶以前产生的。西周时，诗歌成为非常重要的一种文化形式。这种文化形式被主流意识形态所涵盖，成了国家政治的一个组成部分。周公"制礼作乐"，"礼乐"文化当中包含的重要的一项内容就是"诗"。诗歌在那个时候，直接服务于贵族等级制，它就是贵族等级制意识形态的一部分。所以说它跟政治没有距离，它直接就是政治。清人说汉儒说诗，不出"美"、"刺"二端，现代以来有很多学者，特别是顾颉刚先生、钱玄同先生等，他们用现代的文学观念去考察《诗经》，觉得像汉儒说的那样，《诗经》作品完全是为政治服务的，或者"刺"某公、"刺"某王，或者不是"美"就是"颂"，是胡说八道。他们不满意这种说法、批判这种说法，但实际上从历史的角度来说，汉儒并不是胡说八道，汉儒是真的指出来了诗在某个特定的历史时期曾经有过的功能，这不是汉儒自己凭空想象的，那个时候诗就是干这个的，它就是政治的一部分，就是国家意识形态的体现。

而在古希腊就不是这样的。古希腊的神话和史诗，是从上古一点一点积累下来的，积累了很多年，开始是以口头的形式在民间流传。包括悲剧，当时虽然有很隆重的组织形式，但是它也没有被直接纳入到国家的政治系统中。它有它的政治功能，那是毫无疑问的，可是它不是国家的政治行为。而中国三千年前，就奠定了这种国家统合文学艺术的传统。后来这种传统经过了儒家的改造、吸收，尽管儒家是属于民间的知识阶层，不属于官方了，但是它的言说完全继承了西周的这个传统。儒家试图把诗啊、乐啊等等上升为国家的言说，试图恢复到国家言说的层面。从价值立场上看，还是要使它承载国家意识形态的功能。因此孔子、孟子、荀子的诗论都是工具主义的，都是为了改变当时的社会现实。他们试图从改造人开始，让他从一般的人变成君子，变成贤人，甚至变成圣人，然后使国家、使整个社会从无序恢复到有序。诗歌和音乐被当作改造人的手段。这就形成了工具主义传统。这种传统从先秦形成以后，从西周的"王官之学"到作为"诸子之一"的儒家之学,然后再到恢复到国家意识形态地位的汉代经学,是一以贯之的。即使到了后来文人阶层的形成,这一传统还是保持着它的影响,比如说白居易啊、韩愈啊,到宋儒啊,一直到明清,这种文学观念一直是居于主导地位的。

  但是问题还有另一面,我这说的只是一个方面,刚才从赵辉教授提到的"用"的角度来说,这是我们中国的特色,跟西方是不一样的。西方历代有"用",它的"用"主要表现为对社会进行一种言说,基本上是站在民间的立场上,也许就是像赵辉说的"无时空"的或者说"无限时空"的。它是站在民间的立场上对社会进行言说,至少从文艺复兴之后我们看得很清楚,文学艺术的言说者不是国家的统治阶层,而是属于民间的新兴的资产阶级知识分子。它们基本上是对这个社会的某种现象发表一种意见,比如现实主义,它要批评一些东西;像浪漫主义,例如雨果,他很清楚自己的立场,对腐朽的贵族阶级进行揭露和批判,他都有他的一种言说指向。但这种言说指向和国家的政治是游离的、相对独立的,不是糅合在一起的。而我们无论是古代,是先秦儒家,还是到了宋明以后,他们的言说根本上都是为既定的社会秩序服务,只是认为既定的社会秩序有点问题,需要调整,让它更合理,实际上是起到了一种与统治者共谋的作用,基本上没见过从根本上否定现存制度的东西。当然像陶渊明的《桃花源记》或许有点这样的意思,它是一种乌托邦,对现实秩序有点儿否定的、不合作的意味,但是这是极其个别的。

  但除了这个工具主义的传统以外,中国还有一种传统。这是以老庄的精神为依托的,我们可以姑且叫它是一种审美主义文学观。这种传统不讲对社会的服务,但是它也不讲对社会的否定,它讲对个人精神的一种涵养、一种提升。在魏晋以后才真正形成这样一个文学传统。当时中国的文人阶层正在成熟。文人阶层跟士大夫阶层不完全一样,士大夫就是通过读书而做官的那些人,而文人阶层不管做官不做官,另外形成了一套"趣味"的评价系统。这种文人阶层的形成和魏晋六朝清谈的社会风气、玄学风气有直接的关系。在清谈的过程中,尽管开始是少数人,是上层的士族名士,但后来逐渐影响到整个知识阶层,它形成了对人、对物、对自然,对诗、词、歌、赋的一套独特的评价系统,就像布尔迪厄讲的那个"场域",它形成了一个场域,在场域里它要有文化资本,然后形成一套独特的评价系统。这套评价系统形成以后，就不再是工具主义的，也不能直接说它就是老庄的哲学精神。它演变成一种文人趣味，什么"气韵生动"啊，什么"滋味"啊，什么"风骨"啊，看人、看物、看自然山水、看文学艺术作品，都有一套独特的趣味性的标准。这个标准一旦形成，对中国古代文学的发展，形成了非常大的影响，后来的读书人大都浸淫在这里头，所以工具主义那种讲功用的文学观是一个主流，但同时与它相辅相成的，或者说并行而不悖的，就是这么一种趣味系统。

所以，我认为，中西方古代文学都是讲审美的，但中国古代这种趣味系统，跟西方是不一样的。因为西方没有中国古代文人阶层这样一种社会阶层，它的知识分子，在中世纪主要是教士，以教士为代表，到文艺复兴以后是一些启蒙主义者、人文主义者，或者是一些贵族知识分子，他们的那种价值观、价值取向，和我们的文人阶层是很不一样的。由于在中国古代，即使从六朝算起，也有1500多年了，这个文人阶层一直存在，而且到宋明之后越来越庞大，在这个阶层里面孕育、滋生、陶冶，形成的这一套趣味非常之细微、非常之繁复、非常之精妙，在某种意义上是世界上任何一个民族的文化都难以比拟的。它形成的这种审美的追求，可以说非常精微。文人阶层力求把自己的生活打造成一种艺术化的生活，所以他们在生活的方方面面，不仅是在吟诗作赋的时候，写一封家书，写一封奏章，不管写什么，他都要用审美的标准来要求自己，所以，只要落实到文字，中国古代文人阶层弄出来的东西就都是审美的，都是具有文学性的。所以赵辉教授已经讲得很清楚，我们中国古代的文学，跟西方的什么戏剧啊、小说啊、诗词啊，是不一样的。中国"文"这个概念到章太炎先生那还坚持传统意义上的"文"，这个"文"是个大概念。六朝的时候讲"有韵为文，无韵为笔"，实际上，要是真正从审美的角度来说，无韵的也是文学，也是一种审美的东西。其实不仅是落实到文字上，文人们的言谈举止、衣着、服饰、居家打扮，一切一切都是审美的，所以这个阶层是非常有意思的。而我们中国现代以来，这个阶层的这种趣味渐渐就只有少数人继承了，没有落实成老百姓的一种趣味。所以有时候我讲，启功先生去世了，中国最后一个文人就没有了。当然小文人也还有，但是成就卓著的，有很好的修养的，像传统的那种的，已经很少了，这种东西我觉得是中国文学一个很突出的特点。对这种文人趣味如果从政治批评的角度，或意识形态批评的角度来讲，我们可以解构它，就是说这种东西不是自然而然的而是被打造出来的，有着深层的政治性。文人阶层为什么要打造这样一个东西呢？跟他这个身份有关系。中国古代社会的文人不是统治者，但是他向往统治者，又不愿跟一般的社会大众混为一谈，也不愿意跟那些功臣们、外戚们，那些执政者们混为一谈，他要确定自己的一种独立的社会地位、一种价值，所以他们就只能在这个"文"上下工夫。于是"雅"就成了他们的一种核心价值追求，把一切都打造成"雅"的。"雅"跟谁区别呢？跟老百姓区别，因为老百姓是俗的；跟那些手握军政大权的人物相区别。这种趣味在六朝的时候表现得最明显。六朝那些世家文人看不起权臣，甚至君主，那些权臣、君主们反而要屈就他们，要模仿他们，像宋武帝刘裕也得学书法，也得假装会写诗，他就是为了迎合他们的趣味。文人们用这种趣味来印证，或者说来确证自己的社会地位，也就是社会价值观念创立者与维护者的地位，用我们现在的话来说就是立法者。他为社会立法，他说我不能统治这个社会，我不是帝王，我没有这种现实的政治权利，但是我有话语权，我要为社会立法，即使帝王也得听我的，也得按我制定的价值规则做事。因为你要读书、要认字，你从认字开始就得受我的控制，我就要改造你，我把你改造成我想要的那个帝王。当然有的时候帝王能够突破他们这种网络，他干一些文人们不想他干的事，这就是属于大逆不道的，是说无道昏君，一般的帝王都要受他们的控制，这种东西造成了中国文学一个很复杂的特点，就是说追求精微，追求雅致，追求微妙、玄妙。一首诗、一幅画，我们现在看来和别人的也差不多啊，咦，在他们看来那差别就大了，甚至一个天上一个地下。什么一个字、一个韵啊，运笔啊，构图啊，甚至墨色啊，在细微之处他都能给你分出好坏来，这里头就是妙道毫颠的一种趣味。这跟中国古代文人长期主导中国传统文化的身份有关系。所以说，我觉得研究中国古代文学与西方文学的差异，这个言说者的身份是很重要的一个视角，就是说西方传统的文学是什么人在写，他们言说的动机，他们的身份，和我们中国的传统有什么区别，从这个角度入手我觉得能够发现一些根本性的、深刻的东西。好，我就先说这么多吧。

主持人（赵辉）：中国自六朝在老庄影响下形成了重趣味的传统，但我觉得趣味传统下的后来的文学，有一些确实完全脱离了"致用"，但也有很大一部分仍然没有脱离"致用"。比如说，六朝的骈文都很精致，但骈文有重趣味的，也有诸如那些应用性文章。六朝以来的诗，也有重趣味的，但也有为着"致用"的。比如孟浩然《临洞庭湖赠张丞相》，写的就只是请张九龄推荐自己做官；白居易的《问刘十九》："绿蚁新醅酒，红泥小火炉。晚来天欲雪，能饮一杯无。"就是一个请柬。大多数应酬诗，也都为着作者和独特的言说对象的情感沟通，尤其是那些酬答诗，都不是主体的主动行为，而只是为着礼尚往来，是一种被动的写作。这种情况在唐宋以来的诗词中占有很大的比重。我认为这些诗也是为"用"的，只不过不是为政治之用，而是主体生活的一部分，是他们生活的一种工具。李先生如何看待这些现象？

李春青：是的，这种文人趣味形成之后并没有取代早已形成的功用主义文学观，而是或者与之并行不悖，或者交融在一起。但总体言之，这种以"趣味"为核心的文学观对于功用主义文学观还是具有某种程度的消解作用的。

陈文新：今天的访谈，我觉得很有意思。最近一段时间，实际上有一种学术潮流，就是反对概括，对所有的概括都持否定态度。前些年余英时先生在一篇文章里面明确地说到这样一个意思，他说所有的关于中西本质差异的说法都是不能成立的，只有程度的差别，没有本质的差别。现在中国大陆的一些学者，习惯于用一个术语，叫"本质主义"，他们认为所有的概括都是难以成立的。这个说法有一定的理由，就是他们总能找到例外。你说中国文学是工具主义的，他总能在中国文学中找到非工具主义的例子。

胡亚敏：他们就说一句话，就是天鹅是白的，这是一个定义，突然飞来一只黑天鹅。

陈文新：是的，胡先生。他总能找到一些个别的例子来否定已有的概括，而且这种事实不是编造的。但是他们忘记了一点：我们讨论学术的基本平台是概括。没有概括，其他的所有讨论就没有展开的前提，例外也是概括基础上的例外。

中西文学究竟有哪些非常明显的不同？如果我们不用"本质不同"这个词的话，也可以说中西文学存在重要差异。将文体与身份连在一起的确是中国文学的一个重要特征。中国古代的文体是有明确的社会分工的。这种明确的文体分工在西方不是那么明显，而在中国古代却相当明显。这可以从中国古代的一些经典话语得到印证。纪晓岚在他的《四库全书总目提要》里面以及在他的别的论著里面，经常提四个字，叫"文各有体"。这个"体"，一般理解成文体，实际上有身份的意思在里面。就是说你写不同的文章，要注意它的不同身份，要根据它的身份，采取相应的写作方式，不能够用同一方式写不同的文体；如果是那样的话，你的文章就会出问题。所以我们观察中国古代的文学，可以发现几个有趣的现象。我举两个例子：第一个例子是：某些题材，一些文体可以写，而另一些文体就不能够写，它有一个限定，也就是赵辉兄说的那个"限定"。比方说景物描写。景物描写我们可以在诗、赋、小品文里面看到，在词里面也可以看到，但是在有一种文体里我们是永远也看不到的，那就是正史。不仅《史记》没有景物描写，一直到清人写的《明史》、近人写的《清史稿》，也没有景物描写。作为正史，它有一种限定，你不能够描写景物。为什么呢，因为正史是代表一个文化阶层面对社会写作，它不面对自然写作。你如果面对自然写作，你就超出了你这个身份的范围。我们还可以看另外一种题材，恋爱题材。恋爱题材在西方，大概是一般的体裁都可以写的，但是中国古代有几种文体是不能够写恋爱的。赋可以写，像宋玉的《高唐赋》。词、戏曲、传奇小说、白话小说也都可以写，但历史著作是不能写的。历史著作如果写到了男女之间的关系，一定是因为政治的需要；它绝不会写男女之间因为恋爱本身的事情而产生的生活片段。还有一种文体，也是不能写的，那就是诗，我这里说的诗把民歌排除在外，比方说《诗经》的《国风》、乐府、南北朝以及后世的民歌，我都把它排除在外。这里说的诗是指"三曹"、"七子"以后，文人们所写的那种诗。不是说中国古代的文人诗没有写到恋爱，实际上是有的，宫体诗也写，李商隐的无题诗也写，包括明代的王次回、袁宏道，清代的袁枚也写。但是写了之后没有一个不挨批的，挨批的理由是什么呢？其实不是因为他们写得不好，恰好相反，有几个写得相当好，尤其是明代的王次回。有几位清人强调，正因为王次回写得好，所以更不能让他的诗存在，因为他违反了一个禁例，诗怎么能写这个东西呢？我们看中国古代排诗人的座次，像李白、杜甫这样的诗人，尤其是杜甫这样的诗人，永远被排在最高的位置上，理由之一当然是他表达得好。但是还有另外一个更重要的原因，就是他主要面对社会写作，他有社会责任感，这就很符合诗的身份。像王维、孟浩然这样的诗人呢，其实在艺术表达上绝不逊色于杜甫，尤其是王维，每一种诗体他都写得好。但是王维总是被排在杜甫之后，就是因为他主要面对自然来写作。像那种面对个人的爱情来写作的诗人，在中国古代被认为不能入流。李商隐是一个例外，但是这个例外也是做了处理的，他的无题诗经常被阐释为是有寄托的诗，也就是说他表面上写的是恋爱，实际上是与政治、与社会有关系的。这是换了一个方式强调诗不能写恋爱。但这并不是说两性之间的感情就不能写，你可以写，但是要放到其他的文体里来写，比方说你可以放到赋里、词里、戏曲里、小说里面来写。所以《西厢记》写爱情，别人不说它犯错误，因为它可以写。《红楼梦》写了爱情，也可以。诗不能写，因为它有身份的限制。

与这样一个现象相映成趣的是，中国古代的同一个作家，他在写不同文体的时候，对自己有一个限制，就是某一种内容放在这种文体里面写，而另外一些内容就不放在这种文体里面写。比较典型的像陶渊明。陶渊明的诗主要是山水田园诗，我们读他的诗，印象中就是一个隐逸诗人。但是如果我们读他的《闲情赋》，就会发现他感情非常丰富。他写他喜欢一个女孩子，希望是那个女孩子身上的腰带，牢系在她的身上，希望做她的扇子，她老拿在手上。我们注意到，陶渊明的这种感情从来没有在他的诗里面表达过，也从来没有在他的散文里面表达过，他只在他的赋里面表达。类似的情况在宋代更加明显。读欧阳修的散文，我们觉得他是一个严正的士大夫。读他的诗呢，我们觉得他比较闲适。可是读他的词，就觉得他感情丰富。在文体的使用上，有严格的限定。这告诉我们，中国古代的文体确实是有它身份上的讲究的。

这种严格的文体限制，在西方我想没有这样明显。它可能也有一些限定，但是绝不会像我们这样明显，而中国的这种文体限制已经形成惯例，就是纪晓岚说的"文各有体，得体为佳"，你写得好不好，首先看你能不能把握住它的身份；你把握住了身份，再看你表达得好不好。有些学者经常谈一种现象，就是"破体"。所谓"破体"，意思是，你说诗不能够写恋爱，我偏要写，你说历史著作不能够写山水风景，我偏要写给你看看。这种"破体"当然也可以作为例外来反驳我的观点，但是事实上，"破体"也是建立在"得体"的基础上的，没有"得体"就没有"破体"。如果没有前面那个前提，后面的那个例外就无从说起。我想，中国古代那个"得体"的限定，的确是我们非常重要的一个传统。这跟赵辉兄那个"限定时空言说"有一些相通的地方，但是不完全一样。赵辉兄主要指向政治性的言说，而"得体"也可以有非政治性的言说，只是这些言说不能放到某些文体里面。

胡亚敏：我想说的是，从事中西文学比较研究，要特别注意到对象的历史具体性，要划界，把问题限定在特定范围内，并且要对一定历史阶段中的各种因素做综合研究，包括对作品产生的文化传统、社会背景、时代心理和作者个人心理等因素综合起来加以考虑。中西文学在长期的发展过程中，各自的确形成了鲜明的特色。我在研究叙事文类时，就发现西方长篇小说很早就有第一人称小说，但在中国白话长篇小说中，绝少采用第一人称，晚清吴沃尧的《二十年目睹之怪现状》也许是比较早的一部。

陈文新：《游仙窟》就是。

胡亚敏：那个是，我主要讲的是中国白话长篇小说。将中西古典长篇小说加以对照，就会发现两者的区别是很多的，不仅在叙述人称上，也包括情节结构、语言风格等方面。特别是在心理描写上中西古典长篇小说的差异非常明显，为什么会这样？就需要考察中国古典小说产生的历史语境。因为中国古典小说是直接从"说书"这种口头文学的样式发展过来的，冗长的心理描写容易使说书场的空气沉闷。加上中国古典小说大都采用第三人称，叙述者往往以一种居高临下的姿态评说人物，这种叙述方式也限制了对人物内在思想的探究。若深入下去，就会涉及中国封建社会对人的思想的禁锢等等。又如，中国戏曲与西方戏剧一比较，马上就看出迥异的风格来。除了中国的写意传统外，中西时空观上的差异是一个重要原因。与西方戏剧强调结构的集中性和逼真地模仿现实不同，我国传统戏曲的时空处理相当灵活，只凭故事需要，三五分钟的表演就可以斗转星移。剧情的地点也是景随情变，境随人迁，一声将令，瞬间舞台就成了战场，而小姐一出场，马上又成了闺房。

中西传统文学具有不同的体系，这是不言而喻的，但我们为什么总对中西文学的平行研究心存疑虑呢，我想这主要源于中西文化传统中内在的多维性和异质性问题。过去我们谈的主要是自亚里士多德以来的西方，实际上西方还有一份希伯来—基督教文化的遗产,而这是两种特质很不相同的文化。在当代西方,除了地域的差异外,政治立场上有保守的、自由的、激进的,哲学上欧陆的思辨哲学也有别于英美的经验哲学。詹姆逊虽然是美国人,但他追随法德传统,所以他说"他的精神在别处"。就中国传统文化而言,从政治层面看,儒家思想是正宗;但如果从文学层面看,则是儒道释的融合,而处江湖之远的文人也许与老庄更近。因此,从事中西文学比较须充分考虑到研究对象的复杂性。

我还想补充的是,中国和西方还是有很多相通之处的。陈文新先生刚才讲到陶渊明诗中的那些比喻,我想到莎士比亚也有类似的比喻,他诗中的男子就嫉妒钢琴的琴键,因为琴键可以接触情人的手指,罗密欧也希望自己变成朱丽叶的手套。这就是钱钟书先生所说的共同的"文心",而这种文心正是特殊性中所蕴涵的普遍性,这也就是中西文学比较的前提。

主持人(赵辉):胡亚敏先生,在西方,有没有像中国这样将应用文体也纳入"文学"范畴的?西方近代以来强调文学的审美性为主流,是不是说西方在古代也是强调"致用",而只是到近代为提高文学的地位才强调文学的审美性?或者说强调审美性只是西方的理论家?

胡亚敏:在西方,现代的纯文学观念是晚近才出现的,文学作为审美的、想象的作品的观念只不过是最近两百年左右的事,甚至在19世纪阿诺德那里,文学还是包括著述的。今天"文学"的概念仍在不断发生变化,我个人认为最好把文学看作一个流动的活动过程,若固守纯文学的概念,也许我们的文学研究就会受到很大的限制,我们这些人就只好去研究20世纪中叶以前的东西。

关于文学作品的功用,中国的确强调崇尚实用,但不等于说西方就不重视文学作品的功用。其实,西方是很强调作品的认识功能的,也包括教育功能,这两种功能都具有一定社会意义。且不说柏拉图,就是19世纪的一些作家如巴尔扎克声称他写作的目的是当法国社会的"书记",雨果在作品中呼吁人道主义,这难道不是一种功能吗?康德虽然提倡"无功利的合目的性",但毕竟最终还是要求合目的性。

彭修银:关于"致用"和"审美"的问题,无论在西方,还是在中国,它们之间一直是一种游离的关系,既有致用的,也有审美的,只是在某一时期,或某一种文体它们各自有所侧重,而不是偏废。也就是说,中西方文学从总体上来看，不会存在一种是纯致用的，也不存在一种纯审美的。但中西方的文学必定是在各自独立自存的文化背景中形成的两大审美文化系统，它们在其功能上，是有很大的差别的。从中国传统学术的发展历史来看，"美"或"审美"从来就不是一个独立的学术概念，其审美的价值一直是被遮蔽的。就像王国维所讲的："我中国非美术之国也！""美术之无独立之价值也久矣，此无怪历代诗人多托于忠君爱国劝善惩恶之意以自解免，纯粹美术上之著述往往受世之迫害，而无人昭雪者也。此亦我国哲学、美术不发达之原因也。"严复也曾说过类似的话。严复说："吾国有最乏而讲求者，然犹未暇讲求者，则美术是也。夫美术者何？凡可以娱官神耳目，而所接在感情，不必关于理者是已。其在文也，为词赋；其在听也，为乐，为歌诗；其在目也，为图画，为雕塑，为宫室——美术者，统乎乐之属者也。"

二

主持人（赵辉）： 下面我们集中谈谈中西文学形成的不同的原因。

李春青： 这个原因太复杂了。古希腊神话为什么跟中国古代神话不一样，那原因就太复杂了。简单地说，从古希腊开始西方人就形成了一种追问真相的冲动，这种冲动对包括文学在内的整个西方思想文化都具有重大影响。我们知道，古希腊哲学主要是一种本体论哲学，这种本体论哲学是要搞清楚这个世界是怎么回事。在希腊人看来，人们看到的东西的背后总有一个决定者，而这种决定者呢，古希腊的哲学家列出了很多，如水、火、数、原子之类。到了柏拉图他设定了一个精神实体——"理念"，"理念"的世界是最真实的、最根本的，其他我们看到的都是理念的表象，这就成为了一种看待世界的思维模式。亚里士多德对它当然有修改也有发展，但是这种模式还是一以贯之的，就是说在我们在看到的东西背后更有一个根本的根源，这种思维模式形成之后对西方文学的影响就是形成了所谓现实主义的传统。这个传统总体上是想要文学去解释世界、揭露真相，去追问一个我们看见的东西的背后的更真实的东西。这一思维模式影响了西方的文学叙事。

这种思维模式，我们中国没有，我们中国古人压根儿就不去追问什么世界的真相，我们都是去把这个世界和人本身联系在一起来看，凡是跟人有关系的，是人置身其中的，他就觉得有兴趣，就愿意去思考；与个人没关系的、纯客观的东西，中国古人没有兴趣去追问。所以中国人的宇宙论是包括人在内的，宇宙的生命和人的个体生命是一个统一体，人的个体生命通过努力去和宇宙的生命结合起来，促进宇宙生命的展开，这是中国人关心的。我们中国古人没有那种二元对立的思维模式，没有那种对于纯客体的追问的兴趣，所以我们古代的文学始终都是或者功用，就是你说的，要有它的功利目的，有政治目的；或者有个体的精神上的追求、趣味啊，个体的自由啊，个体心灵的满足啊，等等。中国古人不关心纯客观的东西，社会的本质是什么啊，不追问这些。我觉得要追问原因的话，那么中西方不同的思维模式，或者说对世界不同的看法，这个应该是一个原因，至少是两千年里面很重要的原因。

胡亚敏：如果要说中国跟西方的不同有什么原因，我觉得还是对于哲学观念，就是人和自然的关系的认识不同，这是一个很重要的方面。我觉得西方始终抱着古希腊的这种科学观，它的世界是可以认识的，而且认识的过程是从感性到理性的过程，而且他们认识的结果按照亚里士多德的话说是可以言说的，可以用一个概念表达出来。但是中国古人对事物的认识、对世界的认识是靠心领神会，"此中有真意，欲辨已忘言。"就是说，它是一种拥抱，是对外物的俯察，是用整个身心去体验的，所以我觉得中国讲理，讲的是情理，是把情放在前面。在人和自然的关系上我觉得还是有区别的。再一个我觉得中国的艺术传统，从"诗言志"开始，"志"就是一个人的心，所以我就是说人和自然的关系这个艺术传统。为什么我们小说啊、戏剧啊，不像西方写得那么细微？尤其是环境描写。为什么西方的叙述文学那么发达？我个人觉得就是因为我们中国古代的是诗歌造成了一种写意体系，这个好像应该从《周易》开始吧，神与物游，风从火出，人在山中，由一个实体去想象一个虚体，它是那样一种艺术传统，是写意的艺术。当然这个说法是很绝对的啦，尽管我们小说和戏剧应该是属于写实的，应该是模仿的东西，尽管是这样，可它还是有些虚化的东西。所以我觉得这个是跟整个文人的艺术传统联系在一起的。西方就是讲模仿、认知、认识，它是整个这样一个过程，跟中国的那样一种物我不同，中国的物我不是分得很清楚。

彭修银：从审美发生学的角度来讲，"审美"与"致用"在中西方的不同。在古代无论是中国，还是西方，都经历过从生理的快感发展到审美的精神享受。但中西在这个方面是不同的。古代西方艺术家和美学思想家很注重发现审美对象的超验性品格，而且将这个超验的品格与上帝联系起来。中国古代艺术家和美学思想家很注重于发现审美对象的经验功能，这个经验功能不是别的，而是人伦色彩非常浓重，与道德直接相连。一个是神学的附属品，一个伦理学的附属品；一个为审美宗教化，一个为审美伦理化。另外，在审美活动中，古代西方注重审美活动中"美"与"真"的联系与相似性，把以艺术为核心的审美活动看成是追求真理；古代中国注重审美活动中"美"与"善"的关联与相似性，所以把以艺术为核心的审美活动看成是某种传播教化的功利行为。

从中西方艺术理论家对"什么是文学"的追问方式来谈。一般来讲，西方的追问方式是"文学是什么"决定"文学做什么"，中国追问方式往往是从"文学做什么"来回答"文学是什么"。这就说，一个是从文学的本体内容来考虑，一个是从文学的功能结构来考察。西方的是以文学的本体内容来决定文学的功能结构。文学是什么，来决定文学是做什么。而中国一般用文学做什么，来解释文学是什么。赵教授的"限定时空言说"其实就是文学做什么来考察文学是什么。

主持人（赵辉）：说到中西文学差异的原因，要从中国文学的源头谈。一种文体言说的惯例，或者说言说的体式的确立，都有一个传统。中国文学的原点在哪里？我们有很多的东西能够追溯到原始宗教那里去。但是任何一种文体，它的言说的体式和惯例都是在西周或者春秋这个时代确立的。我们的词也好，诗也好，论、赋也好，都是在这样一个礼乐政坛言说氛围中形成的。这就决定了那些文体是因为政治，而不是因为人们表达情感而产生，它适用于政治的各种场合。后来我们的文体在发展的过程之中，虽然也有我们所说的一些破体、一些变异，但是它的变异不足以改变它原有的那种主要的基因。这一点是我们必须注意的。

有些人说，诗源于原始社会的民谣民歌，但实际上歌和诗有本质的区别。诗产生于先秦的政坛。赋产生于神坛的人神关系的言说，最早指贡献给朝廷的祭神物品。由于祭祀不仅仅要将这些物品，即贡献给神灵的"赋"铺排陈列，而且也必须由祭祀的主持者将这些陈列的物品之"赋"

用话语向神灵一一列举，于是有了赋这一文体。诗为在"寺"之言，就是"言"字旁加一个"寺"。那么"寺"是什么，"寺"最早是指神坛，然后发展成为"明堂"，明堂是集居住、行政和宗教于一体的周天子的宫殿这么一个场所。后来"寺"发展成为官府的名称，如卫尉寺、侍中寺、黄门北寺。最初《说文》里面解释这个"寺"为"有法度者"。为什么叫"法度者"？就是因为它是政坛用来发布法令的。可见，诗最早是政坛用于政治的产物，或者用以向君主进谏的用于政治的工具。先秦的文坛实际上隐含于政坛和神坛之中。先秦的神坛就有很强的政治性，是由统治阶级把持的，而政坛更不用说了。所以说，先秦两汉的文体都产生于政坛这一"限定时空"，它们都有着着特定的言说场合和言说对象，主体的身份也是完全限定的。

胡亚敏：那乐府诗呢？

主持人（赵辉）：乐府诗也是从这里发展而来的，为什么叫乐府诗呢？乐府实际上是官府设定的一个机构。这一机构的设立，是先秦采诗、献诗以观民风而用于政治的继续。先秦已形成了中国文学的传统，先秦政坛的言说形成了中国文体的重要的功能。它表现什么，写什么，这个传统已经形成了。

从主体方面说，中国的文化是一种伦理的文化，这个伦理包括一种政治伦理、社会伦理和家庭伦理。礼乐文化是中国文化的主流的形态，这个东西从先秦一直到元明清都是非常强调的，礼乐它规定的是一种等级伦理秩序，中国的这些主体始终处于伦理的规定之中。而且绝大多数文学的主体都有一种政治的身份、官员的身份，他们要、也非常愿意以这种身份来言说。所以说中国的主体与西方的主体不一样，西方的主体就是"纯粹"的文人，他们大多不是政治官员，没有身份和伦理关系的制约，相对来说，他们是一个比自由的文学主体。中国的主体始终是一个被规定的主体，是被政治伦理和社会伦理规定的主体，所以中国的诗、文也大多始终离不开政治和人际关系的沟通。

此外，还有非常重要的一点，就是文人要实现他们的最高价值选择，则"文"必须能致用。士大夫是文化的传承者，能"文"是他们的特长。他们要进入仕途，并保持士大夫阶层在政治中的优越地位，靠的是能"文"。政治不需要"美"。如果"文"于政治无用，那就会被政治边缘化,而一旦"文"被政治边缘化,只能"文"的士大夫也就面临被政治边缘化的危险,而无法实现仕途的价值选择。"文"能致用,和政治发生紧密联系,能文的文人才能活跃于政坛。所以,政治需要"文"致用,把持"文"的文人也需要"文"的致用。这两个方面的需要结合在一起,形成中国"文"重"用"的传统。这就是中国为什么以诗文为主流文学的原因。而西方的文人并不以做官为最高的价值选择,文人做官也不是凭借能"文"。所以,西方的文学与政治、与实用相对疏远。

陈文新：我想,中西文学之间存在重要差异,一定有其复杂原因。我的一个可能不正确的印象是：中西之间的文体类型,相互之间不能重合的地方甚多；而对社会、自然和个人感情的态度,也有一些微妙的差异。有时候,一件小事就可以导致重要的后果,这些微妙的差异是我们必须予以重视的。

三

主持人（赵辉）：刚才各位谈了中西文学的差异及形成原因。讲差异不是说中西文学没有相同的地方,但相同是相对的,差异是绝对的。我们谈中西文学的差异,就是要明确中国文学的特性。近些年来我总有一种感觉,中国文学的研究很多时候是一种西方文学理论的诠释。中国古代将诗、词、文、赋、小说、戏曲都称为"文",或"文章"。上个世纪初,西方的"文学"概念引入中国以后,人们开始以西方的"文学"观念来诠释中国的诗、词、歌、赋、小说和戏曲等。在大家的观念里,中国的诗、词、文、赋、小说、戏曲与西方的"文学"好像是等同起来了。但问题在于西方的文化与中国的文化有着一个本质的区别,这一点是学界普遍认同的。文学作为文化的结晶,它自然也应该有着一个本质的区别。这就是刚才梁先生说的它有着一个谱系。中国的文学有一个"国谱",因为它是中国的。20世纪初以来,以西方现代文学的基本理论、范畴、方法来观照中国文学,成为中国古代文学研究的主流。基本的方法就是以西方的纯文学观来取代中国传统的杂文学,以对中国文学纯审美的诠释来取代传统的政治伦理与审美相结合的批评。

西方文学观念的引进,毫无疑问对中国文学的研究有着积极作用。但民族之间文化是异质异构的，文学为文化精神的凝聚，各民族的文学也就不可能同构而同质。中国文学产生于中国几千年的历史所形成的特殊的文化环境之中，为中华民族特殊的生产、生活环境所规定，为中华民族生产、生活的一个重要的组成部分，为客观的历史存在。如果以异质异构的西方文学话语来规范中国文学，我们就免不了削中国文学之"足"，去适西方文学基本理论之"履"。这在西方文学理论话语的视阈中进行中国古代"文学"的研究，也就被西方文学理论话语"文学"化而沦为西方文学理论的注脚，失去了"中国文学"的民族特色和自性。梁枢先生提出一个中国思想谱系的问题，值得学界广泛关注。我们讲中国文学的自性，也就是要建立中国文学的谱系，历史地去审视中国文学。我们讲"全球化"并不是要将"中学"附会"西学"，也不是用"西学"来改造"中学"而使"中学"走向世界，而是要将"中学"放在世界范围里进行比较，来衡量他的价值。唯有独特的才是世界的。因而，我们研究"中学"必须要有"中国视角"，从"中学"产生、发展的具体的历史时空去考察它的本质、特征。

胡亚敏：我在湖北比较文学学会年会上提出了一个词——"趋同性焦虑"，这是我这几年的深切感受。当今中国最大的问题不是不同文化之间的对立和差异，而是要警惕趋同性。走在西安的大街上，很难找到古城的感觉，看到的都是打上消费痕迹的仿古产品。在中国大地上，大同小异的大楼、车流、品牌店……这种趋同性如今呈全方位蔓延趋势，不仅表现在我们的日常生活或衣食住行中，文艺作品中的共同点也越来越多，孤独、变态、弑父、谍中谍、灰姑娘等已成为中国电影大片的主要元素。甚至我们的思想也有趋同的问题，互联网把世界连在一起，西方的一些价值观念和人生理想在潜移默化中变成人们的一种时尚追求。从世界文化进程看，趋同性绝不是一种很好的文化生态，社会的健康发展是需要差异性的。最近在华中师大召开的"文学与环境国际学术研讨会"上，我就谈到了保持文化生态多样性和精神生态多样和谐的问题。有位学者讲，坚持民族的差异性是民族知识分子的责任，我个人是赞同的。这些年来，我们一直研究西方文论，总觉得西方的理论很精彩，现在回过头来，发现中国也有很多很精彩的东西，中国和西方都有很多有价值的思想资料，而优秀的文学作品就是最好的文化传承载体。我们有责任传承和传播中国文学中有生命力的东西，在这个基础上寻求新的融合和发展。

赵辉提出的中国文学属于"限定时空言说"是一个很有心得的观点，是他长期研究的结果，形成了一家之言，其中有些观点对我很有启发。他的这些想法是建立在历史地解读中国文学的基础上的，而不是一种纯粹的理论思辨，这一点特别可取。同时他认为用西方理论解读中国古代文学，可能导致对中国古代文学阐述的失真。我也有同感，用西方的理论解释中国的文学，有时候像是穿了一件不合适的衣服，或是一双不合脚的鞋子。不过，将"限定时空言说"和"非限定时空言说"作为中西文学的主要区别是否合适还需要讨论。对于本质主义立场，我是持批判态度的，中西文学的差异很难用一两个特征表述清楚，赵辉所说的中国文学的"限定时空言说"特征，在很大程度上把小说、戏剧排除出去了。当然我并不是反对中西文学比较，而是非常赞成这种比较，在研究中国文学的特点时尤其需要有参照系，甚至不妨多几个参照系，这样可以将中国文学的性质和特点展示得更丰富一些。通过中西文学比较研究以实现中国文化和文学的重组、融合和再生，这何乐而不为呢！

彭修银：目前，我们文学批评话语很大程度上还是依赖于西方的文学理论资源，如果运用中国本土的文化资源建立一套文学理论话语系统，不仅可以很好地来言说中国文学的事实，而且在某种程度上可以改变中国文学史和艺术史的写作模式。所以，我认为赵教授提出的问题很有意义。他为什么要提出这个东西，我想就是要达到这样一个目的吧。我们现在看到的中国文学史、包括其他一些门类的艺术史在写法上大都差不多，看一部文学史就行了，其他艺术史也都是这样的。无非前面加个帽子，找几个作家、艺术家，对作家、作品一分析，这就是一部文学史或者一部门类的艺术史。赵辉教授提出的"限定时空言说"方式从学术的意义上来说，就在于能建立一套言说中国文学的话语系统，并能使这套话语系统有效地实现它的中国化表达，打破这种文学史的写作模式。

主持人（梁枢）：现在我们修的好多思想史主词是不明确的。在这个情况下看到了赵辉老师的文章，感觉到实际上我们关注的是同一个问题。我们的思想史研究也好，文明史研究也好，专门思想史的研究都应该提供一个可以称之为基础的东西。你要是不承认中西方文化的这种差异，完全用西学来研究中国国学，这是不合适的，是"谱系"不明。今天，我们就中西文学做了比较，这是一个很好的开始。谢谢。

第三单元 新国学之路

《新理学》七十年
新国学之路
　　——访清华大学国学研究院院长陈来

国学访谈

《新理学》七十年

摘要发表：国学版（光明日报2008.12.29第12版）

一九四三年，他代表一些人上书，督促蒋介石，开放政权，实行立宪。

这是困扰冯先生一生的问题，实际上如果不这么解决，永远也就解决不了。

如果把冯先生摆在二十世纪的哲学家里来看，在这点上是没有人能超过的。

冯先生讲「旧邦新命」，「新命」你得有基础，你没有祖宗，哪里来的什么「新命」啊？

当年

宗璞

1938年冯友兰先生的哲学体系——新理学体系的第一本书《新理学》，于云南蒙自以石印本的方式问世。

抗战初起，清华大学先至长沙，次年又到昆明。西南联合大学成立后，因校舍不够，文法学院暂居蒙自。父亲携带在衡山撰成初稿的《新理学》，经过长途跋涉，在蒙自作最后修订。

那年六月，母亲带领我们四姊弟，与朱自清、周作人几位先生的家眷同行，自北平来滇，和父亲团聚。

蒙自的民居多有院落，木格窗可以撑起。窗下的白木案上摆着《新理学》书稿。父亲常坐在案旁，伏案工作。我们按照在清华乙所的习惯，不踏进书房禁地。这里当然没有书房，房间的一角，摆着白木书桌和一架书，书架由煤油箱搭成，也自然成了禁地。我们在房间另一半，无论怎样嬉笑，父亲充耳不闻。他自有他的哲学世界。

一天，胞兄钟辽得到一个光荣任务，为父亲抄稿子。《新理学》序中云："到蒙自后，又加写鬼神一章，第四章、第七章亦大修改。"钟辽抄的便是这一部分，他很高兴，甚至有些得意。因为我和弟弟钟越仍不得走进禁区。

当时，蒙自有电灯，但电力不足，灯光很暗，钨丝只能呈红色。晚上工作常点煤油灯。记得父亲讲过"老婆点灯"的故事，说老婆点灯为省油，一次只放一点，岂知这样挥发得快，更费油。后来，父亲分析日军在侵华战场上兵力的投入，也曾用老婆点灯的比喻。

书稿终于修订完毕。蒙自有一家石印作坊，父亲决定，先印出石印本。送稿子那天，我和哥哥随去。石印作坊很小，地势低洼。店主看着我们说，冯院长好一双儿女。那年我十岁。云南人说话一般都很文气，不知怎么，许多云南人都称父亲为院长。父亲只顾交待印书，那是他心血的结晶，也是他的儿女。

当时文法学院的校址是原来的海关，园子很大，花木繁多，是孩子们喜欢去的地方。附近有一座文庙，据说这建筑原来没有大门，蒙自人要等到蒙自出了状元才开大门。后来，好不容易熊庆来先生家出了一位进士，也就不等状元了,开了大门。进士当然和官有点关系,但更是一种学历,这也说明人们对文化的尊重和期盼。

石印本印出了,取回了,它的纸张很坏,黄而脆。可是到底成书了。可惜我家无存。听说,人民大学石峻教授保存了一本。他过世后,便也找不到了。但它的模样始终在我心中。

《新理学》序中云:"怀昔贤之高风,对当世之巨变,心中感发,不能自已。"他希望自己的著作"对于当前之大时代,即有涓埃之贡献"。

父亲的哲学不属于象牙之塔,而是关心着国家民族的命运。他相信抗战是民族复兴的一个转折点。贞下起元,冬去春来。他要为中华民族重建的大厦提供一砖一瓦。

我很崇敬父亲那一代学人。他们在无比艰难的情况下工作,不仅是物质上的匮乏,在精神上、工作上也要承受各种压力,应付多方面势力的干扰。他们终于能够使西南联大"内具学术自由之规模,外来自由堡垒之称号",至今为人们所称道。而且他们大都有领先于本学科的著作。

据记载,父亲工作繁忙,除授课外,一天要开不止一个会。就是这样,抗战八年,他写出了"贞元六书",差不多一两年就是一本,形成了完整的新理学体系。《新理学》是"贞元六书"的第一本,也是新理学体系的哲学基础。

《新理学》于1939年5月,在长沙商务印书馆正式出版。1941年至1946年,教育部曾举办六次全国学术著作评奖。1941年举行首次评奖,经学术审议会投票选出,《新理学》获文科一等奖。理科方面获奖的是华罗庚的《堆垒数素论》。两人获奖后,华先生曾来家中看望,不巧父亲不在家,不然一定会有一番有趣的谈话。

人民文学出版社故社长韦君宜在《敬悼冯友兰先生》一文中说:"在延安,有一次老同学蒋南翔向我介绍冯友兰先生新著的书《新世论》。他说,'这书写得实在好,他自己不标榜唯物主义,但是这实在是唯物主义的,你看看那一章《谈儿女》,我们这些人写不出来。'我把这本书看了,完全同意老蒋的看法。"(《冯友兰先生纪念文集》第43页,北京大学出版社)他们没有政治偏见,能够看出书的真实价值。

上海市社科院学者范明生说,冯友兰先生"凭借逻辑分析思维模式作出建立科学的中国哲学史的努力,渗透在其'贞元之际所著书'中结合中西思维模式、改铸中国传统哲学的思维模式的努力，是在推进和提高中华民族抽象思维能力的宏伟事业上，作出了载诸史册的贡献。"（《冯友兰先生百年诞辰纪念文集》第239页，清华大学出版社）

父亲的书获得称赞和推许，也受到批评和非难。父亲从不以为意，他在批评与赞誉中前进。正如他在接受哥伦比亚大学授予名誉文学博士的仪式上答词中所说，"右翼人士赞扬我保持旧邦同一性和个性的努力，而谴责我促进实现新命的努力。左翼人士欣赏我促进实现新命的努力，而谴责我保持旧邦同一性和个性的努力。我理解他们的道理，既接受赞扬，也接受谴责。赞扬和谴责可以彼此抵消。我按照自己的判断继续前进。这就是我已经做的事和我希望我将来要做的事。"

答词全面而深刻，引文到这里可以结束。但我要继续引下一段。

"在这个仪式上，我深深感到，母校给予我的荣誉不单是个人荣誉。它象征着美国学术界对中华民族学术的赞赏。它象征着中美人民传统友好关系的继续发展。这种发展正是中国人民的共同愿望。"

在这里，他讲中美人民友谊，也说明学术不止属于一个国家，而是属于世界。

新理学体系是中国哲学向现代转型的一个路碑。它记载了中国哲学的努力和发展。现在"贞元六书"不断有各种版本，人们现在读，将来也还会读。

今天，北京大学哲学系和冯友兰学术研究会联合纪念《新理学》七十岁，这是可喜的事。冯学是常在常青的。

2008年12月12日

时间：2008年12月9日

地点：北京大学燕南园57号"北京大学美学与美育研究中心"

访谈嘉宾：

李　真（北京大学哲学系教授）

余敦康（中国社科院宗教所研究员）

牟钟鉴（中央民族大学哲学与宗教学学院教授）

陈战国（北京市社科院哲学所研究员）

胡　军（北京大学哲学系教授）

主持人：

李中华（北京大学哲学系教授）

梁　枢（《光明日报》国学版主编）

主持人（李中华）：今天由哲学系和冯学研究会共同举办一个小型的座谈会，借这么一个契机，我们主要来谈一谈冯先生的《新理学》发表七十周年。大家都知道，《新理学》发表到现在，它经历了中国的风风雨雨，这么多年，快到一个世纪。这期间，对《新理学》的评价也有多种。当然，我们也不只是讲这一本书，冯先生自己讲过，"贞元六书"其实是一本书，是以《新理学》为主的一个完整体系。这个话我记得陈岱孙先生在一篇回忆文章中也谈到："贞元六书"影响很大，这不是六本书，而是一本书的六章，因为它是一个完整的哲学体系。下面就请大家发表高见。

胡　军：冯先生的"新理学"有两个表述，一个是打书名号的《新理学》，一个是打引号的"新理学"，后者代表冯先生的整个体系。

主持人（李中华）：对，有时候我们写文章的时候就混了，打引号的"新理学"它就包含了打书名号的《新理学》。"新理学"六书是一个完整的体系，而《新理学》则是其中的第一本，也是最早发表的一本，离现在已经整整七十周年了。我们想就这个话题举行一个精致的小型座谈会，就这个机会谈谈冯先生和西南联大、冯先生对中国文化的贡献。今天到会的人比较多，还有几位西南联大的前辈，因为年纪都比较大，就以书面发言的形式参与进来。我们会把今天会议的内容组织成文字发表，以纪念

《新理学》发表七十周年。

一

牟钟鉴：我前两天听到要开座谈会的消息后，又回去看了一下《三松堂自序》和《实说冯友兰》，那我就先抛砖引玉吧。今天的一个主题是"冯友兰与西南联大"。我觉得西南联大在中国近代高等学校创办过程中是辉煌的一页。当时条件非常艰苦，在抗战的局势下，它办学的方针、办学的精神以及办学的许多方方面面，我们现在是比不上的，这很值得我们来讲。当时有一句话，叫"民主堡垒"，即，在政治上称西南联大为"民主堡垒"。那在学术上怎么称呼呢？我提出一个"学术殿堂"，看看可不可以这样说。西南联大也是一个学术中心，培养了那么多的人才，所以大家提起西南联大，就感觉非常自豪。这点办学的经验，我们必须很好总结。

那么冯友兰先生，可不可以这么说，他是西南联大的中坚人物。他是文学院院长，参与西南联大从创建到结束的一些重大决策，他是其中的核心人物。所以我给他"西南联大的中坚人物"这样一个定位，这个定位表现在三个方面。

其一，在政治上，我评价他为"坚定的爱国者"。有这么几条材料足以证明。一个是西南联大纪念碑碑文，充满了爱国的热情，很感人。我自己读碑文，总觉得热血澎湃，非常激励人。里面讲到"内树学术自由之规模，外获民主堡垒之称号……庾信不哀江南，杜甫喜收蓟北"，气势磅礴。这一般人写不出来，没有这种情感写不出来，没有这种文采也写不出来。还有就是1948年冯先生回来。那时候什么状态，很多人往外跑啊。但是冯先生坚定地要回来。那时候国共两党还没有决胜负，不管谁来当家，但都是中国。他就强调，我就是要为中国服务，我不愿意当白华。他引王粲的《登楼赋》"虽信美而非吾土兮，胡复可以久留"，这就足以说明他是一个坚定的伟大的爱国者，我觉得可以这么来评价他。这是他在抗战八年中的表现，我们可以这么来评价他。

其二，在人格上，我借用一句话，就是《中庸》里面的"刚健中正"，这就是冯先生。也许就当时的"左派"来看，冯先生还不够那么激进，但绝对是"刚健中正"。当时在政事上，因为当时国共合作，所以和国民党有一些联系。

冯宗璞：那时是国民政府，抗战期间。

牟钟鉴：对，是国民政府领导抗战。但是他保持了他独立的人格。我这里举一些例子，以前有些材料我都不知道的。1942年6月份，抵制以陈立夫为教育部长设定的教育部课程统一教材。陈立夫想要以他的教材为主，把这些大学都给规范化，冯先生抵制了。冯先生当时联合了一批教员说，我们西南联大有自己的传统，不能一个模式，世界的名校都不是一个模式，所以不能改变。他当时强调的是，秉承学术独立之精神，维护西南联大民主治校、兼容并包之传统。还有一条，也是同年，1942年，冯先生拒绝领取教育部给担任行政职务的教授的特别办公费。理由有二：其一是我们这些教授做的是一种为教育献身的事业，这是我们自己愿意做的，不是谁强制我们的，即以研究学术启迪后进为天职。其二是我们要和当时这些不做行政职务的教授同甘共苦，共体艰危。他说，如果我们拿了这笔钱，我无以面对我的同事。如果是我该做的，我多做点不要紧。而且，冯先生我能看出来，他对于物质利益，他有他的原则，要取之有道。1943年，他督促蒋介石，开放政权，实行立宪。当时是梅贻琦，早一步说要给老蒋提点意见，冯友兰就代表一些人上书，当然老蒋不会听的。但是我们可以看出冯先生的人格。儒家有一个精神——"事君以道，不能则止"，在君以上，还有一个道。你（君）符合这个道，我可以和你合作，但是你不符合这个道的，不能则止，我不合作。这是在人格上。

其三，在学术上，我觉得，他是融合中西，贯通古今，开一代学术新局面。抗战八年，从1938年到1945年，西南联大是他做学问最活跃的时期。在这以前，有两本中国哲学史著作，在这以后，有新的《哲学简史》，还有《哲学史新编》。在这期间，是"贞元六书"，一年写一本，很快，这六本书就出来了，建立了一个学术体系。刚才中华讲了"新理学"应该怎么评价的问题。我们以前的评价，"新理学"就是客观唯心主义，就这么一句话杀死了，多年如此。那么今天来看，这是一个非常狭窄的视角。"新理学"我觉得应该是当代中国的哲学家来探索，把中国古典的哲学和西方古典的哲学相结合的一个很有水平的成果。他是把一种理性主义哲学给发展了，而且建立了一套体系，把新实在论和宋明理学结合起来。冯先生讲"宋明道学"有三大支,"理学"、"心学"、"气学"。有人说贺麟先生是"新心学",当然"新心学"体系还没有建立起来,"新气学"也没有自己的独立的完整体系。宋明理学一个全新的形态,在当代只有冯先生建立起来了。

对我影响比较大的是《新原人》提出的一种境界的人生哲学。他的四境界说,到现在还受到社会的肯定。我到日本去开会,日本的岛田虔次有一个发言,那是在上世纪80年代末,他就肯定冯友兰的境界说,这是在《新原人》中提出的。《新原道》总结出中国哲学的精神是"极高明而道中庸",就是有它入世的一面,有它超越的一面。我感觉总结影响很大,因为《新原道》的副标题是"中国哲学之精神",这是一个高度精彩的概括。《新世训》我给它定位一个"处世的哲学"的说法,它是整个"新理学"体系里的处世哲学。《新事论》呢,可不可以这么说,它是"新理学"的社会哲学。《新知言》是"新理学"的哲学方法论。这六本书形成一个完整的哲学体系。所以说,对西南联大在学术上的辉煌,冯先生做出了重大的贡献。那整个支撑"新理学"的是什么呢,那就是横渠四句所说的"为天地立心,为生民立命,为往圣继绝学,为万世开太平"。冯先生在好几本书中都引用到这句话,这里面可以看出他有一种强烈的历史使命感,对中国民族文化的重建,他勇于承担这个担子。

所以,我自己觉得,已经经过了这么长的时间,冯先生在政治上在人格上在学术上应该给他一个很明确的定位,但是到现在一直还没有。冯先生在《三松堂自序》里曾做了一个反省,后来在政治过程里面,也有唯心之论。对于这些,我个人觉得:第一,完全可以理解,有些人根本不知道当时政治险恶的情况,那就是连沉默都没有自由,你们能感觉得到,冯先生他为了能争取到自己一个生存的空间,能够写点东西,这是可以理解的。第二,他对自己做解剖、做反省,没几个人能像他一样。有很多人犯了多少错误,那后来就根本像忘了一般。冯先生这样一个老人,做这么诚恳的自我反省,应该说很不简单。因此,我觉得,批冯批了几十年——冯先生是自上世纪50年代以来中国文史哲学术界受批判最多的人——我们今天应该给他应有的敬意,应该对他进行应有的研究,学习他一些东西。当然我们并不是说替长者讳,我们不是这个意思。我们应该有一个恰当的评价,我们不要再去伤害一个已经有重大贡献有过失的一个老人。有人在回忆录中无中生有地把一些冯先生没有写的作为材料来攻击,当有人指出错误时还辩解说"口述历史"或"回忆录"和史学研究不是一回事,方式上不一样。但回忆录也是书写的历史,也就是历史,本质上是一样的,你可能有失误,但要力求真实。如果有差错,应该改正啊,回忆录也不能违背历史真实啊,对不对?况且里面又提到伤害人的东西。

冯宗璞:李真把这个叫"臆想的历史"。

牟钟鉴:臆想!对,知道是错误了,改正它啊。没有一句检讨的话、道歉的话,这就不是一个史学家应有的态度。

作为一个受益的后辈,我从冯先生那儿吸取了很多的智慧。我们确实应该更清醒一点,多做一些研究,这样对我们今天各个方面会有好处,我这就算抛砖引玉了。

二

主持人(李中华):牟先生谈得很好,有理有据,很有启发,请大家继续谈。

冯宗璞:今天哲学系和冯学研究会一起来纪念《新理学》石印本发表七十周年,这是让人高兴的事。因为大家能认识到——其实大家早就认识到,不过今天能以这么一个形式来表达我们在学术上对前人的一种尊敬,对前人成绩的一种承认,这更能使我们站在前人的肩膀上向前进。而不应该是为了表现自己,提高自己的地位而践踏别人的成果。所以,我觉得举行这样一个活动是一个很好的事情了。刚才牟钟鉴讲得也很好。对于冯先生,这些年不断地有一些莫名其妙的事情,所以,我觉得正确地评价他,是一个很重要的事情。

《新理学》是父亲1938年在蒙自,他写完了稿子,那个时候没有地方印,他用石印的方式给留下来了。我记得《新理学》快写完的时候,最后几章我的哥哥钟辽在那帮着抄稿子,在蒙自的小县城里,我还跟着去送这个稿子,送到石印馆去。后来我去取,取了之后还有一首诗:"印罢衡山所著书,踌躇四顾对南湖。鲁鱼亥豕君休笑,此是当前国难图。"那是国难图,当时非常艰苦的条件下,他能够三更灯火五更鸡鸣地来写哲学著作,白天要上课、要工作,还有很多繁忙的事情。所以几乎是在很狭窄的

时间里头，写出这样一部巨著，有完整的思想体系。我对哲学是外行，不过我还是觉得很了不起。

对《新理学》我不能对它有什么评价。但是有一点，我觉得它是一种创造。我的先生蔡仲德，他成天做这些"士人格"的课题，他就特别强调一个学者，最重要的是要有创造。"新理学"的体系就是哲学上的一种创造。创造可以成功，可以失败，可是究竟是创造过了，总会有东西留下来。我觉得这是很重要的。另外牟钟鉴刚才提到的三个方面，我觉得很好。经常有人问我，说你父亲1948年的时候为什么要从美国回来，我对这个提问很奇怪。我说，怎么可能不回来，因为这是他的国家，是他的父母之邦，他的血肉是和中国文化联系在一起、融合在一起的，不可能留在异邦。他的爱国情操在整个"贞元六书"里都可以得到体现。他是和祖国的命运联系在一起的，他的著作不是在象牙之塔里面的东西。他写的是哲学，是最虚的，是哲学中的哲学，但他想的是为亿万人民安身立命的，是想着在祖国的建设里面做一砖一瓦，他是这样的想法。所以很多人说他要做什么王者师啊等等，我从来没有从他的著作中看到他有这样的说法，生活中他从来也没有说过要做王者师。我倒是在《三松堂自序》里头看到他在讲《大学》的时候，他说过，我们要做民族的智囊团，做民族的智囊。这些都是和民族国家联系在一起的，不是讲个人的。我记得2005年的时候我们在清华开过一个会，纪念文学院的，当时唐稚松在那发言，讲到冯先生爱国，让他非常感动，讲得涕泪直下。现在唐稚松也去世了。我们这些先生在这，很多都是冯先生的学生，我们都是很了解、很理解冯先生的，能够做一些公正的研究。而且还很感谢《光明日报》国学版给予很大的支持，因为这可以让更多的人了解，不然我们这么一个小会，没有几个人知道的。

我就自己随便说这些。

主持人（梁枢）：您说当时往石印的地方送稿，您那会儿多大岁数？

冯宗璞：我那会儿十岁，我哥哥（钟辽）十四岁。我那会儿还不会抄写稿子，《新理学》最后那段是哥哥抄的。

主持人（梁枢）：这段历史您写过东西吗？

冯宗璞：我写点散文、小说什么的。

主持人（梁枢）：您现在还写东西吗？

牟钟鉴：她一直在写，写大部头。

主持人（梁枢）：我有个想法，想请宗璞先生从家人的角度来写一个她看到的《新理学》的整个成书，包括写的过程、创造的过程，包括出版的过程。

牟钟鉴（在宗璞耳边大声说）：宗璞大姐，梁枢希望您能把冯先生构想、创作、出版《新理学》的过程，您所知道的写一个回忆录。

主持人（梁枢）：对，跟这个访谈配在一起。

主持人（李中华）：宗璞，梁枢这个主意非常好，写一个石印版的《新理学》成书过程的回忆录，因为很多人对这个过程不是很了解。

主持人（梁枢）：因为都是学者话语，为了让更多的文化爱好者有一个其他的话语文本，而且是作为家人的话语，这不仅有纪念意义，而且配一起有一种立体的感觉。

冯宗璞：好！好！

主持人（梁枢）：我们搞这个访谈，需要可读性，得好看。我刚刚搞国学版的时候，余先生（余敦康）就教导我说，可不要关起门来办国学，要面向大众。（余敦康笑着点头）

主持人（梁枢）（看着宗璞）：您还得快。

牟钟鉴：没事，没事，别太急。

主持人（梁枢）：给您布置作业，一周的时间行不行？

冯宗璞：好！

主持人（梁枢）：我代表我们《光明日报》的读者向您表示感谢。

三

主持人（李中华）：好，李真老师，您接着说吧，一会再请余先生做总结。

李　真：我来说两句。今天这个会的确非常有意义，在座的各位都是冯先生的学生。我们可以借这个机会，对冯老师表示一下敬意。这个敬意，不仅仅是学生对老师的敬意，是一个从事文化工作的人对一位对我们当代文化事业做出巨大贡献的人的应有敬意。

我想就从《新理学》来说起。我刚才看了发下来的资料，先睹为快。

汪子嵩先生对他有个评价，我很同意。他说："冯先生创立的'新理学'体系，把中西哲学给融合起来了，而且这个体系后来发展得比较完善，包括了许多方面。到现在为止，在中国现代哲学家中间，我想不出还有哪一位能吸收西方哲学家的思想来构建自己的哲学体系的。在这方面，我认为冯先生是中国近现代史上的第一位哲学家。"我觉得这些评价并不为过。

我记得冯先生在写完《中国哲学史》两卷本的时候，在结束语中就写到，我们现在的中国哲学史，还在创造之中，而我们写的中国哲学史，亦可只暂以经学时代之结束终焉。整个经学时代也就包括整个封建时期。冯先生写完《中国哲学史》两卷本后，一个新高峰就是他的"贞元六书"，抗日战争时期写的"贞元六书"。当然，他解放后，他的又一新高峰我认为就是他的《中国哲学史新编》七卷本。

那么为什么说冯先生的"新理学"体现了他作为中国现代哲学史发展的第一人呢？从清末以来到民初到抗战胜利，这一段，按照冯先生的分析的话，这是属于从一个半殖民地向独立的自由的中国发展的阶段。这一点冯先生在《新事论》里——它有一个副标题叫"中国到自由之路"——做了许多分析。

这里面有一点值得注意，就是它吸收了马克思主义的历史唯物主义观点。冯先生善于吸取养分，不管是中国古代的，还是西方的。但是他很少论述，他怎么吸收的。我们要从这些地方去体会、去分析。他在《新事论》中讲了中国社会结构的分析，这很有意思，他从逻辑入手，从一般到个别，中国社会和西方社会的差异和不同在哪里，从而得出结论说，中西方文化的差异，不是地理的差异，也不是种类（种族）的差异，而是历史发展阶段的差异。他这个思想从哪里来？他从马克思的一句话——"西方的现代化、工业化，使得乡村依附城市，东方依附西方"得到启发，来进一步分析。可以说当时的中国社会，是以家庭为单位进行生产的体系，而西方已经进入社会化大生产的生产体系。实际上就是封建社会和资本主义社会的差异。因此他说，中国的社会要现代化，中国的文化也要现代化。同时也讲到，抗战的时候，中国处在一个艰苦奋斗的阶段，但是必然要取得胜利。为什么？他也是从历史阶段来讲，因为这是一个历史趋势，即，殖民地半殖民地人民要翻身，这是个历史大趋势。抗战的前景依然要取得胜利，而且，这是世界革命的一部分。冯先生讲得非常肯定。所以从这里可以看出来，冯先生学术上的见解是同他对社会发展的见解联系在一块的。

冯先生终身学术活动围绕的一个主轴，就是中西方文化的冲突。如何理解这个冲突，如何解决这个冲突，如何在这个冲突当中自保，或者在这个冲突中得到发展。这是他一生中最重要的一个问题。冯先生的"新理学"、"贞元六书"，可以看作是他对这个问题经过长期思考的一个回答。这个思考始于什么时候呢？可以说始于冯先生在哥伦比亚大学研究生院学习的时候，他跟泰戈尔谈到中西方文化问题的时候。或者可以说还更早，其实他在北大念本科的时候，就已经开始思考这个问题了。那最后是怎么解决的呢？就是我们要中国的学术、文化包括哲学要现代化。这个现代化要依靠我们吸取前人成就，加上自己创造，这就是冯先生在"贞元六书"里头有一节叫"论继开"，论继往开来。即任何时候都有它过去的根据，然后才能发展到将来，这是一个过程。这个分析是很正确的。那么在理解冯先生学术成就的时候，特别是在理解"贞元六书"的时候，我觉得要特别注意这一点。所以我很同意刚才牟钟鉴说的，他是融合了中西文化，吸取了东西文化的精神。这一点很重要，我们在座的都是搞中国哲学史的，应该扩展视野。不能仅仅局限在中国哲学的范围，要从一个层面的观点，从东西方文化贯通起，吸收西方文化的养分，这就值得好好研究。

《新理学》当然是直接继承了中国的传统，其中包括老庄、特别是宋明道学，宋明道学中的宋明理学，所以它叫"新理学"，这是毫无疑问的。

那么怎么吸取西方的东西呢？这一点我就不大同意汪子嵩先生的论述了。他就点了个新实在论，我觉得这一点在学术上有很多的误解。新实在论的确给了冯先生影响，但是这不是最主要的。最主要的是他受到了西方柏拉图的理念的影响，从柏拉图的"理"世界、"真际"世界，相似地表达出一个"理念"世界。虽然他得出的结论不一样，但结果是这样的。冯先生有"理"，还有"气"，冯先生的"气"是什么呢？大家注意了没有，冯先生给了我们一个迹象，让我们去追溯，就是两个中国字叫"麦特"，"麦特"就是"matter"，就是物质的"质"。"matter"是什么东西呢？就是亚里士多德所讲的"质料"。他（冯友兰）论述这个"质料"是没有任何规定性的，这和亚里士多德如出一辙，这也是吸取了亚里士多德的观点。可是还有一点我还要说，冯先生还吸收了黑格尔的思想，这一点大家更少注意。从哪里可以看出来？冯先生不仅用到了黑格尔的正反合的模式分析问题，还提到了一个黑格尔的"理念"论与"新理学"的一个巨大的矛盾，就是共相和一般如何联系起来，虚无缥缈的"真际"怎么影响到实在世界的问题。关于这个问题，他说到了"具体的共相"一说，这么就把个体和一般沟通了，把具体和抽象沟通了。这是从黑格尔那从具体到抽象，又从抽象回到具体的更高的阶段，这叫具体的抽象。这里面包含了具体，也包含了抽象，这就是"理在事中"，这就把"理念"论之于"新理学"的基本矛盾给解决了。这是困扰冯先生一生的问题，实际上如果不这么解决，永远也就解决不了。这是在柏拉图那解决不了，在任何客观唯心主义那里也解决不了的问题。这是他从黑格尔那学到的东西。所以从这样一个角度来看待冯先生的成绩的话，可以看出，他不仅仅是宋明道学，而是吸取了宋明道学的精华，吸取了西方哲学中的精华而做出的创造。汪先生这里提出来的它是"宋明道学和新实在论的结合"，我是不赞成的。不过汪先生还是我老师。

从这样一点来看，冯先生的思想是可贵的。对于冯先生和"新理学"的评价，我同意刚才牟先生所讲的，要联系冯先生的为学、为人，总体来看，我曾经做过几个概括。

我说冯先生是一个真诚的哲学家。什么是真诚的哲学家？他一生追求哲学真理，至死不渝，屡经挫折，绝不中断。这一点，我不同意一些人的看法。有些人认为冯先生经过了三个阶段，说解放前是他的"自我"，后来成了"非我"，到了最后又回归到"自我"了。这个分析看来好像很深刻，实际上却不符合事实。冯先生曾经被迫做过很多检讨。现在看来很多都是自己的过火的检讨。这些过火的检讨代表的是过火的批判，这些冯先生无法左右，我们应该谅解当时的客观条件。但是冯先生依然还是提出惊世骇俗之论，我这里提出两个例子。

一个是他提出"抽象的继承法"。什么是"抽象的继承法"？冯先生认为过去的文化当中有值得吸取的东西，不应该一概否定。从今天来看，这是一个什么问题呢？就是我们要批判地继承我们文化的一个正确的态度，来和文化虚无主义对立。而文化虚无主义大行其道的后果就是"文化大革命"。当时，在一片文化虚无主义、一片打倒旧文化的呐喊声中，有谁敢提出这个论点，是冯先生。因而引起了文化界的热烈讨论。

第二是所谓"教育革命"。当时，陈伯达这位号称马列主义权威的人，声嘶力竭，一而再、再而三地点名批判冯先生。为什么批判冯先生呢？当时我们哲学系一位领导，提出一个革命的豪言壮语叫"放下书本，拿起锄头"。冯先生这个时候写了一篇文章叫《树立一个对立面》，这本来是他在哲学系学习会上的发言。冯先生提出：我们哲学系的学生，还是要以学习马列主义、学习马列主义经典为主，学习哲学文献，掌握这些学习的文献，为将来的工作打下基础。将来这些人从事什么工作呢？可以从事理论工作，也可以到农村、工厂去从事理论宣传工作。但是不能说，理论就不要学了。

牟钟鉴： 就是要培养哲学理论工作者，不是一个普通劳动者。

李　真： 对，这在当时引起了不小的波澜。冯先生明知道他这个文章提出来要受批判的，所以他的文章就叫《树立一个对立面》，但是，他就有这个勇气来说明这个对立面。我想这是何等巨大的毅力和勇气。陈伯达在全校大会上点名批判冯先生，在《红旗》杂志上发表文章批判冯先生。冯先生顶着巨大的压力，敢于做巨大的斗争。这个难道还是叫丧失了"自我"吗？所以我不同意这个看法，因为它不符合实际。应该说，冯先生在那样的政治高压之下，处于一个蛰伏的状态，像今天（冬天）的动物处在一个蛰伏的状态下，他没有办法，不让你发表言论，只让你发表检讨。只要一旦有机会，他就可以跳出来。《新编》已经写了两卷，他要推倒重来，人家劝他不要重写，他要推倒重来，这也需要一种毅力和勇气。所以从这个角度来看，我对冯先生一贯的独立自由之思想，对真理追求的坚持不懈和勇气，即，有了见解，就要把见解让我们知道的勇气，这是很值得我们敬佩的。

再举一个例子，即，对太平天国的评价。有人在自己的回忆录中说冯先生作翻案文章，说太平天国是反动的，说它的理论是反动的、搞神学。这一点，我认为这是冯先生理论勇气的表现。在当时一片竭力赞扬太平天国的革命性当中，冯先生指出这一点来，而且他的思想恰恰是这样，绝对是真实的。而有人却不以为然，以为太平天国的问题其实当时大家（其他老师）都知道，但是他们都不说。这个我就觉得很怪，这个为什么不能说，为什么冯先生能说，你就不能说呢？这个能说和不能说的差别在哪里呢？这个很有意思，很值得人们去考虑一下。

冯先生的检讨，在《三松堂全集》中收不收，曾经有过一番讨论。后来我们决定收，而且出版了。这就是"君子之过，如日月之食"，那时候历史就是这么写的。有人把它看作中国历史上最宝贵的材料，我就觉得很奇怪，那么说这话的人，他有没有过这些宝贵的材料呢？我想"文革"期间，没有说过违心之言的人，不能说没有，但我不知道在哪。

冯宗璞：我觉得说这话的人就很可悲的。冯先生就自己讲出来，他是怎么样地没有说真话。

李　真：我曾经写了一篇文章，里面有这么一节。冯先生去世后，《纽约时报》曾经提出一个问题，叫"冯友兰之谜"，谜是什么呢？就是冯先生回国解放后，遭到了屈辱，遭到了不幸，遭到了打压，但他对这片土地始终忠诚不改，令人奇怪。他们提出这个问题。我后来说了，这个问题其实很简单，四个字解决——爱国主义。什么叫爱国主义？就是宗璞刚才所讲，他在这片土地上生长，他对这片土地无限热爱，对这片土地上产生的传统文化无限地热爱。他要为他的祖国寻找自由独立的道路，为她文化的发展尽他自己的一份力量。这些是冯先生概括的。他要"阐旧邦以辅新命，极高明而道中庸"，这是冯先生一生的追求。这一点，我觉得，如果是离开了这样一个前提来看冯先生，很可能是看不清楚的。所以我觉得冯先生不管是为学还是为人都是我们后辈学人的楷模。时间过得越久，我们这种感觉越深刻。

冯先生在写完《新编》第七卷的时候，引用了"横渠四句"作为结束，又引了这么一句话作为结束——"高山仰止，景行行止，虽不能至，心向往之"。这是冯先生对中国哲学、对中国传统文化、对中国哲学必将在将来发出光彩的信念的一个很好的刻画。整个七卷，冯先生是用这么几句话来做结束的。这个结束是很深刻的。我们对冯先生来讲，也可以使用这几句话，冯先生对我们来讲，也是"高山仰止，景行行止，虽不能至，心向往之"。

我刚才说不同意汪先生的说法，是因为新实在论的论点，冯先生很多是不同意的。新实在论把哲学和科学混为一谈，认为都是应该用实证的方法来解决。冯先生不赞同。所以笼统地说冯先生是结合了新实在论和宋明理学是不够准确的。

主持人（李中华）：这个观点是冯先生自己说过的。

李　真：这是冯先生作为检讨的时候说的。

胡　军：但他讲的方法是一样的。

李　真：方法当然是一样的。

四

余敦康：这儿我来接着说。我觉得，现在纪念冯先生《新理学》发表七十周年，实际上是"新理学"这个体系。不要从哲学上去说，给我的感觉，李真说的不是，胡军说的也不是。（众人笑）

胡　军：我还没有说呢。（众人笑）

余敦康：不要从哲学角度来说，不要从汪子嵩中西哲学角度去说，不是一个简简单单的纯哲学的问题。这个问题要提到一个更高的层次。

牟钟鉴：你这是"树立一个对立面"。（众人笑）

余敦康：我们要从一个更高的层面上来看，从这个层面上把冯先生在整个20世纪哲学史上做一个合理的定位。新实在论好不好啊，这不是新实在论的问题，要从新心学的角度来看，这就是不对的；从熊十力的新唯识论来看也不行啊，争来争去，那只是学者之间的窝里斗。窝里斗斗了这么多年，冯先生遭到好多误解啊。当然这说窝里斗，冯先生和熊十力是好朋友，和贺麟先生也不错。可是这么一搞，海外新儒学就骂冯先生。他们说我们是新心学，你是新理学，新理学谈良知，良知不是假设，是呈现。这是海外学者和台湾学者老争论的狗屁问题，我说这是狗屁问题，骂他们狗屁狗屁，骂着骂着他们就服了我了。傅佩荣他是服了我了，还有唐亦男他也服了我。有的时候我就说得狠一点，说，不行！这是一个思维扭转的问题。你（指着李真）那样说也不行，那样说的话，就把我们冯先生的真正地位矮化了，这是自我矮化。

现在说我的，好不好？（众人笑）

主持人（李中华）：余先生这是先破后立。

余敦康：这是这么一个问题。现在我们纪念冯先生，叫"纪念《新理学》发表七十周年"，我们得把时间推前，看看抗日战争到现在七十周年来，我们中国到底走了什么路。冯先生那时候，那是"贞元之际"啊、"贞下起元"啊，中国人到了最危险的时候。中国是不是要灭亡了，中国

能不能复兴，这是个大问题啊。现在我们要回过头来看七十年前的事情，要放在这个角度来看。那是一个新实在论的问题吗？

或者是为什么是对啊？这个时代问题太重要了。现在我来简单说下时代背景。五四之后，就提出了中国走哪条路，说不清啊。中国走哪条路？维持中国的老样子？那要挨打。走欧美的路？走不通。

牟钟鉴：碰了壁。

余敦康：反正很难说。上世纪30年代，有几件很重要的事情，好像是1934年，陈序经写了《中国文化的出路》，提出中国人走哪条路的问题，并明确地提出"全盘西化"，这是在五四的时候走欧美路的一个新说法。1935年，过了一年之后，王新命、萨孟武、陶希圣、何炳松等"十教授"提出"中国文化本位"，反对西化，中国人有中国人的文化本位，不要走西化的路，那是走不通的。好，正在这个时候，蒋介石搞一个"新生活运动"，搞那个尊孔读经。这是蒋介石国民党提出来的。冯先生这个时候，从北平跑到后方去。在那个内忧外患的情况下思考，这就是"新理学"产生的背景。你说走哪条路？全盘西化？中国本位？新生活运动？冯先生提出他的看法——"中国到自由之路"，这个看法就是"新理学"，"新理学"回答的是这个问题。哪是柏拉图啊，新实在论啊。不要牵扯到那个问题，如果把精力放在那个问题，就把最大的问题琐絮化了，把冯先生矮化了。

冯先生在那个时候提出的"新理学"是一个体系，《新理学》、《新事论》、《新世训》等六本书，"贞元六书"其实是一本书，是一本书的六章，关键是提出一个"中国到自由之路"，中国怎样从传统走向现代化。既不能走全盘西化的路，也不能走中国本位的路。冯先生说得很清楚，他的新实在论也好，"新理学"也好，总而言之，单定一个主题，就是一般和特殊、殊相和共相，就是"别共殊"，中国必须现代化。

牟钟鉴：这是共相。

余敦康：可是呢，在中国的传统还是个农业社会，西方已经从农业社会进入工业社会了。这是文化类型的问题，我们中国人必须走哪条路的问题。这是两条路，沿着我们自己的那条路走下去呢，就是我们的民族本位，这是走不通的。必须学习西方，学习西方不是学习西方所有的，而是学习西方现代化的共相。早在1938年，一个思想体系就形成了，如果把冯先生摆在20世纪的哲学家里来看，冯先生在这点上是没有人能超过他的。胡适超过了吗？西化太明显。梁漱溟超过了吗？不行，他是个中国文化本位派。冯先生解决了，民族性不能丢，父母之邦不能丢。但是父母之邦不能搞民族本位。得有新命，就是要现代化。现代化就必须学习西方，这是个一般和特殊的问题。这不是个新实在论的个别问题。冯先生到了晚年在《新编》里还反复谈到，一般和特殊是个普遍的问题，不是唯心唯物的问题。这个问题是关键，到现在我们还没有解决。所以从这个角度来看，我们的讨论不要局限在"新理学"，不要从纯哲学的角度来看冯先生的问题。这是个思维转变的问题，冯先生是在考虑中国应该走什么样的路，提出"中国到自由之路"。

牟钟鉴：走有中国特色的现代化道路。

余敦康：对对对！

牟钟鉴：就是殊相和共相的真实问题。

余敦康：一直到改革开放才提出"中国特色的"，结果"中国特色"是什么我们不清楚。

胡　军：这个"中国特色"最早是谁提出的？是袁世凯，他管这个叫"特殊国情"。

余敦康：我上个月，开了一个会，"国学研究论坛"第二次会议。

牟钟鉴：你说的是不是社科院办的那个？

余敦康：对，是社科院的。我当时讲"国学的核心价值"。这个问题是冯先生一直在考虑的问题，他就讲，中国传统文化有没有一个核心价值？中国的文化的确有一个核心价值，"旧邦新命"就是这个核心价值，至于具体指什么，还没有说清，值得进一步研究。

冯先生在七十年前提出的问题，到现在还没有解决。这是我们今天来纪念冯先生《新理学》发表七十周年，最大最现实的一个问题。不要把它牵扯到哲学上，说什么"新实在论"、"新心学"、"新理学"。当时，全盘西化派、全盘俄化派，还有文化本位派，冯先生在各派之间，提出一个"新理学"的体系，其本质就是"中国到自由之路"——冯派。这就是冯先生为什么能站得住脚的最大的一个原因——冯派。

五

主持人（李中华）：余先生说到这里，的确到了我该做总结了，不然我们下面没法再说了。我觉得也不能完全排斥"新实在论"、"柏拉图主义"等的讨论，因为从冯先生的治学上来看，冯先生的"新理学"的确吸收了西方哲学的精华。

余敦康：这是不错的。

主持人（李中华）：新理学是个新的创造，就是冯先生讲的，"接着讲"，不是"照着讲"，"接着讲"就是创造性。那这个创造性从哪里来的？我想，还是冯先生自己有这样的话，不管西方的还是中国的，一个占主流思潮的是理性主义。他认为"新实在论"和"柏拉图主义"都有一个共同的倾向，刚才李真老师也谈到了，包括黑格尔，我想冯先生从美国留学回来，从西方学到的逻辑分析的方法，还是不能否定的。冯先生的"新理学"之所以能够立足，并产生重大影响，其原因之一，便是中西合璧、古今融通。刚才大家都充分地谈到了它的价值和意义。我想最重要的一点就是，它是真正的中西的结合、古今的结合。有了中西的结合、古今的结合，才能真正超越西学，也才能够跳出我们原来传统的框框。我觉得，冯先生对中国传统哲学近代化、现代化，对中国哲学转型做了一个全新的诠释，这一点上我想冯先生是第一人，别人都没有做好或者没有做到。所以，"新理学"以及由《新理学》为主的"贞元六书"是中西结合的一个产物。

刚才余先生谈到的这个问题，我觉得非常重要。余先生站得非常高，他谈到一个中西文化的问题。这个冯先生也一再讲，他到美国去，面对中西文化、中西哲学的碰撞（这个问题在上个世纪初20年代后成为一个重大的问题，出现了全盘西化的问题、本位文化的问题），他是用儒家的中庸思想。他自己也说过，他不排斥某一方，他做的博士论文讲的"十大派"，实际上都是平列的"十大派"，所以我觉得冯先生在思维方式这一点上，他没有走到极端上去。这是为什么他的"贞元六书"，或者他的文化观，到现在还有意义的原因。他真正超越了二元对立思维，没有排斥西学，也没有排斥中学。而是在中西结合的基础上，他建立起一个新的诠释、一个新的体系。"新理学"我想这是它最大的贡献。冯先生，我说他是对中国传统哲学和文化进行现代诠释的第一人，而且诠释得很成功。

所以冯先生自己都讲到的，也不是他自我批评的，他有对"新实在论"的吸收，对柏拉图主义、对黑格尔、对欧洲大陆理性主义传统的吸收。这个传统和中国传统哲学和文化的主流是统一的。所以，他接着讲要把古今中外统一在一起，所以他的体系很高啊，别人很难超过。因为上世纪二三十年代以来，我们有些人从西方学到些东西，学到些"二元对立"、"排斥"，包括目前现在一些人对历史对冯先生的解释还是二元对立的思维。他不是把冯先生的思想放在一个特定的历史情形下去考察。所以我们必须把他放在20世纪上半叶那个历史时期去考察，而不能脱离那个历史时期。

冯先生为什么作"贞元六书"啊？我记得看过一个回忆录，陈岱孙先生在回忆文章里谈到这个问题。陈先生曾经问过冯先生，为什么作"贞元六书"。冯先生接着对他说了一段话。就是《新原人》自序里面说的，大家都非常熟悉了，就是"为天地立心，为生民立命，为往圣继绝学，为万世开太平。此哲学家所应自期许者也。况我民族国家，值贞元之会，当绝续之交，通天人之际，达古今之变，明内圣外王之道者，岂可不尽所欲言，以为我国家致太平，为我亿兆安心立命之用乎？虽不能至，心向往之。非曰能之，愿学焉。此《新理学》、《新事论》、《新世训》、及此书所由作也"。冯先生这段精彩的议论，引了张载、司马迁、庄子的名言，我们几乎都能背下来。陈岱孙先生说，冯先生在写书之前，这个意思就和他谈过。所以，冯先生写《新理学》，他是带着一个使命感的。这是使命，是他在那个贞元之际的时代提出来的问题。所以，刚才余先生说得很好，它既有民族性，又有时代性。如果只抓民族性，看不到时代性，那就是本位文化；如果只抓时代性，而看不到民族性，那就成为文化的虚无主义。民族性和文化性都是不能丢的。

余敦康：如果丢了，那就忘了祖宗，那就叫数典忘祖。

主持人（李中华）：冯先生这个问题处理得非常好，既不忘记祖宗，又不忘记要发扬光大祖宗。

余敦康：既不要忘记祖宗，又要现代化，这两者地位不是并列的。不要忘记祖宗是最重要的，我的祖宗生我养我，使我有了现在的生命，我自己要生存、要发展，所以要现代化。祖宗是一脉相传的，这是最重要的。

我们现在恰恰就是忘了祖宗。

主持人（李中华）：我在一定意义上同意你。

余敦康：不是两定意义上就不同意我了。（众人笑）

主持人（李中华）：因为冯先生讲"旧邦新命"，"新命"你得有基础，你没有祖宗，哪里来的什么"新命"啊？

余敦康：对，那是最主要的。

主持人（李中华）：现在还有一些食古不化的人……

余敦康：那是少数。食古不化的人还有，但我不是食古不化的人。

主持人（李中华）：这些食古不化的人与没有时代性是不同的，所以这个问题确实没有解决。所以我们这个时候来纪念冯先生石印本《新理学》发表七十周年，这的确是很有意义的。我想这个意义一是，我们必须把冯先生的"贞元六书"放到中国近现代思潮的历史演变中来考察。这是它的时代性问题，脱离了历史，孤立地看待这个问题，甚至改变历史，歪曲历史，还抱着原来"左"的观点来看待"新理学"和"贞元六书"，就不能有一个正确的认识，因而也就不能对冯友兰先生有公正的评价。我觉得这个问题也确实没有真正地解决。所以我们今天纪念冯先生，就要学习冯先生在《新世论》里所说的"真正的中国人，过去建立了一个伟大中国，将来还要建设一个新中国"。这就是冯先生的使命感。我记得张岱年先生在冯友兰墓碑落成仪式上曾有一个精彩的演说。其中谈到："贞元六书"的哲学体系，是30年代中国学术思想或中国哲学史上的一次重大转变，为我们留下了一份宝贵的精神文化遗产，我们将沿着冯先生走过的道路，继续走下去。

余敦康：别老是看着30年代的，要关心现在的事情。现在我说一句话，梁枢你得要注意啊，我说的话不要丢，不要给我删。

主持人（梁枢）：我啥时候给您删过？（众人笑）

余敦康：重要的话，你总给我删掉。（众人笑）纪念冯先生《新理学》发表七十周年，最重要的是要有实际的效果。应该把冯先生的《中国哲学史新编》的第七卷，用大字在封面写上，在人民出版社出版。

牟钟鉴：广东人民出版社用另一种形式出版了。

余敦康：别书呆子！

李　真：那是香港中华书局先出了，他们照搬过来。

余敦康：不要打断我的话。（众人笑）

李　真：刚才就是你打断我的话，你霸占话语权。（众人笑）

主持人（李中华）：实际上我还没有说完，他把我给打断了。

主持人（梁枢）：没事，咱们有时间。

余敦康：听我说嘛！1990年，冯先生说，再也不能搞阶级斗争为纲了，必须转移到"和谐"，"仇必和而解"，这是很重要的两句话。最后呢，到了21世纪了，还是和谐好啊，冯先生说得对啊，"仇必和而解"啊，所以我们要建构和谐社会。所以说，建构和谐社会，这几个字是冯先生在1990年……

牟钟鉴：更早……

余敦康：更早的话到古代去了。冯先生在1990年的《中国哲学史新编》第七卷就提出来了。

胡　军：第七卷已经出了。

主持人（李中华）：二版有了？

胡　军：有了，我们看到了。这个问题不用再讨论了。

主持人（李中华）：咱们抓紧时间，我刚才想了几个问题，被这么一打断，都没有了。

主持人（梁枢）：发言还挺踊跃。

主持人（李中华）：余先生发言非常赞同，他站得非常高。

牟钟鉴：你别赞扬他。

主持人（李中华）：我不赞扬他，他还打断我。（众人笑）

我给他的补充就是，冯先生治学的态度、治学的方法，他学术的成功，很大意义上取决于他并非食古不化，也不是照搬西方。这一点非常重要，我们现在的学术研究没有解决这个问题，在"国学热"当中也没有解决这个问题。还是二元对立。对冯先生的一些批评当中，也反映出这种二元对立。所以我非常赞成余先生刚才讲的，讲到中国走向自由之路。既不是全盘西化，也不是本位文化。他应该是一个……怎么说呢，我们对这个问题总结也不够。到冯先生晚年，他也在积极地吸收新的研究成果。比如说，在改革开放的初期，出现了反理性主义的现代西方哲学思潮，冯先生都注意到了。

牟钟鉴：非理性的哲学思潮。

主持人（李中华）：一会儿胡军可以讲，他比较了解。非理性、直觉主义，包括叔本华、尼采的东西，包括弗洛伊德的东西进来以后，理性主义的光环就变淡了，处在一个很被动的阶段。冯先生实际上也没有否定那些直觉主义，冯先生对柏格森的生命主义、直觉主义……

牟钟鉴：还应该保留……生命主义……

主持人（李中华）：你看，冯先生是不是一个与时偕行的学者啊。他一点都不守旧，随时吸收新的东西。所以才能创造一个系统的完整的哲学体系，到现在没有人能超过他。你不能排除冯先生对西学的吸收，我们现在特别注意这个问题。"国学热"中，现在又出现一个倾向，完全是排斥，这不行。我想冯先生哲学体系最大的特点就是吸收了西方哲学的长处，接着程朱理学讲，这是一个最好的结合。这是一个方向，关键是怎么样结合，这个不能否定掉。按照张岱年先生的观点，冯先生是把柏拉图主义、新实在论这样的理性主义传统，与中国宋明理学的理性主义传统相综合，一个新的综合。做综合学术的人才能成为大家，我是这样认为的。历代哲学都要有一个综合才行，我们现在也需要一个综合，我们现在的综合还没有完成。不能完全是本位文化，现在越来越看得清楚。

冯先生讲的"和谐"思想，不能斗到底的思想，在《新编》第七卷最后一章讲到这个问题。即，仇必和而解。冯先生那时候就提出来了，很多人到现在还不接受，那就是他还是没有解决这样一个全面的人类文明发展的规律性的问题。你不能排斥，每个民族都有自己优秀的东西，这是一个多元文化的统一，不是二元对立的统一。其实冯先生治学的整个路子都是儒家讲的中庸，所以继承冯先生的思想，完成冯先生"旧邦新命"这样一个使命，为国家致太平，为亿兆安身立命，这是冯先生写《新理学》和"贞元六书"最主要的一个目的，为的是我们国家、我们民族能够在新的时代里复兴、光大。这是冯先生一生以及"贞元六书"的目的和使命。

牟钟鉴：老余讲得非常重要……老余把冯先生和"新理学"提到一个应有的高度，冯先生是从哲学的角度思考中国现代化的道路问题。不是纯粹的哲学问题，但是从哲学的高度，有一个核心的问题——共相和殊相的问题。那就是说，普遍价值，现代化所需要的普遍价值，和中国特色的问题，怎么把它们结合。现在这个问题对我们仍然有巨大的启发。有一些普遍价值，到今天还没有被认真地接受，还没有被认真落实。比如说：民主、自由、法治、人权，这些是普遍价值，这是共相。

主持人（李中华）：你不能把它们说成是资产阶级的，特权阶级的。

牟钟鉴：不是的，它是人类共有的，一个现代文明应该有的价值。但是又不能简单地搬用美国模式、英国模式，因为有中国文化、中国特色，因此，必须走有中国特色的现代化之路。哪些是中国特色？要体现。哪些是普遍性的共相？一定要落实。到现在，中国人还是很不理智，还很混乱。所以冯先生的哲学理论仍然有巨大的指导意义。我给他概括一下。

余敦康：好！

牟钟鉴：我原来还没有想，原来光是从哲学的创新层面。

主持人（李中华）：老牟，我还是想纠正一下，冯先生有纯哲学的部分。

牟钟鉴：这是我们的一个解读，现代的解读嘛。所以以前讲，提高了中国哲学之精神，这是《新原人》的副标题，我们都比较重视。但是我们现在应该把"中国到自由之路"这一条突出出来。这样的话就把冯先生的"新理学"提高了。

余敦康：我也讲两句，"为往圣继绝学"，为中国的传统文化。冯先生提到，有象斯有对，对必反其为，有反斯有仇，仇必和而解，这是张载说的，《太和篇》，和谐，这是往圣的绝学。这个"往圣绝学"有什么用呢？为万世开太平。

李　真：就是解决当前世界的问题。

余敦康：那么现在推广，为万世开太平嘛，把中国的和谐思想推广到全世界。这是中国最高的智慧啊。

牟钟鉴：这个叫——建设和谐世界。

主持人（李中华）：先让我们自己的国家致太平吧。

余敦康：不！要一起的，而且和谐不见得不是斗争。

牟钟鉴：这是冯先生对这个世界最后的遗嘱，就是这个世界不能"仇必仇到底"，一定要"仇必和而解"。中国哲学和西哲都要为世界未来走这条路做贡献。现在这点完全应验了。这真了不起，要大放光彩。温家宝2007年去新加坡时，在国立新加坡大学做演讲，明确地讲，我们现在讲和谐，一个重要的资源来自于孔子和儒学。当然，他没有讲冯友兰，这是冯先生给发掘出来的。

余敦康：这就是继绝学继来的嘛。

主持人（李中华）：这个说得非常对，但我们已把它丢得太久了。

牟钟鉴：我们丢了多少年，又捡回来，马上就显示出它的生命力。

李　真：这才是冯先生的伟大。（陈占国推门进来）

牟钟鉴：这是不会过时的。

余敦康：有些小人物，说三道四，让他说去吧。

牟钟鉴：可以不理。

余敦康：现在我从广的、大的方面，来给冯先生在现代中国百年来的历史上做一个定位。不是从纯哲学上看，哲学是很重要的，但更重要的是它不同于全盘西化派，也不同于中国文化本位派，而是走更适合于中国特色的那一派。现在我们讲"有中国特色的核心价值观"、"有中国特色的社会主义"，把有"中国特色"四个字放在前面，说有中国特色的民族性。那是民族的社会主义，可以说是现代化。有"中国特色"四个字是冯先生"旧邦新命"里一个最核心的思想。冯先生很直接地指出了这一点。中国本位只讲"中国特色"，他没有看到"新命"；"俄化派"、"西化派"只讲"新命"，把中国特色给丢了，连老祖宗、认祖归宗的事都搞错了。

六

主持人（李中华）：陈占国，该你说了。

陈占国：我来晚了，也没有听见各位的高论，我自己随便说一点。冯先生，对中国哲学，不说哲学史吧，贡献非常大，他的书谁都看得懂。

我很同意余先生这句话，我也老和别人辩论。大家都说儒家，儒家的基本精神是什么？老是讲"心性"，从王阳明到现在的牟宗三，好像儒家就是"心性之学"。现在国内有些中青年学者认为它讲得好，因为它哲学味儿浓，它和西方现代哲学，像存在主义、现象学比较靠近，所以很喜欢这些东西。但儒家的真精神，还是冯先生说的，你看先秦儒家，哪一个人，包括孟子在内，不是为天下的统一、社会的和谐、人民的安居乐业？

主持人（李中华）：就是从着眼处来建立他们的学说的。

陈占国：都是从这出发的，这其中最精要的一个就是，它（儒家）关心着天下，关心着社会，关心着人生。如果说没有这个，那就是纯粹宗教了。

牟钟鉴：能不能说就是张载的那四句话就是最核心的，可不可以这样说？

余敦康：可以。

陈占国：概括一下可以，冯先生，我记得他是这么说的，中国文化的根本精神，就是有一个以天地万物为一体，被天地万物一体之仁笼罩着。中国的精神是有这么一个大的精神笼罩着，它是天地万物一体之仁，怎么体现呢？你不关心人民，不关心百姓，不为万世开太平，不为生民立命，那还叫什么"儒家"？

所以，冯先生在哲学上我觉得最大的贡献有几点。第一点，就是《新理学》。《新理学》最大的贡献是它的方法论。就是，从西方学了一些手指。蔡元培先生到美国和他们讲，你们来美国，不是学这个、学那个，是要学那点石成金的手指头，要把那手指头带回去，不是说带些金子回去。冯先生理解，这个点石成金的金手指，就是理性分析，即西方的理性主义的理性分析。什么新实在论啊？不过新实在论在这方面用得比较充分，所以冯先生就用这个东西。实际上，他是接受了实用主义理性分析这样一种方法来"点"中国哲学。

第二点就是冯先生在《新原人》中建立的境界论。中国哲学，不管儒家、佛家、道家，都讲境界。讲人生哲学，不讲境界，那不叫人生哲学。但是之前它们一是不明确，二是不系统，到冯先生这儿，系统了。系统地把境界论建立起来了。这就是一个很大的贡献。

第三点，就是《新事论》。余先生讲了，那是一个治国纲领，在那时期给我们中国开出了一个治国的纲领。我们这个民族怎么走？走现代化。冯先生有一句话，当然是讲文学的，但是我觉得普遍地适用，"现代化可，西化不可"，我对这话印象非常深。它不只用在文学上，可以用在我们各方面上。"现代化可，西化不可"，不能够完全西化，但是不能不现代化。现代化，就是要有中国特色的社会主义现代化，这做起来很难。冯先生给我印象非常深的是，他时时关切着中华民族的命运，时时关切着中国文化的命运。他担负着这样一个使命，要实现现代化。后来冯先生写七卷本（《新编》），我始终把它当成是《新事论》的后论来读。它讲了哲学的历史，同时它还是一个历史的哲学。它是用哲学去讲历史，尤其是近

代和现代部分,充分体现了《新事论》中的一些思想,比方说第七册里的"仇必和而解",这其实在《新事论》中已经有了,里面讲"五族共和"已经提到了这一点,只是没有这么明确。就是,你到了底了,革命已经把江山打下来了,这就是革命到了底了,这就是"斗"到了底了。完了该"和"了,不能再"斗"了。再"斗"就把自己"斗"乱了,一个国家是这样,整个世界也是这样。

还有一点,要"举一事而求理",不能"设一理而限事",这也是张载的话。我们进行社会主义建设,不能"设一理而限事",说我们马克思主义怎样怎样,教条主义也好,你把它叫成左派也好,它总是觉得你这也不对,那也不对。原因就在于它那儿先设了一个理。这个理,还是个主观的理,它限定了你去做事。所以有人问我,你理解的马克思主义是什么?我说,我理解的马克思主义,就是在中国现代化过程中遇到的重大问题,哪个解决得好,哪个就是马克思主义。

牟钟鉴:这是实事求是。

陈占国:解决得好,就是马克思主义。你对港澳问题,一国两制这理论好,这方法好,这就是马克思主义。不好的,你说我从马克思理论那儿摘一段来套,我觉得那不叫马克思主义。我们也就这么逐渐地去理解马克思主义,这样,马克思主义就可以真正地慢慢地中国化了,就嫁接到我们中国文化上了。

主持人(梁枢):您这个理论也忒高了。

牟钟鉴:杨献珍就写过一本书《什么是唯物主义》,一切以时间地点条件为转移,不是口头上,而是实事上,这就是唯物主义,这就是马克思主义。这样去解释就非常好了。

陈占国:冯先生一来对中国哲学有很大的贡献,他是一个里程碑似的人物。现在可以叫"后冯友兰时代",什么叫"后冯友兰时代"?有同学问我。我说,这是个没有代表的时代,冯先生代表一个时代,冯先生过世后,没有人代表这个时代,所以就叫"后冯友兰时代"。它实际上还是冯友兰思想的延续,他影响那么大,不光是在哲学范围。他有那么高的智慧。对中国现代化,对中国哲学的现代化,讲出了那么多精彩的东西,都值得我们认真地去研究,认真地去学习,认真地去弘扬光大。而不是在那儿整天说三道四。

我们说看一个人，我们是主要要看他的思想，而不是说看他生前做了些什么事情。那是次要的。孔子生前做过什么事，我们都不知道，传下来的是他的论语，是他的思想，滋养了我们中华民族几千年。至于他生前喜欢吃什么、喝过什么，那跟我们没有什么关系。

李　真：我补充一点，冯先生讲宗教的问题。儒家说，敬鬼神而远之，子不语怪力乱神，这还是比较消极的态度，冯先生是从哲学的角度论争，哲学高于宗教。这个论述和黑格尔的论述很相近。黑格尔怎么认识宗教的呢？他说，宗教是形象的思维，而哲学是个纯思维。冯先生的说法和这个很相近。冯先生后来概括了一句，宗教是始于"性"，哲学是始于"知"，两个字就把差异概括清楚了。

七

主持人（李中华）：胡军，你来说。

胡　军：听了老前辈的发言……

余敦康：这里不止一个老前辈，都是老前辈。（众人笑）

胡　军：余先生讲的话我尤其赞同，但有一点我不同意。你老讲五四运动，不讲新文化运动。冯先生在第五卷当中讲得很清楚，这两者是不能混用的。

余敦康：对不起，刚才我在看这个东西，你刚才反对我的话没听见，请你再反对一次。（众人笑）

胡　军：好，前一次反对无效。五四运动应该提，但我认为五四运动和新文化运动有区别。

余敦康：嗯，有区别。

胡　军：我们后面讲新文化运动，民主科学都是新文化运动，五四运动是政治运动，那是外争国权，内惩国贼。

余敦康：这个好像，我没有反对啊。

胡　军：我们去年本科教学评估检查，有位先生说五四怎么怎么，我觉得还是不大对，这个时候应该讲新文化运动。所以我在想，明年我们五四运动九十周年怎么进行。肯定是引导很重要，但是我密切关心现实。今年是改革开放三十周年，明年是五四运动九十周年。今年是西南联大成立七十周年，冯先生《新理学》发表七十周年。我在昆明参加第八届冯学研究会，主题就是——冯友兰与西南联大。对我很有震动。

牟钟鉴：震动！

胡　军：完了是开幕式，因为你们这些主要人物都不去，所以我就是代表，作为主要人物在会上致辞。我说致辞太严肃，我随便讲几句，我说我在参观西南联大有两种激情支配我。第一种就是爱国主义，因为西南联大确实是爱国主义。我看了西南联大的碑文，看到一首诗，上面写了"诗人的天赋是爱，爱自己人民，爱自己祖国"。我想这在当时不管是诗人、哲学家或者别的，都把国家利益、民族利益、人民利益放到最高，任何个人，任何团体，都应该服从于这个之下。当时的西南联大，有一个算一个，不管是教授、老师还是学生，都是这样。

牟钟鉴：都很爱国。

胡　军：第二点就是学术研究至上。西南联大如果没有学术，那么一点意义都没有。当时梅贻琦有句话，"大学者，非有大楼之谓也，乃大师之谓也"。什么是大师？学问好，学问大，这样的人，西南联大确实有好多。

就是这么两点。那么这么两点之间有什么联系？后来我说了，这两点密切相关。西南联大中国最好，好在什么地方呢？抗战期间，很多人上战场拿起枪打日本鬼子。那冯先生，在西南联大，拿起笔，为中国文化未来的发展做研究，这是一种更长远的眼光。打完日本鬼子，中国怎么建设？后来打日本鬼子的那批人，他们不可能拿出更多的东西来。建设我们中国，需要一些搞学术研究的。所以，我提出一个"学术建国"的提法。从政治上讲，我们八年抗战把日本鬼子成功地从中国赶走了，赶走以后，我们中国往哪里走？这就应该文化救国。所以我同意余先生的看法，现在我们改革开放三十年，搞经济建设搞得很好，但是现在我们往哪个方向走，还不清楚。

牟钟鉴：到现在还没有解决。

胡　军：我觉得冯先生他们老一辈，在那样艰苦的条件下，从北京长途跋涉到西南。那么艰苦的条件，写了"贞元六书"，我很佩服他。我觉得他写"贞元六书"是最爱国的一种行为，应该弘扬这种思想。拿枪拿武器摇旗呐喊是一种爱国主义，拿起笔写文章，研究学术问题，也是一种爱国主义，而且是更重要的一种。如果我期望明年五四运动，如果按照我的论调，我认为应该提倡学术独立，因为我认为我们中国未来学术发展应该是争取学术独立。

牟钟鉴：大学学术之独立，到现在没有解决。我们可以给他们讲讲西南联大。

胡　军：必须讲求学术自由。西南联大有这个氛围，我们没有。所以，必须要有当时那样宽松的环境，有冯先生这样优秀的教授，独立思考，系统思考。我认为冯先生可贵的一点也是系统思考。"贞元六书"写了六本，最全的就是冯友兰先生，金岳霖先生写过两本，当时"极高明而道中庸"，作为中国文化的走向。

另外我要说的一点就是，冯先生关注的东西，现在都成为我们学术界热点讨论的话题。什么"照着讲"、"接着讲"，比如说"抽象继承法"。冯先生很强调问题意识，他知道当前的社会，人们的关系是怎么样的，接着以很简捷的形式表达出来。这一点我本人做不到，没有冯先生这个眼光。第二点就是他系统地思考，我认为我们现在大学教育缺少这种东西，老是照本宣科，满堂灌，学生也没有问题。应该有问题意识，发现问题，你没有问题，教育有什么意识。不是把四书五经背一下，国外哲学家的书抠抠字眼就可以的。

牟钟鉴：现在是教育部办大学，以官本位来办大学。和西南联大差得远啦。

胡　军：冯先生就有这样的问题意识，理解到中国目前需要什么东西。接下来就是有了问题意识，就要像冯先生一样系统地思考问题。"贞元六书"每本书都二十多万字，很有系统性。

胡　军：我觉得冯先生系统思考形成体系的方法，我们现在没有人能赶得上冯先生。所以这一点，我们必须向他学习。我再回到我刚才说的那个话题，我们中国未来的发展，经济建设是一方面，但不能把过分精力，或者完全放在经济建设上，也要文化建设。文化建设的核心，就是学术。

主持人（李中华）：我们要完全搞经济建设，同时也要完全搞文化建设。

胡　军：我们不能有两个完全嘛。只有一个完全，在这样一个完全里，经济很重要，文化更重要，学术独立更重要。

陈占国：这得好好解决。

牟钟鉴：我觉得今天的讨论很有深度。非常有深度，真的。

主持人（李中华）：要说的话很多，言犹未尽。确实，今天我们开了场很好的会。在宗璞的倡议下，我们对冯先生做了一个回忆，讨论"新理学"、"贞元六书"、西南联大、中华民族，从"新理学"到"国学"，大家的讨论很有启发意义。我想对我们当今的文化建设、国学讨论都应该有很大的指导意义。实际上现在对冯先生的重视也没有达到应有的高度。"文革"当中，北大的"批冯联合站"就建在这个屋子里。实际上批冯友兰是持续时间最长、批判最激烈的。至少到现在，冯先生的地位，在人们的心目当中，真是还没有确立。

所以我特别感谢各位百忙当中来，特别感谢《光明日报》。小罗还要费很大的工夫整理出来，再配上宗璞写的一个回忆录，在《光明日报》登出来，这样我想，很完美。

主持人（梁枢）：我再说两个技术问题。一个是余先生说，当时在上世纪30年代，冯先生思考中国文化未来的问题，有几个路径，有西化，有本位，而冯先生代表一派。这一派，你得给一个准确的概括。因为今天这个会，要承担一个历史使命，是定位问题。

牟钟鉴：能不能就叫"旧邦新命"派。

李　真：叫传统文化现代化。

主持人（李中华）：这太长，不行。原来冯先生自己有一个……

余敦康：叫文化转型派。中国文化由传统向现在的转型。

主持人（李中华）：冯先生在中西方文化论战当中，自己说自己是中道的立场。所以可不可以说"中道"派。但现在这么概括有点问题，因为用得太多，有歧义。

余敦康：老牟你来说一个。

牟钟鉴：这个我说不了。

李　真：这个问题，到现在还没有定位好。

余敦康：他是把文化的时代性和民族性有机地结合。

陈占国：老余你是对的。刚才我琢磨琢磨，一个叫本位派，一个叫西化派，冯先生这个叫"转型"派，挺好。

……

主持人（梁枢）：这是一个问题，我们饭桌上再讨论一下。第二个问题，原来想的题目叫"冯友兰与西南联大——纪念《新理学》石印本发表七十周年"，现在看这个题目要换，因为主要是谈冯先生的思想。西南联大成了一个思想的背景的东西。前面牟先生谈得比较多，余先生从大尺度揭示了冯先生的时代背景。把学理和学理背后的东西打通了。那么我想题目最简单的应该变成，就叫"《新理学》七十年"，行不行？西南联大在题目上就不提了。作为《新理学》，作为冯先生进行文化思考的一个背景。

余敦康：这个好，有现代意义。题目是行了，你下面的内容，不要给《新理学》做哲学的定位。像李真那样。

主持人（梁枢）：也做。

余敦康：要有一个时代的定位。

……

主持人（李中华）：要多元。

主持人（梁枢）：刚才那个问题，我们到饭桌上讨论。

（录音整理：罗容海）

附：潘际銮、汪子嵩、许渊冲三位先生纪念短文

西南联大学生、中科院院士、清华大学教授潘际銮

当前学术界存在严重的不良倾向：急功近利、浮躁情绪。这与我们的导向有关系，我们的学术评价体系出了问题：过分强调论文数量而不抓真正的研究成果。我们要提倡扎扎实实搞科研，默默无闻做学问。

西南联大是一个榜样，虽然条件艰苦，但大师们潜心治学，取得了丰硕成果。费孝通进行中国农村调查，在昆明郊外写下《禄田农庄》、《内地农村》等重要著作；吴大猷在昆明永丰寺装成了一套大型色谱仪，在那样简陋的条件下做研究工作，完成了专著《多原子分子的结构及其光谱》；潘光旦在昆明郊区村舍里写出《优生原理》、《性心理学》等重要著作。冯友兰在这一时期，完成了他的哲学体系，写出了"贞元六书"，是现代哲学史上的一件大事。第一本《新理学》完成于1938年，今年已经七十年了，这是很值得纪念的。

先生们不止潜心著作，还忧国忧民，尽可能地为抗战贡献力量。

1943年国家征调四年级同学从军担任翻译。梅贻琦先生之子梅祖彦、女梅祖彤都参军，梅祖彦任翻译，梅祖彤参加公益救护队。冯友兰先生之子冯钟辽也于1943年从军。他和梅祖彦当时是机械系二年级学生，不在征调之列。胜利后，他们都获得美国总统授予的"铜质自由勋章"。

西南联大学生、《人民日报》高级编辑、希腊哲学史专家汪子嵩

今天，纪念《新理学》石印本七十周年，是很有意义的。冯先生是用西方的方法建立自己哲学的第一人。他的"新理学"体系是程朱理学和西方新实在论的融合，内容很多，共有六本书组成，在当时影响很大。从哲学观点和哲学方法来看，他主要的著作还是《新理学》。他创立的"新理学"体系，把中西哲学给融合起来了，而且这个体系后来发展得比较完善，包括了很多方面。到现在为止，在中国现代哲学家中间，我想不出还有哪一位能吸收西方哲学家的思想来建构自己的哲学体系的。我的这个想

法也许不一定正确。我们有不少先生，在中西文化融合的其他方面，也做了不少工作，他们其中也有人建构了体系，但是，他们没有像冯先生这样，把它搞成这样一个全面的、完整的体系。在这方面，我认为冯先生是中国近现代史上的第一位哲学家。

"贞元六书"中有一本《新世训》，讲的是做人的道理，当时我们这些进步学生一般不喜欢。现在我的看法完全改变了，冯先生讲的许多问题都有自己特有的角度，有很高的思想水平。现代所讨论的很多问题，譬如中西文化之间的关系、理智问题、中国哲学史怎么发展的问题、人与人之间的关系怎么处理等等，都很有意义。我在联大的时候，便开始感觉和体会到政治和学术研究的矛盾。全国解放后，在经历了历次政治运动的风风雨雨以后，我终于下定决心：脱离政治，专心致志和三位同志一起编写《希腊哲学史》。在编写过程中，不免多次涉及冯先生的思想，对冯先生的哲学观点的看法，发生了根本的转变，我在《实说冯友兰》书中所写的那篇文章中，全面地谈了现在我对冯先生的哲学思想观点的看法。冯先生确实有哲人的睿智和远见。我相信他的许多观点，一直到现在都是大家还在讨论的，因为这些问题本来就是人生所面临的问题，是大家要关心和讨论的问题。

西南联大学生、北京大学教授、翻译家许渊冲

现在纪念《新理学》实在很重要，《新理学》体系的核心是境界说。冯先生主张提升人生境界，其中的重要环节就是从功利境界到道德境界的跨越。我认为，这是我们现在很需要的。"贞元六书"中的《新世训》，就是从功利境界到道德境界的过渡。这本书在当时就影响很大，它教人为人处世的道理，这是冯先生思想中的人生哲学。它对我人生观的形成影响比较全面。

中国的传统教育是重视礼乐教育，西方是重视体育和音乐教育。在礼乐的教育之下，培养出来的人可能不是强者，但他总是仁人、好人。冯先生认为中国文化的好处，是培养出来好人。冯先生是继承孔、孟、老、庄的这些思想，我也是通过冯先生深入这些思想的。

冯先生为人善良宽厚，待己也严，对人也厚。再就是他的坚强刚毅，在艰苦的条件下，坚强地活下来，争取了机会和时间，写下了传世之作《中国哲学史新编》。

國學 访谈

新国学之路

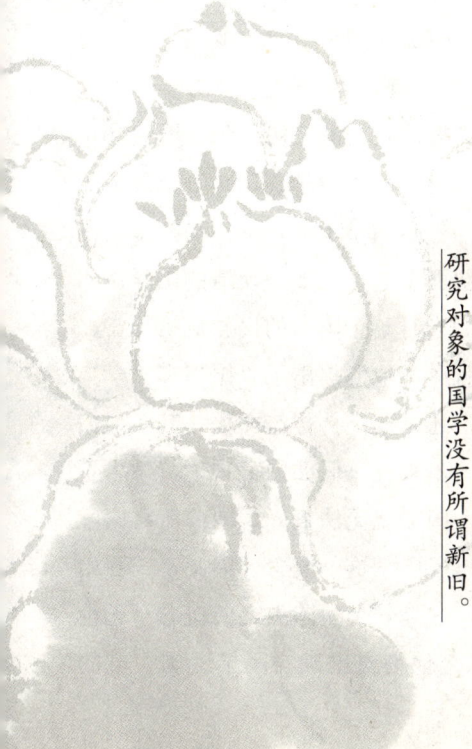

访清华大学国学研究院院长陈来

摘要发表：国学版（光明日报2009.10.26第12版）

一开始国学是个政治概念，以今天的眼光看，这是一个爱国主义的概念。胡适的说法并不对。不是先有一个『国故学』流行，然后大家省称、简称，才有了国学。

陈独秀讲，研究国学、整理国故好像是在大粪里面找香水，而我们现在是要从西方引进香水。

作为研究体系的国学才有新旧，作为研究对象的国学没有所谓新旧。

时间：2009年10月14日上午
地点：清华大学国学研究院陈来办公室

主持人：梁　枢（《光明日报》国学版主编）

　　清华大学国学研究院将于2009年11月1日举行成立大会。此时距上世纪30年代以梁启超、王国维、陈寅恪、赵元任为代表的清华大学国学院停办，整整过去了八十年。八十年间，国学饱经风霜，无论其性情还是面貌，都有了很多改变。对此，作为重新恢复的清华大学国学研究院的院长，陈来先生会有一些什么样的感触，面对梁启超等四先生所留下的思想遗产，今天的清华大学国学研究院是要"照着讲"还是"接着讲"？日前，本报记者就相关话题对陈来院长进行了专访。

一

　　主持人：老的清华国学院的起止时间是从1925年到1929年。当时也有个"国学热"，叫作"整理国故"运动。清华国学院就是在这场思想运动中诞生的。较之西方文化大举东进之前，当时国学的形态已然有了很大的变化，正进一步从古今问题演变成"中西问题"。对此您怎么看？

　　陈　来：我想从国学的观念嬗变谈起。从上世纪初，到上世纪20年代末，经历了三个阶段的变化。第一个阶段的"国学"，是一个政治的观念，而不是一个学术的观念。国学当然是指学术文化，但当初提出国学其出发点是着眼于政治。从政治的层面上讲，主要是晚清的国学派本着爱国主义的立场，提出国学的概念。当时整个国家的民族危机非常严重，他们认为国家面临着灭亡危险，就此，他们提出了"国"和"学"的关系，就是国家的形势非常危急，但还是要坚持传统文化。其实他们有点类似晚明部分士人的想法，即退一步来说，假如国家亡了，学术不亡，国家还能复兴；如果国学也亡了，国家就无法复兴。国粹派将国学的兴亡和国家的兴亡联系在一起，提出了国学这一概念。因此，一开始国学是个政治概念，以今天的眼光看，这是一个爱国主义的概念，无论你称它是民族主义还是爱国主义，总之他们自己确实用了爱国主义的概念。现在我们说国学,最早讲国学定义的是邓实,他办了《国粹学报》,用他的话来讲,"国学者何?一国自有之学也"。又说"君子生于是国则通是学,知爱其国无不知爱其学",这是说,你生于这个国家,必定要爱这个国学的学问文化,这是在很深重的民族危机里,提出这个概念的。他所说的国学是代表一个国家的文化、语言,是和这个国家的兴亡命运完全联系在一起的。

主持人: 这其中有没有西学冲击的问题?

陈　来: 当然也有,但这比单纯的学术冲击更厉害。西学冲击是两种文化之间的关系。仅仅是西学的冲击,照国粹派讲来,并不一定要亡学或者亡国。他们认为,西方的帝国主义老谋深算,要亡一个国,先亡其学,先让你的人民不知道有其民族文化。正是从这个角度出发,邓实在1902年—1903年提出了国学的概念。到了1907年—1908年,章太炎也有这个概念,他也是为了激励种性,要激励大家的爱国心。所以你看晚清这些人的国学概念,都是为了激励大家的爱国心,有一种很明显的救亡意识。通过捍卫国学、保存国学来救亡,保种保教。这是第一个阶段。这个阶段有个特点,虽然强调要保存文化,但不反对革命。这些人都属于革命派的一翼。这点很重要。

第二个阶段,辛亥革命以后到新文化运动。这个时期,国学这个概念作为一个核心词汇用得较少,但国学作为中国传统文化,其问题意识仍吸引着社会的关注。从观念上看,特别是从新文化运动开始,从1915年,《新青年》的前身《青年杂志》开始,讨论东西文化,也就是中西文化,其中就直接涉及国学的基本价值观、基本理念和基本学术倾向等问题。这些在新文化运动前后变成了讨论的中心,虽然这时国学作为关键词不太出现,但作为问题意识始终存在。所以这个阶段的国学观念主要是文化意义,不是政治意义;不是作为国家兴亡的文化基础,而是从文化的角度,批判旧文化,来发展现代中国的文化,这个阶段的问题意识突出的是文化,不是政治。

此时,从捍卫中国文化的角度的一些学者来讲,他们有个特点,虽然国学是捍卫中国文化和东方文化,比如梁漱溟说我到北大来干什么,我来是替孔子和释迦说话的,但他们并不拒绝和反对西方文化。梁漱溟、杜亚泉和《东方杂志》所代表的是一种文化的保守立场。《东方杂志》大量介绍西方文化，主张东西融合。上世纪20年代中期有《学衡》出现，可以说是接着《东方杂志》的。这种对中国文化的持守和信念，是文化意义上的，但绝非反对和拒绝西方化。梁漱溟讲，"我们今天要全盘承受西方文化"。

主持人："承受"，这个词用得很有意味。

陈　来：是的。而且梁漱溟说，我自己对西方民主科学的认识，就是西方近代文化的特点是科学民主，我提出来比陈独秀还要早一点。所以我想这是第二个阶段的特点。

第三个阶段就是1920年以后。这一时期，我认为，国学的概念就变得越来越成为一个学术概念了。国学既不是政治，也不是文化，这个跟你刚才讲的这一时期整理国故运动有关。1919年年底，胡适吸收了毛子水和傅斯年的概念，肯定"整理国故"。那时胡适的影响很大，而傅斯年等人还是学生，胡适提出之后渐渐就产生了影响，其影响所及，首先是北京大学成立了国学研究所，当时叫作北京大学研究所国学门，俗称北京大学国学研究所。清华国学院当时的正式名称是清华研究院国学门，也就被通称为清华国学院。北京大学研究所国学门成立于1922年，后有东南大学成立国学院，然后有清华大学国学研究院，接着有厦门大学成立国学研究院，还有燕京大学成立国学研究所。可以说是上世纪20年代整理国故运动推动出现了这些研究的组织和教学的机构。所以可以说，在新文化运动后期，就出现了一个运动，即整理国故运动，有点相当于今天我们的国学热。当然跟今天还是不能比的，因为它主要还是在学术层面上，也还没有形成一个全民的国学热，但学术界慢慢已经发现了研究国学的重要性，在此背景下，出现了一系列国学研究院所。

主持人：也吸引了一大批青年才俊。

陈　来：这时在学术界也讨论国学的概念。不同的人有不同的讲法。有胡适的，有吴宓的，还有东南大学把国学看作是"中国原有之学术"等等。这些都是在学术的层面上，已经既不是政治，也不是突出文化，而是怎么样发展学术研究。我讲的第一个问题就是国学的观念在从晚清到上世纪20年代三个阶段的基本变化。

二

主持人：这是一个脉络上的梳理。第一阶段是保种、保教，第二阶段是要批判或者替代，第三个阶段则是试图建立国学的一种新的学术形态。相应地，国学是否在概念定位上也在变化呢？

陈　来：这正是我下面要重点谈及的问题：关于国学概念的意义。国学概念的意义应该可以分几种。从历史上看，根据章太炎他们的讲法，国学就是中国固有的学术，刚才提到的东南大学所讲，国学就是中国原有的学术。这类讲法从晚清到民国初年一直都比较流行。至上世纪90年代张岱年先生写《国学丛书》序的时候，还是讲国学即中国固有的学术，这是流行最广的国学定义。1925年清华国学院成立的时候，吴宓在讲清华研究院缘起的《旨趣和经过》的时候，所谓国学者"乃指是中国学术文化之全体而言"，我想，"学术文化"的主要点还是在学术上，是学术形态的文化。不是泛指，比如民俗文化等等当时应没有包括在内。重点还是讲学术文化、学术形态。这是第一种。

还有一种讲法，就是在一般的意义上把国学当作传统文化，我们今天也是这样。"传统文化"的意义就比较广了，它不仅是学术形态的文化，还可以将不是学术形态的文化包括在内。不仅是民俗文化，还有其他各种层次的文化，都被包括在内。这就是整个中国传统文化的含义，这个概念就比较大。这是第二种。

但是我现在想强调的是，实际上从晚清以来到20世纪二三十年代，国学很重要的一个意义是第三种意义，即，国学是一个研究体系，或者一个学术体系。这个学术体系不是一个过去的体系，如孔子讲的、朱熹讲的体系，而是我们现在研究它的体系。比如说，最典型的就是胡适的观念，胡适在北大国学研究所办的刊物《国学季刊》的发刊宣言中说"国学就是国故学的缩写"，那什么是国故学呢？即"中国一切过去的文化历史，这是国故；研究这一切过去文化历史的学问，是国故学，简称国学"，这个讲法来自毛子水。毛子水在1919年写的《国故和科学的精神》里面讲，"国故，就是中国古代的学术思想和中国民族过去的历史"。"我们现在研究古人的学术思想，这个学问叫国故学"。胡适就加了一句，说"国故学"缩写、简称、省称就叫国学。就国学这一语词的历史来讲，胡适的说法并不对。不是先有一个"国故学"流行，然后大家省称、简称，才有了国学，语词的历史并不是这样的。但是胡适的这一个说法，显示出国学的第三种意义，就是，国学是研究过去历史文化的学问。

所谓过去历史文化的学问，不是指古人对过去的研究，而特别是指近人，近代以来我们对过去历史文化的一种研究。所以，这样的一个国学的概念就是一个学问体系的概念，就是研究中国历史文化的学问体系，这是一个国学的概念。我们所谓学科的概念和这个也是连在一起的。所以后来你看有很多人都这样，比如顾颉刚，他认为国学就是用科学的方法去研究中国历史，研究中国历史的材料。这就是说，国学就是我们现代人研究过去中国历史材料的一个系统，是以国学为一个研究的系统。这样的用法在当时是很多的，比如说黄侃。当时周作人很赞赏黄侃，说"他的国学是数一数二的"，这句话里头的"国学"不是指它的对象即传统文化、传统学术，而是指对它的研究。是指在国学是一个研究体系这个意义上某人的国学是数一数二的。按顾颉刚所讲，国学是科学的一部分，是用科学的方法去研究中国历史材料。这个科学就是一个研究的系统。林语堂也曾说，"科学的国学是我们治学的目标"，他所说的国学也不是就它的对象来讲，而是就一个研究的体系、一个学问的体系来讲。

主持人：这几个人所给定的国学概念有一个相似的结构：主体是近人或今人，对象是过去的东西，即过去的历史文化。国学就是在今人和过去的历史文化之间形成的一种学术研究的关系。它强调的是研究者立足于当下，在借鉴西方的先进的科学方法的基础上，去研究过去的东西。

陈　来：毛子水在上世纪30年代的时候回顾这段历史，他表扬胡适所写的《发刊宣言》，认为民国十二年（1923年）以后，国内的国学之所以有一点成绩，这与胡适的这篇文章有一定关系。他所说的"国内的国学之所以有成绩"这句话中的"国学"，不是指作为对象的国学，而是指"国学的研究"这个体系。另外，就外延来讲，因为国学同时已经开始作为一个学科的意义出现，就是在北大成立国学研究所的时候，已经开始招研究生了。这个学科的概念当时有个规定，就是"凡研究中国文学、历史、哲学之一种专门知识者属之"。这是国学的范围。即不仅仅指文学，也不是仅仅指历史或哲学，而是只要是研究其中一种的，都属于国学的范围。

主持人：这种分析对于我们准确把握国学于近代以来的变化很有启

发性。

陈　来：关于研究体系的国学，在近代（从晚清到清华大学国学院成立）的衍进也可以分为三个阶段。第一阶段是延续了清代的考据学、训诂学，这是一个重要特色，另外，加了一些近代的意识，比如说，认为经学和子学是平等的。按照古人的观点，经学是最重要的，但清朝的观念已经开始慢慢变了，到了晚清，章太炎、刘师培等人的国学研究作为一个研究体系，一方面继承了清代的考证学、训诂学作为方法，另一方面就研究意识来讲，已经具有了近代意识，就是不突出"经"，而比较强调"子"，并且在"子"里面对孔子有所批评。当然他们后来有些变化，比如章太炎早年"订孔"，对孔子有责难，但晚年又收回了。这些都体现了近代意识，即，把经学的地位拉低，把孔子的地位拉低，这是从晚清开始一直到民国初年，国学作为研究体系的基本形态。这个形态对后世的影响还是很大的。现代人一提起国学，想到的就是考据学、训诂学等"小学"，其实这只是国学在近代的第一阶段的一些特征。第二阶段可以说是强调科学方法和疑古思潮的。这当然都跟北京大学有关。胡适是特别强调科学方法的，此外在新文化运动的影响下，很多其他人也非常重视科学方法，比如毛子水，也是很强调科学方法。实际上，科学方法大家都不反对。这个科学方法与晚清到民国初年的考据学、训诂学方法有所不同。虽然胡适说考据学、训诂学当中有一些科学的方法，但总体来讲，他所讲的科学方法不是清朝人的那种训诂学、考据学，而是有了一些新的方法，特别从西方学术而来的一些方法。除了科学的方法之外，就是疑古的思潮，是这一阶段的国学研究，特别是胡适、顾颉刚他们的研究的一个特点。这个疑古思潮是与当时整个新文化运动对传统的批判、怀疑有关。人们对中国古史、史料提出许多怀疑，这种质疑也开发了许多新的研究领域，促进了史学的发展。

主持人：您说得很对。其实疑古思潮也是整理国故的一种方式，是对过去文献的一种新的解释，只是在学术倾向上有一种强烈的批判和怀疑的态度。

陈　来：考证学、训诂学加上近代意识，例如《国故论衡》，这些东西已经是带有新的特色了，而科学思潮加疑古思潮，比第一阶段更进了一步。它强调科学思潮、疑古思潮，同时也强调整理古代文化，这种意识已经更新了,所以说其形态也已经是一个更新的发展了。

主持人: 这种"新"是不是说从他们的学问里面能感受到"他者"的存在,即以西学作为参照系?另外,就是站在今天的立场上重新解读传统?

陈　来: 是。在章太炎那个时代,考据学、训诂学加近代意识里面虽然也有一些西方的东西,但那些西方的东西更多的是属于"革命",因为革命,所以把经学、孔子的地位拉低,而不是突出学术。但是到了科学、疑古这一阶段,它是配合了科学和民主的呼唤,西方的东西是从文化里面出来的,文化意义上的西方作为对立面。

主持人: 那么第三阶段呢?

陈　来: 第三阶段就是清华国学研究院突出代表的、借用一个较有争议的概念来讲:汉学化的国学。汉学化的国学是什么意思呢?其实就是世界化的,就是跟世界学术的研究接轨、合流的一个新的国学研究。例如王国维所实践、由陈寅恪提出的大家熟知的"把地下的实物和纸上的遗文互相释证"、"外来的观念和固有的材料相互参证"、"异国的故书和吾国的古籍相互补正"三种方法,这些方法可以说都是与当时法国和日本的汉学、中国学的研究的方法是一致的。所以,这就像清华国学院陈寅恪所注重的、和清华国学院不仅在宗旨而且在实践上强调的,如何利用东方的古语言学、比较语言学来研究中国文化。当时的欧洲人和日本人都用了这种方法对中国的古学做了很新的研究。第三阶段的这种以清华国学院为代表的世界化的国学是新的国学研究的进一步展开,可以说,它真正落实了一个新国学运动的展开。在第二阶段所讲的科学方法和疑古更多的是观念上的,而没有落实到学术实践上的卓越发展。

主持人: 就是说在方法上、研究的精神上以及取向上为第三阶段做了准备。

陈　来: 是的。第三阶段还得益于这一阶段清华国学院的核心教授,如王国维等人,是世界承认的最好的国学研究者。这就涉及我接下来要讲的国学家的问题。国学研究作为一个体系就涉及国学家。比如刚才所讲的第一阶段,考证学、训诂学加近代意识,是以章太炎为代表的,这在当时是比较新的研究,因为当时他是要求革命,意识很进步,要推动历史。下一阶段,就是北大从1913年开始到1920年,这个时代的国学学者是太炎门

人。当时,整个北大文科主导的是太炎门人。在新文化运动作为一个文化观的意义上来讲,胡适是一个推动者;但是就北大的国学研究来讲,胡适还不是主导,主导的是太炎门人。所以,北京大学国学研究所成立于1922年的时候,是沈兼士做主任,基本上是太炎门人为主体。太炎门人比起太炎,有他们进步的一面,比如:对白话文运动的推广,这与新文化运动是合拍的;对民俗文化的一些重视,这也是与新文化运动能够合流的。但总体来讲,他们的国学研究方法受太炎治学方法的笼罩比较严重,所以说,他们还没有放开了像第三阶段那样把新的东西引进来。举一个例子,章太炎就反对甲骨文研究,而王国维则是甲骨文研究起家。这就看出来,像章太炎的这种国学研究在上世纪20年代已经落伍了,新的国学要往前发展,一定要从世界上各个方面来吸收研究方法和研究成果。

主持人:就是说,没有以"他者"作为参照系、没有以现在的时代为坐标的学问,就必然要让给能以"他者"为参照系、强调科学方法的新的国学研究。

陈　来:就是这样。北大当时整个文科都是章太炎的门人主掌的,可是今天想起来,他们中有哪一位是特别特别重要的呢?学术上大家特别强调他的贡献?比如沈兼士这样的人,显然和王国维、陈寅恪等人是不能相比的。

主持人:我注意到了,您所说的重要还是不重要不是指老百姓知不知道。实际上这些人在老百姓当中的知名度也的确不如王国维、陈寅恪他们。不过您刚才说的是在学术上。

陈　来:我们从近代学术史上来看,他们的成就也是不如。

主持人:所以从这个来看,也反映了学术转型。

陈　来:太炎门人的学术虽然已经是一个近代学术了,但是步子迈得还不够快。因为这个时候欧洲和日本的汉学研究已经很厉害了。其实胡适他们已经看到,都是很感叹、很着急,像陈垣,都非常着急。

主持人:清华四先生也应该看到了。

陈　来:那当然,因为清华四先生本身,比如王国维,已经跻身于世界一流的研究者当中了,这是当时的人们比如伯希和,都承认的。

主持人:也就是说和当时的汉学家们有交流。

陈　来:有交流,而且交流得很多,并得到了世界汉学的尊敬。

主持人：那交流的方式是什么？

陈　来：一是王国维他们到日本去，有一段时间他们住在日本，罗振玉和王国维把甲骨文也带到日本，一起进行研究，这是一方面；另外，跟伯希和他们也见面，那时候跟欧洲和日本的学者之间的往来还是不少的，桑兵的著作里面提到了很多。

国学家第一代是以章太炎为代表，第二代是太炎门人所代表的北大学者。当时还是以考证学和训诂学为主。也有一些新的文化观念，比如白话文运动等等，但是就学术研究来讲，当时还没有走在最新的国学上头。第三阶段的代表是王国维。我们刚才所讲的三个方法，他的视野，他的研究成绩，跟当时世界第一流的研究是一样的。国学不是关起门来研究的，而要看看世界上是怎样研究的。其实胡适当时是有这个心，可是胡适受到新文化运动观念影响太大，这使他不能没有束缚地去追求国学的学术研究。所以我们可以看到，王国维是近代国学家在第三个阶段的代表。

三

主持人：如果用今天的标准来衡量，陈寅恪初到清华的时候，还没有什么学术成果，有的只是新的学术视野和观念。

陈　来：他的视野、观念和方法跟王国维是一致的。所以他跟王国维之间特别能够交心。

主持人：他是带着新的视野、方法踏进清华大门的。

陈　来：对。所以到上世纪30年代，只有他才代替了王国维的角色，成为世界汉学、国际中国学共同认可的最高水平的新国学研究者。这就是陈寅恪。所以说，虽然他的成果后出，但路子是一致的，这个路子就是，它始终跟世界上的中国研究、汉学研究连接在一起。所以说，它始终是一个开放的研究视野，它不是排斥汉学，排斥外国人研究，自说自话，而是要在整个世界的学术联系里面建立它的学术地位。

主持人：今天来看，这种学术态度也是值得提倡的。

陈　来：有学者用"汉学化的国学"来描述清华国学院的学术，这个讲法虽然不恰当，但是它体现了当时清华国学院的一个特点，意在说明它的学术视野是世界性的。因为中国研究在近代以来已经不是中国人的独家

专利，而是已经变成一个世界性的学问，而且人家的研究不见得比我们差。胡适曾经讲，外国人用那个方言实验的方法，把我们三百年的古韵研究都超过了。这是胡适讲的话。所以，在这样的问题上，一定不能够夜郎自大，一定要站在一个非常开阔的世界性的研究视野里面，这样我们的国学研究才能够真正达到理想的水平。

除此之外，文化观也很重要。就像我们刚才所讲，像北大国学研究所（包括胡适）之所以在国学研究上没有取得最好的成绩，其中有一个因素跟新文化运动的文化观的影响有关系。新文化运动观的主导倾向是批判传统文化、反传统文化，这在当时虽然有它的必要性，可是在学术上也有一些影响。这种影响就是人们不能理直气壮地去研究中国文化，它使研究中国文化没有一个文化观的支持。整理国故的运动就是一个复杂的运动。整理国故本来是一个真正能够走向学术的研究、得到很多学术成果的运动，可是在这里，从一开始就有一些新文化运动的反传统声音来影响它，比如说，认为研究国学虽然不是一点意义也没有，但是意义不大；比如陈独秀讲，研究国学、整理国故好像是在大粪里面找香水，而我们现在是要从西方引进香水。

主持人： 这话忒损了。

陈　来： 胡适本来是赞成整理国故的，因为胡适作为一个学者，他了解当时汉学发展的情形，知道国学研究应该有一个大的发展、新的发展，所以他提出整理国故。但是后来他没办法，因为他是新文化运动的一个领袖，于是就说整理国故是为了"打鬼"、为了"捉妖"、为了解剖中国社会的文化病象。在这种文化观下，国学研究没有一个理直气壮的东西来支持它，我觉得这是一个很重要的问题。要有一个恰当的文化观作为基础，比如刚才讲的吴宓、学衡，吴宓是清华国学院的创始人，他是学衡运动的主要领导者，倡导"昌明国粹，融汇新知"，就是说中西要融合。中西融合，就会各有地位，而没有文化的自卑感。如果觉得中国什么都不是，那研究国学干什么呢？就没有底气。所以你看，清华国学院的几位导师就没有文化观的这种束缚，比如梁启超，他也是讲中西融合的，王国维更是突出中国文化的重要性，陈寅恪也是一样，在文化观上都是一致的。所以我想，这里有一个经验给我们，就是要有一个文化观作为底气来支持国学研究，这个国学观再加上它的新的方法，才能真正出成果，这是我们回顾的结论。

至于讲"新国学"。新国学这个概念在20年代已经有了，比如20年代有一个人叫刘复，当时他在日本留学，他说当时日本人的看法是这样的，他自己的看法也是这样的，就是认为当时整理国故已经是一个"新国学之发生"。新国学当然是指作为一个研究体系已经有一个新的形态、新的方法的进步。所以我们今天在讨论国学的时候也是要把新国学的发展过程、阶段、经验做一个总结。我觉得清华国学研究院是新国学运动里面最后的、可以说是有代表性的、开花结果的环节。

主持人：这就是说，清华国学院走的是"新国学"的路子。

陈　来：对，作为研究体系的国学才有新旧，作为研究对象的国学没有所谓新旧。只是我们研究的眼光、我们的方法有新旧。国学研究在近代以来其实已经都是新的了，都不是完全传统的了。从章太炎开始，到太炎门人，到清华国学院，它是越来越新，这种新是指它在文化意识、方法观念方面能够结合西方的、世界的中国学术研究潮流。

应该说，清华国学研究院开创了清华文科研究的黄金时代。它构成了老清华文科辉煌发展的一个新的阶段和示范。1929年清华国学研究院停办，这时候清华的人文学就按照分科的系统来发展了，办了分科的研究所，不再有笼统的研究院了，而是随着系分科了。这种分科的发展在上世纪30年代到40年代期间也创造了它的辉煌。因为虽然是分科，但是它的精神、它的学问宗旨、它的文化观，还是秉承了中西融合的路子，还是跟着国学院这个示范、这个先导范例继续走的。它的学术也可以看成是对清华国学研究院的光大和延续。

主持人：清华国学院是一个不分科的国学院。到了后来，进入了分科时代，也就是后国学院时代。说到这里，您能否谈谈张岱年先生和冯友兰先生，这二位都是您的老师。

陈　来：冯先生是1928年到清华的，应该说他是赶上了清华国学院的尾巴。当时国民政府任命罗家伦为校长。罗家伦担任校长的第一件事就是宣布"国立清华大学"成立，原来没有"国立"这个名字，因为清华原来是用庚子赔款建立的学校，而罗家伦就是要突出民族意识，所以将其更名为国立清华大学。罗家伦做校长，带了两个人，都是其美国留学的同学，其中一个就是冯先生，冯先生做秘书长，所以冯先生赶上了清华还有国学

院的这一年。当然，冯先生自己并没有参加国学院的工作，因为清华国学院的后期已经是以陈寅恪为主。1927年王国维去世，1929年梁启超病故，所以很多事情就交由陈寅恪管理。冯先生当时对这段历史应该是有所了解的。就冯先生的研究来讲，应该也是与此相合的。王国维有一个方法，陈寅恪总结为"外来观念与固有材料相参照"，而冯先生的哲学史应该说是外来观念与我们的固有材料结合起来的分析，从方法上来讲是一致的。冯先生后来讲，从信古到疑古到释古，清华所处的是释古的阶段，冯先生也把自己放在释古派里面，这说明他也把自己放在后国学院的时代里面，即，他不是疑古的，而是释古的。释古怎么个释法？就是陈寅恪总结王国维的那几条：相互参证，相互释证，相互补正。冯先生的讲法其实主要就是根据清华的经验，他自己也认为他的哲学史就是采取了释古的方法，比疑古的方法更进了一步，这个方法其实就是从国学院到后国学院期间整个清华研究的方法。

主持人：释古、疑古、信古这三个阶段是冯先生提出来的吗？

陈　来：是的，冯先生到欧洲开会，介绍中国史学研究的最新发展时，就介绍了这三个阶段。当然今人也有不同的解读、不同的看法，这个没关系，我想冯先生所讲确实有他的道理，因为他是当时上世纪30年代后国学时代清华人文研究的主要代表之一。

至于张先生，他是1933年来清华的。就张先生的哲学思想来讲，他不是直接与清华传统有关系，而是张申府先生一脉下来的。张申府先生在后国学院时代也是在清华哲学系教书，这时候吸收了很多马克思主义哲学的新观点，但是就文化观来讲，张先生提出"综合创新"、"创造的综合"，这是合乎清华传统的。他不是像新文化运动开始的时候那样一边倒，以批判为主调，对中国文化不能说好话，只能说坏话，而是强调综合，在综合中还有创造，这与整个清华国学院的文化观是一致的。

四

陈　来：最后我要讲我们新的清华大学国学研究院。当然，我们是要总结历史经验，继承老的清华国学研究院的那种新国学研究的精神和方法，同时，我们今天还要再往前走一步，时代毕竟不一样了，现在是一个中国崛起的时代。

主持人：这是一条由清华前辈开辟的"新国学"之路。沿着这条路接着走下去，这是今天我们做出的选择。

陈　来：今天我们学术的积累跟上世纪初有很大的不同，特别是改革开放以来，我们国家的人文学术研究，特别是对中国历史文化的研究有着长足的进步。随着中国在世界上地位的提高，我们的大国地位应使我们有实际上应该发生的影响。毛主席说，中国应当对人类有较大的贡献。现在我们就面临这么一个新的时代，就是中国应当对人类有较大的贡献，这是讲未来，不是讲过去，过去我们已经做很大的贡献了，毛主席那话是讲，在未来我们应做较大的贡献。从这个角度来看，清华国学院的宗旨一方面是继承老的清华国学院，另一方面是进一步发展。今天为什么要叫国学研究院？国学研究院当然是继承清华的老品牌，是它精神上的延续，另一方面，我们用国学就是要突出一个民族文化的主体意识，就是文化的主体性。外国人研究汉学没有我们中国人这样的主体意识，甚至可以说，西方的汉学是西方学术的一部分，但是今天中国人研究中国文化、中国历史，这是中国文化的一部分，是要突出我们中国人的主体意识、主体理解。

主持人：也就是说中国文化的主体性建构。

陈　来：我们新的清华国学院希望怎么来继承呢？八个字：中国主体，世界眼光。"中国主体"是要突出中国人研究理解的主体性，要突出我们中国人对中国文化历史的理解，要理直气壮地突出我们自己对民族文化的理解和研究方法。我想，这个时代应该是慢慢到来了。但是，这个中国主体不是一个孤立的主体，我们不是排外的、拒绝外部世界的、封闭的。世界眼光就是我们从老清华国学院继承的观点，这个眼光让我们不仅仅向世界汉学开放，也向整个世界学术开放，我们今天研究中国文化不仅要吸收汉学的研究成果、达到汉学的水平，我们还要吸收西方一流的人文学、哲学、社会学所有的营养，我们要做出更好的研究成果，领导世界的潮流，我们要使我们自己不仅与世界合流，而且成为主流。这个我觉得是我们新时代中国国学研究所应当有的一个志向、宗旨。

主持人：新国学在今天新就新在，一方面，坚持世界眼光，用他者作参照系；同时有所不同的是，有新的时代感，就是中国人的主体意识。这八个字，是对清华前辈留下的丰厚的精神遗产在今天的一种解读，也是未

来自己发展的目标。那么,您如何落实这些东西?比如建制、研究方向、研究人员、教与学的关系,在这些环节怎么落实?

陈　来：体制还要再摸索。现在我们是应用国内比较流行的研究院体制,主要不是作为教学实体,而是打造一流的研究平台,人员是流动聘任,大概是这样,用清华的讲法,这算是一个"体制内的特区"吧,但是如何具体做,还要再摸索。

主持人：在研究方向上有什么重点?

陈　来：还是文史哲吧。刚刚开始我们还是叫总结经验、发扬传统,我们最近期的课题是要总结老的清华国学院的历史,先把这个工作做好,这段历史前人做了不少工作,我们现在要进一步做一些工作。清华国学院有七十个毕业生,有好几十个都是大家,比如王力、陆侃如、姜亮夫,但很多人的资料没有很好地收集,我们现在要收集他们的资料、他们的手稿,把所有清华国学院毕业生的资料每人编一本,合起来叫《清华国学文存》,这一类的工作是我们的第一步,以后再陆续按照主要是文史哲三个大方向展开。

主持人：重点的学科建设是什么?比如人大国学院有"西域学"。

陈　来：边疆民族史我们也不忽视。我们新办了一个杂志叫《清华元史》,我们的核心教授中有专门研究蒙元历史的学者,因为王国维在清华的时候主要做的是边疆民族史,所以这个也是清华的一部分。这样的学科本身也是一个世界化的学科。

主持人：但是您的研究重点是宋明儒学。

陈　来：我们也会比较注重哲学思想的研究,比较注重哲学思想对于中国文化研究的整体的把握,但是也不会将其变为单一的哲学研究。

主持人：从体制上,和老的清华国学院比,不同之处是什么?

陈　来：老的清华国学院是以招研究生为主,这是很不一样的。但今天的体制不能再按这个方向,因为今天都是分科、系、院招研究生,有研究生院。老的清华国学院等于是研究生院国学系一样,但今天不能走这样的路了。在体制上我们要创新,力求新的方向,探索怎么样在一个研究平台的建设方面多发挥一些作用。我们核心教授的教学都是在系里,比如我在哲学系既教书又带学生,用个比喻,有点像基地一样。

(整理录音：吴　宁、张凯作)

第四单元 「中西马」对话实录

儒学与伪善主义
官方儒学与草根儒学
价值普遍主义：合理不合理？
国学是"理论"还是"看法"？

访谈手记

每一个关注国学的人，在今天都是一个多重"对话者"："我"在与古人对话的同时，其实也在与文化的"他者"对话；而由于"我"的在场，古人与"他者"不也在对话么。

与他者的对话，让我们认识自己，与古人的对话，让我们认识传统。而传统，不仅是遗产，更可以成为资源。

思想是活的、生机勃勃的，每一次对话都是思想的一次脉动；文化是开放的、充满张力的，每一次对话，都是文化的一次呼吸。

以国学为主词的各种讨论正在广泛开展，这是目前的形势；把国学版办成多重对话的平台，这就是我们的任务。

以上这段话是2008年年底，我应王玮之邀，为《中华读书报》"国学"版创刊号撰写的"发刊词"。这篇短文集中地体现出，历经近三年的《国学》版办刊实践，我心底里最真切的感受。这种感受如果只用一个词来形容之，那就是"对话"。数月之后，在李德顺、张曙光、牟钟鉴等先生的积极支持下，对话这个词在"中西马"学者关于儒家的讨论中，再次成为关键词。

儒学与伪善主义

国学访谈"中西马"对话实录（一）

摘要发表：国学版（光明日报2009.6.1第12版）

我觉得我们搞国学、搞中国文化研究时，太缺少科学的自我批判意识，讲国学不应该是企图把人导向往回走，往后看，复古倒退。

一个人一辈子都做好事，不做坏事，可临死时却告诉人们，他做一辈子好事其实都是做给人家看的。

我不认为儒家只是一个政治化的官方的思想，它原来就是民间文化。

现代化的过程中，传统优秀文化与道德价值还是我们的基础。这是我们对民间儒学再生的期待。

时间：2009年3月21日上午
地点：北京师范大学价值与文化研究中心会议室

访谈嘉宾：
牟钟鉴（中央民族大学教授）
李德顺（中国政法大学人文学院教授）
陈　来（北京大学哲学系教授）
郭齐勇（武汉大学中国传统文化研究中心教授）
张志伟（中国人民大学哲学院教授）
张曙光（北京师范大学哲学与社会学学院教授）
李景林（北京师范大学哲学与社会学学院教授）

主持人：梁　枢（《光明日报》国学版主编）

　　主持人：今天的讨论是一个多学科的碰撞和交流，希望大家畅所欲言。首先请各位就"儒学评价的理论方法反思"问题交流观点。这个问题之所以列入我们本次会议的主要议题，是因为在座的有两位老师都谈到这个问题。李德顺老师在他的《与改革同行》一书中，有一篇在社会上很有影响的文章，题目就叫作《考察传统文化的一个方法问题》。然后是牟先生，几天前在接到我们会议议题提纲的时候，建议我们应该对儒学评价的理论方法问题进行讨论。从李老师（李德顺）那篇文章也可以看出来，他的观点、结论是和方法联系在一起的。这使我想到，如果我们的讨论能够进入到方法这个层次，肯定比一般的观点性讨论要深入。所以我们把这个问题列入今天的讨论。

　　学界一般认为，儒学在其漫长的历史发展中先后扮演着三个主要角色。一是先秦诸子时代百家之一，以倡导仁学为重要特征的一种学说；从汉武帝至19世纪初，大概的提法是国家主流意识形态；19世纪以来则是传统文化的代表。我们注意到，在儒学充当国家意识形态的历史时期中，有一种与这一历史时期一样漫长，而且至今仍然在发挥作用的思想现象，总是被与儒学联系在一起，我们权且把这种思想现象称之为伪善主义。关于这种伪善主义与儒学的关系，最有代表性的表述就是"满嘴仁义道德，一肚子男盗女娼"。那么这种伪善主义与儒学到底是什么关系？就这个问题2006年我曾请中山大学的李宗桂老师和今天在座的郭齐勇老师做过一次对话。我简单介绍一下那次讨论的主要观点。大体上，郭先生认为，伪善主义用儒学做遮蔽，但是与儒学本身没有关系；李宗桂老师认为，这种伪善主义是一部分人对儒家仁爱思想的一种异化，而儒学对这种异化的产生缺少免疫力。李德顺老师的思考则进一步深化了。他在文章中提出这么一个概念："言与行的二元分裂型人格"，即言行不一致，相互脱节——原因之一就是在儒家思想体系中包含着某种隐性的缺陷。之所以叫"隐性"，我的理解是，这种缺陷只有在充当主流意识形态的时候才会充分显现出来；换言之，封建宗法专制主义制度使得儒学的这种缺陷成为必要和可能，并从隐性转为显性。

问题的实质在于：这种伪善主义是儒学本身造成的，还是儒学在社会推广过程中造成的，或是其他原因造成的？打个比方，伪善主义是一种病毒。那么这种病毒是儒学原生的而被封建制度诱发的，抑或寄生于儒学身上并借助儒学向社会传播的，还是跟儒家没有关系？这是问题的焦点所在。下面就请各位先生发表高见。

（暂时的沉默）

张曙光：始作俑者先说。

（众人笑）

李德顺：我怎么是始作俑者？

（众人大笑）

主持人：您和牟先生。

李德顺：老牟（牟钟鉴）先说。

牟钟鉴：您（李德顺）先说，您先说。

（众人笑）

搞现代国学，我主张要有三个反思

李德顺：我抛砖引玉吧。我的情况似乎比较复杂，其实我是非常积极提倡中国当代国学的。在跟外国学术交流的问题上，我总是在强调中华文化的主体性、中国人自觉意识的主体性等。在这点上我很坚决。何兆武发表《学无中西之分》以后，我也发表了《"学"何以分中西》，提出不要把这种区分看得毫无意义。我说西方的文化霸权主义很重要的一点就是学科与学说不分。比如哲学是在他们那儿首先定型的，就说哲学只能是他们那个样子，并且敢说中国没有哲学、其他地方没有哲学。我讲学说与学科之分，是比较彻底地跟他们争夺平等的对话权。我觉得我们中华民族、中国学界面临一个重新振兴的时机，应该拿出自己的思想文化理论来。不能要么天天赶时髦，去拾洋人牙慧，把洋人的东西直接当成自己的东西；要么停留在只会"吃祖宗饭"这个水平，开口闭口都是古旧的东西，并把中国的东西和古代的东西、把文化与过去的文章言说简单地等同起来。我把这两种倾向归结为一个叫"向外看"，专看人家有什么；一个叫"向后看"，专看过去有什么。有人甚至认为一切好的东西中国过去都有了。"三十年河东，三十年河西"，现在该是儒家文化拯救世界啦……这两种看法实际上都看不见或者看不起现在的中国人，不承认现在中国人的文化权利和责任。

我主张，不管是向外看，还是向后看，最终都为了立足于当代中国人，向前看，向前走。而且我不认为中华文化传统有什么"断裂"。可能中间有一些转型，重点与中心会随时代变化有突出的变化。但是现在的中国人，活着的中国人，就是在中华文化的胎液里泡出来的，就是中国传统文化的承载者。我们身上的优点与缺点，都是中国文化和我们的传统造就的，不能割断历史来说它。

我的说法基于对文化的本质界定——文化就是"人化和化人"。我们中国人是中华传统文化"化"出来的。但是我们不能因为现在中国的国情和国人，与过去某个学说、某个观点不一致，就说它们和中国传统文化没有关系。这前提就是不要把把中华文化窄化、简单化、单一化了。

搞现代国学，我主张要有三个反思或三个自觉。

第一是对象的自觉。作为对象，我们讲中华文化、传统文化时，究竟应该定位在哪儿？是定位在历史，定位在文化，定位在人，还是简单地定位在某个学说、学派体系上？不要一讲传统文化就讲国学，一讲国学就讲儒学，就是说，中华文化、国学、儒学这三个概念之间的过渡不能那么草率。按我的看法，中华文化、中国人自古以来的生活样式，要联系中国的整个历史和中国人的整个现状来看，不能简单地用某些言说来代替。而言说又有很多种，不能完全归结为儒家。否则就与中华民族实际的情况有出入。中华文化是"海纳百川、有容乃大"，或者"大象无形"的。因为它特别不固定在某一种形式上，就像中国人可以把三个教的教主塑在一个殿里一样。塑在一个殿里表明我们的"宗教"很不纯、很不诚。但是这不纯和不诚的背后，有一个中国人自己的"以人为本"的自主意识在里面。这是孔夫子教给我们的智慧，对神存而不论，把重点放在人身上。孔夫子教会了我们这样一种智慧。

从宗教学观点看，也许我们不太认真。但是从以人为本这点来看，它实际上形成了一个传统。这个传统虽然也有些毛病，比如实用主义、马马虎虎、不精确、不严谨等，但是它实际上造成了中华文化的一种风格。这种风格在哪个本子里呢？它在孔子的学说，在老子的学说，还是在墨子的学说里能找到确切的根据吗？它实际上不是单一的。

就儒学来讲，是不是也有几个不同的阶段？就是儒家、儒学和儒教有不同形态。说儒学的时候，你是指哪种形态？比如孔子时确实是百家的一家，后来他的弟子阐发、深化他的思想，而用它一统天下，变成国家意识形态的时候，它就发展成为另一种样态，它在社会上的作用也是另一种样子了，要和最初的学说区别开来。目前讲国学特别是儒学的时候，我觉得目标和对象缺少统一性，随意性很大。谁想说哪段就说哪段，谁想说哪一点就说哪一点，讲来讲去好像这个对象脱离了中国人的历史、中国人的生命和中国人的现实。脱离了这些的时候，这些说法的随意性就太大了。所以作为对象需要反思。

第二个是方法的反思。同西方学术的传统比起来，我觉得我们搞国学、搞中国文化研究时，太缺少科学的自我批判意识，往往是用价值意向代替科学论证。张岱年先生说中国哲学"一天人，合真善"，"重了悟，轻论证"。把什么东西都混在一起，最终往往就是表达一种价值取向和价值诉求，而对它的基础和意义这些东西缺少科学的、实证的说明，成为一种无法讨论和检验的东西。就像一个从事科学研究的人同一个抱宗教信仰的人去讨论宗教，就没法在同一个层次上对话。信宗教的人认为这一切自然就是对的，你要是追问它的前提、逻辑，他就会觉得你不尊重他，你就是反对人家的宗教。因为缺少反思与批判，经常就是用想象中的、理想化的解释与解读来阐述它的现实意义，而不是找它本身存在的基础和内在的逻辑，然后看这基础和逻辑与现实是什么关系。这样的结果就是在一些问题上，说的、做的和在历史上达到的实际效果统一不起来。

不顾其他，一味地热衷于道德教化，这就是儒家的一个重要方式。它不但与马克思主义无关，甚至也不是现代社会的方式。在一次会上，有二十多个国家的学者在场，谢地坤向他们问了一个问题：现在你们国家的政府怎么讲道德？回答说政府不讲，都是老百姓在讲。

儒学在现代生活中的影响其实还是很深很大的。比如，有些人的内心深处就总有一些过去的包括儒家的东西在关键时刻起作用。像人治主义的观念；人身依附（"谁是谁的人"）观念；"仁者在位，能者在职"（能干活的让他去干活，然后让贤者去看着他、管着他）的用人原则；讲管理国家和社会要像火（火挺凶，吓得人不敢摸），不要像水（水看上去很柔，但淹死的人多）的诀窍；还有"水可载舟，亦可覆舟"，把自己的政权、把执政党和老百姓的关系讲成舟和水的关系，有点防民之口甚于防川的意思，等等。这些在理论上与马克思主义所讲的共产党的宗旨完全不是一回事。而真实起作用的所谓隐性的潜在的价值观念和思想理念，还是有些旧的东西。不少人特别习惯于说这些东西，翻来覆去，总是看着这些东西最好，离不开它们。比如有些搞伦理学的说，三纲不好，五常是好的，仁义礼智信是应该提倡的（好像还有部门组织编了一套"仁义礼智信"的书）。后来干脆说三纲也是好的，咱们现在社会的问题就是君不君、臣不臣、父不父、子不子，等等。就是说，他们总绕不开这个角度和思路，充满了强烈的道德教化意向，而完全缺少科学的、逻辑一贯的自我批判和自我论证。所以我说要估计到这些东西的影响，应该把研究国学看作是我们民族思想、文化、精神理念的一次自我反思和自我超越。

第三个是导向的反思。要反思我们现在的导向，究竟是面向哪里？我想，讲国学不应该是企图把人导向往回走、往后看，复古倒退，而是要引导人勇于面对现实、面对世界，担负起自己的权利和责任。中国人就是中国人，中国文化就是中国文化，不需要依附于任何人，不论洋人还是古人。

张曙光：对不起，我打断一下德顺老师的发言，我觉得你的说法太宏观，也有些笼统，我们一直都说"要向前看"，这没错，现在的问题是要不要借助和如何借助传统的思想文化资源，这才是分歧所在。我们自己的经验教训是，必须借助传统，传统"断裂"不了，但会扭曲，该扬弃的没扬弃，不该失落的失落了；也的确有一个如何继承的问题。比如说刚才你说的某些人最拿手的或者最容易利用的东西是中国传统中的东西，但未必是传统中仍然有价值的或者应该发扬的东西，倒可能是一些陈腐过时的、应该批判的东西。另外，像"中国人"、"中国文化"这些概念，表面上很明确，且古已有之，其实有相当的模糊性，因为它是变化的。事实上，近代以来，我们中国人和中国文化在许多方面变化得很厉害，虽然有些方面如常识理性变化不大。并且，至今我们仍然有一个参照其他民族和异域文化，对我们自身重新认识和确证的问题。所以，问题的提法要具体化。

李德顺：所以我说，研究是要把国学作为文化资源……

张曙光：所以，原则上我们都是赞成向前看的。

李德顺：对国学和中国古代的关注不应该理解成要人们回到过去。而从我们的角度说，中国文化就是中国人，传统要从现实中去看，在现在不存在的东西，就已经不是传统了。

张曙光：但是你这话从哪儿来？

张志伟：西学东渐以后这么长时间，我们文化领域中的承担的因素和一二百年以前是不一样的，所以说虽然也叫中国人，但实际上只不过是叫中国人而已，它的内容改变了很多了。

（众人笑）

除非我"有容乃大"，只要到我这儿来的都叫中国人。

李德顺：对，但要加入中国国籍。其实我们现在的文化已经是中西马融合的一种状态了。我们文化的根子是自己的。它吸收外来的，比方说西方文化和马克思主义，实际上是用中国的根来吸收外部的营养而生长起来的。你现在不要想把外来但已经消化吸收的东西，比如西的马的统统撤出去，再去找那个纯的东西。

张志伟：那样肯定不行。

李德顺：研究这些东西，要回答有什么是我们现在可以坚持、可以弘扬的。应该具体。比如我也讲过，在20世纪和21世纪所显现的孔夫子最了不起的一个观念，是"和而不同"。当然这也不完全是他个人的。而且我认为，中国形成了很多理念和智慧。中国最好的东西是那些并非由于门户之见而分得很清的东西，有一些不一定就是儒家的或者就是道家的。"有容乃大"是中华民族和中华文化一个很重要的特点，就是开放包容，敢于吸收，不怕改变自己，以此保持自己的生命力向前发展。有一次开会，我听到有人说现在的学科分类就是西方来的。这让我很吃惊。如果为了避免西化，连学科分类也否定的话，我们还有什么科学的学科形式？都恢复经史子集、六艺的那一套？搞那样的教学行吗？

我主张区分"来自西方的"和"属于西方的"。"来自西方的"是说西方先发现了、先做了，传到了我们这里，而它本质上也是我们所需要的和能做的，这就不应该仅仅看作是属于西方的；有一些是只在西方的文化条件下、在西方人那里才适用的，那些才叫"属于西方的"。比如说足球，我们也有过蹴鞠。但是现在全世界通行的比赛规则和运动方式是英国人发明的。我们组织自己的球队去参加比赛，争取拿冠军，这并不叫西化。乒乓球现在不是也成了我们的"国球"吗？把来自西方的和属于西方的混为一谈，用这种混淆或排斥的方式来强调自己的东西，这种思路和导向非常不好。它会导致我们文化上的封闭和保守，也和中华民族的实际生存和发展不是一回事。这样的理念不是中华文化的代表，不是中华文化主体意识的表现，只是一部分人的偏见。

所以，真正要什么样的导向、保持什么样的导向很重要。有人说我笼统，好像我不提出很细致的方案来，导向问题就不存在、不值得重视，没有意义，这种讨论方式并不好。其实具体的问题和实例当然很多，但由于这个宏观的、大的方向不明确或不一致，所以我觉得现在的讨论比较混乱。

张志伟：现在我关心的是，在现在的情况下，你讲中国文化的根，不管马克思主义也好，西方的东西也好，反正要归到中国文化的根上来，现在这个根是什么？从不同的层面来看，这个根是学呢、是制度呢，还是民间的伦理规范呢？

主持人：这样，李老师……

李德顺：这个根应该是中国人生存发展方式的历史和现实本身。我说完了。

主持人：对不起我插一句。李老师说的是一个总的纲领性东西。今天我们有一天时间，肯定会就其中的一些问题分别讨论，所以我们就把李老师刚才的发言理解为是一个开场白。从主持人的立场出发，我们还是回到儒家历史定位和儒学的研究方法问题。李老师你看这样行不行？

李德顺：我都说完了。

（众人笑）

从文化的角度来讲，科学与民主是不够的

陈　来：我对刚才德顺所讲的，基本上都同意，大的问题没有什么分歧，对中华文化的根源的理解和现代国学的发展的想法，我不觉得有多大的异议。我想回到主持人所说的方法问题。我看到你（看着李德顺）很强调逻辑、科学，好几次提到，虽然没有特别讲，但肯定认为对研究国学也好，研究其他也好，科学和逻辑是最根本的，非常重要，如果不是仅仅归结在科学和逻辑上，至少是非常非常重要的。（李德顺点头）我想，这是我们要彼此加强沟通、理解的特别重要的地方。

我们的看法就是，这种方法对传统和国学的了解是不能满足要求的。老牟可能还要讲多学科的问题，也会提到这里的问题。因为这个问题从五四以来，对文化的讨论就形成了一个基本的方法论的取向，就是科学与民主。比如说，五四时候，胡适和陈独秀，当然胡适是比较隐性的，最明显是陈独秀，讲判断、了解、分析文化最主要的标准是什么？就是科学与民主。所以五四时代的批判家对文化分析的标准就是科学与民主。后来到胡适的时候，和其他人一起又加了一条，比如文学，要去贵族性，要平民性，所以又加了一条标准，即平民性。所以，有三个价值，这三个价值支配了文化讨论的方法，一个就是科学，一个就是民主，一个就是平民性。

我们讲批判继承，原则上讲没有人会反对，但是对文化批判继承的标准是什么？这是方法问题。在继承五四的时候，其实忽略了五四本身后期的发展，前期当然是科学、民主、大众的，但后期只讲德先生、赛先生还不够。在科学与民主的典范下没有办法解决美的问题、善的问题。五四后期这个问题已经提出来了，但是因为毛泽东不是专门研究文化的，所以《新民主主义论》主要还是就一般的方向来讲的。那时候的国民党是比较批评五四的，所以我们上世纪30年代到延安以后就高扬五四的旗帜。总的方向，我想是没问题的。因为中国是朝科学与民主的方向发展，另外，大

众的问题,我想,这都没有问题。

但是从文化的角度来讲,科学与民主是不够的,最重要的我想,就是宗教的问题。很多研究马哲的学者,对宗教,对几千年来世界宗教的传统和中国宗教的传统,对从古代到现代宗教在人类生活和民众生活中发挥的重要作用了解不够。这些使得在传统文化的评价方法上容易出现认识的盲区。所以我讲,怎样从单一启蒙心态——科学民主都是启蒙运动的产物,启蒙本来是反对宗教的——向多样的、多学科的、多元的文化方向转变,这是非常重要的。认识宗教的价值,是不可能用科学或民主作为标准的,用科学和民主是不可能了解宗教的意义和价值的。谈价值的问题,从上世纪80年代以来,我们对西方的了解也越来越深刻了。五四时代认为,整个现代西方文明就是科学与民主,认为这个文化跟它的古代,特别是跟中世纪是没有关系的。其实五四时代也有人持不一样的观点,整个西方实际上有两个"西",你现在只讲一个"西",对西方文化的整体就不能完全了解。西方文化当然包括科学与民主,这是它一个特征。但它作为一个文明的实体,它能够生存能够存在,在存在的层面来讲,它根本不能脱离基督教,对不对?而基督教不仅是个精神信仰的问题,更重要的是它承担了社会文明的价值的系统,特别是道德的系统。从这个角度来说,我们讲方法,从以前的五四时代,到上世纪30年代,甚至到上世纪80年代的前期,仅仅认为科学民主就可以判断一切文化,不需要别的价值,这个我想是不够的。要真正对东西方文明的传统,尤其是宗教传统有一个深刻的体认,需要摆脱仅仅以科学为标准的方法论。这样对我们今天也好,对过去文化的讨论也好,关照得才能更宽、更广。这是关于方法的问题,我的一个想法。

其次,我想对伪善的问题和儒学的关系问题做一个说明。我觉得,作为儒学的问题,你不能把它放大,我也同意德顺的说法,你不能把它等同于整个国学。国学从大的文化形态上有儒释道,儒教只是三教之一,另外还有其他的文化形式。儒家的特色应该放在道德价值与精神文明的角度来看,今天我们在北师大价值与文化研究中心,我觉得特别适合讨论儒学的问题,而不是在其他的工具层面和政治层面,那不是它最重要的地方。

伪善这个问题应该怎么了解呢?我觉得伪善这个概念是不清楚的,直接地说在伦理学上也没有这样讨论的。这个讨论在伦理学上来讲,西方叫作道德意志无力的问题，这有很多的西方伦理学在讨论。就是说，你明明知道这个是对的，但是你不会这么去做，这是两分的，像刚才你（李德顺）讲的一方面是这样说的，另一方面是那样做的。上世纪80年代从中国到英文世界去的很多学者有讨论，像余纪元，像上海复旦去的黄勇，就是研究怎么利用中国哲学的资源来看待这个问题，中国儒学的资源里是怎么解决这个问题的。如黄勇就用知行的问题来讨论这个问题。这个问题从伦理的层面我不说了，如果从伦理学的价值与文化的角度来说，我刚才讲到伪善这个概念是不清楚的，顾名思义，伪善就不是真正的善。可能有一种情况，一个人他一辈子都做好事，不做坏事。毛主席他老人家也讲了，一个人做一件好事并不难，难的是一辈子都做好事不做坏事。如果一个人一辈子做好事，临死时告诉人们，他做一辈子好事其实都是做给人家看的，不是真心要做的，就是为了名，这种人你可以说他是伪善。但是怎么评价？我想不是那么简单的，用毛主席的观点，做一辈子好事很难来说，应该是肯定的。从道德评价来讲，应该去掉以前那种特别重视动机的评价，应该重视社会行为为取向的评价。传统儒学里面有一派过分重视动机，当然动机是一个决定道德性的重要方面。但康德的观点我也不同意。比如说，这小孩要掉井里去，你赶紧上前拉他一把，不管怎么讲，这种行为是正确的，不管你要交于小孩的父母，还是……

郭齐勇："要（yāo）誉于乡党朋友"。

陈　来：用孟子的话是乡党。有些人认为，好像是只有是出于恻隐之心，这个才是一个有道德价值的行为。我觉得不能那么极端地看，我们以前对道德行为正确的要求太高。他能够把这个孩子抓住，不管是为了什么，这个行为本身是个正确的行为。

张志伟：这一点，康德不反对，他说这是好事，不过不要说它是道德。按照康德的观点，应该把好的行为与道德行为区别开，不要都扯到道德上去。

陈　来：但是，你不承认他是道德行为，这个就很容易引导到错误上去。这点，康德也太严厉了，意志的道德性和行为的合法性一定要分得很清楚，这样就导致了纯粹动机主义。这样我觉得不管从今天来看，还是从历史来看，都是一种偏向。所以，你从这个角度来讲，伪善说明什么？假如这个人本来是想言行一致地做坏事，但是由于强大的道德压力，他不得不在表白自己的行为的同时，宣称他所肯认的社会价值。我想这件事，我倒从一个正面的角度看，正好说明他所在的社会有一个很强大的道德文明传统对其进行约束，否则他根本不用讲这个，我就是一个彻彻底底的坏人就好了，我干嘛还要讲一套仁义道德，我还要把善给表示出来？所以我想从这个角度看，如果一个社会经常出现这样的人的话，恰恰说明这个传统里面，道德文明的强势。当然德顺讲的，你的强势道德文明如果是跟政治结合起来，引起其他问题，那我不说，我现在就讲社会行为这方面。

任何一个有效力的道德价值传统，它一定会对社会对人民有约束力，这个约束力会使人去恶扬善，走向一个完全好的方向。人是天生矛盾的，一方面是天理，一方面是人欲，然后，天理说得多一点，人欲做得多一点，一般的状态就是变成这样了。西方也是一样的，基督教宗教传统，你一样可以批评它，你说出现了那么多伪善行为，从中世纪出来的时候我看这个情况多得很，但能够因此抹掉它的价值吗？它整个精神的意义能抹杀掉吗？这个问题到底怎么分析，我觉得恐怕不是仅仅用一个"伪善"，作为批判对象的"伪善"能够说明的。所以在这个意义上能够说，"伪善"我们不一定都从负面的角度来看，从文明整体来讲，这个社会行为系统里面规范的一面还很强，对人是有相当约束力的。我就讲这两个问题，一个是方法问题，一个是伪善跟儒学是什么关系。"伪善"出现当然跟儒学有关系，儒学作为一个强大的道德价值传统对人有约束力，使他不敢明目张胆地声言为恶去善，所以他一定要自己在社会公众方面，表示说我自己承认、了解这些公共的价值。我就简单说这些。

主持人：好，李老师，您是现在"反击"还是再思考一下。

（众人笑）

张曙光：从前就有人用这个例子，讲基督教的。

李德顺：我解释一下，我不知道为什么拿我的文章来提出伪善主义这个词。

（众人笑）

主持人：您文章里是没有这个词。

李德顺：我从不喜欢用什么"主义"来说话，因为它们的含义太随意了。（牟钟鉴笑）而且在我的文章里，认为儒家确实是在提倡任人唯贤，但是在实践中为什么它会导致任人唯亲？一个是它的社会背景，是当时的条件。这条件一是私有，二是人治，这个背景和条件使它的观念不能超越。例如这个"任"字，就等于承认人治的这种权利，在上者的这个权利。你要让他去"任"，那么在他那里，"贤"的标准就一定是"亲"，因为自己人才可靠，包括政治可靠……（牟钟鉴笑）一定是这样的人才能够贤。反对派、敌对势力不可能被你认为是贤的，所以最终呢……

李景林：这个我想插一句，就说美国总统可以从各种途径选，但他一定要"任"，比如说任一个商务部长，他就得任这个贤，这个不见得是（任人唯亲）……

李德顺：问题就在于这个任命的权力最终在于谁的，而不在于表面形式。总统任命什么人，一方面他有组阁的权力，另一方面他要承担起全部责任，而且有很多社会规范在那里制约着他。就像一个老板他愿意的话，只用他的家属都可以。

张志伟：即使总统任命，如果议会不通过，还是通过不了的。

李德顺：就是啊。他有很多规范体系。要在一定背景下理解这个"任"，是任人唯亲还是任人唯贤。离开了社会背景和条件，你就不能说明它为什么事实上变成那个样子。如果说伪善，我认为伪善不是儒家的本义。但儒学里边有一种抽象理想主义的因素，让人觉得它好像在各种场合下都实用，都有道理。那么在某些特定的背景和历史条件下，比方说被统治者接受了、使用了这么好听的一句话，而他去实行的时候，却必然造成伪善。所以，一种理想主义的表述或者观念，在复杂的历史背景和社会现实中，可能产生相反的结果。

我的文章是说，在道德上单独讲理想主义是有毛病的。我并没有简单地说儒学就一定是伪善主义，但是它那种理想主义的东西，在现实中人们并不愿意做或者做不到，就要依靠施加舆论压力或行政压力去推行，它最后的结果就是伪善。就像现在说人人都要有共产主义理想，然而我想的是挣钱养家，你认为我不高尚，那么我就当面跟你说要为共产主义奋斗，然后底下还是琢磨老婆孩子吃饱。这就是心口不一了。这是由于忽视了人们的多样性，在理论上想让人人都成为君子圣人，人人都要想着治国平天下造成的。好像老百姓自己的简单的、低级一点的、平凡的生活本身没有多少意义可言，不值得珍惜和尊重，非得让老百姓否认自己的现实。造成了这么一种精神氛围之后，唱高调就成了一种风气。我在搞调查研究时遇到的情况很典型：我的问卷本来是去了解人家怎么看的，事后却有人跑来问我，"我们答得对吗？"（众人笑）

张志伟：有标准答案。

李德顺：他们把这当成了考试，我说我的调查就失败了。我没想到听真心话这么难。

张志伟：不过你讲得正好跟陈老师讲的是相对的。

李德顺：什么呀？

张志伟：就是陈老师讲之所以伪善，毕竟它有一个强大的道德约束。

李德顺：是啊，我说的也是这个意思。但我强调的是，这种约束的效果并不一定是好的。如果道德理念本身有偏，那么它越强大就越成为问题。

陈　来：其实德顺啊，我倒觉得从概念上来讲，可能也许我理解得不对，那个就是"伪"，够不上伪善。伪善的"善"说的是表面上做的是好事，各种事做得都不错，其实内心不是那样的。

张志伟：就是说内心想的都特好，但是做出来都是坏的。

陈　来：那就不是伪善。比方说某个单位领导一天到晚要求属下，你们要这个，你们要那个，而他自己做的都是权钱交易。我觉得那不是伪善，那就是伪的，连伪善都够不上。伪善是说你做出来是善的，只不过心里你看不见，他不是这么想的，那我觉得叫"伪善"。

李德顺：我明白陈来的意思，他认为伪善不是善。我理解，"伪善"是指心里想的（本意）并不好，而表面说的或做的姿态却很好。我把这看成是分裂型人格的表现之一。

主持人：就是言行不一。

李德顺：分裂型人格有各种表现。我说总体上就是想的、说的、做的不一样。这时就要反思整个体系的毛病。

张志伟：我讲两句，我也是考虑这个问题，但我跟德顺老师不太一样，我感觉这个问题其实跟儒学本身没关系。但这是儒学成为国家意识形态，即独尊儒术以后，就像陈老师讲的，它强化为一种道德的力量。古代国家是不可能以德治国的，它实际上要依法治国，那个法可能是宗法，但是它是要以德治民的。就是说它宣传的一套一定要正统，从"天"一直下来，它一定是正面的，所谓真善的东西，这是给老百姓看的。但我正经要统治的时候不能用这个东西治国。有时候我们说古代法律制度是法家的，一到意识形态它推崇的是儒家的，它本身就有这个矛盾。这个矛盾到官场里最麻烦的是，知识分子——其实中国古代没有知识分子，就是士大夫——就是按科举制的这套东西出来的。但你一进入到官场就得按官场的规则办事。前段时间看《大明王朝》，我特感兴趣。里面就讲，当时上面下来一个钦差大臣，大家松了一口气，觉得事情好办了，因为这人是一个理学家。但是他来了以后，绝对是按照官场，而不是按照理学去办事的。因为你按照理学，在官场上是行不通的。所以"伪善"就是意识形态鼓吹的是一回事，但是我治国是一定用权术的。

张曙光：我接着说一下，我感觉李老师提的这个概念，不管叫"伪善"也好，叫"虚伪"也好……

牟钟鉴：李老师没提这个概念……

（众人笑）

主持人：李老师的话叫"言行不一"。

李德顺："思言行效的反差"。

张曙光：这种"思言行效的反差"现象还是非常普遍的。"文革"结束后巴金先生在他的《忏悔录》里就是要说真话嘛，但说真话在今天仍然是一个很难过的"坎"，所以这确实是一个问题。刚才听了几位老师的看法，我认为可以从三个方面来思考这个问题：第一，从一般的人类文明本性的角度来思考，刚才陈来老师就是从这个角度说的。从这个角度看，"伪"或"伪善"是中性的，就是说，任何文明都有一个内在矛盾，像荀子讲的"化性起伪"的"伪"，意思就是兴起人为的东西，转化人的本性、本能。文化、文明作为人为的、人的有意识的产物，其功能就是用来抑制或消除人性中不好的方面。用梁漱溟先生的话说，文明的产生既要"顺人的躯壳起念"，还要"逆人的躯壳起念"，如果一味地"顺"的话，人就不会有文明，人就成不了人；完全"逆"的话，人也做不到。所以人类进入文明，就是让人的生命往一个向度上展开，然后压抑另一个向度，人类原始阶段和后来的许多"禁忌"就说明了这一点。这超出了单纯的自然选择，属于社会性的选择，这种选择可以说是文明产生的既"显"又"隐"的机制，或者说功能。我们（研究马哲的）刚才说这个问题时更多地看到负面的因素，而他们（研究中哲的）看到的是正面的作用。但是只要在社会中道德或者文明还居于主导地位，好多人就不敢公开地无耻。

（众人笑）

实际上，上世纪80年代以后，许多人是公开地无耻，这意味着你整个的文明体系和价值秩序都失范了。原来还有所忌惮，现在连忌惮也没有了，公开地无耻了，所以目前我感觉伪善的问题倒没有过去重。

（众人大笑）

牟钟鉴：公开地……

陈　来：完全地（行）恶。

张曙光：其次，如果从中国传统社会的结构来看，它反映了我们这个社会结构的内在矛盾。人类族群内部自从有了利益的分野和冲突，后来有了阶级和国家，就从原来的文化中分化出政治，有了政治原则和政治权力，国家就靠政治原则和权力来运作，而不再是靠过去的氏族或家族原则了。家族原则就是伦理情感的原则，属于所谓"私人领域"的事情，而国家是公共领域的事情。但是由于中国古代特定的历史文化条件，在夏商周，家族的原则和国家的政治原则是结合在一起的，族权政权化，政权族权化。到了秦始皇有了一个变化，秦始皇听从法家李斯的建议搞了郡县制，把国家变成了"家族式企业"，所有权是皇帝的，但经营权开始分化了，有了官僚体制。国家大事一靠皇帝，二靠官僚。从总体上看，秦之后的社会，家与国有了一定的分化，不完全是过去那样的"家天下"了。但它仍然是把政治原则与家族原则即把"忠"、"孝"结合在一起，"礼"就是这个结合的产物。好像整个社会还是一个大家庭，人们只有伦理的和道德的上下尊卑，没有阶级等级政治上利益上的对立。这当然是专制皇权对传统文化有意识的利用。这种社会结构和礼教本身就决定了它必然地造成人的两面性或双重人格，虚伪或伪善。汉宣帝的儿子认为朝廷讲仁义道德、讲王道，就只应当按仁义和王道去做，汉宣帝则骂他不谙世故，称汉家自有"霸王道杂之"的法度，当然实际上是"外儒内法"。在中国懂世故往往就意味着见什么人说什么话。从这个角度看，只要中国社会仍然是以小农和家庭为本位的，则这个社会结构和礼教就不会改变，这种两重性就将持续下去。

因此就涉及第三个问题，也就是我们作为学者在继承传统资源的时候，如何看待在传统社会居于主导地位的"道德理想"。我个人认为，在中国传统社会，占主导地位的价值观是共同体的道德，这一道德体现的是"大一统"的意识，辅佐皇帝的官员考虑问题是整体的、宏观的，一心想当帝王师的学者们的思想，也往往受大一统思维的主导。正因为是大一统的思维，所以每个小我都要变成大我，也就是内化共同体的道德。共同体的道德就是让个人的小生命提升到共同体"大生命"的层次。因为整个共同体的道德让每一个人承担，个人的生活就有了一个能不能承受共同体道德之重的问题，一方面难以做到，另一方面又要表现出这种道德，所以就容易产生虚伪的问题。从这个角度看，我个人认为我们的社会转型最重要的事情，就是社会结构的分化，原来一元化的社会要分化为政治、经济和文化相对独立的社会，如果社会仍然是一个一元化的结构，它的内在矛盾和对立就不可能消除，还会通过各种形式表现出来。另外，我们学者考虑问题也要有一个"差异性"的思维，甚至官员、领导都要有一个差异性的思维，要知道社会有不同的领域，它们各有自己的规则，道德上也不能要求每个"小我"都做一个"大我"，否则就会造成李老师所说的"理想主义"，所谓"陈义太高"，做不到，这就导致虚假。在现代社会，对于普通人而言，你做到社会规则所要求的就可以了。至于个人道德境界的高低是你个人的事情，你当然要有基本的公民道德、职业道德。现在的问题是许多人没有形成公民道德，甚至连职业道德也不讲，如官员的贪污受贿、学者的抄袭造假。所以重要的是要做一个分疏。做这样一个分疏之后，你会发现，我们要继承的道德传统，要讲的儒家伦理，首先应当是古人讲的那些"做人做事"的基本道理，我们既不要对传统道德无限拔高，也不能否定其中的基本道理。过去我们其实将传统思想文化中许多做人做事的基本的东西给否定了。这是我的一些看法。

中国主流社会先进人物对待中国传统文化以简单否定为主，这使得中国传统文化有某种程度的断裂

牟钟鉴：我说一下。我和陈来教授有一个共同的感受，就是在许多

方面，我们与李德顺教授还是有很多一致的地方，比如中西马要结合，不能搞复古主义，对待传统的解释不能光停留于书本上。李教授的这些观点我很早就知道，因为在中国社科院哲学所举办的学术讨论会上发表过。文化不仅仅是经典的研究，还要做很多其他的研究。我们今天对传统文化要有一个反思的精神，不是简单地搬过来。但是（与李德顺教授）也有些不同。

现在我简单地先表个态，等以后再详细说明。比如传统断裂了没有的问题，我是觉得中国文化有某种程度的断裂存在。在相当长的时期内，中国主流社会对待中国传统文化以简单否定为主，一直在文化偏激主义的理念支配之下，对传统文化并没有采取真正科学分析的态度。尽管提倡科学，但对待中国文化的态度并不科学。这使得中国传统文化有某种程度的断裂。如果没有这个问题，我们今天就没有文化复兴的问题。这是我一点不同的看法。

还有一个问题就是，传统文化也好，儒家文化也好，究竟它的核心是什么？有一批人说是专制主义。他们对中国传统文化缺少全面的分析。我们还是要坚持批判地继承，取其精华，弃其糟粕。德顺教授讲了，精华与糟粕，不好取，不好弃。"取其精华，弃其糟粕"大家都承认，但怎么取、怎么弃，什么是精华？要站在今天的时代高度来去取舍，对精华与糟粕重新审视。有些可能古代是精华，现代可能是糟粕，我也赞成这样的观点。如"五常"在今天就是精华，"三纲"就是糟粕，是可以筛选的，所以对儒家要具体分析，不能全盘肯定，也不能全盘否定。

还有一个观点是德治与法治的关系问题。我始终（提高声调）认为不要把它们对立起来。"以德治国"提出来以后，法学界一些人最反对，我个人觉得莫名其妙。因为道德与法律，德治与法治是车之两轮、鸟之两翼，缺一不可，是互补的，不是互相妨碍的，我觉得不要把它们对立起来。这个我慢慢再详说。

现在我谈谈方法问题。方法涉及一是德顺教授谈到的"伪善"的问题，或者说"虚伪"的问题，二是多学科的问题。我个人赞成张教授（张志伟）所说的任何一个文化体系包括宗教信仰，都有一个理论脱离实际的普遍性问题，你就找不到一个，它所宣传的教义和基本原则在实践里都得到普遍的贯彻和实行。这个问题怎么分析？我认为两种情况，第一，某种程度的脱离不是一个大问题，因为理想主义就是给社会一个精神方向，给社会一个比较高的标准，让大家虽不能至，心向往之，对整个社会行为起导向和约束作用，它不可能让所有的人都能实现，但是你要往这个方向上走。所以，理想与现实总有矛盾，这是带有普遍性的。我们不能因为这个就去指责，就说这种学说"伪善"。我们学校有校规，但是这个校规绝对不可能完全实现，但是必须要有，因为这是对行为的一个总体的约束。国家有法律，法律法规也不能完全实现，我们国家制定了那么多法律，都实现了吗？我们制定交通规则，要不要有？要有！这是个规范性的东西，但是实际生活处处在违背，我们又不断地加以纠正，但是要有这个东西。所以这是关于理想主义的解释之一。

第二，理论与实际完全脱离、完全对立的，历史上看往往是掌权者、统治阶级。他们一方面需要建立、打出真善美的旗帜，而他们在实际生活里却表现为假恶丑。为什么脱离，为什么伪善？往往是集团的利益，利益驱使他们走向反面。所以理论和实际脱节，主要是古代统治者。儒家意识到这个问题了吗？意识到了，所以儒家讲"诚"，讲"诚"就是要破"伪"。从《大学》以后，特别是《中庸》就反复讲这个诚，就是要真实。儒家看到这个问题，后来王阳明讲知行合一，就是讲书本的"知"不等于"知"，必须要做出来那才叫"知"，这也说明儒家内部有一种反省与批判来警惕这个问题。从今天来看，我赞成德顺所讲的，在人治的情况下，要很好地解决这个问题非常困难。所以需要法治，需要用现代宪政体制来弥补其缺陷，光靠道德理想主义是解决不了的。我们看到儒家的种种理想，往往在帝制社会、等级社会，人治的情况下，不能够得到真正的实现。恰恰今天的社会倒有可能（实现道德理想）。比如说，儒家的忠恕之道，"己所不欲，勿施于人"，这显然是普遍性的带有平等精神的一种理念，这在古代社会，我们说朋友之间还可以，但是上下等级之间，你说可能吗？这就非常困难了，是吧？所以有一些理想主义的东西在今天倒有可能更好实现。这是关于德顺教授提出的儒家道德理论脱离实际的问题，我有这么一个回答。

另外，我特别觉得——陈来教授讲的——咱们五四以来对传统文化的认识视角比较单一和狭窄。基本上科学与民主成为唯一的价值标准。其背后更深层的理念是单线进化论，以后又加了一个阶级分析法。这就把问题简单化了。当然它有它的合理性。当时中西之争，全盘西化论者就认为西方的文化比我们的文化高一个阶段，我们的文化是落后的，这是一种社会进化论的观点。从社会发展史的角度讲，认为我们是封建社会文化形态，他们是资本主义社会文化形态，当然高一阶段。刚刚陈来教授讲，当时（学者）对宗教的看法，普遍性地都是宗教取代论，主张者都是当时中国一流的有代表性的学者，不是一般的人提出来的。比如说蔡元培提出以美育取代宗教，冯友兰提出以哲学取代宗教，胡适、陈独秀提出以科学取代宗教，梁漱溟提出以伦理取代宗教。当时不光是文化激进主义，文化保守主义也这样看，那影响有多大啊！这些"宗教取代论"背后有一个标准就是科学和民主，他们觉得宗教不符合这个标准。所以，五四时期的人，他们有一个很大的疏漏，他们没有看到西方在现代化过程中，诚然有民主、科学，还有一个基督教。基督教没有被取代，而是在改革中成为西方现代化的精神支柱，一个重要的维系社会道德稳定的力量，这样西方才能正常进行现代化。甚至还有新教伦理，在推动资本主义的发展。

上世纪50年代以后又出现简单化的阶级分析的倾向，认为儒学和其他东西都是封建主义文化，是贵族文化。刚刚陈来教授讲的，当时强调平民化、大众化，和贵族文化对立起来。还有一个唯心唯物的划分和对立，这是从苏联日丹诺夫学来的。用苏联的日丹诺夫的定义来衡量中国哲学，许多精华就成了糟粕。我学的课本就只讲唯心唯物、形而上学辩证法，就是这样一个标准。像孔孟老庄，程朱陆王，基本上不是客观唯心论，就是主观唯心论，都不能继承。

（牟钟鉴笑）

当时所能肯定的就是荀子、王充，加上后来的张载吧，还有王夫之啊，这样一个传统。当然这也是一种理论框架，但现在来看，它对中国哲学、中国思想不适用，这是一个西方近代的框架，它套不上。而中国的哲学思想中，生命哲学、人生哲学最发达，结果给套没了。另外，简单化的阶级分析，谈一位思想家先要问阶级属性。当时讨论什么问题啊？老子是哪个阶级的代表？是没落奴隶主阶级，还是平民阶层？孔子代表什么阶级？他说的仁者爱人的"人"是指贵族还是人民大众？

这个框架本质上我觉得也是进化论的框架。就是视社会历史发展为单线进化。但是后来发现，文化不是单线的，不是我们最后都进化到欧洲的那样一个模式,不可能!而是多元起源,有自己不同的进路。后来便出现了多线进化论,出现了文化相对论,出现了文化圈理论、文化传播理论等来纠正。文化圈是指大的文化系统有一个中心区,又向四周辐射。文化现象很复杂,不能只靠一种理论模式来说明。从梁漱溟开始就改变了,梁漱溟的《中西文化及其哲学》就讲有三大民族文化,一个西方的,一个中国的,一个印度的。他这个分类是不是恰当,另外再说,但他已经意识到互相是不能取代的,它们的文化进路不一样。所以我觉得今天我们考察儒家,考察传统文化时要多视角,这太重要了。原来考察的理论框架有一定的合理性,不要完全否定,但是是不够的。

现在我在中央民族大学做一点民族宗教的研究,看一些民族学、文化学、人类学的书,看了后我就觉得非常受益。比如说,对儒家来讲,除了时代早晚、先进落后、科学不科学这样的分析以外,它在历史上,对凝聚中华民族的作用也很重要,这是一个民族学的视角。我们中华民族的格局,按费孝通讲是"多元一体",它是多民族的,它的文化是多样性的,同时它形成一个复合型民族。五十六个民族上面,有一个大的中华民族,民族之中有民族。中华民族不仅仅是国家概念,而是一个复合型民族的概念。按照民族学理论,民族是一个血缘加文化的共同体,本质地说,文化是一个民族的根本尺度。全世界都一样,它不仅仅是一个政治概念,也不仅仅是一个血缘概念,它是一个文化概念。那么中华民族核心的文化体系是什么?是儒家的思想,当然后来又扩充成儒释道。所以秦始皇统一,秦汉大帝国的建立,毫无疑问在政治运作层面上对国家统一发挥了重要作用。所以我们讲政治爱国主义,大一统是一个重要的纽带。还有一个更深的纽带,文化的纽带,它更为重要,假如没有这个,中国早就四分五裂了。这个文化共同体为后来政治上的统一奠定了基础,创造了一种精神的动力。中华民族什么时候成为一个真正的民族实体,我觉得是汉以后,即,儒家思想上升为一个社会的主体思想,有了一个文化的核心,尽管有多样性,但是大家都比较认同儒家文化体系。从这以后,中华民族成为真正的文化中华,儒家的贡献是巨大的。

日本人侵略中国时,他们军国主义最坏的一招不只是杀人放火,它还要消灭中国的文化,所以到了东北要求学日语,不教中国文化,他们搞文化殖民主义,这一点我们要警惕啊。当然国际上我们有一个政治视野,现在的西方，应该说，不是到处都是敌人，更多的是朋友，但不能否定确实有一批人——这是确凿事实证明的——要在文化上改变中国的颜色，改变中国独立发展的道路，这一招更厉害。这是一个战略性的东西，形势更加紧迫了。所以赵启正就说，我们是个商品出口大国，但是在文化上严重地入超，都是英美的拿进来。

李景林：关键是你要有东西啊。

牟钟鉴：现在文化是软实力，国际竞争我认为根本上是文化的竞争，是文明的竞争，这一点我们要有新的眼界。如果我们打开这一点看，那儒家的价值就不可小看。现在全世界有二百多个孔子学院，在教授汉语的同时传播中国文化。为什么世界很认孔子，不认别人，因为孔子代表中国文化，代表中国的身份。我到新加坡去，看许福吉教授办孔子学院，搞得非常好。他是一个地道的新加坡人，到台湾去读的博士，他设置了很多中国文化课。

主持人：要不要休息一下？

牟钟鉴：我讲完了。

（中场休息，众人讨论中午吃饭和休息事宜）

（众人出，北师大张曙光、李景林交流意见）

官方儒学与草根儒学

国学访谈『中西马』对话实录（二）

此文为原稿，系首次公开发表

我到处讲，三纲一个也不能留，五常一个也不能丢。

凭良心来说，我们这些人都不够资格做儒生啊！

有些东西与马克思主义无关，但是它也不是儒家的。

我们的文化系统就要尊重在群众当中影响最深的、中国人内心深处把握的东西，把它们总结提升出来。

时间：2009年3月21日上午
地点：北京师范大学价值与文化研究中心会议室

访谈嘉宾：
牟钟鉴（中央民族大学教授）
李德顺（中国政法大学人文学院教授）
陈　来（北京大学哲学系教授）
郭齐勇（武汉大学中国传统文化研究中心教授）
张志伟（中国人民大学哲学院教授）
张曙光（北京师范大学哲学与社会学学院教授）
李景林（北京师范大学哲学与社会学学院教授）

主持人：梁　枢（《光明日报》国学版主编）

主持人：我们接着讨论。对儒学的历史定位以及当代评价还涉及其他一系列问题，比如说，儒学有没有草根性，或者说作为普遍主义的儒学只能是自上而下的吗？中华民族所表现出来的学习的精神、包容的胸怀、和谐的气度等优良的品质与儒学到底有没有关系？等等。

民间儒学和草根儒学是在社会底层起良性作用的力量

张曙光：你们几个做笔录的，坐前面来。这椅子搞得也太大了……
（学生：太大了，又占空间……）
张曙光：就是，当时就觉得不好……后来又觉得定都定了。
（学生：搞得全是椅子，比人还多。）
张曙光：这么高的椅子，这就是中国人的观念，反映了中国人的观念……
（众人笑）
李景林：什么？
（学生：张老师在批判这个椅子。）
张曙光：中国人很难走出自己的文化。太难了！中国人想走出去，最后都没走出去。

李景林：你没有一个刚才你说的理想主义的东西（的话），你到这来，就堕落了。

张曙光：那不是……

李景林：怎么不是堕落……

张曙光：这是分两个层面，一个是整个社会的，比如说无论是统治者，还是从整个社会来考虑，都要有一个理想化的大一统的或者叫"共同体"的道德。但是对个人来说，你不能要求每个人都按照这种道德去做，除非它是基本的或底线的。当年梁启超也批评中国人私德公德不分，公私合一，那或者导致把公德变成知恩必报的私义，"义"成了"恩"；或者导致生命不能承受之重，造成虚伪。

李景林：传统上讲得非常清楚，"门内之治恩掩义，门外之治义断恩"。这就是公德和私德的区别。

张曙光：你不能就抓住这一句话。

李景林：不是这一句话，这是很清楚的。

张曙光：它社会结构本身决定了这一点，很难。

牟钟鉴：道德啊，说得太高不好，其实王阳明也发现了。说得太高就会掉到最低的地方了。所以我觉得道德要有层次，聊斋里有一句话，叫"有心为善，虽善不赏，无心为恶，虽恶不罚"，我给它改一下，"有心为善，赏之何妨"。你想，他是为了名利，就像邵逸夫要建个楼，他要树碑立传，挺好！只要对社会有利就要肯定。所以，道德一定要分层次，不能一个标准。我们现在最大的问题就是，你弄得都很高，只讲为人民服务，结果呢，一般人不理会。你劳动致富也好，为了老婆孩子也行，只要合法致富，不妨碍别人，都是道德的。你必须要有几个层次，我们现在只讲一个集体主义、为人民服务，把干部的道德与老百姓的道德混为一谈。

李景林：中国传统的社会是有层次的，比如说《三言二拍》，《三言二拍》就是劝善，劝善怎么劝啊？就是"善有善报，恶有恶报"。

牟钟鉴：这就是一个带有功利性的劝善之道，没问题。

李景林：民间老百姓行善是有功利性的……

牟钟鉴：是是。

李景林：我到庙里去，我不做坏事，就是为了保佑给我儿子……

牟钟鉴：神道设教。

李景林：对啊，过去是这个都给斩掉了。所以儒家这套东西并不只是一个抽象的理想。

牟钟鉴：儒家道德有一套体系。除了它自己，还借助佛教与道教，来普及它的道德。

我再补充一点。说到文化人类学方面，后来美国有个叫博厄斯的，提出文化相对论，反对单线进化论，提出世界上任何一个民族的文化都有其独特的价值，它们相互之间是平等的，不能用一种文化去同化其他的文化，他特别强调这点，后来在文化人类学方面影响特别大。我觉得，我们这样来看的话，我们一定要仔细地区别文化的先进性，说不好（提高声调）就抹杀了多样性。这是个非常大的问题，简单地区别先进落后，会造成文化的不平等。有没有这个问题？还真有这个问题。

至于说精华与糟粕，可以通过社会生活、社会批判、社会实践加以区别。我觉得对儒家已经可以有一个大致的区分。这里和德顺教授又有不同意见了。"三纲"与"五常"是有区别的。"三纲"在古代是真理，你不能说它是糟粕，但在现代社会、公民社会，它过时了，如果有，是需要清除的东西。但说到专制主义，主要是法家的责任。因为原始儒家思想想给专制主义一个缓冲，给君权一个制约，它（原始儒学）用天、用礼来制约，所以不能仅仅因为儒家在历史上被统治阶级利用，来约束人民的思想，就把儒家说成专制主义。还有很多儒臣和仁人志士，包括一些开明的君主，也运用儒家好的一面，来调整、制约自身，从而能够做到长治久安。它（儒家）有这个积极意义。所以，我到处讲，三纲一个也不能留，五常一个也不能丢，这主要我讲得多。"五常"可以改造，一个也不能离开，可以把它的内容做一些调整。仁、义、礼、智、信，这是属于普遍伦理，具有东方色彩的普遍伦理。我记得我当初在北大学习的时候，吴晗去讲，我们很多古代道德可以继承，比如说这个"忠"字，古代讲忠于君王，我们现在讲忠于人民、忠于党的事业，他说，为什么不行啊？他又列了一些古代可以继承的道德，后来挨批判。冯友兰的抽象继承法也挨批判了嘛，批判者否认有普遍性的东西。它（五常）确实是常道，离不开。

李景林：那"忠"本来就不仅是政治上的东西。

牟钟鉴：你可以给它解释，但是一条也离不开。今天如果我们不在这个基础上发展社会主义道德，那我们的道德就没有根，没法普及。我不认为儒家只是一个政治化的官方的思想，它原来就是个民间的文化，后来提升为官学，被官方化了。它的根基在民间，是一个民间的学派。"文革"期间我回老家的时候，就深深感觉到，老百姓没有读四书五经，也说不出个清晰的道理来，但是民间评论人，周围邻里之间的关系，家庭关系，用什么道德标准啊？不都是"五常"的标准吗？或者说是"八德"。看这个孩子，孝不孝顺，互相来往讲不讲信义、诚实，这在老百姓已经是一个普遍性的了。但是处在一个很自发的状态，因为长期受批判嘛。我们今天应该把它恢复起来，这些东西，我们何必要去向外求呢？美国搞现代化，它的伦理道德，都是基督教的，包括他们政治家一些内政外交背后有很深的基督教情结。这些东西很难去除，把这些东西去掉后，美国用什么立国？

所以我们要学哲学，不是简单要把国外的搬过来，搬不过来的。我们自己有儒家道德伦理，我们非要丢了干什么？中国的伦理道德建设为什么这么艰难？道德滑坡，一是由于现在搞市场经济，是一个功利社会，再就是我们长期批传统道德，使我们的传统道德有某种程度的断裂。我们现在学英雄，都是一阵风、一阵风现象，当时很感动，过后起作用不大。当然道德建设还要加上法制，加上体制改革等等。所以我觉得我们在方法上一定要有新的视角，这样可能能更理性、更客观地评价我们的传统。我就简单说这些。

郭齐勇： 我说几句。传统的社会制度有很多变化，但一直到民国以前的中国社会，基本上是一个大的社会，政府很小。冯友兰先生晚年写的《三松堂自序》，讲他的父亲从河南唐河坐一条小木船到我们湖北省的崇阳县当县令的时候，晚清政府给县政府的财政，少得可怜，就那么一点包银，县长可以请一个钱粮师爷，请一个刑名师爷，或请其一，也可以都不请。冯先生的父亲没有请，他死在任上，家人也是用一条小木船把他的遗体与遗物从水路运回唐河的。县政府管不到下面，维系整个社会人心的是儒文化，还有很多民间性的、自治的组织，空间很大。几乎所有的农村，有一点文化的人，如"三家村"的塾师，按钱穆的说法，就起类似西方教堂的牧师或法堂的律师的作用。老百姓之间有矛盾，常常说：我们到某某先生那里评理去。这就是儒家社会。马克思主义传入中国所依托的这个社会，我们可以叫作儒教社会或儒家社会。虽然从文化上来说，我们有诸子百家，很多样的地域文化，刚才牟先生和陈先生都讲了。我要说的是，传统社会构成方式、人们生存的模式，恰恰是儒家型的。这个儒家型的社会，不是说只有一种官方的意识形态，不要以为儒家的东西与官方意识形态可以打等号。其实更重要的是，那个时候除政府力量外，社会空间大，力量大，比方说民间的自治，有乡约，有乡练团练武装，有各种祭祀礼仪活动与组织，宗族、家族、祠堂，商会与行会组织啊，各种民间宗教啊，地方自治啊，绅士集团与士农工商等各阶层各种社会团体啊，民间文化、教育、技艺活动的组织与活动等，多样化，空间很大。民国时期梁漱溟等"乡建"派依托的就是这样一个社会背景。

中国古代的天地社稷祖宗祭祀活动是携带着族群的信仰信念的密码的，整个民间社会是一个空间很大的、多重结构的、有调节能力的、有弹性的社会，这个社会里有很多管道，好像是自组织系统，民间儒学和草根儒学是在社会底层起良性作用的力量。儒家化的社会与1957年以后的中国社会有一点不一样。1957年以后的社会，可以说是大政府、小社会的社会。合作化运动后，从农村到城市，社会搞得很干净，全部都统起来了。社会的各种文化、各种宗教、各种民间性的组织与士农工商的各种纽带、管道等都没有了。所有的事由政府管，政府代替了社会。

牟钟鉴：高度的政治化。

郭齐勇：是啊。我觉得民间儒学在今天还是非常重要。要重视儒学的草根性的一面。比如我个人出生的家庭是小小儒商的家庭，我祖父文化不高，但在武昌高级商业学堂，又叫武昌高级商业甲种学堂读过书，那时能上高商的人很少。他从那里毕业，当过湖北美专总务科负责人。我父亲只有高小文化程度，因为他是老大，他要出去（谋生）。我祖父在我们那一带，在武昌城边八铺街、新桥街到板厂街那一带，属于社会贤达。抗战时武汉沦陷，日本人来的时候，要他做武昌市（当时叫武昌市）商会会长，他坚决不干。我父亲设法把他安排到汉口法租界里去，躲起来了，住了一段时间。祖父隐退后，做粮食与木板生意。解放初期我祖父在街道办业余夜校，教老百姓识字。他是民间性的儒生中的一员，他不是精英，是一种生活化的民间性的儒商，教育子孙做到仁义忠信。他是新派，懂英文、数学，让后辈读《古文观止》。

1968年11月我到天门下乡的时候，我们知青以阶级斗争为纲，要去斗"地富反坏右"，老百姓很有智慧，就像几位刚才讲的，他们用的就是他们所学的蒙学读物或者《朱子治家格言》的东西，或者就是传统戏文中的，说书的、皮影戏中的价值观念，化解我们的仇恨心理。他们的意思是，你们下乡知识青年要斗的这些"地富反坏右"，其实不过是"地富反坏右"的子女，他们的祖上也做过好事。他们化解了我们斗争的心理，非常关心我们，虽然物质生活匮乏，仍尽量送我们吃的与必需品。他们以爱心感染了我们。1970年7月后，我当了八年工人，我在社会的底层生活，有不少朋友。我在湖南株洲化工厂实习培训时，曾挖过防空洞，学习修电动机。工人师傅都是所谓"582"，即1958年参加工作，长期是二级工，一个月才三十多元工资。他们其实都是农民。我感觉他们身上带有的文化密码，不是别的什么东西，不是高头讲章式的什么东西，而是很有平民化的生活化的儒学。这个东西简单说，就是做人之道、做事之道。有很多人很优秀，做人很正直，很关爱别人，忠孝节义的东西还保留着。一个做人之道，一个做事之道，很敬业地，以认真负责的态度去做事。这些人基本上是在与草根的儒学相联系的氛围中生长的。我觉得在现代化的过程中，传统文化与道德价值还是我们的基础。这是我们对民间儒学再生的期待，也就是刚才牟老师、陈老师讲到的。现在，毒奶粉出现，唯利是图，说明有约束力的一个信仰系统或者是价值系统缺失了。作为我们今天法治社会的文化层、文化土壤，我们需要这种东西。我们强调制度，强调法治，刚才牟先生讲到了。但是健康法治社会所需要的文化认同、伦理共识、信用品性、诚信系统等，却是其基础与土壤。这还是一个个社会成员的做事做人之道，这一点我们要重视，传统儒家社会基本价值的改造与创造性的转化是至关重要的。

还有，刚才也提到了儒家观念制度化的问题。传统社会中的儒者如何面对制度建构与修正的问题，即传统社会的制度架构问题。我觉得有两个方面值得我们重视。第一个，面对传统的专制社会，儒家强调的是一个软化的、开明的、柔性的专制，不是刚性的，或者说，儒家起的作用是减缓了专制的残酷性。

张曙光：像父亲一样的专制。

（众人笑）

李德顺：慈父一样。

郭齐勇：不是，儒家有抗议与抗争，对"苛政猛于虎"的批判，对"庖有肥肉，厩有肥马，民有饥色，野有饿莩"的社会不公的抗议。我的意思是说，至少是像MIT（麻省理工大学）著名政治学教授白鲁恂先生——他好像去世了吧——谈到的：在西方坚持等级化、贵族化很森严的世袭政治、贵族政治的时候，中国已经通过了多次制度改革。这些政治改革保证了孔子"有教无类"思想的推行，把教育开放到民间。民间贫苦的不识字的农家子弟们可以通过接受教育参与政治，甚至参与最高政治，由布衣而三公。这种教育公平与政治参与的机会的相对公平，文官政治制度化的建构，是中国和西方文化很不一样的东西。这使得平民、农家子弟有了一个机制，通过受教育来参与政治生活，给政治带来活力。我觉得这都是儒家对中国制度文明建设，起到的一个良性的很好的作用的方面。一直到今天，高考即使有弊病也不能废除。为什么？它还是相对公平的一个东西吧。我们这些人之所以能够上大学，还是借助了传统的这个制度。我们在推荐的时代是上不了大学的。我之所以在31岁的时候能够上大学，还是得益于……

牟钟鉴： 恢复高考。

郭齐勇： 恢复高考。不恢复高考我们没有机会上大学。所以，在制度这个层面也不能一言以蔽之，儒家在制度文明建构方面有许多有价值的贡献，包括对社会弱者的关爱、对于小民的关爱、对鳏寡孤独废疾者的关爱。去年我们的汶川大地震，大家心灵受到震撼，奉献仁爱之心。其实荒政是我们的传统，《周礼》里面就有，《孟子》里记载，梁惠王都讲到"移民就谷"。对于贫弱者，社会济赈救灾，要求政府有义务对贫弱者关爱，有制度，这是一方面。这在柏拉图、亚里士多德的著作中没有，而在我们儒家的经典中比比皆是。就是说，我们在制度文明的建构中，儒家理念有很多被制度化的东西，这些还是中华文明一个很有效力的东西，这些东西不能和专制主义打上等号，一笔抹杀掉。最近几年，我一直在讲儒家政治哲学、社会理想与制度文明的关系问题，也有几篇文章谈此。比方从《盐铁论》到《白虎通》——儒学在汉代制度文明中的作用就值得研究，汉代以后的制度文明也很重要，似应结合《史记》、《汉书》等正史中的礼乐志、刑法志等志书资料一起来研究。我平时讲过教育制度、文官制度、法律制度，财产权、容隐权与私人空间的保护，养老恤孤扶弱制与荒政等，还有一系列的制度，儒学观念是如何制度化的，有哪些方面的不同作用与意义等。

另一方面，儒生一旦进入政治系统，或者在政治系统之外，他们就往往带有批评性。孟子讲，有官守，有言责。陈老师是研究朱子的专家了，我也看了朱子传，看了很感动。朱子在知南康军的时候，星子县等县发生了大旱灾，他是如何心急如焚啊，动员了很多的社会力量，批评了当朝，写札子并直接面斥皇帝，为南康地区，也就是今天庐山那一带的小民的利益，争取了很多很多资源，使他们度过了灾荒。后来朝廷让他去浙中治水灾，他也是很下力地去抑制豪强，去奔走呼号，为小民争利。不光是朱子，很多大小儒生，一旦儒生参与政治，或者他在政治的边缘，或者在外面，都批评当政，为小民的生存权去斗争。儒生、儒学、儒家、儒教所起的作用都不是我们今天能一言以蔽之的。凭良心来说，我们这些人都不够资格做儒生啊！

牟钟鉴：（牟钟鉴笑）都不够。

郭齐勇：我们在体制面前，都没有那样的一种强烈的批评的态度，或者参与上的一种尽力竭力地为老百姓谋福祉的敬业精神。

牟钟鉴：舆榇上书，抬着棺材给皇帝提意见，准备杀头。

郭齐勇：所以我是觉得，对于儒家，在方法论上，我们不能太抽象化地看待，还是应该具体化地来讨论，传统的儒生、儒家、儒学、儒教在中国社会建构的过程中到底起了什么样的作用。这里面特别要关注民间性儒学和草根性儒学，还要关注儒学在制度文明建构中到底起了什么作用。此外，信仰价值系统、诚信系统在一个社会，甚至在整个东亚的作用。比方说在历史上，在朝鲜半岛，儒学在里面的作用等。儒家、儒学在我国几乎跟伦理共识、族群认同、终极性的信仰联系在一起，它是渗透到中华民族血液中的东西，这恐怕不能低估。还有最近的国学热，这种最有力的推动不是来自官方。民间老百姓需要对自己的历史文化传统有一些了解，因此应运而生，产生了国学热等现象。民间老百姓，民间有一些生意人，他们要求了解自己的历史文化传统，不是戏说的。怎么了解？他只有通过找你们北大、清华这些名牌大学办的训练班啊，你们创收有道是另一回事，但是毕竟说明了中国的商人、中国的民间需要了解自己的历史文化。有这种需求，才有了国学热。

官方的儒学和草根的民心，究竟是谁影响了谁？

李景林：我说两句。这个会议开始提出方法问题，还是很重要的。方法问题，涉及我们研究儒学、研究国学的方向性问题。

我很赞成黑格尔说的说法：理性有一种狡计或机巧，理性的狡计，实际上是说，现实的过程是一个偶然性的过程、恶的过程；但通过这个偶然性和恶的过程，最后实现出来的，是理性、理念、精神。现在的中国人缺乏诚信和德性，原因在哪里？原因实质上在于我们长期以来的教育。刚才我讲到《南方周末》的文章，让人看了特别痛心。其中讲到聂绀弩和他的一些朋友的关系，他的那些朋友去揭发他，那时的人缺乏诚信，那是当时的社会环境和强力地推行一种意识形态的教育所造成的结果。

价值尺度不是写在哪个地方的东西,它是内心的东西,要确立起来。我们现在的问题是这个东西没有确立起来。我们看《孟子》,孟子见梁惠王,梁惠王说"叟不远千里而来",给我啥好处(利)啊,(孟子)说"何必曰利,亦有仁义而已矣",又说"上下交争利则国危矣",这样国家就要完了。我们刚才讲到,儒家理想是不是太高了?不是太高了!这个最高的东西一定要确立起来。过去我们社会生活中实际上,一个最终的东西、流行的东西就是"上下交争利"。你看我们的口号:"毫不利己,专门利人",还是个"利"字。

(笑声)

过去美国有个大片《拯救大兵瑞恩》,就反映了一个观念问题。八个人救他一个人,有没有价值?这就是说,你应该去救,就一定要去救,不能讨价还价,这是社会公义。一个社会,这个公义一定要建立起来。我们上世纪八九十年代有一个讨论:一个大学生为救一个农民结果淹死了,到底值不值得?有人说,一个大学生,国家培养了这么多年,价值比农民高啊,为救农民淹死了,这对国家是个损失。就是说,流行在我们社会生活里面的核心价值就是"利",这个就有很大的问题。我觉得我们现在倡导的国学也好、儒学也好,一定要把这个弄清。

刚才李老师也讲到,有些东西与马克思主义无关,但是它也不是儒家的。人要有羞耻心、荣辱感,强调这一点当然是正确的。依照儒家的看法,这羞耻心、荣辱感不是靠外在的灌输。关于这个问题,孔子就讲一句话:"知耻而后勇。"孟子就讲一句话:"人不可以无耻。无耻之耻,无耻也。"意思是说,人要有羞耻之心,不要有作恶之心。这是人心本有的,你要找到这个东西,要良知发现,以这个内心的良知为尺度来作判断。孔子从来没教人什么是"耻",因为它不是外在的。后来儒家讲发现良心也好、发现本心也好、求放心也好,都是向内找。

我曾讲到,现在的学术有三个层面:分别是官方学术、学院学术和民间学术三个层次。以后的中国文化真正的发展应该是,官方学术是回到意识形态本位上,它不能做一个教养的本原、教化的本原;学院学术应该逐渐民间化,回归于它的民间性,最后进入社会生活和人的个体的内在生活。这样的话,儒学和中国现代的学术才会有一个健康的发展。

有一次,我参加一个座谈会,一位老先生发牢骚说,我们现在的政府啊、官方啊对文化建设不重视。你看，开文代会领导们都去，开科学大会领导们都去，就是学术会，从来没有人（领导）去。

（众人笑）

我就笑了，我说，这是对的。

牟钟鉴：（笑着说）挺好！

李景林：传统的民间学术水平很高，真正高水平的学术在民间。比如朱熹到书院去讲学，古代好多大学者是书院的山长、主讲人。现在民间学术开始恢复和兴起，但是水平不高。所以现在民间学术真正要健康发展，需要学院的学术（帮忙）。学院学术一定要和民间学术有交汇。他们俩（指着陈来、郭齐勇），都是搞国学的，郭兄是搞武汉大学国学班……

牟钟鉴：在国学版上看到了。

郭齐勇：国学班，从本科、硕士到博士都有了。

李景林：越是原汁原味的，就越是能和民间的生活相切合。我想这两个方面要共同努力，才能真正把中国学术文化的价值系统确立起来。确立起这个价值的系统，现实中也就不会有这么多"伪善"了。

张曙光：李老师（李景林），我对义利问题有不同的看法。当年孟子跟梁惠王讲你如果重视这个"利"，就会"上下交争利"，结果你梁惠王就享受不到最大的利益。

郭齐勇：它是讲老百姓，王不要曰利，但老百姓要曰利，制民恒产嘛。上下交争利的重心是说上层不要与民争利。

张曙光：上给民争利……

李景林：我的意思是说，一个社会、区域、民族或国家，最高价值不应该是利。

张曙光：你这个说法我赞成，但是问题是怎么把义与利的关系摆正。实际上，对现代社会来讲，上下交争利对社会来讲还是个好事。怎么是好事呢？我们可以跟官府打官司了。原来谁敢和政府打官司啊。现在政府我可以告你啊，大家重视自己的利益了，这当然是好事。

李景林：这样……

陈　来：从某一方面来讲你说的是对的。但他说的是，利益驱动不应该成为所有行为的唯一的原则。

张曙光：我的意思是说这个问题是怎么来的，应该从制度上找原因。章太炎在《诸子学略说》里就说儒学，批评儒者奔走于功名利禄之间，是乡愿。

李景林： 当年孔子也批评了，现实中确实有那样的事。

张曙光： 我想可能有这样几个原因：第一方面，"学"本来不应该跟利挂钩，而科举制把学与升官发财挂起钩来了，这可能是一个制度方面的主要原因。再一个你说跟儒学没有关系，"利"这东西它关系到每个人，不能不讲。但像孔子那样讲就容易出问题——"君子喻于义，小人喻于利"。君子越是"喻于义"越能得到利，小人越是"喻于利"越得不到利，所谓"君子谋道不谋食。耕也，馁在其中矣；学也，禄在其中矣"。

李景林：（笑着说）不是那个意思，那是把很多东西搅和到一块了。

张曙光： 那不是搅和在一起，你看历朝历代的……

张志伟： 其实价值需要区分层次，最基本利益绝对要强调，值得尊重，但是不值得赞扬，你说我吃饭肚子能赞扬吗？用不着。更高的利益，没有，你不应该责备他。缺失了最低的利益，一定要批评，有了最高的利益，你应该表扬。

陈　来： 最高的理想，不能变成最低的利益。

张志伟： 对对！

（众说纷纭）

李景林： 我说一句，你的意思应该这么说，老百姓现在有了自己的权利意识，这个意识不是说就唯利是图，我们讲的是价值原则。

张曙光： 这是他应有的。

李德顺： 我接着你（李景林）的说一下。现在急功近利、不讲理想、不讲品位这个势头是挺令人担忧的。但是针对这种情况，原封不动地照讲以前的概念也解决不了问题。就刚才你举的那个《拯救大兵瑞恩》的例子，刚好我参与过讨论，是媒体把我给搅进去的。那个电影演了以后，梁晓声发表了一通像你那样的看法，说大学生张华救老农结果淹死了，中国人还讨论值不值得。你看人家美国，一个小分队八个人去救一个人，人家就不问值不值得。当时青年报为此争论得很凶。后来一个记者找我，我找来这部电影看了一遍。我发现，梁晓声的道德理想主义是好的，但他并没有看懂人家那个电影。电影说的是：一个母亲有三个儿子参战，死了两个，母亲就去找司令官，说希望把最后这个儿子留给我。司令官就下了命令，派人去把他接回来。

张志伟： 据说定了一个命令，说所有情况这样的，比如家里就剩一个了，政府要让他回来……

李德顺：后面的故事就是执行过程了。所以我当时分析说，美国好莱坞是在不动声色地宣传他们的价值观，其中一个主题就是"公民的权利与国家的责任"。公民有权提这个要求，国家也有责任给予满足。所以那八个人组成的小分队，并不是一般的八个人，而是执行任务的国家机器。他们显示的是一种忠于职守的高尚道德。这时候不能拿八个人去和一个人比价，而是"国家对公民的责任至上"。至于我们所关心的"顾全大局"啦、"先公后私"啦，人家在这里是留给瑞恩自己决定的。瑞恩说我正在守这个桥，等打完了这一仗我再走。所以那八个人帮着瑞恩打，打得挺惨的，还死了几个。这场战斗打完瑞恩就跟他们回家了。电影的开头结尾就是瑞恩在几个死者的墓上献花。

我说在这个事例中，道德也好，规范也好，理想也好，到底是应该谁要求谁的？对此我们过去从来不加区分，而是泛泛地、一般地、普遍地讲。因为一加区分，就必然会导致思考怎样批判地改造现实，而不是要求每个个人都怎样尽善尽美、合乎仁义道德。我担心的就是这种不加区分的思路。刚才牟先生讲道德要区分层次，我说过去的毛病就是没有层次感，不区分各种社会角色各自应有的权利和责任，要求大家一律做圣人君子。这样刚好给掌握话语权和舆论权的人搞两重化提供了条件。他嘴上可以那么说，你听着也没什么不对，人都应该讲仁义道德嘛。但是实际上，应该谁要求谁做，谁做到什么程度，若不把这些思考引导到社会制度、体制、机制建设上来，而是只盯着个人，无条件地要求所有群众都高尚，这就似是而非了。我为什么说他们搞的公民道德教育是儒家而不是马克思主义的？马克思说，我的理论是最不要求个人对社会历史负责的。他要求批判和改造社会，让社会最终服务于个人的全面自由发展。而传统的思维却老是盯着一般个人。

陈　来：你说的也不能就说完全就是儒家的。儒家有两面，一方面当然有对下、有教化，教化中有要承担的责任。另一方面在古代的体制，儒家和古代体制放在一起，它也开放了另一面即对上。这套东西就不是光是上面对我讲的，也是我拿来对上面讲的。古代士大夫用这套东西批评皇帝，这种情况太多了。

李德顺：我的文章就讲过这点。按照儒家在道德面前人人平等的理想，本来可以导致比方说民主啊、自下而上的监督啊，本来是存在着这种可能的。但实际上就与任人唯贤的效果相似。想法是对的，实际的结果却走向反面。所以我说，我们必须要研究和总结这种东西。

陈　来：最后就变成体制的问题了。它不只是有这种可能的。就像刚才老郭讲的，朱熹三十几岁，孝宗皇帝刚一继位就讲这些东西。后来到五十多岁，还是讲这个东西，讲皇帝人欲太多，没有"存天理，灭人欲"，造成现在的情况。古代这一面，也不是现代的民主，但是至少这是个开始。

李德顺：设了谏官制度，封建统治者本身也觉得这套制度可用、需要，这我们不细说。但所有的这些改变不了人治的根基，就是专制主义的根基。但它能起到缓解与减弱的作用。之所以能用这么多年，就是因为它不太刚性。不是说它的作用不存在。

牟钟鉴：比如秦始皇用法治主义、法家的那套思想，用不了几年就完蛋了。

李德顺：我们理解了中国的历史之后，应该从中得出什么结论？从中应该看到些什么？我想不应该得出"就那样挺好"的结论。再有，官方的儒学和草根的民心，我不知道究竟是谁影响了谁？是民间的实际生活改变了学者和官方的思想，促进、改造了他们，还是学者和官方的东西改造教化了群众？还是两者本来是一个互动的一体过程。比如我母亲，今年102岁，不认字，没有参加过工作，也讲仁义，并不信神，佛呀什么的也只是随便说说。我想弄明白她脑子里最深的究竟是什么。我分不清有哪些是儒家的，哪些不是儒家的。比如她说仁义，我小时候淘气干了什么坏事，她责备我的方式就是谴责自己："我上辈子做了什么孽啊，生这么个儿子……"

（众人笑）

郭齐勇：这是民间宗教、民间儒学。

李德顺：我想要说明，我们的文化系统就要尊重在群众当中影响最深的，中国人内心深处把握的东西，把它们总结提升出来，给予合理化、合法化。而不是总想否定它们，或者把它们纳入某个简单的话语体系中去。

郭齐勇：不一定全部都会合法化。您的老母亲还健在，您真幸福。我的老母亲九十三岁去世了，我体会到"子欲养而亲不在"的苦楚。我也琢磨她到底在想什么。她仁慈，爱他人（不只是亲人），奉献，操劳，一生以身教、言教让子孙做正直的有爱心的人。

陈　来：你提的是个大问题，下午要好好讨论。

李德顺：我是想，这些事的权利责任是他自己的，别人不要从上到下强制。

牟钟鉴：你这是反求诸己。

李德顺："为仁由己"。

李景林：这就是儒家的。

陈　来：这不是儒家的。

李德顺：我讲的是法治意识。反对任何人以任何形式在精神上去操纵与控制别人，所有的政治啊管理啊，只能以老百姓为准、以老百姓为本……

牟钟鉴：我最认同这一点。

李德顺：我反对打倒一个神又立起另一个神，来来回回地给老百姓立神。老百姓可以立神，但老百姓有自己的逻辑，把他们（神）都堆在一块……

张曙光：我感觉在传统社会，这一点做不到。传统社会，是一个自给自足的社会，农民的理想是什么？农民成为地主，然后地主成为最大的地主，然后又成为……

李德顺：你得知道人们现在要什么。

张曙光：我们的问题我认为是儒家传统中合理的东西如何与西方政治民主嫁接的问题。

主持人：还有哪位？

张志伟：我再说几句，因为我下午不在了。

（众人笑）

张曙光：别价！

张志伟：是"不在场"的意思，复兴国学也好，传统文化也好，其实一个很麻烦的问题是现在处在一个多元价值并存的时代。比如说讲民间、草根是可以的，但已经跟过去不大一样了。我们都面临大众文化的冲击。而大众文化本身是一个商业操纵的文化，是经济组织的一部分，它本身是以商业利润而不会以价值取向为主的。在这种情况下，包括主流媒体都要向大众文化靠拢，更何况咱们学者。学者研究的这些东西是象牙塔啊，你怎么去影响老百姓，这是个很大的麻烦。很多学者不屑与易中天、于丹为伍，我觉得你缺少这个意识和能力。好多学者说，你要讲就讲，我们还是讲我们自己的，但你那么讲老百姓没办法听啊。你要拍《建国大业》献礼

片，都要把港台的明星拉过来，懂得大众文化的路子。更何况专家学者技术含量越来越高，能看懂的越来越少，这是个特麻烦的问题。甚至人文知识分子的地位都被边缘化了……

（众人笑）

你的成果在学术圈里可以很强，但是你的影响力只在学术圈，你怎么发挥作用啊？

李德顺：我主张提复兴中华文化，不等于提倡复兴儒学。

陈　来：我们也没怎么提复兴儒学吧。

主持人：我得行使主持人的权力了，今天上午的时间到了，该就餐了。下午两点半开始。

（录音整理：罗容海、朱其永）

价值普遍主义：合理不合理？

国学访谈『中西马』对话实录（三）

此文为原稿，系首次公开发表

我们中国人有信仰，但是没有好好地把自己的信仰说透，树立起来。

中国人一方面很『集体』，但实际上又很『个人』，造成道德的双重人格。

所谓『自上而下』是不是都要不得，我倒不觉得一定是这样的。

任何一个民族的历史都是群众和精英合在一起创造的。

时间：2009年3月21日下午
地点：北京师范大学价值与文化研究中心会议室

访谈嘉宾：
牟钟鉴（中央民族大学教授）
李德顺（中国政法大学人文学院教授）
陈　来（北京大学哲学系教授）
郭齐勇（武汉大学中国传统文化研究中心教授）
赵汀阳（中国社会科学院哲学所研究员）
张曙光（北京师范大学哲学与社会学院教授）
李景林（北京师范大学哲学与社会学院教授）

主持人：梁　枢（《光明日报》国学版主编）

（张志伟离开，赵汀阳加入）

主持人：这一次的讨论，是我主持国学版以来感觉最有深度的一次。我们上升到了对方法的反思；而且我们的讨论是在不同学科、不同观点之间展开的一个对话，一次交流，一种碰撞。不过，说到碰撞，比我期望的……

牟钟鉴：还不够。

主持人：还少一些。

牟钟鉴：你还得"挑动"。

（众人笑）

主持人：差不多，我下午的任务还很艰巨。

赵汀阳：上午是哪几个老师发言了？

主持人：都发言了。

赵汀阳：是自由发言，是吧？

主持人：有插话，也有长篇大论。咱们下午的讨论正式开始，主题是"如何评估国学的当代价值"。我原来的提纲写的是"儒学"，后来有学者提出改成"国学"，我觉得改得很必要，很有道理。就是这几个问题，大家敞开了说就行。哪位老师先来？

谁的文化谁做主

陈　来：我们接着上午那个问题，过渡一下，能不能请德顺再讲讲两个问题，德顺讲完了以后，赵汀阳就可以说话了。一个是，上午我听老郭（郭齐勇）提的问题，老郭的问题，也可以是对你的一个观点的回应。但是能不能请你再讲讲，就是说，你提到文化不应该是谁强迫给人民群众，人民群众应该有自己选择的权利。老郭讲的是，这些"儒学热"、"国学热"本身是草根性的东西，主要不是由官方的什么兴趣带起来的，更大部分是草根本身，也就是意味着人民群众本身，当然这个大众，也包括一些非学院的知识分子。这里面我不是很了解，能不能请你再谈谈，什么是你所设想的"人民群众的选择"？这是问题一。第二个问题呢，上午谈到有一个"自上而下的普遍主义"，即儒学价值的理念和实践是一个自上而下的普遍主义，这个讲法是怎么个意思？刚才老牟（牟钟鉴）说到道德是有层次的，你（李德顺）也同意他的观点，认为得看每个人的角色和地位，就是说不应该是一个抹杀了个性的普遍主义，而是要顾及社会的角色和差别，有这样的一层意思。这里能不能请你再深挖一下。我想这两个问题能不能结合在一块，我们看看能不能再有点什么回应。这个问题讲完了，汀阳就可以说了，这就接上了。

（众人称好）

李德顺：后面那问题，是曙光说的，我回应前面的问题。这与我对文化的理解有关。我主张提弘扬中华文化，或者弘扬中华传统文化，但这是不是就可以等同于国学呢？这就有待于怎么去理解国学；而国学是不是就等于儒学呢，这中间就更应该有所分析，才能把握准确。

陈　来：这个我听明白了。

李德顺：我的看法是从文化说起，文化的本质归根到底说来就是人的生活样式，按……

陈　来：梁漱溟。

郭齐勇：梁先生讲的，生活样态。

李德顺：是的，文化就是人的"活法"，就是"人化"和"化人"的方式、过程和成果。我的观点同1998年讨论全球普遍价值那次是一贯的。我认为文化最本质的东西，是文化主体的权利和责任。既然文化是主体的活法，主体就有权利选择自己的活法，有责任去维护这种活法的积极性和合理性。

谁的文化谁做主。文化是主体在自己的实际的生活条件和经历当中形成的，别人应该尊重。当我们讲到中国文化的时候，就要有这样一种态度：要从中国大众的实际生活、实际需要、实际能力，从中国人长期以来生存发展所形成的必要的价值体系出发，要理解和尊重它，据以构建我们社会的文化体系。而不是用一个先定的什么东西，靠外在的强制性灌输，用不符合人们能力和需要的东西从外面去强加于人。我说的层次感，就是这么来的。什么是大众日常生活的东西，什么是公共管理体系、公共文化、公共空间、社会管理应该有的东西，不同层次各有各的权利，各有各的责任，一定要清楚。不能用一个代替另一个，尤其是不能用过去的那种自上而下的强行灌输那一套。强行灌输的东西，即使从某些方面来看是合理的，作为文化方式也不妥。你喜欢吃辣椒，你可以自己吃，但不能要求所有的人都得吃辣椒。尽管你可以说辣椒有营养、维生素等，有很多好处，但是你无视我个人的特殊条件，或者选择的权利，那么这种强行灌输的效果肯定是相反的。我注重这样的主体性，基本就是这么一个意思。

主持人：我给您（李德顺）做个补充，这个问题上我有点话语权。因为李老师（李德顺）当年《家园文化论纲》一书在《光明日报》发表的书评就是我写的。李老师的家园文化观主张，文化既不是洋人的事，也不是古人的事，是人民群众自己的事。而现实往往是拿古人来压现代人、拿洋人来压中国人，李老师认为这是对主体权利和责任的一种违背。我记得当时我那篇书评是在挺有激情的状态下写的，称这是大气磅礴的文化宣言。那会儿就觉得特别好，说清了很多道理。现在反过来，我要问问李老师，儒学究竟有没有草根性？2007年，我们曾经从全国各地请过四个家长到报社做访谈，还有郭老师（郭齐勇）讲的（母亲的事），给我感觉，这种儒学的草根性是实实在在的。自上而下那一套东西有，但民间自下而上的这些东西也是实实在在的。我觉得跟您的文化观不但没有矛盾，用您这套理论也完全能够说明。也就是说，它（当代儒学）不是用古人来压今人，而是现代人自觉地从古代人那里汲取人生智慧，教育自己，还教育自己的孩子，我觉得这是真实的。

李德顺：这个涉及整个传统文化，我不太赞成刻意突出儒学。

（众人笑）

儒学是当时多家之中的一家，虽然后来把它立为独尊的一家，但是在思想实践，在社会生活中，在老百姓那里，并不是只有这一家。诸子百家里的道家、墨家、法家等，有很多，实际上是"为我所用"的，不要夸大教化的作用。凡是从中华文化土壤上生长出来的有生命力的合理的东西，在大众生活中它们都实际上融合在一起保存下来。为什么我强调"中华文化"，或者"中华传统文化"的整体性？因为我没有那个功力，也没有那个精力，去仔细辨认里面哪个是儒家的、哪个是道家的，而且我觉得这种分解意思不大。特别突出儒家这一家，是汉代以后造成的，是由某种社会导向着意强调的结果。有些人出于个人偏好，分得很清楚，什么是道家的、儒家的等。但是对于社会大众来讲，这种区分不是实质性的。咱们中国文化就有这个特点，在我们的庙里，可以把三个教的教主塑到一个殿里。

牟钟鉴： 这在宗教学里叫"混血现象"、信仰的"混血现象"，中国人是"宗教的混血儿"。

李德顺： 说到宗教的话，外国人老说中国人没有信仰，因此看不起咱们，说咱们没文化。我说，我们中国人有信仰，但是不像他们西方人那样有宗教。要把宗教和信仰区别开来。中国人自古就有信仰，原本中国人信仰的是"天"，比如"天理"、"天道"、"天命"，现在老百姓也还……

牟钟鉴： 敬天法祖。

李德顺： 是的，敬天。这个"天"和"神"不一样。"天"其实是人的最高力量、最高道德、最高智慧的一个投射。"天"就是人，就是最完美、最强大、最完备的人，其实就是人。因为没有那个"神"，所以我们关于"天"的信仰，是以人为本的，并没有形成一个宗教。

牟钟鉴： 类似为一神教的绝对唯一神的观念，没有。

李德顺： 没有，没有形成那个（一神教）。

牟钟鉴： 天（的信仰）还是有的。

李德顺： 因为对"天"越来越多人本化的阐述，所以"天"的神圣感，慢慢地变成世俗的道德，变成等级的资源。这种信仰的本质，咱们中国人对待信仰的态度，我说是由孔子教会了的一种智慧："祭神如神在"、"未知生焉知死"、不谈鬼神……这本质是"人"！但从外在形式上，没有全面地、系统地整理提升，没有上升为理论、设计为制度，往往就是分散在各种人的心理状态当中保存着。我看我老母亲心中信仰的就是"天"。"天"其实就是我们的道德规则、人生正义等等的最高体现。因为我们没有西方宗教那种有组织的社会形式，所以我们对于宗教里的"神"一直不怎么太在意，比较含糊，很随意，可以用谁就拜谁，都把他们隶属于"天"的代言或"天"的外在形式，以这种形式保存下来。

我们中国人有信仰，但是没有好好地把自己的信仰说透、树立起来。就是先把它搁这，别的什么东西来了也把它们混在一起。佛教来了混进去，基督教来了也糅进来，其他什么东西都可以掺和到一块儿。它好的地方是以人为本，不好的地方就是缺乏思想文化的一种自觉的彻底性。这也和我们整个思想文化体系里缺少科学啊、逻辑啊、分析啊有关。我们一向不大注重这些，重了悟不重论证。所以，老是局限在一个（儒家）学说、一套（儒家）文本那里，对理解中国文化还是会造成一种偏向，容易看不全、看不透、看不顺。很多东西杂乱地互相矛盾地罗列在一起，什么东西都能说，那么总体的脉络和走向就理不出来。

陈　来：刚才说的"普遍主义"的问题，你（张曙光）再说两句吧。

（众人笑）

张曙光：我就接着说两句，儒家的形成，我感觉从社会的历史的角度看，比较适合。儒家思想产生的源头，应该可以追溯到夏商，主要是西周的资源如礼、易、诗、书，后来通过孔子——还有鲁国这个地域的思想文化背景——办的私学，而不是官学正式产生和传播。但这个"学"有一个特点，从它重视"礼"来看，它主要反映的是官方的统治者的"秩序要求"，但它又具有民间性，这方面反映的主要是百姓的家庭生活及其伦理规则，或者说是众多的家庭、家族这些"小共同体"的愿望。但是，家庭的小共同体的整体存活，是高于家庭成员即个体的。整体优先于个体。这样的原则，自然符合国家的统治者的需要。所以，儒学即使来自民间并在民间发展，因为它认同基于家族的整体的道德观念，关于个人的自主、独立的思想比较弱，它所讲的个人的主体性也主要是这种道德主体性，因而也就容易受到统治者的重视，统治者也就容易将儒家的"小共同体"主义，变成"大共同体"主义。这"大共同体"主义和"小共同体"主义有什么区别呢？"小共同体"可以是多元的，尽管所有的家庭都有相似性，但不同地域、不同阶层的家庭毕竟有不小的差异，我们过去不是说"十里不同……"

赵汀阳：风。

郭齐勇：百里不同俗。

张曙光：对，"十里不同风，百里不同俗"。"小共同体"反倒体现出文化的多元性。一旦成了一个"大共同体"，"大共同体"是唯一的，这种"普遍主义"就变成一种单一的东西了。然后再自上而下地灌下来，再灌到民间。我们上午也说到，上面要求的"忠"和下面要求的"孝"，本来是有差异的，忠孝不能两全嘛。但是，"大共同体"主义却要统摄你那些"小共同体"。小农在各个方面都是很脆弱的，也是很无力的，它必须依附"大共同体"。这样，就很容易导致一种道德上的不能承受之重。所以，中国人一方面很"集体"，但实际上又很"个人"，造成道德的双重人格。所以这里面有一个矛盾，路上跟景林老师也聊，一方面，作为一个民族也好，作为一个共同体也好，都需要一个带有理想性的、总体性的道德来引导大家，不然的话社会就会离散，就会下滑；另一方面呢，理想既然反映的只是"大共同体"的需要，那么，就是要个体承担整体，这就造成对个体的压抑，所以个人的、家庭的、地域的这些"特殊性"、"差异性"就很难生长出来。这个问题，我个人认为就儒家而言，主要是成为"官学"后的问题。而同样在民间发育出来的思想学问，比如道家，它没有被官方收编，没有成为官学，很大程度上道家在民间的发育，以及发挥的作用，可能要超过儒家。上次我和强昱老师交换意见，他说我好多材料都没看，光知道儒家，讲来讲去都是儒家的，他说在民间，道家的作用比儒家大得多。当然这个需要事实来说话。

（众人笑）

强昱他是这方面的专家，可能他了解这方面的情况。我的意思是可以做这样一个比较。但不管怎么说，在传统社会，这个矛盾是解决不了的，只能到什么时候解决？只能到现代社会。现代社会有什么特点？现代社会领域分化了，政治经济文化各领域分化了。如果还是一个大一统的结构的话，那么这种文化的道德的整体主义和它本来来自民间，应该反映个体、"小共同体"的特点和差异，我认为这个矛盾就无法解决。我们现在中国社会，我常说一句话，是"该分化的没有充分分化，不该分化的倒率先分化"——"贫富差距"比发达国家还厉害,这很不正常嘛。现在的政治经济文化分化得远远不够,但毕竟有了一定的分化,所以我们现在谈"国学热"也好,谈中华文化有复兴的征兆也好,我们是在什么基础之上?是在现代性有了一定程度的发展、政治经济文化有了相对的区分这样一个基础上,才有了今天国学一定的复兴。所以从这个角度来思考,我觉得德顺老师说的那个问题,即"言行不一",可能慢慢地不是一个大问题了。但现在比较麻烦的是,转型时期又是矛盾最容易发生的一个时期。这是我从社会的角度做的一点点分析。

(短暂的沉默,众人笑)

文化是人的生活样式,但更重要的是一种价值取向

陈　来:德顺讲了关于文化的理解,当然梁先生(梁漱溟)早年是用文化的样式来讲,但是《中西文化及其哲学》基本上是一本关于文化哲学的书,真正他讲得比较好的是《中国文化要义》。《中国文化要义》我把它归类为社会学的理论著作,是研究中国历史和文化的社会学著作。所以1993年我就写过文章,把它和韦伯对中国社会和宗教的研究做一个比较。从这个角度,我看德顺对文化的理解,是一个社会学、人类学的看法。所以观察的角度是在大众的生活样式上,始终是在这儿。

我的看法稍微有些不同。从历史发展的角度来看,你所谈的"基础"的概念,我们怎么来看它的发生学背景,这还值得再考虑。什么意思呢?比如说,以你的母亲为例,我们中国人自己现实生活里的价值观是什么,价值取向是什么,有些什么基本的善恶好坏的观念,对不对?你认为我们价值的构建应该是以这些为基础的。这是大众的,他们在现实生活中支配他们的价值原理,应作为我们今天价值构建的基础。但这里有个发生学的背景,我想说的是什么呢?其实他(中国大众)这套东西也不是自发的,不是从某一个地方、某一个村庄、某一个社会环境里直接生长的。这是在长久的文化的渗透、教化的过程里面才形成的。所以,这个东西,我不觉得它是自发的,是在一定的社会环境、生产方式里自然就有这些东西。至少是宋代以来,儒者的乡村教育实践、推广已深入人心。除此以外,他们

还把这些观念以各种各样的文艺的形式，打个比方讲说书……

郭齐勇：唱戏。

陈　来：传播到老百姓的心里。很多我们以前看到的回忆录，像你（李德顺）说的，胡适的母亲也是这样。胡适小时候犯错误，他母亲不打，他母亲自己是哭的，（边哭边）说，"我就没有本事教育你，你出了问题，将来大房二房都笑话我，我怎么做人啊？"它（教化）就是这样来的。很多近代名人受母亲教育，母亲就教给他很简单的一些观念。这些价值观念哪里来的啊？都是从传统文化来的。传统文化就是通过我刚才讲的不同的途径，虽然我们没有一个教会，有些人也不见得上过学，但是它通过很多不同的方式，渗入到民间的生活里。所以，王阳明在赣南，就很注意教化，除了所谓"乡约"的部分，他还特别注意那些——也不叫戏剧——叫"唱词"吧，这些文艺活动里讲的东西，他很注意那些东西。几百年下来，传统文化很有它的一套，即景林喜欢讲的"教化"的东西。

说到"教化"这套东西，我还是有点自己的看法。即，所谓"自上而下"是不是都要不得，我倒不觉得一定是这样的，关键在于你"自上而下"的是什么样的东西？如果是一些社会都公认的基本价值，比如说不能偷盗、不能做土匪等等，我觉得这（自上而下）是可以采取的一种方式，不是说唯一的方式。唯一的方式就有好多弊病，这就只是统治老百姓，对不对？但即便是这样的话，仍然有维护社会稳定、形成一个良好的社会秩序这方面的积极意义。所以我想，关于"自上而下"的问题，也要分析。

这在社会基本价值上再扩大，就是文化的问题。文化和价值，是不是一个由大众选择就能够决定的东西。当然，电视台来讲，你的选择就是你换不换台。你摁摁手指头，那代表你的选择。那老牟讲的，所谓"文化价值"，如果你过分强调大众的（主体性），说你有权利做选择，会不会导致一种比较"民粹主义"的对文化的态度，会不会比较不容易划清和文化"媚俗"的关系？所以在这方面，我觉得可能还有点可以探讨的空间。就是到底文化价值这种东西是不是可以做大众的民主选择？这一类的问题，从我的角度来看，大众当然是（重要的），你完全反大众的，大众当然不赞成。但我们要客观地来看，大众不是一个抽象的东西，他是现实文化生活里面具有一定程度生理要求、生活欲望、一定生存状态的人，他的选择代表了他的生存状态。这是没有问题的。但是也许他不能看到社会长远的价值，不能看到整个社会、整个国家甚至整个世界文化的需求，所以知识分子的文化反省和反思，知识分子的文化自觉，或者说"精英"吧——我们用这个词，可能有人不一定觉得那么好听——他们的工作还是有意义的。

西方和中国很大一个不同就是，西方社会里面有一个开放的宗教体系，这个开放的宗教体系不断地提供着这个社会基本价值的需求，它满足这个社会对价值的需要。中国没有基督教这样一种入世的、针对社会的、强力的、有组织的宗教。中国有有组织的宗教，比如佛教、道教，又是比较出世性的。它不是致力于提供给社会成员一些最基本的价值，而是山林化的，到山里去修行，所以儒家为什么要强力批评它，就是这个理由。中国没有一个有组织的宗教在强力地维护这个社会的基本价值和核心价值。只有儒家是起这个作用的。所以古代社会的政府必须要和它（儒家），说得不好就是"合谋"，说得好就是"互相利用"。我们看日本的经验，从明治维新到第二次世界大战以后，都是通过教育，这个教育形式甚至是天皇颁布教育敕语，教育敕语就是教育宪法，基本的价值观念都在里面陈述。我想说这类问题，包括自由主义意识形态中立的这种国家姿态，需要跟一个文化的实际状态结合起来去考虑，不能孤立地说，这就是最好。我不觉得这样的分析是有说服力的。

牟钟鉴：我特别赞赏德顺教授提到的，人民群众的选择是最终决定因素，没有任何人有资格来代替他们来做选择或者强加给他们。但是这里面我要补充一点，就是精英干什么？精英是不是不该做什么，群众完全是自发选择信仰？我觉得精英应该研究，应该建立体系，应该在理性的高度提出一系列的学说和观点。他（精英）不要强加给群众，但是他有义务把理论提供给社会，让社会来做选择。社会认可了，群众认可了，它（理论）就变成了群众的东西，群众不认可就被淘汰。所以，我们曾经讨论，历史是英雄创造的，还是群众创造的，这本身就是形而上学。历史是大家共同创造嘛！任何一个民族的历史都是群众和精英合在一起创造的。问题是精英不能强加，尤其是不能利用行政资源、政治资源强加给群众，我觉得关键在这里，而不是说我们不做工作。我们该做的还是要去做，因为群众的东西往往是自发的，学者的工作就是把它变成自觉的。如果它顺乎潮流、合乎人情的话，它会被选择的。

陈　来：另外，价值的问题，我看德顺你特别强调"主体性"，我想你讲的，我听得也许不准确，很大程度是"个人的主体性"。

李德顺：我最反对把"主体性"简单等同于"个人的主体性"了。

陈　来：因为我看你讲"主体性"，同时就讲了"个人的特殊的主体性需要"。如果作为社会基本价值来看，这个"主体性"，我想，应该讲"主体间性"，这个主体甚至应该是以社会总体为主体的。这就涉及曙光讲到的"共同体"的问题，那一定是"共同体"的。个人当然有个人的权利和要求，但是不管在小的还是大的"共同体"里面生存，如果我们承认"共同体"是需要的话，那这个"共同体"需要的价值就是我们每个人必须要承担的价值。所以，从理论上来看我不觉得这里面一定是有问题的，一定是非此即彼、非彼即此的。只是说两方面要有一个兼顾，不能够说只有一面，只有人对"共同体"的责任和义务，没有"共同体"对人的责任和义务，这是不对的，这是双向的。但是人对"共同体"承担的义务，不管是对小"共同体"还是大"共同体"的责任，我想，只要是社会存在，一定是有这方面的义务的。

道德的东西变化很小，社会作为一个共同体的需求，它所反映的价值需要，千百年来没有什么变化，它跟你再讲也就是"十诫"。你今天讲的世界伦理，它还是拿出"十诫"来跟你讲，只是改头换面，还是那些东西。所以，这说明，有些社会基本价值是确确实实有社会恒久性的，是超越具体社会形态，只要是人类基本生活就需要的基本共同价值。儒家肯定是强调这方面的，确确实实强调。另一方面，儒家没有强调个人的权利，这是肯定的。我想这方面它可以不断改善，但是即使它不改善，就专讲人对社会共同体的责任方面，也是一家之言。因为你不能要求每一家都面面俱到、什么都解决，可能有一家就偏重讲这一方面，另一家就偏重讲那一方面。关键是，一个合理的文化场域，各家是平等的，不能有一家一定要压制别人。这样我觉得才是一个比较理想的文化场。那关于这个问题呢，我感觉你们谈的还涉及一个问题，就是我刚才让德顺再讲的关于"普遍主义"的问题，因为现在讲普世价值。我本来觉得这"普遍价值"或者可以"普遍化"的价值应该是好的意思。但是现在好像大家都在关注，"普遍主义"怎么顾及个人，怎么适应现代价值分化的情况（的问题）。这个问题我没有听清楚，刚才问德顺，德顺说让你（张曙光）说。

价值普遍主义：合理不合理？

张曙光：这里恐怕要做一个概念的区分。西方讲"普遍主义"，还有基督教的背景，到了中国，并没有西方那样的普遍主义，中国是大"共同体"主义，可以大到"四海之内"，是不是叫"整体主义"会更好些？"整体主义"是不是和"普遍主义"有所区别？前者相对于"个体"而言，后者相对于"特殊"而言。

李德顺："普遍主义"和"特殊主义"是社会学的概念，是讲两种价值主张：认定某种价值是合理的，就是普遍适用的，这样的观点叫"普遍主义"；而强调价值的不同主体性不能互相归并，就叫价值的"特殊主义"。价值普遍主义的毛病是什么呢？就是它忽视了主体的差别。在价值问题上，人们往往套用认识论的普遍性原理。你看现在，在普适价值这场争论里头，国内没有一个长期研究价值的学者参与争论。却是司马南、侯惠勤等上阵表态。为什么？因为研究价值的人，一般都慎说这个普遍性。普世价值问题是不能这么简单回答的。现在是各方都在普遍性上做文章，很少有人理解价值的普遍性是什么意思。直到昨天他们还在（争论），好多部门在写普遍价值。有人征求我的意见，我说了说我的感觉。我说，讲普遍价值，所有的人都在"普遍"两字上琢磨，没有人去理解"价值"是什么。所以才会有这场可以叫作"浑水里的战斗"。（牟钟鉴笑）眼下争论就是这个样子。

陈　来：因为价值嘛，就是我们非常习熟的"American values"——自由、平等、人权。这是很清楚的，是吧？即所谓的"美国价值"，当然这些自由、民主、人权我们也承认。老牟讲的另一方面，从东方文化也好，从别的角度来提出一些其他的互补的普世价值，也是必要的。我现在有什么疑问，即这种对普遍主义的质疑里，个人的利益、选择是不是由道德价值来保证的？还是要用其他的适当的"金律"法律制度来保障的？我注意到，刚才你们谈了半天，他（边说边指着李德顺，李德顺也看着他）没有说话。你们都说了好几次，他没有讲话。他呢，就是"己所不欲，勿施于人"。"己所不欲，勿施于人"照世界伦理宗教会议通过的《全球宗教伦理宣言》，它是"金律"……

牟钟鉴：恒定的。

陈　来：是一个普遍的价值。可是呢，照德顺的想法不一定是。（李德顺点头）

李德顺：我是找到它的根。"己所不欲，勿施于人"，"己欲立而立人，己欲达而达人"这两者是属于子项的命题。它的根目录是"推己及人"的思维方式……

牟钟鉴：你讲到"推己及人"……

李德顺：我对"推己及人"这种思维方式是持批判态度的。

主持人：谁在推？谁有能力推？

李德顺："己"和"人"能够互相推及的前提，是人与己之间"质的同一性"。这在没有个性的、抽象人的时代，是可以普遍互推的。在具体化、个性化的人之间，就不能简单地互推！况且用这种方式"推"出伦理道德规范来，充其量只是道德理想主义的根据。它回答不了现实当中的道德到底是怎么产生的，到底是怎么个样子，回答不了。

牟钟鉴：你那个"推己及人"啊，有两种理解，不一样的，你那只是一种理解。即孟子的那句话"老吾老以及人之老，幼吾幼以及人之幼"，这是典型的推己及人。

陈　来：孟子是说，要让帝王必须能提"推己及人"，不是针对老百姓的。

牟钟鉴：我爱自己的父母，同时也爱别人的父母，这是一种。还有一种是，我爱自己的父母，我也希望别人会爱他的父母。本身就承认差异，承认他的独立性。我有独立性，我有个性，我有特殊的需要，我也会想到别人也可以有他特殊的需要。你要从这个角度来理解，就不存在你的担心了。

陈　来：当然，你要从认识论角度来讲，它当然有个基础就是，"人同此心，心同此理"。

主持人：所谓换位思考。

陈　来：我想这在一般现实上是有依据的。但是如果从上世纪50年代的那种教条式的马克思主义来讲，那是不能成立的。首先人是有阶级的。

牟钟鉴：对！

陈　来：你怎么能人同此心呢？阶级性就不一样啊。当然就没有普遍性啦。

牟钟鉴：对，这是阶级论！

陈　来：但是现在这（阶级论）都已经减消了，为什么大家都会承认这个（普遍主义），我想其有一定的合理性，即如果没有这些，就没有普遍的价值行为能够确认。比如说"己所不欲，勿施于人"，我不愿意人家偷我的东西，我也不要偷人家的东西。你说好，现在我们要照顾个人特色，（于是就说）"我没钱，你有钱，我虽然不愿意人家偷我的东西，但是我还是愿意偷你的东西"，这样就又回到康德（提出的问题了）。

李德顺：这其实是解释某些规则的来源的解释方法，并不是事实上产生的……

陈　来：不是实践的……

李德顺：我不是举过例子吗？运动和规则，不是先制定了规则再去运动的，规则是在比赛的过程当中产生的，它就是比赛的一个部分。这个运动、这个实践，是由人和人本身的实践造成的。规则或伦理道德规则的起源、产生的过程，是人与人交往实践的关系中产生的，不是谁坐在屋里头想出来然后推广起来的。

陈　来：这是肯定的。它一定是……

赵汀阳：那肯定是孔子自己想的，不是人民先讲的。孔子推荐给人民他自己的想法。

（众人笑）

大家都在谈"金律"。前几年，我在《中国社会科学》上有一篇专门谈这个问题。"己所不欲，勿施于人"这肯定不是充分普遍的，它有问题。"推己及人"的思维方式就是以我的观点来代替他人的观点。

牟钟鉴：有缺点。

赵汀阳：它是主体性观点，这和西方的主体性观点倒是很接近的。它没有考虑到"他者"的观点完全有可能和我不同。但孔子金律是可以改良的，我给它一个改良的方案，把"己所不欲，勿施于人"改成以他者观点为准的"人所不欲，勿施于人"。就算是升级版。

牟钟鉴：哎，我和你简直是不谋而合。去年我在新加坡就讲这一条，一位送我上机场的企业家就说，您讲的"人所不欲，勿施于人"这一条，比那"己所不欲"还要好，这是我听您讲座最有深刻印象的一点。

陈　来：你怎么了解这个"人"呢？（大声地）一般（意义上的）

"人"你不能去问，"哎，你要不要这个东西？"当然他是从自己的心，将心比心嘛。

李德顺：这也不通。一个罪犯不愿意坐牢，你就不判他坐牢么？

（众人笑）

赵汀阳：问题是，由他人观点为核心地来重构的"人所不欲，勿施于人"，在逻辑上它能够包含"己所不欲，勿施于人"，二者没有矛盾啊，只是升级版的适应度更大，普遍性更强而已。

（众人笑）

陈　来：你改良以后，还是一个普遍主义的。他（李德顺）现在根本是不赞成普遍主义的。问题在这儿。

赵汀阳：我当然是普遍主义的。

（赵汀阳笑）

李德顺：我是说，这"隐性缺陷"啊……

主持人（笑）：又回到起点了。

李德顺：儒家的"隐性缺陷"啊，就在于这些看似很抽象，想一想也挺合理的（成分）。其实它包含了走向自己反面的前提和依据。

郭齐勇：它是这样……

李德顺：允许你把好的东西推给别人，你有了这个权利之后，你也就可以把你认为好的但别人认为坏的推给别人。

陈　来：德顺，那是另外一句话——"己所欲，勿施于人"，不是"己所不欲"。我觉得"己所不欲"它好就好在……

李德顺：欲和不欲是一样的。前提和要害是"推己及人"嘛。

郭齐勇：陈来刚才说了句"将心比心"，我忽然想起了我的母亲总是对我们兄弟姊妹讲这句话，"将心比心"并不是说我要强加别人，而是说，你尽量去体会和理解别人。

（众语喧哗）

郭齐勇：另外，它是一种生命体验，是一种生活智慧。这种生活智慧确实包含很多肯定、包容"他者"与"差异"的意思，我"将心比心"……

（录音整理：罗容海）

国学是『理论』还是『看法』？

国学访谈『中西马』对话实录（四）

摘要发表：国学版（光明日报2009.6.15第12版）

国学甚至不足以用来解释分析中国自身的问题，这就是单薄。

与其他传统相比，儒家经典的一个特色在于保持开放状态，不断允许新的经典出现。

最糟糕的就是『己所欲施于人』，这就是强加给人。

不管是自然科学还是社会科学，它真正的创造性的本原应该在那最基础的有特色的里层。

时间：2009年3月21日下午
地点：北京师范大学价值与文化研究中心会议室

访谈嘉宾：
牟钟鉴（中央民族大学教授）
李德顺（中国政法大学人文学院教授）
陈　来（北京大学哲学系教授）
郭齐勇（武汉大学中国传统文化研究中心教授）
赵汀阳（中国社会科学院哲学所研究员）
张曙光（北京师范大学哲学与社会学院教授）
李景林（北京师范大学哲学与社会学院教授）

主持人：梁　枢（《光明日报》国学版主编）

如果按照理论标准去衡量国学的话语，就会发现大多是些"看法"

赵汀阳：上午没能来，不好意思。我是中西学混着做。

张曙光：通吃。

（众人笑）

赵汀阳：通吃不了，都没吃掉。不过混着做，多少有点特别的感觉，难免会对中西学不同的路数有点感觉。

一百多年来，一会儿颠覆国学，打倒儒家，一会儿又儒家复兴什么的。这背后的东西，我感觉主要不是出于理性思考，而更多的是某种热情、某种渴望什么的。由于中国百多年来"混"得不太好，人们急于改变现状，过于激动一般就会压倒人们的理性思考。

当年法国大革命后，西方很快就做出了反思。比较重要的两个反思，一个是柏克，一个是托克维尔，他们的反思虽然不太一样，但有一点是共同的，就是看到了革命的盲目破坏。一种革命或者一种解放——所谓解放就是把人从什么重压下自由出来，总是要针对一个传统来折腾，总是要推翻一个持续了千年以上甚至几千年的传统。推翻传统的做法对不对，可能

有不同看法，因为总有人喜欢这样的东西，也有人喜欢那样的东西，一个传统不可能让所有人喜欢。但是如果一个东西已经成为传统了，它就必定有重要的社会文化功能，先不管喜欢不喜欢，当随便打倒一个传统的时候，最后会发现，所有东西都被摧毁了，都成了废墟，但是新的东西却还没有，因为新的东西不是一天两天就能够立起来的。这就是为什么推翻传统往往导致混乱和长期的社会伤害的原因。

另外一个反对随便颠覆传统的理由是，一个传统，不管它是什么类型，它总是要把某些东西定义为是值得尊敬的。比如儒家传统就把父亲、长辈、老人等定义为需要尊重的，把仁义礼智信定义为需要敬重的，西方传统也是一样的，它把神职人员和贵族定义为值得尊重的，把智慧理性公正定义为需要敬重的，如此等等。当打翻传统的时候，同时就摧毁了一切值得尊重的东西。你可能会说，我本来就不喜欢它，我想换一些东西来尊重，这也许没错，但是来不及，因为也许需要花上百年千年才能建立另外一些值得尊重的东西。当摧毁了一切值得尊重的东西之后，这个社会就必定无耻、不要脸、放肆、粗俗，因为一切原来放在高位的东西都被摧毁了，就一定会造成世风日下，一定会一切向低看齐、向下看齐。而不是向上看齐、向高看齐。当人们不再见贤思齐，社会就危险了。当年中国摧毁儒家，就是教训。我想说的是，哪些东西被定义为值得尊重的，这是个次要的问题，但是一个社会总必须有些东西是值得尊重的，这才是重要问题。

为什么把儒学或者国学说成一种特殊学科不是那么理直气壮？如果我们自己关起门来自我检讨的话，也许可以说，相当于西方人文社会科学总和的国学，其实比西方的社会人文科学薄弱得多。不是说我们没有伟大的思想观念，但是理论性弱，论证分析太少，所以单薄。这个问题很值得想想。把国学宣布为与西方学术不可一概而论不可通约的学问，这样孤芳自赏自我保护没什么用，单薄就是单薄。一个证据就是，国学甚至不足以用来解释分析中国自身的问题，这就是单薄。所谓"国学"的学问，多数停留在主观看法水平上，一直也没有整理成为理论，虽然其中暗含许多伟大的见识和道理，但未经理论化就还不是成品，就像未经琢磨的宝玉。谁没个看法呢？看法是廉价的，最烦的就是以为说出"我认为"就以为等于证明了什么，谁不会认为呢？如果按照理论标准去衡量国学的话语，就会发现大多是些"看法"而已,无非是谁谁说了什么、谁谁又说了什么,罗列了许多看法,还是没有进入问题。这样搞法终究是不行的。理论不关心回字有多少种写法,如果能够解决问题,一种就够了。您要是把鸡零狗碎知道得多叫作学问,那也没辙了。

那么所谓"看法"和"理论"有什么区别?古希腊人从开始就发现了这样一个问题,这是他们的政治制度——"广场政治"——所导致的,大家来到广场发表意见,讨论国家大事,但是很快就发现问题了,许多人都是胡说八道。所以,古希腊人很快就意识到,哲学的首要问题就是如何鉴别"看法"和"理论"。看法人人都会,人人都有,不需要付出思想的努力,不需要标准。理论就不一样了,只有两样东西能撑住理论。一种叫真理,另外一种是对问题的有效解法。我们知道人文不能按科学算,人文不是真理,但是一个理论必须是对某种问题的一个有意义的解决。就是说,人文的东西,即使不是真理,至少应该是对生活提出来的某一个问题的某一个解法。这样才立得住。国学里面有哪些东西是能真正拿来解决问题的,恐怕就比较少了。

我们还可以参照一下西方的学术发展史,就看得更清楚了。西方一开始的思想观念也不多,为什么能够雪球般地越滚越大?就在于西方思想乐意追求对问题的理论解法,西学是以问题为中心来建构的,问题就会逼出更多问题。西方的理论发展史,就是从一个问题到另外一个问题的发展史,问题之间形成一个学术传统。这一点是中国学术应该学习的。我们谈起古代的思想,多数是复述加注解。我们所谓的"学统",继承的是一种看法,继承的是一种价值观,却不太关心问题以及问题的演变。而西方的"学统",则是用一个问题逼出另外一个问题,层层问题推进,那些问题是能串成一条链条的,之间都有必然关系。比如从古希腊的知识论问题,从柏拉图式的知识追求,逼出了怀疑论,从怀疑论逼出信仰问题,从信仰问题就会逼出解释学问题,所有这些又能逼出反思的问题,笛卡尔的"我思"问题,从笛卡尔的"我思"的问题又逼出了休谟的怀疑论问题,再逼出康德的先验问题,再后来就逼出了胡塞尔问题,每代学问是一环扣一环生产出来的。

一代一代的思想家会创造性地提出一大堆问题,但是这些问题哪一个会被拿出来讨论,这是每个时代的选择。时代需要哪个问题跳出来,哪个就跳出来，而那些暂时没有出来的问题不是没有价值，它们可能和时代对不上，它们就储存在那儿，没准儿什么时候又出来了。典型的例子比如康德的"永久和平"理论，在当时太前卫了。但是两百年后，它被发现是联合国的理论基础，也是欧盟的理论基础。这种重新发现是需要强大的问题意识的。

所以说到思想的不同方法论，我是在想，在今天，儒学不能简单地恢复为一种权威价值观，以这种方式来恢复儒学，是没有希望的。刚才李老师（李德顺）谈到要人民来选择，这也对。我更觉得应该是时代选择，这个时代需要解决什么问题，与之相应的观念理论就会被拿出来。当然，我是很支持国学发展的，不过，准确地说，我是希望中国的思想能做成真正的学问，成为普遍有效的理论，而不是地方性的特殊的国学。其实国学这个概念就是说它是一种文化，而不是普遍理论。需要尊重传统，尊重值得尊敬的东西，但不是说传统中什么都好。哪些是拿得出来的，哪些是拿不出来的，我们必须心里有个底，应该有一个清楚的反思。像那种要全盘恢复的，恐怕比较可疑。假如复兴儒学就是要开历史倒车，恨不得回到旧社会的感觉，可能就不太靠谱，比如三纲五常、三六九等、三妻四妾、男尊女卑……

张曙光：那是极个别的。

（众人笑）

陈　来：现在要回到三妻四妾很难。

（众人大笑）

赵汀阳：关键是要这样也用不着儒学。

（众人大笑）

仔细研究没有坏处，认真想想儒学里面有哪些东西在今天是特别对症的，能够有助于解决这个时代、世界、社会的难题的，然后把它用理论的方法重新创作，而不是像过去那样注经。我自己做过一个理论实验，试图把"天下"这个概念重新创作为一个理论，这就是"天下体系"理论。这是一个理论实验，我觉得值得试一试。传统中有些特别有用的东西，但往往被陈词滥调掩盖了，就像和氏璧包在石头里一样，我们得给它砸出来，用当代的方式把它给砸出来，变成能够解决当代问题的理论，而不仅仅是个值得怀念的东西。我大概就是这个意思。

张曙光：我回应汀阳几句，我觉得汀阳的问题提得很好，实际上他把这个问题引到一个更开阔的背景里面了。为什么学术不能救学术，实际上学术背后有一个滋生它的土壤。昨天我听了郭老师（郭齐勇）给我院学生做的报告后，结束时也谈了一些自己的想法，我说中西文化传统为什么会有这么大差异，就要考虑这个文化的土壤，要考虑它的初始条件，还有后来的边界条件。中国两千年前就大一统，就已经广土众民了，不管谁当皇帝，基本上都没有侵占别的国家领土的需要了，在这样一个农民加皇帝格局不变的情况下，过去的一套肯定还会延续下去。所以中国传统文化，不管你回过头来怎么看、怎么评价，它只能如此，只能走到这一步。一个民族的文化就是这个民族的命运，就像汀阳说的，它不是人的智力的问题。我想，我们更应当从这个角度考虑，为什么西方人不断提出问题，中国人没有那么多问题。

因为中国这个社会，长期处于一种半自然的生存状态，基本上也就没有问题。

（众人笑）

所以只要风调雨顺，当官的不要盘剥太重就行了，这是一种半自然状态的生存。所以从中产生出来的那一套道德、伦理、仁义道德不是太难做到。你看过去每个村里，都有一些"好人"、"善人"，"谁谁多仁义啊，修桥补路，净做好事"，这样的好人很多。除非如我刚才所说，儒学成了官学，意识形态化，要求每个草民、小我都必须和皇帝一样，心里装着整个社会，这样才会导致虚伪。所以问题就是，学术之外，是什么东西在支撑着又限制着它。有人说中国几千年不断地重复循环，我们不认账，我们说不是完全的循环，还在往前走，但是得承认往前走的明晰程度，走的跨度不如西方大，这是一个问题。

还有一个问题，就是现在回过头来看，不管是中国还是西方，我们都会发现，人文的东西，包括道德的、宗教的东西，很难说经过几百年就大"进步"了，这在全世界都如此。不断地推进、不断地发展的是科学，由此推动整个社会的发展。这和西方古希腊的理念，和西方重视求知有关。在苏格拉底那里，"求知"就要怀疑，就得分析，就能够达到清晰的理性。后来还有基督教确立下来的历史观念。我们中国，像刚才你（赵汀阳）也说到了，人文也好，道德也好，它终极的目的就在它自身，这已经设定了。终极的目的、理想，就在人们现实的生活之中。就像曾子跟着孔子，一辈子就学两个字——"忠恕"，你把忠恕做到就行了。中国人生活的理想状态，不在来世。所以，梁漱溟先生说中国文化"早熟"是很有道理的。就道德和人文的意义上说，中国文化确实可以说是"早熟"的。这说明中国的文化形态和西方的文化形态确实不一样。

我也赞成刚才汀阳说的，中国的学术，"看法"和"理论"没有很好地区分。我们今天说"国学"是"学术"，如果要严格界定，比如，那它就应该区分文学评论和文学创作。文学创作是人的情感的一种抒发，每个人可以表达个人的东西，像唐诗宋词，你没法比高低的。但如果是文学评论的话，面对同一个文本，不同的人作的文学评论，就可以比较，使用的方法可以比较，你的结论还可以评判。国学经典里的《诗经》，就主要属于文学创作，虽然内容很丰富，但不属于文学评论。原初的、元典的东西可以如此，因为那是学术的源头，但后来学术的理性化程度也不是很高。到意识形态替代学术的时期就更不要说了。所以小平同志上世纪80年代初说的一句话还是有道理的。他说，我们的人文社会科学，就可比的方面来说，比外国落后。我认为这话是有道理的。哪些是可比的方面呢？资料的掌握、方法的理性程度、分析是不是比较彻底，以及对问题的预见性等等，这些都是有可比性的。

今天下午讨论的主题是"国学的当代意义"，但从中国当代社会来看，因为现在处在转型时期，各种各样的问题和要求都可能会出现，有些反映的是社会发展的方向性问题，那就要有战略的思考；有些反映的可能只是阶段性、当下性的问题，那只要策略上注意就行了，要做这个区分。我们社会老是在反复，今天往前走，明天往后退，进两步退一步是可以理解的，进两步退三步就不应该了。我个人感觉，这倒是个重要的话题。

主持人：在我们国学四位老师正式回应之前，我有几个问题想了解得再清楚些。第一个就是您（赵汀阳）说的"看法"（中国学问大都是由看法组成），您认为国学里，虽然少但还是有的那些有价值的东西是什么？您能不能具体地举几件出来，再说明一下。

赵汀阳："看法"之外……

主持人：您认为国学大量都是看法，理论性的东西很少。

赵汀阳：对。

主持人：我就想知道，那些"很少"的东西指的是什么？我就想知道，您眼里那些不是看法的东西，那些"干货"是什么？

赵汀阳：人们刚开始想问题的时候，哪怕是爱因斯坦开始想问题的时候，也只是个看法，还不是科学。关键是如何把这些看法做成理论。比如说，孔子认为"仁"是最好的，这是看法，但如果他能说出必然的理由来……

张曙光：论证它。

赵汀阳：就变成了理论。所以，看法是能够转变为理论的。但中国古代思想已经成为理论的，这还真不太多。

主持人：我就问，既然有，那"小有"是什么？

赵汀阳："小有"啊……

陈　来："小有"是客气。

（众人笑）

本来想说没有。

（众人大笑）

赵汀阳：这么说吧，首先有一点要明确，那些还没有转变为理论的看法，未必不值钱。它有可能是一个非常伟大的直观的看法，但是需要把它做成理论。

李德顺：我认为有，而且有大的。

主持人：您（李德顺）上午说了个"和而不同"。

李德顺：那只是其中一个具体的例证。

赵汀阳：除了我做的天下理论，我特别感兴趣比如说《孙子兵法》和老子的《道德经》这两者里面的思想，他们的基本精神是一致的。如果按今天的眼光来看，这是博弈论的起源。

（郭齐勇笑）

现在说的博弈论是上世纪30年代由诺依曼发明的，现在是显学了，得了两次诺贝尔奖。但是博弈论里面一些基本道理和孙子老子的思想是相通的，当然，孙子和老子思想还不是作为理论的博弈论，需要当代处理。

主持人：这是一个问题……

李德顺：中国文化里头，关于天文、地理、气象，包括历法、医学……

陈　来：中医当然有一套（理论）……

李德顺：有很多很多科学。所以，我说讲中国文化不能光讲儒学……

陈　来：中医肯定是。

主持人：好东西肯定有，但是因人而异，说法不一。我就想弄清楚汀阳兄他看上眼的是什么东西。这是第一个问题。第二个问题，就是您（赵汀阳）刚才讲到"时代"和"学统"的关系。您实际上是讲西方的（学统）来说明您的观点，由一个思想逼出一个思想。

赵汀阳：是由一个问题逼出一个问题。

主持人：一个问题逼出一个问题。西方由问题出发，中国可能从经典，从诠释（出发），"我读六经，六经注我"，治学传统不一样。由一个问题逼出一个问题的话，时代是躲在后面的，是真正的逼问者，是这个意思吧？

赵汀阳：对。

主持人：那么，如果讲到时代，不光是西方有时代，中国也有时代。是不是中国的时代，就不能叫（你所说的）"时代"？如果叫时代的话，它对中国的思想家有没有逼问呢？

赵汀阳：这要两说着，不是说中国的时代没有提出问题，时代有一个压力，时代形成实际上的困难，摆在那儿，思想要去发现和回应。但如果说思想那里没有足够的储备，就麻烦了，没有思想准备，那问题就会在那儿白白烂掉，后来的人们再感叹错过了问题，这种情况是有可能的。

国学很大程度上是一种生命的学问

郭齐勇：曙光刚才讲到《诗经》，不是能够只用文学批评来理解《诗经》。

张曙光：对对，接着说。

郭齐勇：诗学的传统是非常大的一个传统，文学院的老师（对此）专门有研究，我了解了后觉得这《诗经》学不得了。整个《诗经》里面包括了很多名物训诂的东西，植物的名叫什么，动物的名叫什么，草木鸟兽之名，有很多植物分类的东西，还有天象、地理、气候、农业栽培等，这就有一个知识系统。诗学传统里还有"兴观群怨"，这里有《诗经》的社会学与政治学，有讽刺与批评。

张曙光：我的意思就是要有一个创作与学术评论的区分……

郭齐勇：可以去看看研究《诗经》的专家的书……

张曙光：这些恰恰是后来人从里面引申出来的。

郭齐勇：我觉得今天对我们的经典解释传统还是了解得不够。我们过去的很多学者，如历代儒生有注疏，还有清儒等训诂学家细致的分析，不是没有知识体系，当然没有像汀阳刚才说的，如西方哲学史上的这个问题那个问题。我们还有很多传统，不只是这一个传统，比如说我们还有"三礼"的传统，有今文经与古文经的传统，诸家不同，有义理、考据、辞章的传统等。有一位西方的诠释学家，美国学者韩德森（John B. Henderson）认为，与其他传统相比，儒家经典的一个特色在于保持开放状态，不断允许新的经典出现，如从五经发展到九经、十三经、二十一经，以及宋代学者尊四书轻五经和清代学者反其道而行之，足见儒家经典的定义从未如基督教那样固定、封闭，对新说不轻易视为异端加以诽诋。韩德森还指出，《旧约》中的上帝残暴不堪，逼得《圣经》注释者常要以"寓言"之说加以掩饰与回护。相形之下，儒学经典以道德为主要考量，在世界各文化中可说独一无二。因此，儒家经师毋需费神处理经典内容失当的问题。他比较我们的经典诠释学和《圣经》诠释学，他觉得我们的诠释学很了不起，是以人为本位、以道德为中心的。至于讲到哲学问题，陈来兄是大家，先秦、汉代"天人性命之学"，不只是宇宙论，还有本体论，还有信仰层面的。还有他（陈来）研究的宋明"四端七情"、"心性情才"，这些细致的东西，这些辩说，不是没有分析……

张曙光：后来有。

郭齐勇：对，多得很，我们解读不够。其实他（赵汀阳）讲到的西方哲学传统中的一个问题接一个问题，最后是知识系统的架构。一方面是西方确实有这个传统，另一方面很大程度上归功于他们的哲学史家，用了功把它来梳理，使它构成这样一个环环相扣的理论体系。

古代学术虽然有弱点，但是我们今人也有问题，没有下工夫去把握住过去古人的知识点和知识系统生长的路径。所以乾嘉学派为什么能够整理出那么多东西来，不是说乾嘉学者他们有更高的智力，而是说前期都有，包括宋学里面，都有这种诠释的传统与丰富的成果，只是我们今人还没有

接上，解释得不够。我们有很多不够理直气壮或者单薄的方面。只要我们真正深入去了解，深入进去研究的话，那我们的经学、子学、史学、佛学、理学，很多东西，包括历史解释学，包括制度史，包括逻辑学，其实都是可以分析出很细腻的东西的。但是我们对古代了解得太浅，建构得不够，只满足于似是而非、笼而统之的中国如何如何，西方如何如何。西方却有很好的建构，他们有这样的系统。

另外一点，我觉得中国学问和西方学问很大的不同在于，包括儒学，或者说"儒释道"，或者说一些民间的东西，它们很大程度上是生命的学问，有很多东西是立身行事，作为一个个体安身立命来实践的东西。若说我们的学问了悟性很强，体悟性很强，它是在这个层面上来说的。它要求身心一致，要求实践出来。金岳霖先生不是讲中国哲学家和西方哲学家的区别吗？西方哲学家上完课后，屁股一拍（走了），讲的一回事，做的是另外一回事，而传统中国学者讲的和做的必须是一致的。因此从这个层面上来谈，他的外王学，他的道德实践学，他的人生的智慧，他的身心的合一，这是中国学的长处。所以从这些方面来理解的话，回到德顺老师的问题，我们不认为，我们传统的东西，包括儒家的东西，它是自上而下地被灌下来的，当然有这样的成分。但如果只有这样的成分的话，它不会也不能延续几千年，也不会滋润社会民间、整个东亚，到域外，成为一个（普遍价值）。

中国历代的儒生、历代的士人，包括参政的，也包括像陈白沙，屡试不中，体悟自得之学的，很多人其实都是在参与社会，在山林的自得之学也是一种参与，也是一种批评。知识人、书院、儒生的存在，乡约，宗族等构成一个弹性结构，构成一个几千年来相对地给小民以喘息、给小民以生存与受教育及参与政治的开明机制。所以说，这是不容易的，如果说它仅靠强力像国家意识形态一样自上而下地灌输，恐怕还不是。您（李德顺）上午讲到您的母亲，我也讲到我的家庭，我的祖父祖母父亲母亲他们文化程度并不高，但是他们耳濡目染，通过一些蒙学读物，通过诸如《朱子治家格言》，很多做人的道理就传下来了。我们小时候在灶里添柴烧火，老人告诉我们，火要架起来烧，"火要空心，人要忠心"，这不是灌输，它是生活智慧。它变成了生活智慧之后就成了很有价值的东西，配合长辈的身教，我们就知道做人做事要忠诚，受人之托，忠人之事，尽职负责。

还有一点,我们民间大量地形成集体无意识的东西,它还是慢慢浸润的结果,它是一种文明,包括一些礼仪。我记得我小时候家里还有"天地君亲师"的牌位,有神龛,供祖宗,小时候初一十五还要跟着祖父祖母礼拜……

牟钟鉴:现在还有好多地方都有。

郭齐勇:去进香。那时,家家都有神龛,都要祭祖,纪念英烈与大文人,都还有这些东西,它是一种信仰,是老百姓的一种生活状态。我们那时候住在武昌城乡结合部,不是很富裕,但有灾荒时老乡讨饭过来,尽管家里不富裕,但有饭有衣赶快给人家,觉得那是应该做的。这是慢慢积淀下来的集体无意识的东西,仁爱之心人皆有之。也许自己并不知道,但是有这么一个传统,诗书传家,教育子弟读书。像我祖父、父亲每天要我写一张大字,写一张小字,要读《论语》,读圣贤书,慢慢积累,这就是一种生活。

我觉得,中国现代化面临很多问题,包括"毒奶粉"事件,所昭示的是我们单维的求强求富的一种心结,弄成现在一个极端的利益挂帅,唯利是图成了社会的主旋律,这是很危险的一个事情。我觉得一个很重要的问题,就是重建有约束力的信仰系统,中华民族自己的主体性的文化价值系统。我们要完成中华民族的伟大复兴,并把自己的文明贡献给全人类、全世界,还是要有自己的东西。现在的"中西马"已经日益结合起来了。我们现在的讨论中就有许多不经意间把马克思主义的哲学话语就说出来了,不经意间也有很多西方的东西,比如人权意识、个体性意识、主体性意识等等,这些东西都有。关键是我们如何真正营建出一个价值系统,这不是从上而下地灌输,而是接上中华民族的历史记忆,又经过洗汰与吸收,再创一个自己的主体性的价值系统,贡献给天下,贡献给世界的。如你(赵汀阳)所做的"天下系统"、李德顺老师说的"和而不同"(这样的东西)。这些很好,再比如说,我们的"金律"——"己所不欲,勿施于人"。时代已经把传统文化解构,我们慢慢地把其中的一些内涵变成可以积极参与现代化建设的成分、因素,是不是我们可以做这样的一些工作?我就说这些。

在中西对话中要考虑差异性

牟钟鉴:我简单地说几句。我赞成赵汀阳说的中西之间在思维模式、表述方式上是有差异的,但是哪个高哪个低,这个很难说。包括孔子、老子这些思想家,他们不像西方表述一个哲学体系,用一种逻辑分析的方法,但它背后有它的逻辑联系。冯友兰先生就想做一个工作,借用西方的逻辑分析方法,把中国哲学背后存在的没有直接表述出来的逻辑关系,用现代语言表述出来,使它能被理解,冯先生的"新理学"就是这个目的。所以我觉得差异是有的,但不是哪个更高哪个更低,这是我的一个看法。

还有一个是关于时代。西方的时代有逼出思想家的问题,所以需要回应,而中国不是这样。其实我觉得全世界都是这样的。中国儒学包括历代的学派,都是要针对自己的时代需要提出的问题。比如经学的注经,经有文本,有注有疏,还有集解,其中一部分属于文字训诂,一部分属于义理的阐释。它实际上是想借助于古代的经典文本,建立一个新的体系,或提出一个新的看法,来回应这个时代的问题。比如说,古代天人问题,到魏晋南北朝的时候提出名教和自然的问题,这才有玄学。后来由于佛教进来以后,有一个心性和佛性的问题突出出来,于是儒家求助于孟子,提出自己的心性论,如果不解决这个问题,就不能回应佛教,达到应有的高度,这就是宋明新儒家。到近代以后西学进来,中国面对着西学的问题,进入第二次中西文化融合。西学的挑战,出现了中西两大文化的冲突和关系问题,所以后起的儒学,包括像谭嗣同、康有为他们就要回应这个问题,对儒学进行新的解释。时代逼出思想家,我觉得这是普遍现象,并不是我们只单独地在那儿做学问,不呼应时代的问题。我觉得这不是中西文化的差异,主要的差异在表述方式上,这是有差异的。

西方也不都是完全跟着时代走。西方有两个传统,一个是理性文化,一个是宗教传统。它是把信仰、道德都交给基督教,把社会发展、自然探索等方面的问题用哲学来或者是科学来解决。他们的分工比较清楚。他们的基督教也是这样。他们的文本也不能轻易改变,他们也是不断地在重新解释经典,走的也是这条和中国接近的路,没有太大的差别。但是西方近代有个好处,就是有一个诠释学哲学,中国诠释学的实践(即经学史)极为发达,经学要好好总结,但是没有建立近代的一个诠释学哲学,缺少这一环。这是我们应该向他们吸收和学习的。中国学问的特点是重视人生价值和意义,"儒释道"三教都是生命的学问,它把求道和求学结合在一起,既解决你信仰层面的问题,又解决你知识问题,把这两者结合起来，兼有西方哲学和宗教的功能，所以中西哲学很难比较。我有一个观点，可能荒谬，不一定大家都同意。我觉得西方有一个相对独立的哲学史，它的传承脉络很清楚，中国并没有独立的中国哲学史，是中国当代哲学家用西方的观点人为地制造出来的。这个制造也有其合理性，中国要和西方对话嘛。中国有一个独立的中国思想史，把哲学和宗教信仰、社会思想都结合到一起。所以这个问题，在中西对话过程中，要考虑到差异性。否则简单地界定，比如问儒学是哲学吗，是宗教吗，有人说是，亦哲学亦宗教，也有人说非哲学非宗教；佛教也遇到类似的问题，非哲学非宗教，亦哲学亦宗教，就是拿西方观念套不进去。它有中国自己的特点。这是这样一个过程，我不是说我们哲学史不能搞，中国哲学史不搞，那还得了。（牟钟鉴笑）中国哲学史已经成了一门学问，但是要注意它的特点。

还有，我简单说一下儒学的现代价值。我个人觉得，中国特色的社会主义理论体系需要融合儒学。要具有中国特色，我觉得有两个方面：一个是和中国现有国情相结合，一个和中国传统文化相结合。做不到这个结合，就没有中国化，就谈不上中国特色。现在中央领导讲以人为本、和谐社会，来源于何处？当然马克思主义里面说到过，对敌人要狠，对自己内部要和，从这里能找到些根源，但主要的资源来自儒学。这不是我说的，温家宝总理在新加坡国立大学里有一个演讲，就明确地讲到我们今天所提的"和谐社会"的理论资源，一个重要来源是孔子和儒学。这有什么不好呢？挺好！现在大家欢迎和谐，斗来斗去斗够了，很苦，还要斗吗？所以现在讲和谐，建设和谐社会，讲科学发展观，提倡以人为本、统筹兼顾、可持续发展。这些思想，我觉得和儒家的思想非常吻合。这是带有普遍意义的东西，我们在这方面要做大量的工作。

我们有时候简单地评论，是因为我们对国学的研究不够。中国的学问，也是其深无比，在某种程度上不亚于西方，只是我们研究不够而已。长期以来，不说别的，就我们明代的第一流的思想家我们都没有研究完，更不用说第二流的，它实在太丰富了。说我们中国的哲学思想都没有什么创新，恐怕不能这么讲。自五四以来人们有一个基本的理念，即封建文化没什么可值得去挖掘的。在革命时期，大家都比较激情，如刚才赵教授（赵汀阳）说的，那时候坐不下来，不能做一些精心的研究。现在一写就写什么全史，我自己都觉得害怕，我自己也写过宗教史，也是大而化之。

就经学这一块，不去研究整个经学的传统，就敢写儒学史啊？所以，从这个角度来说，我觉得我们还有很多的资源没有发掘整理。

还有一个就是现在这个世界，主导潮流的是西方的文化。这一二百年是什么状态呢？西方文化给世界带来市场经济，带来财富，带来了现代科技，很多的好处。我们说现在现代化，享受的都是西方的东西，当然还带来人权、民主、法制、自由，我愿意接受。现在有人说"没有什么普世价值"，我不赞成。每一种文化都可以给世界提供某一种普世价值。我赞成德顺教授讲的，有的是来自西方的，有的是属于西方的。像自由、民主、人权、法制，是来自西方的，属于人类的。《人权宣言》我们都签了嘛。这是普世价值，没有问题，但是问题在哪里？有两个，第一个就是冯友兰先生讲的，共相寓于殊相之中。你的共相好，但你的殊相我办不了。因为美国模式、英国模式、法国模式，你有你的社会历史背景，这不可能照搬到中国来。那我们中国要建立我们自己的模式来体现这些基本人权，我们现在做得不够，这是第一点。第二点，我们的中国文化还要提供我们的普世价值去补充西方提供的普世价值，这也是我们中国文化应该有的。比如西方现代文明有很大的弱点，一个是基督教的一神教、排他性，这是很深的东西。它的基本教义派（原教旨主义）认定"耶稣以外无拯救"，它要"解放"全人类。第二个，达尔文进化论用于社会生活，根深蒂固的社会达尔文主义，就是弱肉强食、适者生存。把生物学的规则简单搬到人类社会中来，奉行强者为王。所以其根本上来讲，是个大民族主义的东西。美国在国内，很注重不同群体利益的均衡，它的法制、民主等有很多东西值得我们学习。但他们在国际上有什么民主、什么自由、什么人权？它死四千个大兵，不得了了。伊拉克死六十多万人，没有多少人做文章。这种大民族主义带来了冲突和灾难，带来核武器、生态等等一系列严重危机。

我们中国文化有几条可以贡献给人类。一条就是"天下一家"。中国儒家的"天下"观念是超越种族的，四海之内皆兄弟也。它不太讲种族的民族主义，它有民族主义，我称为文化的民族主义，它强调文化，血统并不重要。再一条就是"和而不同"，刚才讲到的。我觉得它是个普世的东西，而且是现代文明必须要承认、要接纳的东西。你不接纳就是"同而不和"，"同而不和"的结果就是要斗到底。所以冯先生（冯友兰）讲这个世界不能"仇必仇到底"，"仇到底"就不得了了，最后都毁灭了。最后只能是"仇必和而解"。"和而不同",是一条非常伟大的现代文明原则,我们要讲出去,让全世界都认可这个东西。还有一条就是"忠恕之道","忠恕"当然要连在一起,"忠恕之道"有两点,一个是"己所不欲,勿施于人",这基督教也有,就是表述方式不同,基督教《圣经》里面讲你希望别人怎么对待你,你就该怎么对待别人。所以孔汉思办世界宗教会议,其《全球伦理宣言》,孔夫子这条也被列进去了,认为是带有普遍性。儒家里面还有一条,"己欲立而立人,己欲达而达人",张岱年先生在一个会上,认为这条比那条("己所不欲,勿施于人")还重要,怎么理解呢?"己欲立而立人"就是我要独立于社会,我要有独立的人格,我也尊重别人独立的人格;我要发达,我要富裕,我要成就事业,我也希望别人也成就他的事业。这是尊重人的一种表现。最糟糕的就是"己所欲施于人",这就是强加给人,就是要把他自己的价值观强加在别人身上。我感觉到儒家的"己所不欲,勿施于人"和"己欲立而立人,己欲达而达人",它们体现最可贵的是平等地尊重别人的这种态度。这东西在古代没有完全实现,因为等级制度,没有这个条件,现在有这个条件。我们现在要把这个东西给宣传出去,来补充世界文明的普世价值,这个世界只有一种文明是不行的,许多文明提供的普世的东西加在一起,这个世界才能真正实现文明的转型。我觉得这对我们今天维护世界和平还是有好处的。

主持人:要不要休息一下?

陈　来:好,抽支烟吧。

李德顺:要是(看着张曙光)你这里头可以抽烟的话……

(众人笑)

这样不好。

张曙光:晚饭在这里吃吧。

牟钟鉴:不吃不吃。

(众人笑)

张曙光:吃完晚饭再走吧。

主持人:现在是四点十二分,休息五分钟,时间很宝贵,好吧?

陈　来:好的,我们马上回来。

(众人起身,陈来、郭齐勇等出)

张曙光:反正大家回去也得吃晚饭吧。

牟钟鉴：回去回去。

（众人笑，张曙光、牟钟鉴会议间歇对话）

当下"国学热的核心"是一种"主体性建构"

牟钟鉴：一吃晚饭一个多小时就过去了，今天整一天了。

张曙光：这样在一起谈些思想的东西是非常愉快的。虽然有些疲劳，但也很愉快。

牟钟鉴：最近一些学术会议，我都不太愿意参加，每个人五分钟、十分钟，简单评议一下，来不及对话就到时间了。

张曙光：那样的话就没有深度。

牟钟鉴：没有深度。

张曙光：刚才汀阳提的问题，我提的问题，就反映了中西文化的差异性，上升到学术层面，就有许多类型。中国人的问题意识和西方人的问题意识不一样。

牟钟鉴：不一样。

张曙光：咱们中国人的问题意识，反映了中国人重视的是人伦日用，自给自足……

牟钟鉴：它自己生长。西方它认识世界，这一方面要分清的问题特别多。我们往往是道德型的，人生追求方面的。

张曙光：大家都讲科学技术迅速发展、日新月异，但是你说道德信仰怎么发展？康德当年就提出这个问题。你（牟钟鉴）上午也提到，我们不能光用进步主义的眼光来看问题……

牟钟鉴：有的东西不会变得那么快。你看电脑，一天就变了。

张曙光：一天就变了。

牟钟鉴：如果人的道德也每天都变化，那可怕不可怕？

（牟钟鉴、张曙光两人笑）

张曙光：技术的东西，不怕它变。

牟钟鉴：可怕的东西。而且我跟你讲，朋友有信，一万年不会变。朋友无信，成了交友之道，那就麻烦了。

（牟钟鉴笑）

张曙光：古人说么，器要惟新，人要求旧，感情友谊应当珍惜，应当长久……

牟钟鉴：有些不变型的，它只是变换它的形态。

张曙光：所以要把握变中的不变、一以贯之的东西；过去的许多东西，在我们往前走的时候，还会起到推动作用。

牟钟鉴：在学习西方方面，道德方面也有我们要学的。我不赞成说道德是中国的……

（牟钟鉴、张曙光两人出）

（三分钟后，众人陆续回）

主持人：那我们抓紧时间，继续对话。

李景林：其实从上个世纪初以来到现在，我们讨论国学有那么几次。但真正来说有点意义，或者说真正算"国学热"的就两次：一次是上世纪初的那一次，整理国故这样一个运动；再一次就是上世纪末到本世纪初出现的国学讨论和活动。

第一次的观念是什么呢？我们看看许啸天编的《国故学讨论集》，就可以看到这一点。基本上当时的学者有一个共同的观念，即把国学作为一种历史上存在的资料。它是一种资料，然后我们再用科学的方法去整理它。那个时期的讨论，叫"国故学"比叫"国学"更恰当一点。许啸天在他所编的三卷本《国故学讨论集》的《序言》里说，中国的传统里有很多社会学、经济学等各个学科的资料，但是却没有一种科学的方法和系统（他说他对此感到羞耻），所以现在需要借助西方的科学方法和学科模式，对它进行分科的、系统的研究。

最近这一次的国学讨论，我觉得有个核心点，就是刚才各位都提到的"主体性"建构，即中国思想学术的"特色"在什么地方的问题。这问题的提出比较早。我们注意到张光直先生1986年发表过一篇文章，题目叫《一个文明起源新说的草稿》（《连续与破裂——一个文明起源新说的草稿》，见《中国青铜时代》，第484—496页），谈文明起源的问题，对依据西方历史和社会科学经验所制定的社会科学法则的普适性提出质疑，强调要回到中国传统的历史经验制定出我们自己的社会科学研究的法则。上世纪末到本世纪初，这个"国学热"的特点，一是它的民间性，即"从下到上"，刚才大家都谈到了；二是大家都注意到了的"主体性"的建构。

我想这两次"国学热"应该把它们结合起来，才能比较好地理解"国学"未来究竟应该是怎么回事。

当我们运用西方的分科模式，把传统思想学术当成一种资料来进行研究的时候，实际上它就失去了自己的生命。在这种研究模式中，我们扩展了我们研究的领域，挖掘了很多我们过去没有注意到的资料，使得我们的研究能够和现代意义上的西方学术进行交流，这都是好的地方。但是我们到现在研究中国的哲学，实际上叫中国哲学史，其研究方式与传统有很大的不同。我们回过头来看宋明人——陈老师（陈来）在，他是专家——讨论传统思想学术所采取的方式，他们是直接面对文本，来建构一套理论，以应对我们当下的现实，并不仅仅是把经典看作属于过去的东西。

从传统上讲，我们传统上没有"国学"之名，但有"国学"之实。有"国学"之实，就因为有它的特色，中国的特色。从这个意义上来讲，每个国家和文化都有自己的"国学"。在一个文化体系里面，学术是整体性的，而这整体是分层次的。过去我们一般讲，学术无国界，这在一定意义上是对的，即不同学术之间有共同性。但是各种不同的学术系统一定有一个基础的东西，譬如说宗教、哲学、艺术，这些是最里层的，这些最里层的其实是一个学术系统中最有自身特色的部分。再往外，是社会科学的层面：经济学、政治学、社会学等等，这个层面，它们的特色就少一点。再往外就是自然科学，其特色性就更少。但是从根本上来讲，不管是自然科学还是社会科学，它真正的创造性的本原应该在那最基础有特色的里层。我觉得现在很重要的是，在我们的思想和学术系统中，理论的部分没有建立起中国自身的特色。这理论的部分应该具有一种文化"染色体"的作用，它辐射到各个学科里面，中国的历史、社会学、经济学等等，使得它们具有一种自己独特的精神。目前我国学术的现状仍然是，我们把传统的学问当成仅仅存在于过去的东西，当作一种没有生命的资料，我们所用的一套理论的东西和它不相干，没有内在的关系，只是从外面对它进行分割和评价。

张曙光：你说的那套东西，我没有参与多少，我不是处在"中心"而是在"边缘"。我处在边缘可能问题看得清楚一些。

（众人笑）

李景林：不是边缘，你们实质上是核心，我们中国的理论你们还是牵头的，当然比三十年前要弱化很多。这套理论和我们的文化传统缺乏关联性，它自身缺乏中国的学术特色，所以不可能赋予我们整个学术一个体系和生命的意义。我觉得这次"国学热"我们讨论的核心应该是这一点。我们过去每个时代的学术都经历过重建，它面对文本的同时也面对现实，建立起一个具有历史连续性且属于当下的学术系统。我们当代中国学术问题的关键，就在于这个系统没有建立起来。

我觉得这两次"国学热"有联系，又有区别。要把这两次"国学热"的特点综合起来，知道我们的劲儿要往哪儿使，这样我们的"国学"才能有比较健康的发展。

主持人：谢谢李老师（李景林），由于时间关系，今天暂时就到这儿，我先从个人角度简单做个总结，最后请曙光兄来做总结。

张曙光：不不不，没有后面这句话。

（众人笑）

主持人：今天就我个人来讲，收获很多。感谢李德顺老师、曙光老师、汀阳兄和张志伟老师，他们从他们自己的学科出发，对国学界提出一些问题。这些问题，可能由于专业的限制，或者出于更深奥的哲学原因，国学界自己没法提出来，或者很难提出来。但是他们提出来了，我就感觉到一种互动，大家都有收获。虽然谁也没有说服对方，但是肯定从对方那里得到了很多启发。我还有一个很奇特的感觉，就是李老师（李德顺），我1993年就和李老师认识，一直是亦师亦友，觉得这人是君子，在人格上是我的楷模。但是一直没好好解读这人格魅力是什么，今天坐在这儿，突然给我一感觉，这不是一场学者的对话，而是儒者的对话。

（众人笑）

李老师（李德顺）身上有很多儒家的优点，据此可以说他就是儒者，比如说忧患意识、问题意识、担当意识、批判意识。

（众人大笑）

李老师这样一来您就麻烦了，您要是接着对儒家思想进行深刻的批判的话，您首先得从自我开始。

（众人笑）

张曙光：你（梁枢）这是种策略。

主持人：今天一天的发言整理出来，文字量大概有十万字。

牟钟鉴：没有那么多吧。

主持人：差不多，有的先生语速比如汀阳兄的非常快。

（众人笑）

主持人：我说就这么多，您（张曙光）就来做总结吧。

张曙光：不敢总结，既然大家到我们这里来，我也表示个意思，非常感谢各位专家，我本人学到很多东西。通过这次讨论——刚才梁枢兄说可能没有形成共识，但我感觉大家的基本思想和许多观点还是相通的。

主持人：对对。

张曙光：可能有些话说得圆满不圆满啊，到位不到位啊，或者侧重点不一样啊，但实际上还是有许多共同点的。比如刚才讲的"自下而上"和"自上而下"，经过陈来后来又一解释，我们感觉就很全面了。陈来老师这么说了以后，我和德顺老师这些所谓搞马哲出身的也能接受，是吧？能接受吧，李老师？

李德顺：已经有三个人说我是儒家了。不知是抬举我还是抬举儒家。

（众人大笑）

我可能在为人上有些儒家的影子。那么我就更有理由了。今天能不能算我自我批判、自我超越一下呢？

（众人大笑）

（众人出，会议结束）

（录音整理：罗容海）

第五单元 中国人的精神现象学

大难之时　中国人的精神现象学
边地上的国学
儒学与城市文明对话之城市中的孝
"原生态"引起的一场论战：传统是什么？

国学访谈

大难之时 中国人的精神现象学

此文为原稿，系首次公开发表

访谈手记

　　这篇访谈实时地记录了作为汶川大地震亲历者，十数位四川学者身临其境的心声与心态。访谈于震后第十天进行，在之后的一个星期内，录音整理者以最快速度完成了三万多字的现场录音的整理工作，并于第一时间传到《光明日报》国学版；编辑同样以最快速度完成了稿件的编辑工作，并于第一时间将稿件送审。　国学访谈 栏目自2006年初在国学版开办以来，还从没有在这么短的时间里完成整个编辑流程。没有人催促我们，是我们自己有一种感觉：似乎只有这般地追赶时间，我们才会心安一些。

　　此文最终未能见报。

时间：2008年5月22日19：30～22：30（震后第10天。余震仍在延续，成都震感不断）

地点：成都望江公园茶楼

访谈嘉宾：

艾南山教授（四川大学）、陈廷湘教授（四川大学）、冯川教授（四川大学）、蒋荣昌教授（四川大学）、邱晓林副教授（四川大学）、彭小华老师（成都教育学院）、邵昱（成都市行政学院）、田耕宇教授（西南民族大学）、吴兴明教授（四川大学）、余平教授（四川大学）、谢元鲁教授（四川师范大学）、徐新建教授（四川大学）、赵毅衡教授（四川大学）

（以上参会学者按姓氏拼音排序）

主持人：王启涛教授（四川师范大学）

主持人：各位先生辛苦了。这次四川汶川大地震发生以后，全中国都积极行动起来了。新加坡的《联合早报》有一篇文章题目就叫作《中国感动世界》。为什么这么讲呢？因为在这样一个大灾难面前全体中国人有那么强的凝聚力，有那么强的自信心，还有那么顽强的跟灾难作斗争的精神。所以《光明日报》国学版这一次紧扣这个主题，要做这样一个专版。从传统文化、从国学的角度来畅谈这一次在抗震救灾过程中全体中国人体现的精神，这种精神实际上就是一种民族精神、民族魂、国魂、中华魂。梁枢主编的意思是，今天晚上由我们清一色的四川学者来谈，因为大家都是这次大地震的亲身经历者，经受过这次地震的生死考验。我们今天晚上选择地方都很有意思。刚开始我跟徐老师商量，就在这个望江公园里头座谈，就在底楼，或者平房里头，因为成都直到现在还余震不断，一旦震起来我们就赶快撤。但后来，徐老师讲到要录音，录音就得要一个安静的地方，所以我们就选啊选，干脆选个二楼，不选三四五六七楼，就选个二楼。这个地方呢，一旦有点不对劲了，比如我们看到水杯的水在动的话，大家就赶快往外冲。（众人笑）

第二层意思呢，我们有一个感受，由于地域限制，四川学者距离京沪两地比较远。四川学者自古及今都非常杰出优秀，我们怎么样形成一种团队，形成我们的呼声，拥有我们的话语权，特别是跟北京上海的学者、跟主流媒体、跟有关平台建立一种交流的直通车和绿色通道。那么今天晚上我们借此契机，就今后加强跟《光明日报》等主流媒体和主要的学术阵地的联系进行交流，这也是一个目的。

好，我们开始。

徐新建：最近几天我一直处在不安和困惑中，希望有机会见到更多的朋友，听听大家的看法，通过交流，舒缓焦虑和紧张。

下面我先说一下来开会前获得的几条相关信息：第一是今天上午成都市政府通过电视发布的新公告，呼吁市民恢复正常的生活，不要破坏公共绿地，不要乱搭乱建。意思就是告诫大家别再露宿，回家去住。第二个消息是朋友从短信里转告的，说震中区形成的堰塞湖已出现危险，希望我立刻提醒所有当地的相关亲友提高警惕，采取措施。第三是一位博士后同学在短信里说她在都江堰家的亲戚们受到了地震影响，有两位亲人遇难，房屋大多倒塌，但多数亲戚健在，要我放心。第四是我们学院一位老师在网上的QQ群里转发的信息。他认识的一个民工，家在汶川，已经连续十天没有家里23个亲人的音信。他跪求所有能够传达的人帮他联系，希望知道亲人的下落。我们的老师帮他把全部要查询的名单列了出来并呼吁大家转发。我觉得这个老师很不错。他与这个民工无亲无故，看到他不能上网，甚至不能看电视，没有任何其他方式向社会呼救，就立即出来相助。

这些消息相互重叠，就意味着我们还在一种不确定的状态之中。"5·12"大地震到今天已有十天。这十天里，我自己有五个晚上是睡在校园草地上。18号开始的博士生答辩，所在的那栋楼房在地震当天就被震裂了缝。所以梁枢特别约请在川的人文学者座谈，希望听到本地声音。我想所谓本地声音里就包含我们的这些亲历和在场感。

另外一个呢，最近以来关于地震的消息，媒体上可说已是铺天盖地。我觉得既然是学者座谈，就要谈出点与媒体不同的看法，谈出学者的思考和判断，而既然主要是人文，就要表达出人文的声音。

作为开场，我想有这么几个问题可以思考。首先，地震之后我们面对的现实问题是四个层面。第一个是"灾难"，而灾难这个问题呢，实际上是值得谈的。我觉得我们在现代化的生活中，一直宣传一个口号，就是"明天会更美好"，这个固然是一种理想的东西。但人类在发展过程中，如果没有灾难意识，这个社会是很脆弱的。另外灾难有不同类型，这次是天灾。地震后我写过一篇题为"没有仇恨的聚集"的笔记，联想的是在民族国家体系里，我们有敌人，有战争。我们靠对敌人的恨来反抗和聚集。但自然不是敌人。面对没有敌人的天灾，我们只能重找依靠，靠什么？可能是惊恐、担忧，也可能是同情、关怀和爱。这个问题也值得考虑。第二是"救援"，我觉得现在的宣传已转向"救援"。这固然重要，但如果不与前一个"灾难"话题结合，很难谈深。第三是"反省"，反省什么？反省灾前的过失和灾难中的表现。第四是"重建"，因为你在灾难面前，重建将是新的转折。我注意到最近国外的媒体说这次大地震或许将是中国的一个拐点。究竟是什么样的拐点？这个很难说。所以说所谓学者的角度，值得提出。就灾区的行政地方来说，重建的话题含义深广。比如北川，这里地处一条民族走廊和重要的文化带，而且是全国唯一的羌族自治县，无论搬迁还是重建都事关重大。所以我觉得我们要考虑的话题是相互关联的。

其次，我觉得我们思考的角度也需要考虑。现在的媒体宣传主要是国家角度。这很重要，但不够，还需要社会的和个人的角度。地震震出了一个强大的国家形象，同时也反映了弱小和迟缓的社会构成以及若干来不及关注的具体个体。也就是说，在空前强势的国家面前和松散无力的个人之间，社会只是一些无法自我组织自救的空洞存在的话，我们是不能抵御巨大灾难的。正因如此，这次地震中涌现出来的那么多民间组织和志愿者，他们的所作所为、他们的贡献就特别值得关注。

所以我想我们应该同时具有三个角度，国家、社会和个人的角度。如果国家角度倡导的是"爱国主义"，个人角度就该有"爱人主义"、"爱生命主义"，二者之间，才是汉语字面上的"社会主义"，即一位前辈解释过的：以社会为主义、为社会而主义。

好，我大概先讲这些，请各位谈。

一

主持人：老徐讲得很好，给我们开了个好头。他讲到了地震震出了一个强大的国家形象。的确，在地震发生以后，政府反应迅速，指挥得力。各方面的力量在党中央、国务院的坚强领导下，迅速汇集在一起，同灾情进行了有效的斗争。我觉得这一次，中华民族在大灾难前体现的这种精神和行动，至少反映了传统文化中的三个理念。一个是家国理念，国就是我们的家，那么，在这个家里任何同胞受了难，（我们）都有一种痛，这也是我自己的一个感受。第二个就是人本理念，也就是以人为本。这在我们的传统文化里是一直提倡的。《论语·乡党》里面就记载："厩焚。子退朝，曰：'伤人乎？'不问马。"又记载："朋友死，无所归，曰：'于我殡。'"可见，在国学中，一直强调对于人的生命的关注，对于同胞的生前死后的关爱，在这次地震中，我对这一点有很深的感受。这第三呢，就是抗争理念，这几天我花了比较多的时间读荀子的《天论》，我觉得我们以前对荀子有点不公正。比如说极"左"思潮盛行的时候，把荀子捧得过高，特别是从"人定胜天"的角度，把他唱得过高。但是现在啊，好像我们对荀子有种批评的态度，就觉得荀子在大自然面前是不是太乐观了一点。但是当这次地震发生以后，我们又去读荀子的《天论》，才有了更加深刻的感受。其实荀子的《天论》是比较客观的。一开始就讲："天行有常，不为尧存，不为桀亡。"荀子的意思就是说，大自然有自己的运行规律，是客观的，是不以人的意志为转移的，但是啊，荀子马上又讲："应之以治则吉，应之以乱则凶。"就是说，我们顺应大自然的规律，不要畏惧它，在尊重大自然的规律的同时，又能够发挥我们的主观能动性，用正确的、合理的办法去治理它，这样就好。只要不恐惧它，就能够战胜艰难困苦。所以这几天我对荀子的《天论》有了重新的认识。刚才算我是在抛砖引玉。现在请我们各位先生，敞开来谈。

（众人互相谦让）

艾南山（边说边谦虚地笑）：地震和文化我只是说很感兴趣，我觉得确实需要多学习。

徐新建：说句老实话，我连地震是怎么回事还没搞清楚。

彭小华：徐老师现在都还在说，他还战战兢兢地，随时准备跑。先消除他的恐惧，艾老师。

艾南山：我是搞自然科学的，文化不太懂。我只能谈两点我个人的感受。这次地震川师大没有一个学生跳楼，其他不少大学都有学生跳楼受伤的。

冯　川：川大受伤的六十多个，不都是跳楼。

艾南山：都是一样的年轻人，年龄结构、知识水平、文化层次没有多大区别。我想找找原因，当然这个原因不一定正确。是不是因为川师大的学生是师范专业的，学了一些心理学——不是科普知识，而是心理知识。这个观点恰当否可请川师大的老师研究一下。近日碰到川师大的周校长，他也给我说了一下他自己的感受。他是地理学家，知道成都不在地震带，只是受波及。所以在地震发生不久，他就在全校电视上讲话叫大家要放心。这个很不容易啊！这表示科普知识也会起作用。我还跟他开玩笑说："假如你是地震局长，你的表现肯定不一样了，你就会死活不说。"本来最有责任说话的人，最该说话的时候，就偏偏不说，或者避重就轻，不敢负责任。反过来看中小学教师，他们应该说是最负不起责任的，在这次地震中却又有很多可歌可泣的表现，临危负得起责任。恐怕这与文化心理有关，也与我们的体制有关吧，值得好好分析的。更多的文化我就谈不清楚了。

第二，这次发生地震由于是青藏高原挤压欧亚板块。龙门山地区是地震带，今后还可能发生地震。这次地震破坏十分严重，还将引发灾后的疫情、地下水污染、次生地质灾害等等一系列问题。极震区的土地作为居民点也几乎没有再利用的价值了。地震区的灾后重建，比如居民点重建的选址问题关系到迁徙还是就地重建。如果那里的土地没有利用价值了，自然就只能是迁徙、避开，不宜在原地重建。但是不是一定要迁呢？迁也是很大的问题。五百万人到底怎么迁？五分之一的人迁就是一百万人。这是一条古代民族迁徙的走廊，费孝通先生称为"藏彝走廊"，自古就有民族迁徙，而自古也就不断有地震发生。根据现在的观测，7级以上的地震，三四十年就要发生。有人说，汶川地震要孕育三百多年。那么两千多年总会遇上大地震，可能还不只一次。那么，我们的祖先是如何在这里建设家园的？这也值得探讨。

在这个走廊内，松潘、茂县、汶川，都是有名的古城，有的已有两千多年的历史了。是什么原因?一是震了重建;一是这里局部地区的小地块是地震中的稳定区域,还是比较安全的。这次作为震中的汶川,灾害比预想的要轻,是不是就与这一点有关?一两百年不发生地震还说得过去,但两千年时段肯定有震,而且肯定有大地震。震过之后,震而不裂,裂而不倒,倒而不垮,这里的碉楼就不裂不倒。所以说,我们老祖宗选择居住地方是选定了稳定的基础的。我们可以研究一下城市发展史、村庄发展史,看看古城究竟怎么样,古聚落究竟怎么样?我认为这个是值得研究的。地理学上有句名言:"走前人的路",就是讲如何选择道路。不管你科学技术再强,其实最安全的道路还是祖先长期选择的路。举个例子,西安到兰州,公路是走北边的西兰公路,这是古丝绸之路,而铁路是从地图选择的最近线,选择经宝鸡、天水走,穿山打洞,这条铁路经常塌方、水毁,被泥石流、滑坡阻断。这也是我们必须思考的问题。

陈廷湘:我接着艾南山教授的发言说几句吧。地震发生后,报纸和电台报道了很多救难的英雄。他们舍生忘死、不顾一切地去救他人,救那些素来与他们无关的人。一位战士在自己的生命力发挥已经到了极限、且受了伤的情况下被战友硬拖下去休息和治疗时,竟跪下来求战友让他再救一个人。一位母亲在自己被水泥板压住下半身,濒临死亡时,唯一的举动是护住她怀中熟睡的婴儿,且还能在手机上留下希望孩子好好长大成人的遗言。伟大的战士、伟大的母亲……在事后我们可以给他们崇高的赞誉,但他们行动那一刻肯定无法得到这些赞美。甚至有些我们平时认为不怎么关心大家的事情的那种人,这个时候也表现了一种忘我救助他人的精神。那一刻,似乎平常的一切都变得毫不重要,一切利害都不再存在。他(她)们当下的行为是无意识的,支配他们行为的东西超越了道德,超越了意识,超越了理性。这是一种人性中最光明灿烂的因素在危难之际发挥作用的结果。孟子有四端之说,其中之一是恻隐之心,人皆有之。我们从来没法验证孟子的学说有无经验基础,但这次大地震发生后,成千上万人的行为最直接地证明了孟子的思想确乎可能是他的经验之谈,是他对某种经历的感悟。在这次大灾大难面前,每个人人性中间最灿烂的一面以最真切的形式显示出来。他们冲向灾区、冲向危险的那一刻绝没有要表达一下英雄气概,要表示一下对灾区人民的关怀的意识,一句话,绝没有任何功利目的。它是从人的本性中自然而然地流露出来的灿烂光辉,是真情的自然流露。我个人有这种感觉。经过这几天的思考，我感到这次大地震中人们所表现出的这种人性的光辉在瞬间的闪现竟然使道德、使情操显得黯然失色。这是更宝贵的东西，是道德、情操、责任心、英雄气概和社会合理存在的最坚实地基。如果没有这个地基，中华民族就不可能存在下去。这是我们民族存在的底线，有这个底线在，人类的存在就有可靠的根据。

吴兴明：我同意你的观点。等会儿我再谈一下。

主持人：对于陈老师刚才说到的这一点，我想，实际上孟子讲得很好，《孟子·公孙丑》就说："所以谓人皆有不忍人之心者，今人乍见孺子将入于井，皆有怵惕恻隐之心，非所以内交于孺子之父母也，非所以要誉于乡党朋友也，非恶其声而然也。由是观之，无恻隐之心，非人也。"可见，在孟子看来，人之所以为人，就在于有恻隐之心。

陈廷湘：这个是我的一点感觉，现在还没来得及认真整理一下。

徐新建：你还没讲第二个观点，我接到你说一下。陈老师刚才讲的这一点啊，我觉得有个很大的意义。因为，现象本身是客观在那个地方，可能连当事人能不能够和你说得一样也不一定，但这些现象现在正在被大规模地解释。但是这种解释是把这个东西解释厚了还是薄了？解放军跪着说："让我再救一个！"说他是爱国主义，但如果我们说他是恻隐之心，是不是把他的英雄形象贬低了呢？不一定。因为当下的这个英雄呢，就是太意识形态化了，不见得有这种沉积，这是一个大问题。打断一下哈，打断一下哈。

陈廷湘：上面说的是我的一个感觉。第二个感觉，我们中华民族文化的深层确乎存在着一种凝聚力的牢固根据。在大地震发生后，舆论大量报道，甚至许多外国人都惊叹：没想到中国人会有如此的团结力，四川人会有如此强的团结性。新文化运动时期激进人士和孙中山先生曾批评中国人是"一盘散沙"，这使这一说法受到了极为严重的挑战。我个人反复思考似乎理出了一种解释。中华民族的文化深层存在一种与生俱来的深沉厚重的凝聚性。这个民族尽管在历史上历尽灾难，也历经过多次分裂，却最终没有散掉，恐怕正是这种深层文化中的凝聚性使然。但中国社会经历了漫长的自然经济发展期，千年相续的生存样态派生出的习惯在平常遮蔽了中华民族这种深层的凝聚性，表现为一种"一盘散沙"似的存在样式。四川，尤其成都，是一个农业文明发展非常充分之区，都江堰的修建导致成都平原水旱从人，把农业文明发展到尽善尽美的程度，形成了特色鲜明的休闲文化，使人们在承平之时显得散漫而悠然自得。但这种生存样态似乎不可能彻底泯灭更深层文化中的那种凝聚精神。这种精神具有十分强大的力量，一旦面临巨大的灾难就会在顷刻间被猛然唤醒，爆发出一种冲天决地的伟大力量，把最大多数人空前地团结起来，去应付同胞遭遇的灾难，正如我们的国歌唱出的："中华民族到了最危险的时候"，就会"被迫发出最后的吼声"。而中华民族一旦发出最后的吼声，就会产生无穷的威力，什么灾难、什么险阻都无法阻挡它的前进，无法阻止它走向荣耀的胜利纪念碑。这次大地震发生后，政府在调集救灾资源中无疑发挥了前所未有的巨大作用，但社会自发地对资源的调集也显示出了前所未有的神速、前所未有的无穷威力，如狂潮般涌来的钱物捐助、铺天盖地的献血人群、成千上万奔向救灾前线的自愿者，等等。人们不经思索的行动把危难之际中国人团结一致共赴国难的精神淋漓尽致地彰显于世。平常散漫的民众顷刻之间变成了钢铁长城。这显然是一种内在精神力量的展示。这种精神力量百倍于号召、千倍于动员。事实上，在来不及动员和组织之际，万众之力已经指向一个方向，团结一致的千百万人确乎自发地铸成了不可动摇的擎天之柱。这是值得看重的力量，这是值得珍视的伟大精神。

关于刚才大家谈到民众迁徙问题，我个人觉得应该慎重对待。一个民族，一个人群在一个地方休养生息几十年、几百年甚至上千年，整体迁徙意味着把它连根拔起，造成的震动不亚于一场大地震，会产生一种文化断裂的长久阵痛。当然，北川县城搬一下我觉得是可以的，全体民众搬走就大可不必。地震说到底是一种自然灾害，既然是自然灾害在本质上就是自然决定的，非人力所能改变。人们可以想办法减轻灾害，却不可能完全避免灾害。因为人类对自然知道得还太少，而对自然的无知却足以令人类显得十分渺小。人类要想通过迁徙之类的办法一劳永逸地避免灾害是很不切实际的想法。今天因受了地震之灾，迁个地方，焉知迁到之处何时又会发生另一种什么大灾？前些年发生非典之灾，扑灭很快，自然有人的作用，但我认为那是一种本身就蔓延有限的自然灾害。如果真是如一般流行性感冒一样流行如风，急速传播，一个城市迅急发病几万人，哪还有什么人力能挡得住它的肆虐。您就是往火星上迁——如果可能的话，也逃不掉。现在还有科学家说，由于地球变暖，又一个冰河时代很快会到来，如果真有此事，人们又能往哪里迁？自然界的秘密我们知道得太少，它随时都可能对人类造成伤害。我们不可能一劳永逸地避免它。因此，我觉得在迁徙这个问题上要小心对待，以保存文化为主，然后才是尽量地避免灾害对同胞造成伤害。我们既然要生存于自然中，要接受自然的恩惠，也就得承受自然变迁带来的灾难。我们可以重视灾害，尽可能减轻天灾的危害，但也不必过分在意，更不可想象彻底避免天灾的危害。

谢元鲁：因为北川这次遭受地震，有人就提出干脆取消北川县，由于北川县的地质灾害太危险，全县几乎找不到一个地方重建县城，但是后来遭到否定。最关键的是，北川是全国唯一的羌族自治县，羌族是中华民族最古老的民族，几千年发展到今天，唯一剩下的一个完整的羌族县就是北川，北川是羌族文化的根。刚才说到灾民迁移问题，如果说把北川一两百万人都迁移走了之后，就会把最古老民族的根全挖掉了。所以从民族文化传承的角度来看，实际上恐怕不能轻易说要大移民。最后宁愿把安县的几个乡镇划给北川，重建县城，都不能把北川县随便取消了。

二

赵毅衡：我来说两句。

徐新建：很抱歉，我们就听不成方言啦。（众人笑）

赵毅衡：我不是本土学者，我是入川学者。

徐新建：对对对。

主持人：入川也是川籍啊。

赵毅衡：自古文人皆入川嘛。刚才艾老师和陈老师都提到一个很重要的方面，民族凝聚力。艾老师提出，这次中小学老师表现特别好。我对此很感兴趣——就是"重新原子化"的社团、社区，能不能够组织起来生存、自救。我们中的个人会被切断社会联系，也就是"个人原子化"。震中区人在深埋后能否保持镇定，靠的是个人品质；而社区，则要靠社区的集群品质。我非常想看到有关社区的报道，例如汶川被隔断了两天，汶川人民是怎么样集合起来的？一个村子被隔断了，那么村子里的一两百人怎么过？这个时候领袖怎么产生？凝聚力怎么产生？一个学校的人，校长如果消失了，余下来的人是怎样集合起来的？

一个社团不能光靠别人来给你送一点东西，这不是个永久的办法。靠志愿者从外地开车过来，这也不是个永久的办法，因为今后还有重建问题。社区被隔开后，除了等待救援外，他们必须要搭起帐篷来，周围要挖沟，要撒石灰隔开老鼠，厕所要分开，水和食品要分配，骨干要分工，不然就马上会落到互相抢夺残杀，或是大家呆若木鸡的境地。

我很想知道受灾的社区有没有自动做出这些基本反应？如果做到了，那这个民族就是有希望的。为什么呢？因为我们随时都可能被隔断。比如飞机失事，比如在外国遇到暴民，你突然被抛弃在某个地方。那么，这个时候社团靠什么方式凝聚起来？我说的不是民族凝聚力，也不仅仅是个人品质。社区凝聚力是一个民族真正的素质的表现。可关于这个问题我始终没有看到详细的报道。

徐新建：有一篇，昨天的商报中，我关心的是和你同样的问题，就写一个家庭，但是这种报道很少。

赵毅衡：家庭的凝聚力是血缘。

徐新建：它马上产生一个自然领袖。

赵毅衡：我较长时间待在国外，一直在观察中国人社区（所谓唐人街）是怎么样自治的？我马上看出来，就是中国的家族制度、同乡会制度，扩展为类似洪门之类的社群。中国人带过去的不是一个民主的方式，这种传统的社团方式不能适应现代社会。一旦"原子化"，就很难团聚社群。在民族团结精神与个人镇定力之间，应当还有一个社群凝聚力。

蒋荣昌：刚才赵毅衡先生这个话题，包括社区日常自治的问题，我觉得很有意思。从我们身边的经验可以看得出来，的的确确，一旦我们跟某种更高层的机构，或者说权力中心失去了联系，那真的是很乱。这次地震，我觉得灾区基层有组织自救的薄弱与中央政府组织全国之力的外部救援的强有力之间形成了鲜明的对照。一方面，灾区基层组织自治与自救的情况，没有被充分报道（我相信可能也没有做得很好）。如果当地的基层组织能够有效组织青壮年劳力就地抗灾自救，我想结果肯定比有很多人从外面翻越千山万水进去更有效率。另一方面，中央政府迅速调集的外部救援力量和志愿者日夜兼程的救援主导了抗震救灾的整个局面。

第二个有意思的对照是，家国一体的这种传统的同胞情与基于人道主义情怀对生命的尊重和关爱交相辉映。"我们是一家人"，这是这段时间以来我们说得和听得最多的一句话。这是传统的家国一体的体制和观念所指向的同胞情绪。国就是家，家就是国，在我们翻译近代"国家"这个单词的时候，所用的这个汉语单词里面就已经直白地表达了出来。最高领导人作为"家长"的出场，的确在第一时间凝聚起了强大的救援力量。在遇到这种大灾难的时候，大家就是一家人，这种家国情绪非常重要。这种情绪所支撑的救援可以说是传统的"一家人"之间的救援。另一方面，从最高领导人、媒体、志愿者的行动和口号里面，我们看到了基于公民社会和人道主义情怀的第二种救援。志愿者是典型的基于公民责任和人道主义情怀而从四面八方汇集起来的救援队伍。不管他是非洲人还是中国人，在他们的能力可以到达的地方，这些志愿者都会赶到。志愿者这次在网上和网下的大规模动员，是新中国灾难史上从来没有的事情，这个我觉得是三十年改革开放之后公民社会已经隐然成形的一个标志。当然，这两种力量，对灾区来说都非常重要。但是我们可以看到，现代和传统，在这里发生了很有意思的一个交汇。

这次地震是一个很大的自然灾难，这个毫无问题，但灾难的损害程度与我们的计划体制几十年遗留下来的处理自然灾害的这种不良的制度安排也有很深的关系。比如都江堰或者绵竹这种城市，不在震中，离震中还有一定距离，都有那么惨重的牺牲，这跟他们的建筑标准所设计的防震能力有很大的关系。

我觉得这次事件让我们有个反省的机会，我们可以按照受地震威胁的程度来制定不同城市和地区的设防标准，在同一个城市或地区则应让学校、医院、超市、体育场馆等人流聚集地、供应水电气的关键设施、关键军事设施、公共权力机关等所涉及的建筑物执行当地最高等级的抗震设防标准。对于民用或商业开发的其余各类建筑物，除规定当地必须执行的最低抗震设防标准外，比最低抗震设防标准更高的设防标准则应由当事人自由选择。

谢元鲁：在对这次灾难的报道中各大媒体以及网络频繁提到一个词语——"多难兴邦"。我个人认为这个词不能泛化，它应该是有条件的。并不是灾难越多，国家就可以兴盛。比如很多王朝的衰亡就是被灾难所击倒的。最近我注意到《中国青年报》上的一篇文章，介绍一个英国科学小组研究中国古代历史地理，他们的结论是，唐朝之所以灭亡是因为唐朝后期发生了很多"自然灾害",尤其是旱灾等。当然,他们的观点正不正确将来还可以再研究。

艾南山: 有几个证明,不但唐朝,还有好多个朝代都是如此。

谢元鲁: 汉朝的灭亡和汉朝末年频繁的自然灾害有密切联系。明朝的灭亡和明朝末年的自然灾害,尤其是大旱灾也有密切关系。此外,汉朝末年和明朝末年的大地震也是相当多的。所以从这个方面来讲,我觉得我们要客观地、理性地来看待"多难兴邦"的问题。

"多难兴邦"与刚才各位老师都谈到的恻隐之心的问题有密切关系。从上个世纪80年代以来,人们常常说这个社会变得非常冷漠,这个社会是"向钱看"的,甚至于有小孩掉到水里,岸上的人要救,就说先拿钱来,钱不够,他就拒绝下水救人,似乎社会现象的主流都是冷漠的。但为何面对这次汶川大地震的巨大灾难,这个社会价值却出现了这么巨大的转折,在救灾中千百万人表现的关爱、同情、坚强、慷慨、感恩之心会变得如此亮眼?我个人认为有以下几个原因:

首先是实行以人为本的政治。坦率地讲,我们国家的政治以前不是以人为本,而是以阶级斗争为本、经济发展为本等等。今天我们国家的领导人提出以人为本,这应该是个非常大的历史进步。没有这个前提,是不可能出现今天这种局面的。

第二是信息透明与信息民主。若干年来遇到某种灾害,比如前几年爆发的"非典",许多时候一些地方官员都还想隐瞒,生怕民众知道了会出什么问题,不让民众知道灾难的真实情况。不说别的,今年年初的雪灾,最初大概一个星期左右,很多地方政府仍然想隐瞒事实,制造出歌舞升平、一切正常的局面,最后酿成了非常严重的后果。但这一次非常好,在信息的透明度方面,这次应该说是中国近现代以来做得最好的一次。当然,要做到绝对透明还是不可能,但能做到这一步,也应该是非常大的历史进步。

第三个方面是对民间组织和民间力量的宽容。我们的政府以前对民间组织怀着一种疑虑、一种不信任、一种总是觉得异己的感觉。但在这次灾难当中,志愿者、很多社团以及自发性的民间机构纷纷出来救灾,而且起到了非常重要的作用。我听到一个数字,大概这次参加救灾的有二十万左右的志愿者。这当中有非常多的感人故事,有些是个体性的行为,有些是有组织性的行为。这次政府对民间组织的态度是非常宽容的，我认为这就是中国历史的一大变迁。中国今天的发展要说出现转折，这三大转折我觉得是非常重要的，如果这种趋势能够持续下去，就可能是中国现代史上的一个重大变迁。在中国走向现代国家之路上，这次"5·12"大地震很可能就是其中一个坐标。当然，这里面还有个背景就是近三十年中国经济的持续发展。如果没有三十年的经济持续发展，这次要做到迅速救灾，几乎可以说是不可能的事情。

此外，就我们今天谈到的所谓民族凝聚力，或者叫作民族自信力，我认为，民族凝聚力并不仅仅来源于灾难本身。靠灾难本身所产生出来，或者说迸发出来的民族凝聚力是不能持久的。你不可能让这些志愿者两三个月，甚至半年都不去上课、不去上班，都去抗震救灾。这是不可能的事情！现在最关键的问题是，灾难过去之后，我们怎么把这种民族凝聚力维持下去？我认为，这种凝聚力的长期维持，应该主要来源于对灾难的记忆和对灾难的反思。这一点我觉得目前做得还不太好。1976年的唐山大地震到现在已经几乎被人们遗忘了，如果没有这次四川大地震，唐山大地震当年有什么样的惨痛经历和教训，人们几乎完全忘记了。当然1976年很特殊，当时很多信息封锁得比较厉害。然而，这许多年来有很多时候我们是完全可以说、可以做的，但我们并没有说、并没有做。有人说过，一个忘记了自己历史的民族是没有前途的。我觉得我们中华民族有一个文化上的弱点，就是善于遗忘。这次灾难当中到底有些什么样的经验教训，我觉得现在思考得可能还远远不够。如果通过这次大地震，能够引起大家在这方面长期反思，我觉得还是一大幸事。

在这次救灾当中，我最大的感动还不在军队和政府方面，而在于千千万万的普通人和民间组织。抗震救灾并不是普通老百姓的职责啊！比如说四川地震了，关上海人什么事情？关广州人什么事情？关浙江人什么事情？关北京人什么事情？……人家都来了，而且是毫无条件地来了，我觉得最感动的是这个。刚才有老师谈到了四川人的凝聚力，我觉得最大的还是中国人的凝聚力。

还有一点就是刚才谈到的家国一体的问题。这个家国一体问题呢，确实以血缘关系画线，血缘关系越近的，就感到是越亲切。刚才谈到了我们有很多志愿者在救灾时讲"我们是一家人"。但这里也有一个问题，家国一体,以血缘画线,很容易产生狭隘的民族主义。我觉得这点是不大好的。也就是说,如果不是一家人,我们是不是就不去救?我的看法是:不是一家人,照样也要去救;跟我们毫无血缘关系的人,照样也要去救。刚才说到的世界各国对中国伸出援助之手,比如说欧洲人跟中国有什么血缘关系?人家照样来了。这一点我觉得是非常之感动的。

田耕宇:我对这次地震呢,有一点比较深切的感受。感觉人们对于危机意识、灾难意识的缺失。在灾难意识缺失的前提下,出现了刚才大家谈到的很多很多问题。地震时我在七楼上,当时我很清醒,晓得成都不会有大地震,大概震了一二十秒,我想晃久了还是不行,再结实的楼晃久了也可能要晃倒,所以我就下楼了。下楼以后我并没有十分紧张,底下有很多人。晃过了之后我想还是上去再拿点东西,上去,又晃,我没被吓倒,底下很多人在惊叫,我以为楼垮了,第一次地震我没有被吓倒,第二次余震反被吓倒了。

从最基础的东西来讲,没有思想准备就是我们的教育有问题。与西方的教育比较起来,我们对孩子灾难意识方面的教育太少了。西方人对小孩子的教育,对突发灾难的自救是从小培养起来的。为什么要等着别人来救?为什么不能产生一个领袖式的人物说我来号召,或者我不一定非要等谁来号召,就组织大家自救。这些都是从小培养起来的。现在就没有这种意识,就没有人在灾难的时候站出来。从这可以看出灾难意识很差。对于自然灾难强调得比较少会使人们在许多方面缺失,对自然灾难的教育,会使小孩子敬畏和热爱自然、热爱生命,建立一种对生命的泛爱精神。甚至包括动物、树木、草虫。他有一种对生命的敬畏、泛爱,才谈得上去关心别人。所以有些问题我们讲得太狭隘化了,或者太抽象化了,大都是空泛的,这样一些空泛的东西往往是虚无的,是经不起考验的。在突发的灾难面前,有人说,他连妻子儿女都不救,去救别人,这个东西说不通的,是违背人性的。你只能说,你发现你的儿子压在这个地方了,凭你一个人的能力,你是无法救他的,有人在帮你施救,你可以去救别人,这种可以说得通。但是说看到自己的妻子在那里,他不屑回顾,回顾都不回顾一眼,就去救别人,这不太真实。由于对灾难和生命意识教育的缺失,面对灾难的恐惧和对他人危机的冷漠,随时都可能产生。所以在这一次大难中我感觉到我们的教育方面太缺失,包括自救。我们经常在讲,我们大学的人文教育、思想政治课程，为什么学生没兴趣？它没有很多具体的、细致的东西，讲的东西很空。其实我们可以从思想教育方面，让它更具体，更切合人的本性，像刚才我们讲的恻隐之心，不要把它狭隘化。

三

吴兴明：这一次可能会呈现出一个思想话题，就是：我们如何来面对、理解、保持和看护在这一次大灾难中所凸显出来的人的天良。天良这种东西我们一直都有，但是在日常感觉上却是非常虚无缥缈的，它甚至是一种先验之心，一种先验的道德情感之心。如果不是这次大灾难面前表现得这么充分，人们对天良是否存在以及存在的深广度其实都是表示怀疑的。中国古代孟子所说的良知良能、恻隐之心，在理论论证上是很困难的。在理论层面上，在伦理哲学上，它是一个世界性的难题。但是这一次它以这么具体、这么动人的形式表现出来，表现在前仆后继的志愿者身上和全社会的整体氛围、整体精神上。它体现得太具体、太生动、太广大了，在这种历历在目、举世共睹的显现面前，你要想怀疑天良的存在，简直不可能！

但是，这种天良之心，它和民族凝聚力、爱国之心、职责之心、亲情之心、功利之心是有一定区分的。天良之心不是基于一种功利的打算或者基于世俗的策略，甚至不是基于某一种文化——我说的文化是狭义的文化，是指文化传统，而是基于人的潜在良知，所以它是人类性的。在这个意义上，是不是只有中华民族，或者说是不是只有四川人才有这种天良之心？肯定不能这样说，这样说肯定是犯低级错误。

实际上我们看到有很多国家的人都派出了救援队，全世界都在捐款，对不对？在肯定中国这次表现出天良之心这一点上，中国人在天良之心的肯定性的表现上，表达得非常之有力。这是一次巨大的精神见证和胜利。正因为如此，我们就要防止在解读上把天良之心转化成世俗的、可资利用的资源，要防止这种东西。为什么呢？因为如果把天良之心转化成可资利用的资源，比如说转换成功利性的情感、功利性的利害打算，或者转化成某种策略行为，如出于狭隘宣传的需要，那么就是对天良之心本身超越性的直接的贬低。这个我觉得是很根本的。比如说志愿行为，被救援者其实跟我非亲非故，他甚至跟我是不是一个民族都不重要，就是因为他是一个人，这个人现在遭受灾难，我就想把他救出来，我是出于这样一种纯粹的动机去救援或者捐款。所以我们要防止它被歪曲。

天良和世俗亲情的关系，它们之间是有转换、有沟通的。比如说温家宝总理，在很多场面他很本能地就哭起来了，他说着说着就哭起来了。我有一个朋友，一个吊儿郎当的人，看到温家宝这样哭，他就跟我说："哎，吴哥，温家宝的哭绝对是真的哦！这不可能是假的哦！"（众笑）温家宝的这个哭，是因为当时他的情绪爆发超越了他的职责性，他的情绪溢出了他作为一个总理的职责。他的天良之心灌注在他的职责行为中，成为他职责行为的伦理支撑，是一种内在精神的支撑。从这个意义上来说，天良之心可以跟社会感情，比如人的亲情，相贯通，相联系，相转化。由于有了天良之心作为基础，这些行为就有了神圣的光芒，有一种永恒价值，有超越灾难具体得失的价值。这次中华民族表现出这么强大的天良之心，使我对这个民族刮目相看，真的是刮目相看。

田耕宇：刚才谢元鲁老师讲得也很有道理，这次自发的仁爱精神的爆发，的确与我们这几年提倡的以人为本思想有关系。

吴兴明：这个我马上就要说。

田耕宇：如果这一次大家都不知情，这种天良之心就要被压抑。被压抑久了之后，人的感情就很麻木了。所以说这次是一个机会，应该是思想教育的一个很好的契机。

吴兴明：社会的这种天良现象在日常生活中肯定是麻木的，一定是麻木的。如果说每天人们都洋溢着那么高的天良之心，那就是天国，而天国是不可能存在的。正因如此，所以第二点我们要强调的是，天良之心绝不可以作为制度建构的基础。就是说，日常状态下人和人之间的关系是一种制度安排下的行为关联，是基于个体权利的规则秩序的建构系统。在这样一种规则系统之下，我们实行人和人之间的交往，比如功利行为和其他行为，对不对？但是在日常状态之下，作为社会整体的天良之心是沉睡状的，或基本是沉睡状态，不怎么显现的。所以，这就涉及另外一个问题——当然这个问题其实是两个层次：第一，关于中国传统文化的问题，是不是只有中国传统文化惯有的东西，比如说孟子提到的良知良能、礼义廉耻，所以中国人才有天良？不，错了，凡是文明社会都有，都有天良之心，只要是人就都有他的天良之心。不是因为传统文化讲了天良之心，我们中国人才有天良之心。不是这样的。但是由于有儒家的思孟学派到宋明理学对天理良心在理论上的反复研讨、推广和强化，我们要比其他民族显现得更情绪化一点。这是有可能的。

陈廷湘：它有那个基础，有那个现实，它倒过来形成一种社会氛围和理论而已。宋明理学也好，孟子也好，它们当时有那个现实。

艾南山：说得深切。

徐新建：我觉得我们今天把话题谈到这个地方，非常重要，我们不是一般意义上重复已经有的那些报刊上的言论，同样的一个谈话对象，我们把它拿到另一个层面上来讲，如果说刚刚谢老师是从外部环境，比如说社会制度的变化啊、信息的透明啊（来讲的）；吴老师刚才讲的和陈老师讲的是有一个贯通的。这个问题还没有被提到这么高的重视。非常重要，因为这个是关键时候，这些机会不可能（重复），我们不可能制造一个灾难，这个灾难的总结，一旦被定调在一个记忆当中，就失掉了。很多种机会，进一步进入历史记忆，这时候学者的声音就特别重要。这次总结的这个社会资源正在被改写，改写到哪种程度？如果说天良的发现，是一种可能性；改写到某一种主义，也是一种可能性，我觉得这个要各种声音来讨论，这就像搬迁一样，甚至比搬迁、比移民、比"三农"问题还要更内在，而且更要持久。

吴兴明：那么我进一步说。刚才说了，天良之心不可能作为社会法理秩序的基础，不可能作为现代社会制度建构的基础，甚至也不可能在日常生活中弥补人和人之间的那种原子化的状态。似乎弥补了这种原子化的状态，我们社会就重新整合了。通过这次天良大发现我们就以为中国社会会变成一个道德理想国，这是绝对不可能的。实际上中华民族的天良之心和算计之心同样发达，在日常状态中算计之心比天良之心更加发达！

陈廷湘：但是还有这个问题：它是一个民族合理存在的地基，如果没有它，中华民族就不可能存在下去。这个天良之心就是地基，我们有个底线在这里，良知良能在这里就展现出来，那么中华民族就不会垮到哪里去。

至于说要不要把这些问题都与中华民族联系在一起，或者说只有中华民族才存在这种精神，我并不这样认为。我只是说面对大灾大难，人的良知良能和团结精神的表现必然带有我们民族的形式，不是说只有中华民族才有，而是各个民族都有，只是其必然要以民族的形式表现出来。美国"9·11"事件发生，美国人也表现出了天良之心，但表现形式会有差异。比如说，当"9·11"发生之后，很多人都在向上帝祷告，但四川地震发生之后四川人绝不会这样做（信基督教者除外）。地震发生时，我正在六楼上，屋子晃去晃来，天旋地转，我当时想，家里人都出去了，就我一个人在家，大概是该我一个人死。要死也跑不掉，也就硬着头皮等着，但我绝对没有祷告。（众笑）我说这些只是要表明不同的民族在大灾大难面前的表现各有特点。中国人在英勇抗灾中表现出的伟大精神也只能以我们民族的形式呈现于世。说这些都是我初步的想法，不对的请批评。

吴兴明：这个社会的社会性道德和精神性道德是不一样的。社会性道德基于法制社会、商业社会的人与人的关系，权利义务关系系统之中，它所需要的基本规定就是边际约束，你不要侵害他人，不要侵犯他人的利益。但是，精神性道德，或者说情感性道德，是不一样的。情感性道德是需要人和人之间有交融的，是需要群体的整合的，需要人心之间的朗照、照应，需要群体整合的。由于天良之心毫无疑问是精神性道德的基础，所以没有天良之心，就什么道德感都没有了——它的底盘即人性基础就瓦解了。但是天良之心向来就在被破坏、向来就在被歪曲、向来就在被改写。这是我们非常惨痛的历史记忆。这是我们必须警惕的。

四

彭小华：这次地震之后一个突出的现象就是很多的志愿者。我也是一个志愿者。

主持人：参加哪个地方的志愿者？

彭小华：首先来说我是一个献血的志愿者。地震发生时我离开了成都，12号就到乐山去了。13号傍晚我看到电视屏幕上不断打出来，缺AB型血。我自己是AB型血，而且我周围的女性朋友，大多数是AB型的血。第二天中午回来大家就一起到林荫街献血点献血。

另外我除了是一个老师，也在企业做点事情。14号下午回来后，我们公司马上就开会了，讨论我们要为救灾做点什么贡献。我们项目所在的地方在鸡冠山，鸡冠山有两个乡镇受了灾。

我们分成两部分来做，第一部分我们捐一些物品给鸡冠山镇。第二个呢，我们捐一笔钱。新加坡的合作伙伴建议公司捐一笔钱，同时给当地政府写一封慰问信。中方管理者认为写信有功利嫌疑，认为贡献善心和爱心不需要张扬。作为企业和个人来讲，虽然爱心和善心客观上来说是利他的，但是核心和中心地来说，同样是利己的，尽己所能做点儿贡献一定不要有功利心。所以我们只是低调地捐献了一些物资和钱。

另外我也参加了NGO的志愿行动。今天早上六点多我出发到绵竹去了，也是一些朋友组织起来的，还接到了北京大学、西南财大等高校一些教师捐的款和委托，我们筹备了五六万元的物资，去了绵竹，到了重灾区汉旺。

我自己还在16号去永陵路23号做心理抚慰。灾区的娃娃、孤儿，被送到永陵路23号这儿。我的几个妈妈朋友很希望做点事情，觉得这个时候都不奉献点爱心简直都不踏实，甚至是不道德的。所以一听到灾区孤儿需要陪伴和心理抚慰的消息，大家马上就组织起来，收集了很多衣物、鞋子、牛奶、矿泉水、面包呀，把我的车装得很满就去了。仅仅在这个消息播出不到两个小时的时间内，那条街就已经被轧断了。我们去的时候，那条街已经交通管制，我也找不到地方停车，不能直行，就只有绕绕绕，绕到一个茶楼，想停车，保安说：如果是来捐助的——其实23号隔我们停车那个茶楼还有一个街区那么远——如果是捐献的就可以停，其他车不停。我们中间一个妈妈就说："哎呀帅哥，你太帅了。"停下来以后，因为那些水、牛奶都是大件大件的东西，很沉，不好拿。然后我就走过去跟那个保安队长说，这些东西我们搬不过去，可不可以帮我们搬一下，我观察他的反应，说我愿意给点钱，那个人一下子就生气了，说："说钱就不帮你搬！"我说好嘛那就不说钱。然后他就派了三个小伙子跟着我们搬东西。到最后剩了一箱牛奶，我说我可以提个包包再提个牛奶么，还拿得动，他们都不让我拿，说："一起给我摞上来！"那个人扛一箱水、两箱牛奶，然后就走过去。他说的是："我们打工的人也捐不起钱，但是出点力气还是有的，这样我们也就觉得很光荣了。"我们就这样一起过去了。

去的时候那个地方已经是人山人海了，很多是从十八岁到五十岁的女性。所有的人都自觉排队。不到两个小时的时间，永陵路那个儿童活动中心的库房已经堆积如山了。志愿者是什么情况呢？那个地方已经接纳不下了，我们表明了自己的身份，还填了一张表，他们说："她们是老师，也是妈妈，有经验，好，这两个人可以。"然后就把我们两个要了。就是说，我星期二和星期五可以去做志愿者，如果他们需要我们，我们随时可以去。我相信这是一个很长的过程。出来的时候我跟一个朋友讲，等这件事情结束后，我们也很愿意认养一个娃娃，当然不敢领养，只能认养。

去鸡冠山，去孤儿中心，今天去绵竹，到处都有那么多的超出你想象的志愿者。那天去鸡冠山的路上，有个车队叫人特别感动，就是20辆出租车组成的车队，每辆车上头都插一面小红旗。队列整整齐齐的，他们就是去接人的，所有出租车都是空的，就到里面去接人出来。这次震灾发生后涌现了大量的志愿者，这个现象引起了很大的关注。在过去的历史上，这个现象是前所未有的。对此，包括我们的主流媒体也有不同的解读，好像是说这是一种爱国主义的表现。作为一个志愿者，我不太认同这种解读，所以我愿意谈一点我自己的感受。刚才吴老师也谈了，陈老师、谢老师都谈了，我特别同意谢老师和艾老师的说法：如果把志愿者的行为解读为爱国主义，这的确是很牵强的，很多人可能会觉得这种解读是对自己朴素的人道主义情感的一种篡用、一种利用，这样的感觉是非常不好的。

那我自己的感受是什么呢？当我从永陵路23号出来后，给北京的一个朋友写了封信。我说，其实当我们在付出温暖的时候我们是在温暖自己，当我们在付出爱心的时候，我们是在消除我们自己的恐惧。为什么呢？我到那个地方，看到那么多人自愿付出金钱、物质和时间，我有一种特别强烈的感受：我是个妈妈，我是个女儿，如果我这次真的发生什么不测的话，看到这个场景我就能相信，哪怕我走了，我的孩子有社会上这么多人帮我关心，我的父母有这么多的人帮我关心，那我就觉得我有一种很放心的感觉，我对于灾难、死亡和生命不确定性的忧虑和恐惧极大地减少了。这就是你在关爱别人的过程中，实际上你自己找到了安全感。

还有，成都人为什么这次表现这么高涨的爱心？我自己有个感受。实际上我跟地震是擦肩而过，我刚好没有在我们二十几楼的办公室，而当时我的同事全部在上头。刚才李菲跟我讲，在22楼感觉到摇晃有15度，他们都经历了惊魂的几分钟。我虽然没有经历，但还是觉得自己是幸存者。凭

什么这个灾难就没有落在自己的头上，就跟自己擦肩而过？我觉得这可能跟自己的那种意识有关——你是特别有福的人，你躲过了这次灾难。因此，你一定要感恩和惜福，具体的表现就是给予，就是布施。我自己的感受是要做点什么事情。

主持人： 讨论到这儿呢，有些观点我是非常赞成，因为在这次地震中我也算是重活了一遍，那一天我真的跟刚才陈老师讲的一样，在一瞬间想到了死亡，我觉得现在我们探讨了一个很深层次的问题，当我们经过了这一次劫难，能够逃脱、能够再生的话，我们其实对于生命、对于生活、对于人生，也有了重新的认识，有了更深的认识，所以我很赞成彭老师的观点。那么还有几位先生，还要听一下大家的高见。

冯　川： 来了我就说两句吧，啊！本来没啥子思考的。因为现在我，就像刚才介绍的，是双重身份，现在既然在四川大学锦城学院外语系那边当系主任了，那边只有我一个人，也就是说那边几百个学生就是交给你了的，那么他们的安危你就要负责，你就要管，哈！就像个家长样的。本来我都认为家长制是不好的。我都是反对家长制的一个人。现在，我自己就成了一个家长了。那么，确实当时也需要安抚学生，几天都是在办公室沙发上睡的，没回家。当然，这里面一方面，我在安抚学生；另一方面，学生也让我很感动。

主持人： 那边很危险，在郫县的边上，离重灾区很近。

冯　川： 大家都晓得川大有六十多人受伤。锦城学院那边比较好，只有一个学生受伤。第一个把地震实况拍摄的视频上传到网上的是一个锦城学院的学生。这个学生高度沉着地用他的手机把当时那个场面拍摄下来，而且，当所有的人都跑到楼下了，他还从六楼上俯拍那个镜头——大家可能都从网上看到了。当时楼晃得很厉害，大家都已经跑了，已经跑到楼下了，他仍然还留在六楼上向窗外拍摄——从镜头上看得到，他是在六楼上，在那儿俯拍。这个人是学编导专业的，还不是学新闻的。但他具有极强的新闻记者应该具备的素质——临危不惧和及时抓拍、及时编辑上传的素质。

于是我就有一个感觉，这个感觉就是"80后"并不像以前人们所说的那么差。以前我们都把"80后"说成是过度地受到父母的溺爱，什么都不懂——反正非常糟糕。但是我们这次看到，"80后"表现得还是很好的。

刚才有人说到部队的很多士兵都是"80后"的。那么，从我接触到的大一、大二的学生来看，他们也都是"80后"的，表现得很不错。一是比较沉着、比较冷静；另外，他们还在这个时候突然一下子就懂得怎样去关心他人了。比如，那天晚上他们开头在操场上，很好。大家甚至还有点兴奋。这种心理现象很奇怪：发生了地震，大家还异常兴奋。当然当时还不知道灾区死伤那么惨重。可能是因为突然平淡的生活打破了，平时天天都要上课、背书、做作业这些，突然一下这些被打断了以后，大家一起坐在操场上，觉得有点节日的那种感觉。我看他们非常兴奋。我觉得很奇怪，他们不仅不恐惧，还很兴奋。但是隔了一会儿，大家就很沮丧——就是后半夜下起雨来了，很惨，很狼狈。但是这个时候，有一个学生主动去找伞，就说："冯老师，我送您到办公室去。"就是说，这些孩子也晓得，也懂得关心老师、关心长辈。另外，我还看到报道，也有中小学生，自己已经从楼上跳下来了，还要回教室救老师。那个女娃儿——我昨天从电视上看到，我记不清楚是哪个县、哪个中学的。她说她有两个选择：一个是从前边跳，就是操场和水泥地；而后面是农民的田，有个坡地，她就从后面跳的。从六楼跳下来没有受一点伤。她本来已经跑了的，突然想到老师还在二楼，她又跑回去救她的老师，这是很让人感动的。

这就是刚才陈老师、吴老师说的天良、良知啊。"恻隐之心，人皆有之"。这个东西不是靠爱国主义教育，靠意识形态教育出来的，这是一个人生来就具有的。只要他还是个人，只要他还没有被异化成动物、机器或数字符号，他就有这种精神。在日常生活当中，可能我们很大程度上已经被异化了，但是在关键时刻，精神的力量开始爆发出来了。但是呢，就像吴老师说的，这是瞬间的，不能把社会道德的建立和制度的建设建立在这个基础上。这个东西它在关键时刻会出来，但是我们的制度建设不能依赖它。另外我想说的是：与这种焕发出来的精神一个鲜明的对比就是：一种行政的命令、老掉牙的行政命令还在起作用。我想说的是强制性捐赠。

田耕宇：刚刚地震那天，红十字医院门口摆起的捐款箱我就捐了1000元。第二天早上有人问我捐钱没有？我说没捐咋个嘛？这个还有啥子规定么？

冯　川：前面说了，因为很忙，也就丧失了一个学者对这个问题的反思。我自己感到很惭愧就是，我陷入一种忙乱的事务当中，丧失了学者应有的冷静反思。我本来想来听一下，因为我觉得有机会来听一下学者们是怎样冷静地看待这个事情的。我不冷静，因为我这几天全都在处理乱七八糟的事情，所以根本就没有思考。我来了以后，我感觉得蒋老师有些思考是很深刻的，我个人觉得很受启发。来都来了，当然也必须讲点我自己的。路上我还在想来了我说什么？我还要努力表明自己曾经是个思想者，自己曾经自认为是个思想者。（众笑）现在突然没有思想了，这怎么行呢？都在忙些乱七八糟的事情怎么行呢？

那么我想说的第一点就是：科技不是万能的。我们用不着去埋怨地震局，对于自然，确实像陈老师刚才所说，我们对它知道得太少。我们过去经常人类中心主义膨胀，认为我们已经有足够能力去驾驭自然，但事实并不是这样。我们的移动手机通信已经是非常发达的了，可到真正需要的时候一下子中断了。所以科技是不可靠的。

第二点，我认为精神是很伟大的。来的路上我在想，为什么找这些搞文科的学者来座谈？人的精神的确是非常伟大的，但是它只是在瞬间爆发出来的，不能作为一种制度建设的基础。

基层组织的情况是层层等，因为谁都不敢负这个责任。当然，这里形成了一个鲜明的对照，大家都看到那个小男孩了，都江堰的一个九岁的小男孩。他不用等任何指示，他就自己先去刨出一个男娃来，把他背出来，又去刨出一个女娃来，又把她背出来。当然，他也有一点组织观念，他每次都把背出来的人交给校长。（众笑）可见我们的组织观念的教育已经也渗透到了九岁的小孩身上了。当然，他有那种好的本能，不等任何指令，不等校长和老师来给他发指示，自己就去做自己该做的事情。那个小孩很乖很成熟啊，我非常感动。如果要我认养，假如他父母全都去世了的话，我愿意把他认养了。

主持人：他父母还在。（众笑）

冯　川：当然，那个娃确实很乖。

其实，某种程度上，我们天良的突然爆发是与科技的突然崩溃有关的。我讲的第一点和第二点，我没去阐发它们之间的内在联系。就是因为科技不是万能的，就是因为平时我们对科技过度迷信，对制度过分依赖，精神的力量受到了压抑。而在科技和制度都突然变得不可靠的时候，精神的伟大作用显现出来了。

彭小华：我今天去了汉旺镇，汉旺镇是什邡受灾最重的一个镇，那里90%的民房垮了，垮得很奇怪，没有什么整块的墙体之类。可见建筑的质量很差，沙子多，水泥少，钢筋更少。但是就在这么一个重灾的情况下，仍然有些房子坚固地矗立着，为什么？所以我们同意您的这个说法，包括张老师。实际上，天灾占一半，人祸也不可忽略。为什么会是这个样子，后面的问题还值得我们认真思考。

邱晓林：我谈一点感受，因为他们都谈了很多了。这么多天以来，个人的生活，社会的这种运转，其基本逻辑，甚至可以说唯一的逻辑，就是生命大于一切。那么也就是说，在这样的天灾面前，我们守护着这样一个存在的底线，有这样敏感的意识。然而很可能在这个天灾之后，我们对存在底线的这种意识又会非常薄弱了。我想说的是啥子呢？就是我们在所谓的和平时期、歌舞升平的时期，对这样一种存在底线，扩而大之，就是生存权利的敏感意识，是不是还能够像在这样一种天灾刺激的情况之下，保持如此这般的清醒，并且把它作为一种规范的意识，植入到制度文化的建设之中？其实我们想一下，在没有发生这种天灾的时候，有多少人的生存权利，无声无息地被剥夺，他们的生命无声无息地消失，难道这样一种消失不是更加令人触目惊心吗？想一想，从历史上看，有没有这样的人祸？我不是说什么房子容不容易倒，而说制度文化所导致的人祸，导致的这种一般人的生存权利（包括肉体）的大规模的消失。我们在很多时候是非常麻木的、非常不敏感的，那么我们为什么在这个时候对这个东西看得这样重呢？我关注的就是这样的意识，作为一种规范意识，能不能够在天灾之后，还会进入到我们日常的社会存在、制度建构中去。我只谈这样一点。

五

邵昱：震灾是人类无法阻止的，但人类可以凭勇敢、智慧和科学手段，使灾难的损失降到尽可能的低，并积极地从每一次震灾中总结经验与教训，使人类应对震灾的力量不断增强。这次四川汶川大地震，其强度烈度是世界上罕见的。在现代的信息化环境中，世界在极短的时间里知晓了事实真相，以极快的速度做出了积极的反应，举世震惊，举世瞩目。一个如此大的事件中，包含太多的人与事。我们作为亲身经历体验这次震灾的本土社科学者，一个重要的社会责任就是要把抗震救灾中纷繁复杂、社会各类表象背后的东西加以认知，把最有价值的人与事提炼总结，以供世人参考或昭示后人。有专家将救灾中的感人事迹称为人的"天良"的充分显露。用"天良"来称赞人们救灾中的伟大精神是一个值得肯定的视角。我觉得，还可以从更广的视角观察。对这次震灾中人们的各种反应和言行，我受到很大的触动，特别地注意到，人们的思想得到普遍洗礼，精神得到全面升华。所谓思想的洗礼，就是把以前思想中不清晰的、想不明白的一些东西，在这个过程中不自觉但又真实地显示出来，豁然明确起来；精神的升华，就是将平常世俗的、很在乎利益的东西置之脑外，表现出不寻常的精神境界。救灾中，可以佐证这一观点的事例举不胜举。许多人是舍"小我"、顾"大我"，舍小家、救大家，放弃自我、达到忘我。它包含着闪光的东西，这闪光的东西是什么？实际上是人性的光芒。人性，就是全人类性，它具有非功利性、世界性，是突破人际障碍、打通国界、无私相助的精神理由。在人类面临共同的灾难面前，人性以民族精神和国际人道主义精神方式显示出来，国民和世界都向震灾的民众伸出无私援助的手。发扬人道主义精神，世界将越来越有效地应对人类面临的共同的挑战。每一个人在发扬人道主义精神的过程中，关爱别人的同时，实际上关爱了自己。实则大义为利。人道主义也是一种博爱的精神，它伴随社会发展的脚步，折射出一种人性的光芒和时代的价值。

  我认为这次震灾反映出的又一值得肯定的就是一种极具震撼力的集体主义精神和巨大的互助力量。我们现实中谈集体主义时，有人甚或以讥讽的眼光相待。事实上，人类每一个人，力量和能力都是有限的，人类发展到今天，根本上是依赖集体主义精神和团结协作。只是强调前者时也不能以牺牲个人的创造精神为代价。集体主义精神是蕴藏在个人的活力之中的。这次震灾中表现出来的集体主义精神难道不可以提升和总结？地动山摇之初，或许每一个人会做出本能的反应，但随后的救灾活动中，无不依赖于集体主义精神。一个国家、一个民族、一个国际社会，肯定有集体主义存在，只不过要注意把它上升归纳到什么程度上才是合适的，如果上升到一种纯意识形态，比如说舍己救人时，瞬间还想到伟人的教导，那个可能是虚伪的说理。但是，如果这个过程中，不约而同，有很多人都有类似行为，那就一定有集体主义的精神元素在里面。抗震救灾中反映出来的集体主义精神包含许多有价值的东西，我们可以挖掘出来，然后在一定的层面上，让更多的人理解它的精神内涵，理解它的深刻价值。集体主义这东西是绝不可讳言的，但也不可以将集体主义意识形态化。对集体主义，我们要赋予时代的新内涵。比如说，震灾刚发生，成都千辆出租车浩浩荡荡火速去都江堰救人，不计报酬、不辞辛苦，这是一次无人组织却是基于人道主义精神的集体主义行动，场面十分感人。可以说这次震灾，以博爱沟通了人们的心灵，以团结凝聚了华人的力量，以互助体现了大众的胸怀。当然，还有许多值得总结的东西。如为防范和应对公共灾难或危机，社会的应急机制如何更完善；抗震救灾中，社会在进行物质性援助时，怎样重视精神性援助等等，都值得探讨。

主持人： 今天晚上首先要代表梁枢主编向各位表示感谢。其次呢，徐新建老师和我本人还要向大家表示感谢，大家都是知名学者，而且非常忙碌。今天晚上在这儿来坐几个小时，完全是一种情感、一种纽带在起作用。同时呢，我们这一次座谈组织得比较周到、比较严密。这几天我跟梁枢主编反复通话，我们接下来的工作，就是严格按照今天晚上的录音，以录音为准，我们把录音整理出来后，还要返还给各位先生看，看了以后呢，很忠实地把那些资料交给梁枢主编，同时呢，我们在录音整理的过程中还要跟先生们联系，征求意见。总之，今天晚上这个机会很难得。

徐新建： 我简单讲几句。我觉得这次有两个地震：一个是自然地震，一个是社会地震——这个社会地震，吴老师评价非常高，闪现出一种天良的展现，但这个东西没有被关注，自然地震被关注了，这个社会地震没有被关注。这个就提醒我，我把原来修正一下，我原来讲天灾。我觉得一个是天灾一个是天良，这两个对称一下：我们面对天灾，守护天良。这是第一个。

第二是我们面对是被救，我们没有自救。应该我们是期望被救，但我们必须立足自救。我的感受和余老师一样。我自己起码有十几个小时在惊慌当中。我们第一个意识是逃。咋逃哩？等于这一分钟，一瞬间变成一个孤立的个人。而且一直到今天，其实，后续的恐慌是跟随而来的。因为，不可预见的东西要透明。好！我的意思是，这体现出我们自救能力的弱化。我觉得我们今天讲的这个声音啊，刚刚开个头。我觉得我们这有一个好处，因为我们在现场。那天有人提，我们川大学者，特别是人文学者，我们不能挖，挖也挖不动，我们有另外一种力量，使这次灾难不要白发生了。要不然，所有的恐慌、灾难都白费了。

主持人：再次感谢。好。（鼓掌）

（录音整理：李　菲　等）

边地上的国学

国学 访谈

摘要发表：国学版（光明日报2009.1.19第12版）

洋海墓地是吐鲁番地区出土时代最早国学典籍的地方。

『侧书』究竟是什么呢？我认为是在写胡语，即当时也在敦煌、吐鲁番地区普遍应用的少数民族文字。

敦煌古藏文文献中出现的西藏人写的文章中竟然可以非常娴熟地引用汉民族的典故，像『毛遂自荐』。

吐鲁番和敦煌出土的，其中有一个很重要的东西，数量也是最多的，是韵书。

时间：2008年10月20日下午
地点：吐鲁番火洲大酒店一楼会议室

访谈嘉宾：
柴剑虹（中华书局编审）
沈卫荣（中国人民大学国学院教授）
李　肖（吐鲁番地区文物局局长、吐鲁番学研究院常务副院长）
王　丁（德国汉堡大学亚非学院）

主持人：
王启涛（四川师范大学教授）
梁　枢（《光明日报》国学版主编）

主持人（王启涛）：首先感谢吐鲁番文物局邀请我们参加这次吐鲁番学国际学术会议，并在会议的间隙组织这场小型讨论。吐鲁番特殊的自然条件，使它成为一个"开放性"的宝藏。不断地发掘，不断地有新发现，为我们提供了许多宝贵的文化遗产，这其中也包括各式各样的国学文献。这些文物的不断呈现，正在为我们勾勒出至少是一千多年前在吐鲁番这块边地上，国学于各民族之间传播、交流的生动画面。现在先请李肖先生介绍一下情况。

一

李　肖：吐鲁番考古发掘走到今天已经有一百多年了，最早的发掘是在19世纪末就开始的。跟吐鲁番学的产生一样，吐鲁番最先的考古发掘是由外国探险家进行的。但是像阿斯塔那墓地，最初的发现不是外国人，而是中国人。一个放羊的小孩一下子掉进墓穴里，把他吓坏了，以为进到地狱里了，后来家里人把他捞起来就发现这个墓穴。当时就报告了清朝的政府。乌鲁木齐的道台，好像是王书同吧，最早收集这方面的文书大概就是他了。后来外国探险家来，他还给人家送了一些，这块墓地就这样被发现了。就外国探险家的考古调查来说，也不尽相同。有些人对墓葬并不感兴趣，比如说俄国探险队、德国探险队，包括斯坦因，主要是挖掘遗址，挖寺庙、挖千佛洞，揭取壁画，发现图书馆呀、藏经洞，兴趣主要在这一块，不太动墓葬。对墓葬进行发掘，主要是日本的大谷（光瑞）探险队，大谷探险队在这儿挖了许多墓葬。我想这里面有一个原因，就是上述遗址其他国家探险队都已经挖过了，在这种情况下，日本人觉得再去做千佛洞、再去做遗址就不太方便了，他们重点就放在墓葬上了。

我为什么重点谈墓葬这一块？就是斯坦因也罢，德国人也罢，他主要揭取的是壁画，对千佛洞和寺院进行发掘，它出土的主要是佛经，而且很大一部分是属于胡语系列的佛经，这些东西跟我们今天研究的国学经典还不是很吻合。为什么强调墓葬呢？因为在墓葬里发现很多已经流失在历史上有书名无内容，或者仅存部分内容的古代典籍。

解放以前的发掘上世纪30年代后就基本终止了，这期间的考古发掘和掠夺奠定了国外吐鲁番学的基础。

这些流散到海外的文物里面很大一部分是出土文献，而这其中很大一部分和古代典籍有关。这些散失在国外的古代典籍，主要分布在日本等列强国家。日本的收藏很多，主要是大谷光瑞探险队带回的文物。韩国的首尔博物馆也收藏了许多，韩国的东西也是大谷光瑞的收藏。在大谷光瑞吃官司以后，他把一部分藏品卖给了日本在朝鲜的总督府博物馆，所以一直保留到现在。还有一部分卖给了日本在旅顺的关东厅博物馆。在俄罗斯的吐鲁番文物，大部分在圣彼得堡的艾米尔塔什博物馆，然后德国，英国的大英博物馆，另外美国还有一部分。法国关于吐鲁番的东西收藏得并不多，后来还有土耳其。

北京的东西主要是解放前和解放以后黄文弼等中国学者发掘的，在北京还收藏有很多，故宫还有很多墓志。

解放以后在吐鲁番的考古发掘很少，主要是从上世纪50年代以后，对阿斯塔那和哈拉和卓墓葬进行抢救性发掘。为什么进行抢救发掘？是因为大兴农田水利基本建设，在阿斯塔那、哈拉和卓西南修了一个平原水库。

"文革"期间对阿斯塔那、哈拉和卓的考古发掘主要是由新疆博物馆进行的，咱们新疆考古界的几位前辈，如王炳华、穆舜英、李征、吴震、武敏等主持发掘工作。由于当时吐鲁番本地没有保存和研究基础，所以发掘材料全都运到乌鲁木齐，存放在自治区博物馆。这个时间正好是上世纪

60年代中后期,"文化大革命"最激烈的时期。吴震先生曾对我说过,他亲眼看到,博物馆收藏的文书、文物被造反派当作垃圾一样,堆在院子里烧掉了,毁了许多文物,这就是吐鲁番出土文物的整理为什么这么滞后、考古报告为什么还没有出来的原因。当时很多资料从吐鲁番一拿回来经过"文革"这一闹,记录和实物全都毁了,没有了。所以阿斯塔那、哈拉和卓的考古报告没有出来。

但是值得欣慰的是,当时还是有一些学者是有远见的,是唐兰先生还是谁建议的:出了这么多文书,这个东西不能跟考古报告同步进行,一定要把它先拿出来进行整理。那时一个调令就把所有的出土文书全部调到北京,在文化部里成立了一个班子,开始整理这些文书。这些资料在1992年的时候四卷本都出齐了。

"文革"以后,从上世纪80年代开始又对吐鲁番进行一些小规模的考古发掘,规模都不大。真正对吐鲁番的考古发掘是从上世纪90年代开始的,1992年以后,中日关系很好,日本通过联合国教科文组织给了很多经费,用于交河故城的保护。保护之前要进行考古清理,从那个时候开始,对交河故城进行了一些发掘,但也没出什么东西。尽管如此,这是"文革"以后对吐鲁番地区进行的比较重要的发掘。

在这以后比较大的考古成果就是我们新疆考古队、新疆考古所和日本早稻田大学合作对交河故城沟西墓地进行的考古发掘。这个沟西墓地是当时生活在交河故城里边的人的墓地,他们人活在城里边,死了以后就埋在这儿。从墓志上看叫城的西垣。当时的发掘,我是中方队长,冈内先生是日方队长,我们在这儿发掘,在沟西墓地发掘。这个地方包括以前的外国探险家们都不太喜欢。这个地方很潮湿,它不像阿斯塔那,一打开,里面东西都保存得很好,这里很潮,里边除了骨头架、陶罐,没什么东西,唯一能保存下来的恐怕就是墓志。通过墓志还能反映点情况,这样的话就是在这儿做了大概三年的工作。前两年都没有什么东西,就是出了一些墓志、一些陶罐。后来第三年,日本人也挺沮丧的,觉得这里没有什么成果,但是最后紧要关头,对这个墓地整个进行了调查。一调查,发现地面上有一些墓葬的痕迹,但不是魏晋到隋唐的斜坡道墓,是圆形的。所以有一天冈内先生把我叫过去说:"你看这里是不是有一个墓?"结果我仔细一看,地面上连那个五铢钱都已经露出来了。一看肯定是个汉代的墓葬,而且根据以前我们做的东西,这肯定是车师人的墓葬,但为什么地面已经到了墓底了,就算是刮风也不可能刮那么深,最后向老乡们了解,那里大队曾经搞过农田改造。改成农田,把那儿的地都给推掉了。还有一大片伊斯兰时期的墓葬,都给它推平了,那个墓给推得基本上就见底了。快见底了,风再吹上几十年,墓地就露出来了。大家一看挺有戏的,就把发掘的重点转到这里了。转到这里就发现了一大片竖穴墓,当时汤主任也参加过这个发掘。这个竖穴墓一般都是很深的,3—4米,推土机就正好推到了一半,结果一挖那个墓就了不得。推土机推过之后就搅过了,农民一铁锹撂上来,我们看到了一个金灿灿的什么东西,一看是一个金冠。一发掘以后,金器出得特别多。那个金器体现出真正的汉代的丝绸之路的文化交流,出土的牛头形胸针,是典型的两河流域伊拉克一带的东西。还有一些草原文化风格的皮带扣,这些东西都是典型的草原文化,还有从中国内地输入的铜镜。从这一个墓葬当中就可以看出来,当时丝绸之路文化交流的盛况。但是非常遗憾这一批墓葬没有什么太多的跟我们国学文献有关的东西。前面说过,这里太潮湿了,没东西,90年代就这么过去了。

1997年,也就是快进入2000年的时期,我局在清理洋海墓地被盗墓葬的时候,发现还有晚期的墓葬。以前认为洋海墓地是从青铜时代到早铁器时代,再延续到汉代早期,结果发现有魏晋时期的墓,而且还有墓志、文书之类的。

通过整理发现,洋海墓地出土的文献时代非常早,应该是中国比较早的纸质文书,从里边整理出如《孝经》这样只保存有书名没留下内容的文献资料。所以,洋海墓地是吐鲁番地区出土时代最早国学典籍的地方。

2004年以后,我们迎来了一个考古发掘的高潮。先后发掘了巴达木墓地、木纳尔墓地、阿斯塔那二区墓地等。从这些墓地里发掘出了很多文书,以这些文书为核心,我们整理出了《新获吐鲁番出土文献》。这些文书涉及中国魏晋到隋唐时期社会生活,特别是底层的一些情况,就像昨天荣老师说的,对县以下的情况,史书记载是很模糊的。特别是社会生活方面,记载得就更少。通过这些文书,我们可以对当时社会生活的各个层面进行很好的复原。

另一个问题,这些文书还涉及吐鲁番同当时周边国家的外交状况、周边形势等情况。洋海墓地出土的高昌送使文书,就当时看这个来来往往的政治力量都在吐鲁番集中体现出来。那个时候可能主要是联合起来反对，据文书来看，有吴客。吴客是南朝的使者，那应该是从四川、青海，到了新疆的且末、若羌这样过来。还有现在的印度一带的乌苌、婆罗门国、塔里木盆地西南部的子合国等这些使者，各方势力都在一个文书上显示出来。它反映出当时的政治形势，可能是某一个草原势力把这个路给切断了。这一下东西方的交通一断以后，大家都急了，就准备联合起来有所行动。通过这些文书可以反映出来。

主持人（王启涛）：其实李肖局长刚才谈到的，从大的范围来说，就是国学经典在吐鲁番的发现和整理。

李　肖：我们很关注这些文书在当时怎么产生的。

主持人（王启涛）：对。

李　肖：我们现在的少数民族地区是用双语，文件都是汉语加少数民族语言的。实际上通过出土文献我们可以了解到，最晚从唐代开始，政府的公文也是双语的。我们从墓里面挖出这件文书是写给西突厥某个部落的，政府文件盖有唐西州都督府的印章，但文件是用粟特语写的，其内容与同一个墓出土的汉文文书能够对应起来。所以现在认为是新发明的一些东西，实际上是历史的延续，而这种文化的传承通过吐鲁番文书都能够很好地反映出来。

我们作为一个多民族国家，这种在文化上的包容性并不是从这几十年才开始的，而是从很古的时期就开始的。所以这件文书，从维护祖国统一，从中华民族自古就是一个多民族的国家来说，都具有很现实的意义。

主持人（梁枢）：现在看来，大家关心的，就是在接近7万平方公里的土地上，吐鲁番盆地里，挖了和没挖的比例大概是怎么样一种情况？吐鲁番今后文物考古的走向是什么？还有什么样的期待？

李　肖：挖得还是少。

主持人（梁枢）：挖得少？

李　肖：挖得少。

主持人（梁枢）：还有大量的没有挖？

李　肖：大量的还是没有挖。咱们的文物政策基本上是不让你动，尽量地能让你保护还是让你保护起来。

主持人（王启涛）：吐鲁番文物考古有不少成功的经验，你本人有哪些深切的感受?

李　肖：你提这个只说了一半，成功的和失败的经验，都是很惨痛的。惨痛就是吐鲁番解放以后都这么多年了，大规模的考古发掘也有四五十年过去了，但是阿斯塔那—哈拉和卓古墓的考古报告到现在都没有整理出来。这是非常惨痛的一个经验教训。成功的经验和惨痛的教训都有，我们这几年的考古工作报告、研究成果推得很快。这里边我觉得是一个成功的经验也罢，还是客观存在的现象也罢，就是这些文物最好不要离开吐鲁番，一旦离开吐鲁番把它拿到乌鲁木齐去，它就拖到现在都整理不出来。

不管是博物馆还是考古所，他们这些人并不是固定在吐鲁番工作的，他把这些东西一挖完，单位就会交给他新的任务，又到别的地方去发掘。别的地方发掘完以后，又有新的任务，所以他们根本来不及整理这些东西，一拖几十年，最后把自己都拖得一死了之。东西撂这儿，所以我觉得不管是经验也罢、现象也罢，就是说我认为东西不要离开吐鲁番，离开吐鲁番之后，真是不好办了。

主持人（王启涛）：现在吐鲁番学研究院已经搞起来了，硬件和软件都相当地好了。

李　肖：现在的硬件已经很不错了，软件很慢。我们也在抓紧时间建设，主要是提高我们自己研究人员的素质，同时两条腿走路吧。尽量地多聘请内地的、国内外专家来帮助我们做这个工作，共同把吐鲁番学以及在吐鲁番发现的这些国学经典更加深入地研究出来。

二

主持人（王启涛）：我也关注到这次参会的会议论文情况，我们今天讨论的题目是"国学经典在吐鲁番"。吐鲁番这个地区，在过去经历了高昌郡、高昌国、唐西州，还有后来的回鹘高昌，国学经典在这一带有很悠久的历史，麴氏高昌的第三代王麴坚甚至"于坐室画鲁哀公问政于孔子之像"以显示其仁政。我们注意到这次会上柴剑虹先生提交了一篇论文《吐鲁番的学童读本与"侧书"——重读吐鲁番所出"卜天寿抄本"札记》，我也详细听了柴先生的发言，柴先生提出了大家都很关注的一个话题，就

是国学经典在吐鲁番的传授和传播问题。传授呢，向孩子传授；传播呢，向不同民族的人传播。柴先生一定有这一方面的很多感受。

柴剑虹：我先说明一下我这次提交这篇论文的背景。10月11日《光明日报》登了我一篇文章：《季羡林先生谈古籍整理出版》，专门重申了一下季老对"大国学"的认识，这个问题我觉得这几年宣传得不够。我在5月份写了《藏学与国学》；7月间在新疆库车参加龟兹学研讨会，又写了《龟兹学与国学》；这次则写古代吐鲁番地区的学生读物，依然和国学相关。

今天在座的沈卫荣先生知道，人大国学院成立前，冯其庸先生去拜访季老，季老当时就提出来这个问题，说我们现在谈的国学应该是大国学，不要局限于清代乾嘉时期的概念。什么叫"大国学"呢？季老有一个明确的定义：中国的学问，中国56个民族共同创造的优秀的传统的文化，都应该属于国学的范围；包括在文化交流的过程当中，被中国所吸收的外国文化，也应该成为中国国学的组成部分。我觉得季老这个提法是非常正确的。

有人研究藏学，过分强调它的特殊性，好像是游离中国传统文化之外，我觉得不对。其实，现在国内外的藏学研究对象，基本上也就是7世纪文成公主入藏以后的文化学术，已经有了很多的藏、汉文化交融的内容，有许多后来成为我国优秀传统文化的重要组成部分。

吐鲁番学也是这样。我这篇文章主要写隋唐时期基本的国学经典在吐鲁番作为各个民族学生的读本，如《周易》、《论语》、《诗经》、《易经》等等，它们的传播、继承发扬，绝不仅仅局限于在吐鲁番生活的汉族人，这个事实是很清楚的，有大量出土的写本为证。正如刚才启涛教授所引述的史籍记载，在北朝到隋朝这个时期，吐鲁番地区已经在施行双语教育，不光官府文书是双语的，学校教育也是双语的。所以我在讲论文时特别强调，我们现在讲文化传播，不能光讲现象，还必须讲文化传播的主体是谁，主体是人。国学是要通过人来传播的，人有文化修养和没有文化修养是很不一样的；那么文化修养从哪儿来？当然和学校教育关系最密切。我注意到，古代吐鲁番这个地区的学校教育是很能说明问题的，如刚才李肖局长所讲，最早是因吐鲁番出土了文书，而引起了郭沫若先生他们的关注。

刚才李肖讲到上世纪60年代发掘的那批文书，大概到1969年开始整理，就发现了卜天寿抄写的《论语》，《论语》后面还有诗作，当时郭沫若写了一篇文章。我那时正在新疆工作，看到内部征求意见的油印本很有感触。时隔几十年了，现在回过头来再来看这个卜天寿的诗抄，把它放在国学传播这个层面上，意义就不一样了。卜天寿是个12岁的学童，他抄《论语》干什么？当然是学习。他抄《论语》之后还抄写了一些诗词，其中几首打油诗郭老认为是他自己的创作。可是后来我们在敦煌藏经洞发现的写卷里也有文字极为相似的儿童诗抄，这就启发我们关注诗歌传播的问题。我们都讲唐代是诗歌的黄金时代，但唐诗为什么繁荣，过去有很多说法，其中有一个很重要的原因被忽略了，就是在中国这块大地上，不管是在中原，还是在边陲新疆，唐代各类学校（官学、私学、寺学）对诗歌教学都是十分重视的，而且以很快的速度在互相传播。从孔夫子时代开始的诗教传统，延续到唐代更加发扬光大了。诗歌教学不仅是文学教学、语言文字教学，而且还是思想教育到重要手段。例如《太公家教》、《王梵志诗》、《读史编年诗》这些写本，敦煌多有发现。

主持人（王启涛）：对，还有《千字文》，在敦煌吐鲁番都有发现。

柴剑虹：作为童蒙读物的《千字文》、《百家姓》，以及一些韵书，敦煌文书中有很多，吐鲁番也发现不少。这次荣新江教授他们整理的《新获吐鲁番出土文献》里面也仍然有这些东西。这就是学生学习的教材。我又关注到卜天寿诗抄里"侧书"这个词语，因为开始郭老解释错了，后来龙晦先生他们都认为"侧书"是一种书写的姿势，就是侧势，侧着写。为什么要侧着写，而且说"侧书实是难"，"侧书"究竟是什么呢？我认为就是写胡语，即当时也在敦煌、吐鲁番地区普遍应用的少数民族文字。因为汉字是竖着写的，从右到左，而有些胡语，如梵文、吐蕃文，是从左往右写，是横着写的。那么对于汉族学生来说，他就觉得是很困难的，所以诗歌中"他道侧书易"：少数民族孩子认为侧书容易；"我道侧书难"：汉族孩子认为侧书困难。"侧书须侧写，还须侧立看"。所以敦煌的汉族学童感叹"闻道侧书难，侧书实是难"。这就说明汉族的学生也在学写胡语。

在我们这次研讨会上，有位日本学者提交了他关于佛教典籍的考释，下来我和他交流意见，我提出恰恰他展示汉文写经的这么一片文物，可以证明是少数民族抄写的汉文。为什么？因为它虽是竖着写的，却是从左往右的顺序，不符合汉族人从右到左的抄写习惯。从左到右竖写汉文的佛经，这又证明了少数民族也在学写汉文。敦煌写经里也有这方面的例子。这个日本学者同意我的看法。刚才我们讲了，严格意义上讲，佛教在中国化的过程当中，其教义也好，经典也好，核心的东西已经成为中国传统文化的一部分，已经成为国学的一个组成部分，我们今天当然不能把佛典排除在国学之外。它还有个特殊情况，佛教是从印度传来的，但它在中国化的过程当中，不仅出现了很多中国化的佛典——学者称之为"疑经"、"伪经"，而且它在翻译的过程当中，西域少数民族语言文字起了重要的作用。季老曾经强调过这个问题，在新疆这块土地上，少数民族的一些高僧，他们对佛教典籍的翻译，是立了很大很大的功劳的。有很多典籍是先从梵文翻成吐火罗文，然后再从吐火罗文翻到汉文。有些是翻译成汉文，再从汉文转回来翻译成回鹘文，通过新疆地区考古发掘出来的许多文献，越来越清晰地证明这一点。吐鲁番这个地区从古代以来，就是汉族和少数民族共同生存，共同在继承、传承中国的传统文化，传播儒、佛、道的经典。

主持人（王启涛）：我们注意到柴先生的文章里面谈到吐鲁番文书中，有一些原来是汉人的童蒙读物，译成了胡语，或者是胡汉双语、多语的写本，柴先生还引用了《北史》卷九十七《西域传》里涉及高昌国的一段话："文字亦同华夏，兼用胡书。有《毛诗》、《论语》、《孝经》，置学官弟子以相教授。虽习读之，而皆为胡语。"这几句话直到现在，学术界还在争论。柴先生提到这不是空穴来风，你提到日本学者高田时雄教授也在关注这个话题，我也读了他写的那本书。

柴剑虹：高田时雄教授的著作《敦煌·民族·语言》，因为我是责任编辑，当然在审稿的过程当中，就非常关注"胡语文献"这个问题。今年3月份在京都开敦煌学国际联络委员会干事会时，高田教授要樊锦诗、郝春文和我每个人讲一个论题，半小时。我在讲唐诗传播时就涉及"侧书"这个问题，我说侧书是不是就是写胡语？高田先生是研究胡语的专家，他同意这个观点。那么这个问题应当不是空穴来风，《北史》的相关记载是有事实根据的，正史的记载不要轻易否认。

还有一点就是为现实服务的问题，我来了以后在新疆师大人文学院讲了"唐诗在西域的传播",举了敦煌的《秦妇吟》写本。《秦妇吟》是晚唐时期著名诗人韦庄所写反映当时社会现实的名篇,全长1644个字,堪称唐代第一长叙事诗,可是《全唐诗》里没有收,因为某种原因失传了,但是在敦煌的卷子里发现了十几个写本,而且这十几个写本全是学生抄的,当时十几岁的学生要抄这么长的诗,谈何容易!他们为什么抄?其中有一个学生在抄后写的打油诗露出端倪,他说"我抄这个是为了顶借老师五斗粮食的高利贷"。教师要教学他必须要有教材,不像现在有印本,那个时候只有抄本,老师懒得抄,就让学生抄诗抵债。可是我们现在大学中文系有给学生讲授《秦妇吟》全诗的吗?(早在上世纪20年代,王国维先生已经根据敦煌写卷整理出了完整的全诗。)

主持人(王启涛):学生抄诗,把书法本领也培养起来了。

柴剑虹:这里面说明一个问题,当时在西陲、在西域这些地方的教学,就是小学的教学、学童的教学还有值得我们今天大学借鉴的地方。我们现在大学中文系的学生,有几个人会写古诗?可是在敦煌,在吐鲁番出土的文书里,我们不管他打油诗写得多么的幼稚,他毕竟是在练习写诗。我上研究生的时候,我的老师偷偷地让我练一练。我们今天的教学并不要求这一点。所以你现在不要看报上登的什么七言七绝,很多都是不合韵律的。可是卜天寿那个时候,《今日写书了》一诗,郭沫若说稍微变两个字的顺序就合律了。说明这个学生的水平已经相当高了。当然这并一定是卜天寿自己写的,起码是我们边疆地区的学生那个时候就能写古诗了。

主持人(王启涛):大概十二岁吧。

柴剑虹:十二岁。所以我为啥这个题目叫《吐鲁番的学童读本与"侧书"——重读吐鲁番所出"卜天寿抄本"札记》。今天座谈会的题目出得很好,如果《光明日报》国学版能够来介绍,把国学放在一个东西文化交流的大背景里面,放在一个各民族文化交融的背景里面,这是非常非常有意义的。为什么冯先生要在人大国学院设立西域历史语言研究所?有人认为,国学你搞什么西域历史语言,他不知道,大家公认的国学大师王国维、陈寅恪都是涉及西域历史语言的大专家。

王 丁:伯希和也是。

柴剑虹:他们承认王国维、陈寅恪是国学大师,却不承认西域历史语言是国学的一个组成部分,这很荒唐。所以最近辽宁出版集团让我写季老提倡大国学的文章,还要宣传这个事情,所以《光明日报》结合吐鲁番学研讨会来做这个工作,非常有意义。

主持人(梁枢):中国人民大学国学院成立三周年搞了一个专版,上面有冯其庸先生写的一篇文章,题目就是《国学即大国学》,您刚才谈得非常好。我有一个小问题,插一句。吐鲁番与内地既有个性,又有共性。说共性,就是它不管离内地多远,它的一套文化系统跟内地是一样的。特别是在高昌郡、高昌国、唐西州时期,包括教育在内,都与内地有很大的共性。比如说内地的孩子要学四书五经,这儿的孩子也要学。

王 丁:这就是共性的地方。

主持人(梁枢):但是呢,它又有某种独特性,它处于双语或者多语的环境,在各种文化的交汇点上,所以有独特性。内地的孩子,可能都是农家的孩子,汉人的孩子在这儿呢,可能就有外国同学,关系更复杂。所以呢,既然是同学,就免不了会两句这个话、会两句那个话;会写点这个,会写点那个。可能教学内容上、教学方式上,也有不同的要求,也有不同的特点。我就想知道,同样是国学的一种东西,比如说《论语》,到这儿以后有什么一样、有什么不一样,我们可以推测一下。

柴剑虹:应该说那个时候,敦煌吐鲁番地区的教学更民主、更开放。我们发现这些学生写的诗、抄的东西非常自由。

我再补充一点,李肖局长讲到这些年来的发掘情况、他们的《新获吐鲁番出土文献》,我在一篇书评里专门讲到,他们这次很大的成功的地方、有特点的地方,就是很快地整理、刊布,不是说拖十年、二十年、三十年。我研究了,我可以发表研究文章;我没有研究,我也应该把它刊布出来让大家来研究,这是最好的。

发掘出来的东西,不要放了几十年,现在大家还看不到。刚才梁枢主编问到经验的问题,我认为这是很重要的一条。考古界跟学术界过去往往有一个隔阂,就是考古出土的东西学者想研究看不着,不光新疆是这样,全国都是如此。李肖博士当了局长以后,他自己本身是学者,是钻研这方面的专家,所以他比较能够想到学术界的需要,能够很快地组织人把它整理出来,这是很大的功劳。

三

沈卫荣：我非常同意柴老师的观点，实际上这两年我一直在宣传这样的观点，那就是"大国学"的概念。国学是中华民族的学问，冯（其庸）先生、季（羡林）先生非常有远见，非常有气派地率先提出了"大国学"的概念，而中国人民大学在国学院建立西域历史语言研究所就是这种观念的具体实践。有人问，我们的西域历史语言研究所为什么要设在国学院？是不是应该搬到民族大学去？我们要问：清代开始的西北舆地之学对中华民族民族认同的确立和中国西北疆域的界定有巨大贡献，它算不算国学？其实，整个西域学的研究和国学是一体的，不能把它们分开。吐鲁番学就是国学的一个部分，就像敦煌学这样。吐鲁番在历史上有多少民族在这里来来往往，它的文化所反映的东西更多，反映了整个中华民族在文化上从来不是单一的，各民族的文化也不是互相独立的，而是相互影响的，汉族如此，其他兄弟民族也是如此。历史上各民族文化间的交流所达到的程度经常远远超过我们自己的想象，比如敦煌古藏文文献中出现的西藏人写的文章中竟然可以非常娴熟地引用汉民族的典故，像"毛遂自荐"等等。

主持人（王启涛）：这确实不得了，中国各民族文化的交流、中外文化的交流非常值得研究，这本身就是国学的一部分。

沈卫荣：很多中国典故、成语在藏文献里面都有，国学不应该把非汉族文化排除在外。像佛教文献，当然是我们国学的一个部分，你说现在谈中国人的精神性，不谈佛教行吗？

主持人（王启涛）：对，吐鲁番也出土有佛教文献，在古代吐鲁番，佛教一度非常盛行，请沈老师给大家介绍一下。

沈卫荣：比如说吧：回鹘人原来是信摩尼教的，公元840年以后从漠北西迁，以后就改信佛教，但在吐鲁番回鹘文书发现以前，很多人都忘记了回鹘人有五百年信佛教的历史，现在这些回鹘文书重见天日了，它们先被德国探险队发掘出来，运回德国去了。然而经过德国几代学者，比如冯加班、皮特·茨默先生等人的研究，把这段历史基本上搞清楚了。为什么大家说吐鲁番不是孤立的一个地方呢？它与敦煌、黑水城，在不少地方基本上是一体的。

主持人（王启涛）：这几年你主要做哪些方面的研究？

沈卫荣：我这几年一直在研究这个问题，在黑水城发现的西夏文献，特别是佛教文献，我们以前都看不到，大部分都在国外，最近这几年又慢慢发掘出来一些。散落在海外的最近由上海古籍出版社把它们重印出来，我们都可以接触到这些东西。接触以后，发现黑水城里边有那么多藏传密教的东西，说明藏传密教在11世纪开始就在西夏传播。再将吐鲁番的回鹘佛教文献与之对照，你会发现许多黑水城发现的东西，在回鹘文献中也能发现。汉传佛教的东西、藏传佛教的东西，基本上都可以找到对应的东西。

说来说去，回鹘人的藏传佛教信仰在整个西域起了一个非常大的作用。因为回鹘人西迁以后，在当时的吐蕃统治下，开始吸收西藏的佛教文化，而且会说藏语，会用藏文，它先自己信藏传佛教，然后到西夏传播藏传佛教。到了元朝，为什么那么多回鹘人都被封很大的官，蒙古人那么信任他们，许多宰相都是回鹘人？正是这个道理。

主持人（王启涛）：对。研究敦煌吐鲁番文献，不论是汉文文献，还是非汉文文献，都应该始终站在民族文化交流的大背景下去审视很多现象，只有这样，不少问题才能得到根本性的解决。

沈卫荣：西夏时代的第一任国师很可能是回鹘人。当时的西域，从敦煌到吐鲁番、西夏、蒙古，基本上都信仰藏传佛教。如果没有吐鲁番文献，这段历史我们根本上就不知道。

从这个角度看，整个西域文化，特别是西域佛教史可以连在一块儿考察。以前我们讲敦煌吐鲁番研究，敦煌比较"热"，吐鲁番相对比较"冷"，研究文献也是，因为以前发现的文献许多都在西方，研究的人也都在西方，这几年就不同了。这几年吐鲁番不断地发现新的东西，而学术研究的前提之一就是要有新的资料发现以便研究。

四

主持人（王启涛）：今天的吐鲁番学已经是一门国际性的学问，今天在座的还有王丁先生，他长期在海外，在德国从事吐鲁番学研究，而且也非常关心吐鲁番的经典。

王　丁：我以前在国内中山大学读本科，北京大学读研究生，1991年到德国留学,后来到日本进行过两年研究,沈卫荣先生实际是我的师兄,我们认识很多年了。我在国外学习时间很长,对敦煌吐鲁番学接触也很早,在北京大学的时候就已经感兴趣,但在国外的时候有很大的顾虑,故直到很晚,到2000年才开始吐鲁番学的研究。

这个很大的顾虑实际上是一个心理障碍,是感情方面的问题。国外的学者,比如茨默先生,德国的回鹘文专家,他们给我解除了心理障碍,劝我加入到这个队伍里来。我实际上(对于)吐鲁番学研究,学习的历史很短,八年。

刚才大家说到广义的国学这个概念。我个人是非常赞同的。我这里想到一位学者——张光直先生,他是一个有国际眼光的学者,他是一个考古学家,但是他大声疾呼什么呢,他疾呼重视中国文化中精粹的东西,这是世界上任何一个国家、任何一个文明也没有的。吐鲁番出土文献是非常丰富的,如果按四部分类法来分类,其中就有不少古写本经部文献。

主持人(王启涛):对,最近出版了荣新江、李肖、孟宪实三位先生主编的《新获吐鲁番出土文献》,其中就有1997年洋海一号墓出土的古写本《论语尧曰》注、古写本《诗经义》,还有2006年洋海一号台地四号墓出土的古写本《论语》和古写本《诗经》。

王 丁:噢,昨天茨默先生讲的那个报告,就是《汉文典籍在古突厥语当中的踪迹》,他写这个文章过程当中,多次跟我讨论,他有一个很大的发现,即在回鹘文的残片里,发现了管仲的片段。茨默先生还发现在回鹘佛教文献里面,有不少汉语词汇,有时全译,有时翻译一半,有时直接将汉字写在回鹘文的佛典里边,有的是把汉语的音转写过去的。

主持人(王启涛):对,进行这一方面的比较研究非常重要。

王 丁:是的。进行跨学科、跨语言的比较研究,比如胡汉对勘,这实际上是一个方法。我们应该坦诚,承认中国并不很具备这方面的研究能力,怎么组织这个事情?我感到非常非常欣慰的是,吐鲁番文物局这几年在这方面胆子很大,态度非常开明,向国际张开臂膀,全力地欢迎、支持这个合作。这部《新获吐鲁番出土文献》,请吉田丰先生很快地解读了很重要的粟特语行政文书。这样的行政文书有汉人的官印,这样的研究在十年、二十年前好像还是很困难,不是这么好的。吐鲁番地区文物局在这方面真的是给中国学术界立了一块牌子,立了口碑。

李　肖：到现在为止，有的单位，他自己研究不出，就让别人来看。

南疆于阗文呀，和田情况现在特殊一点，这次荣老师去了，冬天我们去的，人家把包括展柜里面的东西都拿出来让我们拍照。荣老师这次是把凡是能见到的东西，基本上都把它收了起来。其他的，比如说龟兹地区、巴州的库尔勒、米兰，有很多吐蕃时期的木简，包括咱们新疆维吾尔自治区博物馆、考古所，还有很多胡语的东西，由于不具备研究条件，就这么一直放下去。

王　丁："大国学"这个概念我还想再多扯两句。就是特别是中古时期，宋晚期中国北方的这些政权，包括辽、金、西夏的这些政权的典籍是怎样的呢？比如，我们根据《辽史》说，辽代的文字是根据回鹘文字创立的，这些我们并不知道是怎么回事，但既然是历史记载，应该是有根据的。前几年，我很幸运找到了一块文书，德国人给编了号，仿佛是汉文文书，一共七个字，有完整的，有不完整的，加一块七个字，但一个字我也不认识。我不认识总应该查得出来吧。查也查不出来。我一开始怀疑是女真字，后来我大胆地猜了一下，是契丹大字。这件文书很小，但是很有意思，它有夹行的，这个在线上，黄线。线上写的回鹘字，茨默先生帮助我们把这个回鹘字给读了，他转写的是这个契丹字的音，因为契丹语言和文字现在都亡佚了，我们也不知道是什么意思。

主持人（王启涛）：给它注音。

王　丁：对，注音。这个残片很小，大概就像手掌这么大，不包括手指，这么大的残片就记录了辽和西州回鹘历史上、文化上的往来。我们知道辽历代皇后都是回鹘人，娘家都是回鹘的。文字也是这个样。

主持人（王启涛）：王老师说到这儿，我想起高田时雄写的一篇文章《汉语在吐鲁番——以〈切韵〉残片研究为专题》，他提出"回鹘语汉字音"说，他认为当时的回鹘人也转写汉语的音，以回鹘语的发音方式来念汉语《切韵》的这些反切。高田时雄的研究，对我们思考"国学经典在吐鲁番"这一话题，也是很有启发意义的。

柴剑虹：主持人，我插一句，吐鲁番和敦煌出土的，其中有一个很重要的东西，数量也是最多的，是韵书。韵书这个东西，高田教授也注意到了，当时在学校教育当中起了很大的作用。要读书或者要练习写诗歌，都要会音韵，如《切韵》。对，它是工具书，所以为什么吐鲁番出土的里面韵书很多,包括与佛典相关的《一切经音义》等,当时都有规矩可依。所以我上次在新疆师大讲,我们现在中文系很少学音韵,因为音韵难,所以就不学,培养不了合格的学生。可是呢在一千多年以前,音韵是最基本的教科书,不能不学。

王 丁:刚才主持人提到高田时雄的研究,日本学者庄垣内也在这方面工作。

沈卫荣:现在大家都在讲学术要国际化,国学同样面临这样的问题。如果还是传统做学问的方法,就缺乏一个国际视野和国际认同。当然西域研究对于中国学者来说,还是有一定优势的。因为汉文献非常重要,你没有汉文献底子的话,就很难达到一定的高度。可是,我们往往跟西方汉学家们没法对话。他们用西方传统的语文学的方法来研读汉文古文献,往往比我们理解得准确,比我们还全面。为什么中国的佛教研究上不去?在国外学者看来,佛教研究就是欧美、日本的研究,很少提中国佛教研究,就中国自己说,我们做得很好啊,也很红火,但在方法上跟西方根本没法接轨,所以就很难为世界认同。我们在汉学研究上也有这样的问题,如果能够在这方面下点工夫的话,绝对是一个突破。

在西方,"西域研究"正好是语文学研究最强的,如果我们把这两个结合起来的话,完全可以提升整个国学国际化的程度。一定要把"西域研究"、"吐鲁番学研究"当作国学的一部分,而且是很重要的一部分,可以对整个国学的发展有一个推动作用。

主持人(王启涛):刚才沈老师提到一点很重要,包括对吐鲁番出土的经典的研究,确实应该具有国际视野,才能换来国际认同和国际合作。我们跟国外的学者相比,好多方面都是有差距的,比如做吐鲁番语言文献研究时,我就感觉到:在汉文文献研究这一方面,因为我们是中国人,可能这一方面我们做得多一点。但是在非汉文文献这一方面,我们中国人确实应该跟国外学者合作,甚至向他们取经。今天我们吐鲁番地区文物局、吐鲁番学研究院除了李肖局长,还有资料室汤士华主任也到了,汤主任本人也在这方面做了很多的研究,也请介绍一下你的研究情况吧。

汤士华:大家都讲得很全了,我觉得没什么补充了。我们这几年做佛经,大家都看到了。基本上就是把柏孜克里克90年代发掘的那些东西进行了整理,就像王老师说的一样,基本上都是把汉文的,能释名的大片都进行了释名,也就是800多件,有500多件进行了释名、录文。

主持人(王启涛):而且跟《大藏经》进行了(对照)。

汤士华:对。包括和《中华大藏经》及《大正新修大藏经》(对照),都进行了释名,还有不少的少数民族文字没(整理)出来。现在李肖局长也正在考虑,把这个给做完。

李 肖:今天非常感谢各位学者放弃宝贵的听会时间,在这儿为咱们吐鲁番学的发展,为在吐鲁番从事国学经典的展开性研究,提出非常宝贵的见解。我们也是在吐鲁番通过考古发掘,能够给大家提供一些研究的素材,作为我们来说,将来最重要的首先要重视考古发掘材料的科学性、完整性,不能像盗墓一样,两片东西一分,一片在美国,一片在德国,研究出来两个完全不同的结论。

以前出土文书的时代往往卡不清楚,所以我们后来《新获吐鲁番出土文献》比以前进了一大步,虽然多是流散文书,但是大概出自哪个墓地都知道,大概的时间比以前要精确得多。我们也希望将来通过更加严谨的发掘,能够给学者在时间尺度上提供更加精确的信息,让学者产生出更多的成果。让国学真正在吐鲁番,让吐鲁番不再成为国学的一个边缘地带。我就说这些。

五

主持人(梁枢):补充提几个问题,一个是,外国人从吐鲁番拿走的那些东西都刊布了吗?

李 肖:俄罗斯的好像还没有完全刊布。

主持人(梁枢):别的拿走的都刊布了吗?

李 肖:别的基本上刊布了。

主持人(梁枢):他们有计划吗,俄罗斯?就刊布的计划。

李 肖:我也不太清楚。

主持人(梁枢):东西还比较多。是吧?

李 肖:对。

主持人(梁枢):我再问沈先生一个问题,刚才您说回鹘人学的佛教的东西从哪儿来?

沈卫荣：现在有不同的观点，传统上认为回鹘佛教接受了很多汉传佛教的东西，因为吐鲁番回鹘文献中汉传佛教的东西居多。

主持人（梁枢）：是从什么时代？

沈卫荣：840年西迁以后，他们原来信摩尼教，西迁来后信佛教。

主持人（梁枢）：我就关心他手里头掌握的佛教，源头是从哪儿来的？是单向的？是藏传的？还是汉传的？还是两个都有？

沈卫荣：包括茨默先生都认为汉传佛教是回鹘佛教的主流。我现在给他们提个反对意见，如果把回鹘、西夏、蒙古整个放在一起来考察的话，就会发现西域佛教的主流是藏传佛教。以前，对于西夏文本、回鹘文本，包括汉文本，都没有去对比，做西夏的专做西夏，做回鹘的专做回鹘，互相不了解，然一对照起来，发现他们竟然是一样的。所以，我提出自11世纪到14世纪，西域佛教史，藏传佛教是占主导地位的。回鹘人在里边起了最大的作用。

主持人（梁枢）：李局长，说到墓志，吐鲁番的墓志和内地的相同阶层的，比如都是做官的，都是老百姓，在墓志形制上区别大吗？汉文这块。

李 肖：形制上来说，跟河西走廊，特别是敦煌非常接近，但是再往东，墓志就不太一样了。

主持人（梁枢）：再往东是什么概念？

李 肖：就是从河西走廊再往东，往内地走的话。

主持人（梁枢）：越往内地越接近内地？

李 肖：不，这边敦煌跟我们很接近，一个文化圈的，再跟东边的就不太一样了，那个墓志上边。敦煌、吐鲁番它们比较接近，跟内地有差别。因为吐鲁番的居民大部分是从敦煌那块过来的，汉族居民，它跟敦煌的关系是很密切的。内地跟东边不太一样。

主持人（梁枢）：您现在只挖掘了五百多个，还有一万多个。

李 肖：你说的那个是洋海的墓葬。

主持人（梁枢）：就那一个地方？

李 肖：嗯，那是史前时期的。

主持人（梁枢）：噢，是这样。

李 肖：没有墓志，这种带墓志的墓日本人也挖了很多，黄文弼也挖了很多，我们也挖了很多。成为单独的一门学问都可以。

主持人（梁枢）：今天我们讨论的这些经典，柴先生说的，刚才王先生说的、启涛兄说的、沈先生说的，从墓里挖出来一些文献，可否跟内地做比较，墓里总是要搁东西的，就是说人要带走，阳间生活什么样，阴间就怎么样。有这么个观念做支撑，吐鲁番和内地的丧葬观念是一致的？

李　肖：观念是一致的。

主持人（梁枢）：差不多，是吧？那就是说，如果内地的人习惯死后要随葬一些东西，那么这儿（吐鲁番）也是。实际上我问的就是，为什么它在吐鲁番的墓葬里面会发现国学经典？问的是这个问题。它为什么要搁这个东西？如果反映的观念跟内地是一样的，那么我们就会对未来有一个期待，就说可能还会有更多的发现。如果不一样，那这事就难说。我是这么想的。

李　肖：现在就是说呢，这些佛学经典，包括这些文书呢，绝大部分都是以一种废纸的形式出现，甚至好多都是小孩习字用完了之后，都是废纸，它干啥呢？人死了之后，他给做成纸衣服、纸鞋子、纸帽子、纸皮带，真正你说放本书进去，好像还没有这样的情况。顶多就是有那么一两张放进去，大部分都是以废纸的形式。但就说为什么放着好好的衣服不穿，或者有好好的衣服，都是绫罗绸缎，搞一双纸鞋子，给你刷上黑墨穿上。这个东西到底什么习惯？咱们不清楚。应该内地也是这样，只不过因为内地很潮湿，这些东西都没有保存下来，内地当时是不是也拿文书随葬，或者拿废的公文纸把它撕成纸帽子戴上？吐鲁番还有纸棺材，用纸糊的棺材，把人放进去。

柴剑虹：这个就是有人研究过，关于葬俗的问题，它说明，实际上如果是汉人的墓葬，因为吐鲁番的汉人和敦煌的汉人，基本上还是大量从内地迁过来的。特别是东西晋的时候，从江汉平原迁了大量的人，一次有的一年迁一万多户来，安置不了了就分到张掖等地区。包括儒家的经典，那时候大量地带进来。而且随着来的还有很多儒学的大家，他们在河西地区开办学校、私塾，招授生徒。说到葬俗，因为吐鲁番发现的文书，刚才李肖讲了，许多都是剪成纸鞋、鞋样保存下来的。恐怕内地葬俗也有这个东西，但内地不可能流传下来，因为潮湿，时间长就没有了，不能说内地一定没有。另如我们在敦煌莫高窟看壁画，很辉煌，过去长安、洛阳的壁画也非常漂亮。

主持人（王启涛）：成都曾经也有。

柴剑虹：但是因为长安、洛阳总是有战火，有的烧掉了，所以像吴道子、阎立本这些高手的画，在长安、洛阳没有留下来。可在敦煌留下来的，虽然没有留下画家的名字，但是我们可以判断，它就是像吴道子、阎立本那样的高手画的画，所以它是一流水平的。过去有人有个错误的观点，觉得敦煌的壁画是一般的画工画的，没有什么价值。葬俗也是，包括墓志也是这样，墓志当然它有个特殊的情况，比如说高昌的墓砖，因为它有就地取材的问题所完成，所以砖志它可能比较简单，但跟河西地区比较接近，像张掖、武威那一带基本上都是这个类型，没什么区别。

李 肖：墓葬里墓志的这个用语，基本上还是挺接近的。

柴剑虹：对，基本上都一样。

李 肖：只要你是有点背景的人家，或者什么的，他们也是写得非常详细的，而且里边是引经据典。

主持人（王启涛）：对，很有文采。

王 丁：包括胡人，是吧。

李 肖：我们通过这次整理文书，国外他们得出了一个结论，包括咱们孟宪实先生，就说在一个当时唐代很边远新疆吐鲁番这么一个小地方，文化都如此发达，当时内地肯定是……你想如果是有这种习俗的话，一个知识分子，一个大家去世以后，肯定是把他很多书、他喜欢的书一块儿都放进去了，只不过是后来保存不下来，烂在里边了。

主持人（梁枢）：那就是说，这儿跟内地还是有点不太一样。

李 肖：在葬俗上。

主持人（梁枢）：你看那个马王堆里，出了很多文献，这儿刚才您说的好像就……

李 肖：时代不一样。马王堆比较早，汉代；再一个，那个人的等级很高，我们现在在吐鲁番没有发现高昌王的陵墓，如果真是有一天把高昌王的陵墓打开的话，里边肯定有很多已经绝世了的书籍，在那儿都能发现。

主持人（梁枢）：高昌贵族、高昌老百姓，他们的葬俗啊、形制啊，如果与内地相同的话，咱们就期待，期待有可能在未来有更惊人的发现。今天的座谈圆满结束。谢谢大家！

（录音整理：汤士华、朱江锋）

國學 访谈

儒学与城市文明对话之城市中的孝

摘要发表：国学版（光明日报2009.11.30第12版）

领导可能随时派你去出差，你要讲"父母在，不远游"，那也不行。

最近韩国的一个中学生开发出了一个关于行孝的虚拟空间。

现在"能养"一般问题不是很大，而"悦亲"的任务就更大一些。

东方人的父母子女关系不是建立在"养育、依赖"关系，而是"生长、育成"关系。

编者按：儒学与城市文明的关系问题，直接触及儒学的当代价值。2006年我们曾以《儒学与城市文明的对话》为题，以访谈的形式做过一次讨论。日前，我们在湖北孝感市邀请几位学者，从"孝"文化的角度入手，再对儒学与城市文明的关系进行梳理。

时间：2009年10月17日上午
地点：湖北孝感学院第二会议室

访谈嘉宾：
林安梧（中国台湾慈济大学宗教与文化研究所所长、教授）
李泰健（韩国圣山孝大学院大学校副校长、教授）
肖　波（湖北孝感学院党委书记、孝文化研究中心主任、教授）

特邀主持人：肖群忠　（中国人民大学哲学院教授）

主持人：感谢各位参加这次访谈。由孝感学院承办的"孝文化与和谐世界"国际学术研讨会于昨日开幕，今天进入小组讨论。这次来开会的人比较多，论文内容广泛，涉及孝文化各个方面。相信这次会议一定能够进一步推进孝文化的学术思考和研究。孝感是我们国家唯一以孝命名的中级城市。孝感学院是这座城市唯一的一所本科院校。在这个有浓厚传统文化底蕴的现代化城市，请几位围绕"孝文化与城市文明"做一专题的讨论，我想这本身就是一件很有文化意味的事情。

林安梧教授是华语文化圈较早研究孝道问题的学者，对儒家学说有深入研究和广泛影响。李泰健教授供职的韩国圣山孝大学院大学校是韩国孝道研究推广运动的中心，是一所专门弘孝的大学，并成功推动韩国国会于2007年7月颁布了《孝行奖励资助法》这样一部全世界唯一的孝法。肖波教授不仅是孝感学院的主要领导，他还亲自领导了一个研究团队，近年来，在孝道研究和推广方面做出了重要贡献。我也是一名孝道研究工作者。我们来自四个不同的地区，相信我们今天的对话能够取得预期的效果。

一

林安梧：传统孝文化跟现代城市文明建设可以说有密切的关系，但是所谓传统孝文化，我想它并不是说把原先传统孝文化直接搬到现代城市文明中来，而是要让传统跟现代的城市文明有对话、有交谈。那么对话、交谈就要有空间、有天地，而孝道长成的地方，最主要是在家庭里。家庭有居宅，由一个居宅到一个社区，由这个社区再慢慢扩大成一个社会，所以一层一层地出去，这是一个层面。另外一个层面，人与人相处特别是家人相处，再到与外面的人相处基本上都要有一套仪式，我想关于礼仪的问题，这就必须要经过一些转化。我常说，教育就涉及阳光、空气、水，家庭教育是阳光，社会教育是空气，学校教育像水一样，这三个部分是怎样均衡，怎样调节一下？另外就是一些其他相关的社区活动，我认为这都必须经过一个转化过程。

学理上讲，孝这个字上面是一个"老"，下面是一个"子"，中间省"匕"。老有一个年老的意思，子有一个年少的意思。同时还有老跟子、子承老的意思，也就是说，这个儿子继承父母的志向，一直往下发展，它有一个传承。所以这个孝就是很有意思的了。昨天我听见李教授讲的这个孝在韩文中叫"HYO"，实际上用闽南话很像叫"HAU"，上面是"老（Old）"，下面是"幼（Young）"，把这个年"老"者跟年"幼"者结合起来（能够和谐地结合起来）（Harmony），我觉得这个解释合乎古义，符合孝顺、孝的古义。我们以这样一个诠释来思考今天的议题，就是一个城市文明需要长者跟年轻者之间和谐有序地、有传承、有发展的一种相处。所以孝道不是一种封建的上对下的控制，而是现代化的、上下长幼尊卑的彼此的和谐、调理，一个次序一个发展，这点我想是符合孝的原义的。这个部分在以前，可能是从家庭里头一步步出去的。现在虽然整个社会在变化，但是人生长的地方、休养生息的地方，一定是在家庭里面。

现在一般是两代家庭，而三代才构成一个立体，才能够有一个真正传承的体验，如果只有两代家庭的话，大概很困难。怎么样地让两代家庭而有三代的感情，是一个问题。这个部分可能必须要拜现代科技之赐，如果不是在同一个城市里面，可能是需要有其他什么方式教养、交流，或是通过现在的Internet（互联网）。

主持人： 的确，中国近三十年的现代化进程的城市化倾向是一个客观的事实。我们过去说10亿人口8亿农民，现在13亿人口还是8亿农民，就是一个明显的体现。相应地，家庭结构也从传统家庭转变成了亲子两代人居住的核心家庭，您讲的三代而居，其实在城市已经比较少了。

林安梧： 这个状况不是不可逆的。在同一个城市里，怎么样促使父母亲跟子女以及跟上一代父母亲，最好能够在同一个社区里面？我觉得这个可以通过国家的立法来鼓励。新加坡李光耀执政时曾经对于一个家庭三代人怎样和谐相处有一个指导文件，这是一个很有意义的做法。这个鼓励绝对是百利而无一害的。因为人的生命如果是一个立体的构造，他的整个的立身处世就不一样。把三代家庭放在社区了之后就会有更多的互动来往了。那么在这个社区里面就可以推动更多的礼仪，这个礼仪还可以用我们传统的叔叔、伯伯乃至我们讲的爷爷、奶奶的或者人家的爷爷奶奶的称呼，或者譬如说张奶奶、李爷爷、王伯伯、赵阿姨等这些的称呼，在这个社区里面形成了一个好的传统。搭电梯的时候，有电梯的伦理，有彼此打招呼的伦理，这个最好能够配合我们幼儿园到小学生到中学生的整个训练，形成这样一个习惯，慢慢养成了能够"老吾老以及人之老，幼吾幼以及人之幼"。一个社群里面有很多三代家庭，大家彼此能够有慎终追远、能够生老病死、能够休戚相关，那么这个社区就会不一样。孝道的落实，我想在城市里面必须要有一个转化，而这个转化是可能的，而且是良性的。

主持人： 无论社会如何变，中国人还是中国人，我们既是居住在现代城市，但我们的心依然是中国心，孝亲之心还常存心中，因此，传统孝道在现代化的城市文明中仍然有其价值。

林安梧： 台湾在这方面有一些地方调节性的力量，老人有老人的团体，老人彼此间的传承关系做得很好。另外在一些社群方面，有很多组织，大半是一个志工的服务。从这些组织隐约可以看到，长辈对晚辈的体恤，晚辈对长辈的孝敬。在里面就形成了一种虽然不是传统的孝道，但是一个已经转化了的孝道，它有上下、有尊卑、有长幼，有一代人传一代人又传一代人。有种非常质朴、非常真实的文化生长，这个文化我觉得是很可贵的。另外台湾的一些社团，其实很有趣。譬如说，我现在在的大学——慈济大学，其实就是慈济功德会办的。它提倡的一些观念极为难得,比如说"大爱",这个观念是孝道观念的一个转化。用我的概括就是说,原来儒家讲,"老吾老以及人之老",但是现在它转化了,它是你依照你所在地方,譬如说,你现在是在台北,你的父母亲可能在高雄,或者你在上海,你的父母在台北,你照顾不到。那怎么办呢?它形成一个志工的团体,可以"老天下人之老以及己之老",而不是"老吾老以及人之老";它可以"幼天下人之幼以及己之幼",而不是"幼己之幼以及人之幼"。这地方它做了一个转化,这个大爱转化之后,就把孝道进行了一个重新的转化,我觉得这样的转化是不错的。在一个社群里面,如果一个社区里是三代家庭能够到达60%,我认为这一个城市就是维护孝道最好的一个地方,而且整个城市的文明将可能促使"父慈子孝"、"兄友弟恭"真正地落实,并且也很可能会作为整个儒教文明的发展过程里面为世界所尊崇所学习的。因为毕竟孝道这样的一个思想,父慈子孝、兄友弟恭的思想是最真实的,而且它往往是一切道德教养的基础。

我们在电视画面上看到,不管任何种族,不管任何肤色,你看这个子女的父母一旦出了什么灾难,彼此之间的关怀溢于言表。所以我觉得我们应该把孝道弘扬出来,韩国现在做得很好,我认为它是东亚最重视孝道的地方。如果孝感市愿意在这里花一些工夫,我想将会是成为整个华人在发展过程里面的一个非常重要的表率。孝感市既然以孝道立名,那就要把这个事做起来让全世界看到。

主持人: 林先生让我们分享了台湾的经验,即如何在现代城市社区环境中进行尊老爱幼的礼仪教育。这很有价值。林先生还强调发挥非政府组织在社会教化中的作用。对此我很有同感。我去年曾考察韩国的孝道推广运动,观察发现,民间发挥了非常大的作用。从林先生的基本观点来看,他是认为乡土中国的孝道仍然是建设我们和谐社会的一个有效的价值资源。传统孝文化对现代城市文明建设还是有意义的,只是需要创造性超越转化。

二

肖 波: 文艺复兴的时候,有一句话叫作"自然害怕真空",那么今天我们是否能用这句话来套用一下,"城市排斥孝道"?确实,中国文化长期是一种重农文化，中国人曾绝大多数生活在农村，中国的农村记载着中华民族生存的大部分时间。农业生产依赖土地，收获来自于农民付出汗水的地方，所以农民留恋故土，安土重迁；农业生产依赖天气，但是对于天气条件及其变化规律的适应乃至把握，需要几十年乃至几代人才能了解，所以有个比较长的时间周期；农业生产需要经验，在经验的基础上方能安排作物的春种秋收。在古代，农民个人的经历经验对收获有着重要作用，这是一种古代农民生产生活的方式。我觉得在农村社会与之相适应的、与物质生产相对应的肯定有一种文化方式，或者说是传统的伦理文化，当时的社会只能是这样一个样子：在家庭里，由于长辈在生产中的地位和作用，那么子辈必然会对他尊敬，仰赖有加，父母是绝对的权威，所以从孝义来说，首先要强调奉养，要善事双亲，提供衣食住行的条件；还要讲求孝敬，此"敬"出自内心，使双亲愉悦。那时传统的家庭，人丁兴旺，几世同堂，子辈对长辈晨省昏定、孝顺、服从；而祖辈呢，承欢膝下，颐养天年，那曾是中国古代农业社会一种非常理想的境界。

但是在城市化进程中，非常无情但是也很无奈地改变了这样一种曾经美好的图景。取而代之的：城市很拥挤，现在可能没有几个容纳几代人居住的大宅院；城市很忙碌，一大早就去挤公共汽车，中午不一定回得来。所以晨省昏定呢做不到，跑到高堂面前问安啊，也难有这个可能；城市难生存，白居易那个时代叫"长安米贵，居大不易"，城市越大居住越不容易，竞争很激烈，自己的生计就难以讨得，也很难说自己有本事养活父母，是不是？这也是一个如欲尽孝必须面对的实际问题，物质基础的问题；城市节奏快，领导可能随时派你去出差，你要讲"父母在，不远游"，那也不行。还有一个就是城市文化的侵蚀，现在的城市，既然叫市场经济，市场经济它的规律就要发挥作用，市场规律、竞争机制、利益追求等等，它肯定要发挥作用，它的这种作用必定会在人的思想行为中反映出来，讲求经济利益、现世享受、个人成功等等这些，甚至是社会文化现象中那种不重过程只重结果的思想和行为时时地顽强地反映出来，所以"孝"这种曾经的温情脉脉的东西，在此时显得很苍白、很无奈。在城市的人们当中有一些违背传统、思想前卫、行为乖张的现象可以说是不断出现，尤其随着独生子女时代的到来，青年一代恋爱越来越早，孩子越生越少，而老年人越来越多，满街银发。这种情况下，一个孙辈对为数众多的长辈包括祖辈、父辈的行孝确实很难，设身处地想一想，假如一个人要服侍父辈、祖辈一大帮人，怎么照顾得过来，这有一个可能和现实的问题。所以面临城市化进程的迅猛冲击，城市文明现在已经成为社会主导文化的时代，我们确实应该认真思考e时代的孝文化，人间真情，究存何处、如何发展的问题。但我们仍然认为，孝在这种环境和氛围下并不是没有意义的，并不是说可以退出历史舞台了，它依然大有用武之地，只是它要完成从传统孝文化到现代孝文化这样一种价值重构。

主持人：肖教授讲得很形象、很生动，结论也很清楚，就是说传统孝道在现代城市仍然能发挥作用。这样，过一会儿再请您谈一下如何实现超越转化，我们先请李教授发表一下看法。

李泰健：首先祝贺中华人民共和国成立60周年，而且也祝贺中国越来越强大！（众人鼓掌）1990年我第一次到中国，到现在共来了13次了，但每一次过来都会令我吃惊，发展太快了。真的很惊讶！当然在各国现代化、城市化的过程中也都出现了一些不好的现象：重物质的物质主义；还有急速发展的都市化，在都市里边的人的集中，就像刚才林教授说的不是三代住在一起的，而是最小单位的一代的居住在一起。这样一个小家庭，两个人还要上班。而且，每一个人还"原子化"（个体化）。所以呢，产生了很多社会问题。

人类是一个关系性的动物，刚才林教授说了两个人的见面（仪式），把这个东西看得很重，这样相处就是一个关系，因为有了这样一个关系，所以我们生活得很愉快。（众人笑）最基本的关系是夫妻关系，然后生儿育女，又成了一个亲子关系，成为一个家庭；推衍开来，这样的家庭又变为社会、变成国家了。在传统性的大家庭中，在一个农牧时代的背景下，传统性的"孝"就已经形成了。产业化使得以前传统的孝开始动摇了，到了现在的这个信息时代，就像刚才肖教授说的e时代，我们要是不继续努力的话，"孝"也会消失的。从这个意义上说，这次来孝感学院举行的这个孝文化国际会议是很重要、很有意义的一件事情。

现在的社区现在越来越发达了，住在对面不认识的人也熟悉了，邻居之间开始有了交往。

林安梧：要想办法让邻里之间知道、熟悉。

主持人：黑龙江省文明办去年曾总结哈尔滨市某些社区的经验，在全省普遍开展"邻里节"活动，我还曾应邀前往举行关于邻里关系、伦理的演讲。该活动旨在推进现代邻里关系和谐发展，其中一项活动就是主动敲开邻居家门，加强了解和交往，这是很有益的做法。

李泰健：刚才说的"敲门运动"在韩国也进行着。还有一个问题就是刚才讲的老龄化、孩子越来越少这样两大问题。据我了解，中国大陆（一对夫妻）只生一个孩子，而韩国呢不是以法的形式规定的，很多人根本不生孩子。最近韩国的出生率降低到1.09。

林安梧：台湾是1.10，香港是0.7。

李泰健：这使得行孝的人越来越少了，而因为科学的发达，老人的健康状况越来越好了，使得受孝的人越来越多了。另外，行孝和经济问题也有密切关系，肯定是要用心做的一件事。以物质主义的价值取向来思考问题，孝顺父母会感觉到经济的压力，感到很大负担。

主持人：婚姻横向性加强了，亲子纵向性削弱了，这是社会变迁对孝文化的一个挑战。

李泰健：还有教育问题。没有好的教育，有很多人都不知道孝。中国有"小皇帝"这样一说，韩国现在也是孩子越来越少了，把他们看作小皇帝了，而且孩子们到了学校后也希望得到这样的待遇，更有甚者是孩子在学校受到体罚的话，爸爸就会打老师。因为有这些问题，韩国就颁布了《孝道奖励法》。它主要包括以下三个方面的内容：第一个是鼓励学校教孝，而且奖励这样的学校。现在，我们的圣山孝大学幼儿园到小学到中学到大学，正在做适合于各个年龄段的孝的教育工作。第二个是进行孝教化，用孝教育影响孝文化，用孝文化影响我们的精神。在韩国很多的连续剧里，都是以孝为背景，所以在这样的法律制约和奖励下促使了孝的普及。第三个是国家鼓励孝子。在这里可以举一些例子，要是确认他是一个孝子的话，会减轻他的税。

林安梧：这有点像汉代的"举孝廉制"。

李泰健：而且，优先给予就业机会；大学考试的时候加分；在买房的时候，前后的税费也会有所改变；刚才讲的那个三代立体化，在韩国叫"父母的房"。具体形式有所不同，比如有的是一个住在五楼一个住在六楼；也有的住在不同城市的方式，但是有点太远了，不太好；还有的有一个共同的院子，像北京四合院、中国北方的那种大宅院。而且开发商、建筑师想盖这样的房子的话，政府也会给他一些优惠；家庭要入住这样的房子，也会得到优惠的。这些东西都是很重要的，都是国家给主持的。《孝道奖励法》的三个主要方面就是对孝教育的奖励法、孝精神的奖励法和对孝行者的奖励法。

现在是情报化（信息化）的时代，运用网络，通过邮箱的交换，可以进行网络买卖，这就出现了一个虚拟的空间。现在随着社会的发展，老人住在农村，年轻人住在城里，所以呢，像清明节时候会出现很大的人口移动。但我认为，一年里见两三次面是不够的。最近韩国的一个中学生开发出了一个关于行孝的虚拟空间，并且在其所在学校开通了以聊天等方式来行孝德这样一个虚拟世界，比如经常跟父母、亲人沟通，所以很多人认为这个办法是很不错的，因为像电话有时不很方便，而这样的东西，它有时间就能打开，所以说互联网是一个很好的东西，现在在韩国经常有人用这样的软件，而且我们还可以通过互联网买东西送给父母，同时父母也可以通过这样一个平台买东西送给孩子，这是符合现代市场经济的交流。很高兴能到以孝命名的孝感市来，我希望孝感变为世界上最好的以孝为重点、为特色的城市。

三

主持人：近年来，孝感市和孝感学院以孝文化为切入点，做了很多尝试。

肖　波：孝感孝的历史源流悠长，孝文化是对孝感最宝贵的馈赠。古有董永在此孝行感天，此后历朝历代，孝子辈出，近几年也有几位全国道德模范，孝感孝址丰富，如董永故里、孝子祠，还有内容丰富的孝俗，淳朴的民风民俗，以戏剧、剪纸、书法、绘画等不同形式表现孝文化这个主题。"孝"是孝感最突出的文化符号，当今要建设现代城市文明，如何将两者统一，是个重大课题，基本的方法恐怕还是要继承创新：孝不能被抛弃，需加以改造；城市文明也不是天外来客，它应是承继历史、与时俱进、让老树开新花，这样才能使传统孝文化和现代文明两者融汇在一起。具体在城市文明建设中，我认为，孝感做了三方面可取的工作：

一是在城市制度文明建设中，立孝规。别的地方可能没有引起注意，未敢大胆实践，但这里，市委、政府推进力度更大一些，提出"建设中华孝文化名城"，还有养老、敬老，为老年人维权，这几年在这些方面的工作做得有特色、突出一些。基于千年的文化积淀，总会在制度文明建设中得以体现。

二是在城市物质文明建设中，突出建设孝文化的识别码。如北京的识别码是长城、天安门、天坛，南京的中山陵等等。什么是孝感在城市文明建设中的识别码？我觉得应由孝风、孝俗、反映孝文化传说的符号代替，比如董永与七仙女的故事，作为城市雕塑，在我们孝感市随处可见，这就是一种识别码。另外，本市道路的一些命名，以及湖泊、山水的命名，都有所体现。应当说，在人化自然过程中，把握这一点乃是点睛之笔，也是使孝感不至于从众多的城市中迷失其特色、保持其特征所必需。

三是在城市精神文明建设中，突出孝文化作为源文化的地位、作用。孝感当地像音乐、戏剧、教育等文化元素很多，楚剧、汉剧，尤其是前者，如槐荫记（《天仙配》的前身）对文化熏陶、育人作用很大，现在街头巷尾有文艺团体，老人说唱，为乡邻所喜闻乐见；在孝感的各级学校当中，注重孝育。以孝育人，注重教化，把一代代人教育成有孝心有感情的人，这是孝感精神文明建设的一个特点；还有诸如"十大孝子"评选等活动极大地推动了孝感孝文化传播和精神文明建设。孝感从上世纪90年代初就开始了"十大孝子"评选，对当地蔚成孝风起到了很重要的作用。孝感孝文化实践做得比较好，很有影响：在家庭倡孝，弘扬一种尊老、养老、护幼、爱幼的美德；在社区倡孝，弘扬互帮互助、互尊互爱的美德；在学校倡孝，弘扬一种不忘师恩、尊敬师长的风气；在社会倡孝，弘扬一种团结互助、社会互济的美德。这样就使孝感这张孝名片更加丰富、更加明亮，孝感在构建现代文明建设中保护和发展了自己的孝特色。

孝感因孝得名，同时作为办在当地的高校，孝感学院为孝扬名，我们有责任在社会主义精神文明建设中弘扬优秀传统文化，共建民族精神家园。所以，多年来孝感学院在研究、传播、弘扬孝文化做了以下几方面努力：一是"习孝"，继承民族文化传统中的优秀成分。在我校成立了孝文化研究机构，聚集了一批学者，成立了研究室，从理论联系实际的原则出发，每年有目的性、针对性地进行孝文化研究，争取各级精神文明建设尤其是孝文化研究的课题，使我们对孝文化的理解不断地深入、开阔，并且不断论证孝文化的现代价值，为我所用，发挥其积极作用。二是"行孝"。孝文化特点是一种实践理性，必须反映在实践当中发挥它的作用。多年来，孝感学院坚持文化感知，让学生走进孝址、学习孝子、了解孝风、增加孝养；开展孝德实践，把学生带到董永公园，更多地是到福利院、干休所做义工，进行志愿者活动，获取实际感悟、感受，增加一些体验；然后是开展孝德时评，对社会上出现的各种现象，组织学生对其进行评价，比如身边的典型谭之平，为全国道德模范，我们引导学生向她学习；反过来也有一些不孝之子，大家也对其进行评点，像前几年甘肃一女追星族追刘德华十年，其父跳海也不以为然，这种是不是孝，需要什么样的孝，在学生中组织一些讨论，明白孝的真谛，以及我们怎样做孝的传人……经过这样一些活动渗透、评价、升华、引导，在学校这种环境中，风气更加淳朴，学生对父母对学校乃至社会会更加尊重、更有责任感、更有爱心。现在师生中有一些"孝老敬亲"的标兵，很多是很感人的典型，如学生中今年出现勇救落水儿童的好典型，并且两人一起跳到水里救那孩子，受到省市政府的命名和表彰。三是"弘孝"。在习孝、行孝基础上，作为学校而言，应发挥孝文化资源丰富的优势，把孝研究、孝实践推到比较高的一个程度。学校一方面深化道德教化，培养有现代情怀、有孝心爱心的人。所以像孝感学院在全国各高校中这样重视孝育的可能不多，一下子请十多位专家做十几场孝文化报告的可能更不多。不过我们觉得，这样做值得，在世风日下、人心不古的年代，坚守这份孝育很有价值，至少我们培养出来的学生，能服从社会的大局，在学校时好学、上进、尊重父母师长，毕业后能够听从召唤，为国所用，这是学校应有的社会责任。另一方面是服务城市的建设，尤其是城市文明建设，共筑城市文明之魂，学校在这一历史进程中有必要对现代城市的建设发挥自己的功用。比如昨天开幕的这次会议，市委书记亲自到场对孝感学院开展孝文化研究、参与孝文化名城建设给予高度评价。实际上孝文化名城建设的核心，在于对孝文化建设的理论与实践特征给予阐释、说明。就高校而言，我们有责任为孝感的孝文化名城建设做精神文明层面的解读、诠释，构建社会主义孝文化也是学校应尽的社会义务和责任。通过这一切，孝感也好，孝感学院也好，参与到城市文明建设中，弘扬社会主义孝文化，既是我们的责任，也是我们的义务。

林安梧：孝感学院能够带领整个中国孝文化迈向现代化的一个转型，进一步发展很不容易，是值得尊敬的。正如肖教授所言，这不仅是"文化搭台经济唱戏"，而是一个真正落实生活世界、文化总体的实践，实践落实很多方式都可以。昨天我在讲座中讲，我们是不是可以把有关孝道的佳言名句让学生熟悉、背诵、书写，我们来研究、诠释。因孝道跨过了宗教（宗教是有形的），孝道用于感受，能体会到，但无具体的教传、教组。它是亲近人生的真实，落实为仪式，但仪式和祭祀相关。所谓祭祀之礼我一直想着有没有办法、有没有什么方式实现，就是行个礼而已。炎黄是我们共同的始祖，孔老夫子在我们传统文化来讲，在文化的慧命上来讲，也如同我们共同的始祖，天地是人类共同的元祖，所以我们讲祭天地祭先祖祭圣贤，将其作为可以礼敬的仪式，并不封建，让学生觉得有意义，这具有很重要的象征意义。如此，孝感学院可以作为一个非常好的弘扬孝道的学术、文化、思想平台，有机缘借这个文化生长事态，发展为国际上孝道文化、孝道学术、孝道思想的研究中心和资料中心，积极争取民间资源和国家支持，乃至全世界不同社团等各方面支持，这样做起来对孝感地区会很好。这么说，孝道不但不封建，而且在现代市场经济发展里面有非常高的文化产值，如果落实在更多的戏曲、电视剧、网络、书本、绘本乃至其他艺术品当中，我想这个产值也会很好。我并不认为孝道传统和市场经济相悖，反而可能是一个非常好的转化机制，让大家觉得市场机制、城市文明原来并不是那么功利，那么没有精神文明。以目前孝感学院做的继续往下做，我相信会做出很好成果，对整个中华大地起一个非常重要的作用。以上是这两天听到、想到和看到的，愿与大家分享。台湾有关孝道这方面做得并不是太好，之所以还可以，是因为民间有的地方还能稳住。如果起先，领导者、知识分子有更高更远的眼光，可能台湾会更好；我觉得大陆正在转型过程里，这方面做得更有力一点，能在整个华人世界里产生巨大的反响。中国传统文化在大陆虽然一段时间里遭到否定，但有可能破旧立新，实现中国的文艺复兴。孝道的文艺复兴是跟市场经济、整个城市文明的发展，命定地结合在一块儿的。

李泰健：现在应该是教育和文化复兴，我们来自四个不同地区，每个专家介绍了各自地区的先进的行孝方法，每位都提出了很好的想法，当这样的想法、观点碰撞而结合在一起的时候，会成为一个很棒的理念出现在我们面前。孝是通时空的，不分东西方的，具有历时性；孝是通教性的，不能把孝的根基变质、变形，应保持其本质不变；孝的重要性是践行，教育的内容重要，方法也很重要，提议孝感学院建立一个院系专门研究学习孝。

四

主持人：还有一个问题：如何改善现代城市的亲子代际关系？

我认为，现代城市代际关系的养亲问题不大，因为城市有固定工作的人比较多。特别是老年人自身大部分也有退休金保障。但是现状是：城市化过程中，生活节奏加快，居住地分散，时空距离遥远，城市孝道孝行表现为亲子精神上的追求。例如歌曲"常回家看看"就是当代中国人对亲情的呼唤，老人不盼对家里有多大贡献，只希望能和家人聊聊天、说说工作、刷刷碗，体现了城市化条件下中国孝道的现状。怎样建设新的代际关系，实现孝道文化的创造性超越，这是我们要认真思考的。

自五四运动以来，代际关系方面，亲子平等，中国社会进步很大。例如：家长不经允许看小孩的信件，小孩不干，说明年青一代有了隐私权的概念。亲子关系在过去只讲敬不讲亲，现在由敬向亲的方向发展，在追求平等化、情感化。自由平等概念来源于西方文化，中国文化中的礼义的本质是分别和差等。家庭关系是特殊的人类共同体关系，不同于一般的社会关系，往往是以小孩对父母物质和精神上的依赖和父母对孩子的生、养、教作为前提的，它不可能是完全平等的关系。就连自由主义思想的大师卢梭和罗尔斯也不认为家庭亲子关系是完全平等的关系。过去，我们批判传统文化时，蔡尚思先生曾说过，中国文化是大利于长上，不利于幼下，这在传统社会也许是真实的，而在今天今非昔比了，可能已经是大利于幼下，而不利于长上了。讲平等在传统中国属于友道，不属于亲子之道，建设新型亲子关系，实现孝道文化的创造超越，我的基本认识和结论是建立自由平等基础上的新的礼制秩序，既要讲平等又要讲等差，是建设新孝道文化的内在精神要求。

肖 波：主持人提出来新孝道在城市当中还要追求在自由平等的基础上的一种礼治秩序，这个观点很新颖、很深刻。关于长幼关系，在古代的孝文化当中，确实强调"长上"更多，强调"幼下"少一些，但是现在是不是有点矫枉过正，或者偏颇。现代城市文明中孝道如何诠释，一下还不好说，但是就总的趋势而言，是一种相互尊重、寻求"共赢"——这样的表述可能更好一些。所以子辈对长辈，首先能养，对父母亲做些力所能及的事情，主动地承担一些家务，减轻家庭的负担。当然更重要的是，正如刚才主持人所言，现在将"能养"一般问题不是很大，而"悦亲"的任务就更大一些，有的给点钱打发一下，人就没有事了，好像就尽了孝道，甚至说，我尽了孝你还要我做什么？有时候这个脸很难看。针对"悦亲"，我们在现代的条件下仍应该尊重父母，听从他们的一些意见，作为我们自己，应该心里边有长辈，写信、打电话啊，把自己工作学习情况说一说，免得长辈操心、挂念。"常回家看看"是一个方面，即便是对已不在的先人，我们也还有一份责任，还要缅怀，继志述事，到故地去祭扫、清明上坟追思，这也是必要的。这种孝，这种敬，表达了对父母亲，对生我们养我们的人以及对先人的感恩、追思、责任。这可以使孝——天下最美好的情感代代相传，永远弘扬。关于代际之间的群己关系，在以往，可能更注重群体而忽略了个体的情感，如家族利益至上、父母包办婚姻等，而现在，则对个体的权利和作用注意得更多一些。两者之间的度如何把握？我们在现代城市文明的建设中，应注意把握个体和群体之间的权益、利益的关系，不要偏执于某一方。

林安梧：刚谈到孝亲，在物质上，我想慢慢地会通过立法解决和完成的。当然在城市里子女给父母生活费，我想有的不太困难，而且能够在立法上变成每个人都有退休金，或者没有退休金，发放老人年金。以台湾为例，已发放好几年了，每人每月可获5000台币，相当于1000元人民币，则二老每月共有2000元人民币，基本生活没问题。年金发放是一种方式，政府先给这些，老人从早着手开始储备老人金，不完全由国家解决，这部分则慢慢全部解决掉。这里我非常同意两位肖教授关于"悦亲"的观点。同时可结合李泰健教授提到的虚拟的网络系统，像现在电子邮件等越来越方便，甚至有些家安了摄像机，直接通过它了解父母在做什么或者在固定的时候打开。光这些还不够，我还是赞成常回家看看。就我自身而言，我父母亲在台中，我基本上在台北，每周六、日兄妹六人中总有人陪父母度过，和父母关系密切。我养成了一个习惯，每次回大陆，都打电话给父母,告诉他们自己现在的情况,以前是"父母在,不远游",但现在成了地球村,不算远了。教育上慢慢落实孩子们有话本看、有歌谣唱,大陆已经花了很大的力气在做,也做得不错。随着时代迈入电子化,应该说是越来越方便,问题是要落实。大陆的城市比较容易,越到地方越难一些,地方经济发展、文化特质,有些还没有跟上国家建设脚步。当然今天我们主要谈城市问题,这当中,孝感已大有进境,它不同于一般的地方。

关于怎样转化到"大爱"思想。其实东方人文的孝顺、孝亲观念,父母子女关系不是建立在"养育、依赖"关系,而是"生长、育成"关系,所以我们对父母常怀思念,和洋人不同,他们把人都推到上帝信仰上去。顺便说一下,韩国基督教基本上是脉络化、本土化很深的,跟整个东方文化连接到一块儿,跟孝道连到一块儿。最有趣的是,韩国提倡孝道最有力的一个宗教传递来自基督教,记得一次我去韩国南部的启明大学访问,才知道他们一样强调孝道,而它是天主教的学校。显然地,基督教跟东方文化在韩国有另外的结合方式,台湾基督教、天主教的脉络化、本土化,反而不理想,它的信徒人口比例一直未超过10%。相对来说,在台湾,儒、道、佛三教的观念要强许多。另外,我想说的是,亲人不能用挚友、人权概念,亲人就是人和人之间的亲情、亲道下的友道,亲道是说生命和生命有内在关系或生命来自你那边或在整个家庭里,你是家庭的前辈,所以一定要有长幼关系,这是生命生长、育成的概念。我们要做的是以什么样的方式,如以教育的方式使其根深蒂固,另外一定要建立祭祀空间,在家庭是否可以通过立法,鼓励让其设立祖先牌位用来祭祀,可能仅用10个平方米或更小的地方,祭祀"祖先、圣贤、天地",这是极为重要的。我觉得,对于孝道文化恢复这点很重要,通过立法、通过官方的力量来做,民间的我们可以呼吁。比如可以给些补助、贷款时利息少一点,效果会很好,外加媒体宣扬,会很有效果。孝感学院能带头做这件事情必会闻名全世界。在台湾很可惜没有做,它的家庭亲子关系问题很多,必须靠社团、宗教等方式来解决,而大陆,从整体来讲,靠官方领导者。一个睿智的领导者,我想应该提出一整套方案,并付诸实施,我相信马上见效,三五年便可看到结果。

主持人: 如何发挥民间力量在社会教化中的作用,这从中国台湾地区和韩国的经验中我感到都是一个有待研究的问题。

李泰健： 听了以上两位的发言，认为行孝不在物质在精神，我很同意。在韩国，老养保护组织越来越多，但父母仍希望和子女常见面，希望和他们一起居住，如林教授所说的一月回家一次，应多打电话，和中国的"常回家看看"一样，而且经常给父母零用钱也很重要，一起居住的环境对父母也有一定的作用。讲一个真实案例：一套房子里居住了三个人：母亲、儿子、媳妇，他们对于抚养母亲的情况很好，一周一次给婆婆5万韩币。老人很感谢媳妇，但老人无意间看到账本，吓了一跳，她把婆婆的名字写成仇人，老太太很生气，但忍了，对邻居说媳妇很好，真心真意对待自己，给自己钱，而且邻居看到这些情况都说她是孝子。媳妇从此以新的态度对待老人。这如同教育的缘木求鱼，说教育推动了孝。老人有经验，但无精力；年轻人有力量、想法，但没有经验。1977年我到台湾有个基本的感触：经济上以青年人为主，政治上是岁数大的人为主，当时的现状是一个很好的现状。如果年轻人的激情与老人的经验结合，效果会更好。

主持人： 刚才李教授的意见我很赞同，于我们很有借鉴作用。首先是说现在养老方式问题。确实在韩国，养老机构很多，这很重要。但正如李教授所说，社会养老代替不了家庭养老，我认为社会养老、家庭养老、社区养老相结合是一条必由之路。孝道养老，仍然是中国在相当长时期的养老方式和我们的文化心理需求。中央8台前不久播放了一部电视连续剧《守望幸福》，其中的一位老太太家庭条件还可以，被儿女送进养老院，一进去就犯糊涂，生活不能自理，回家便又没事，这典型地说明了老人在文化心理上接受不了养老院，还是认同儿女孝亲养老。第二点，家庭关系的和谐，有待于两代人之间的共同努力，你看刚说的那个媳妇不太好，可婆婆好了，矛盾也化解了。这个例子非常鲜活和生动，对现代城市文明建设和怎么样加强代际伦理关系等问题都是挺有启发的。

谢谢各位！

（录音整理：陆 安）

国学 访谈

传统是什么？

"原生态"引起的一场论战

摘要发表：国学版（光明日报2010.8.9第12版）

传统是被现代人从过去当中精选出来的，是现代人通过对过去的重构或者新构的方式所构建起来的。

在"国学"中寻找一种具有"中国特色"的治疗现代病的良方，这便是我说的"脉"。

老庄所向往的"小国寡民"，后人都以为是想象，现在看到人类学给出的报告，才知道它不是想象。

国学的话语空间非常大。它是一个符号，但是不要被表面的两个字僵化了。"国"，一个边界；"学"，一种文本，若仅此而已，二者都会异化。

时间：2010年6月23日下午（第九届人类学高级论坛暨"人类学与原生态文化"研讨会会议间隙）
地点：贵州凯里学院会议室

访谈嘉宾：
郑杭生（中国人民大学教授）
叶舒宪（中国社科院文学所研究员）
徐新建（四川大学教授）
彭兆荣（厦门大学教授）

主持人：徐杰舜（广西民族大学教授）

一

主持人：三年前，我曾在这儿参加"原生态民族文化节"。几百人戴着银花花的帽子走动，短裙苗，长裙苗，非常壮观。那时"原生态"这个词就开始流传了。在筹备这次"人类学与原生态文化"会议的过程中，我就在思考一个问题，原生态文化和中国传统文化有什么关系吗？

郑杭生：有关系。

主持人：中国传统文化实际上就是在世界背景下的一种文化形态，或者叫文化表达，是当下全球化浪潮中，人们对地方性知识的重视而凸显出来的。所谓地方性知识，实际上是一种草根文化，或者是叫小传统，它的特质就是草根性。我们中国的国学与传统文化，同样是从草根来的，《诗经》不是那个时候的"草根"民歌吗，《易经》也是民间搞占卜用的。从根本上来讲，它具有草根性。这几年，在"国学热"的推动下，很多学者都到自己的传统文化里面去为今天寻找思想资源。这种寻找是多层次地展开的，那么其中，是否有必要和有可能在原生态的层面上展开呢？

郑杭生：原生态民族文化既涉及过去，又涉及传统，同时又与现代发生不可分割的关系。

第一，传统是保留在现代人记忆、话语和行动当中，对现在仍然起作用的那一部分过去。从这个观点来看，作为一种传统的原生态民族文化，也是一种保留在现代人记忆、话语和行动当中的，仍然对现在起到作用的那一部分过去。

第二，传统是被现代人从过去当中精选出来的，是现代人通过对过去的重构或者新构的方式所构建起来的。由于现代人的选择，这一部分过去才得以保留下来，也成为现代生活的一部分。这样一种原生态，不可能有绝对的意义。在各个民族文化当中，你找不到那种纯粹的、完完全全的、本来意义的原生态。所以现在你要用原生态文化，不能从绝对意义上去用，而只能在相对意义上用。国学，事实上也是一种相对意义的原生态文化，但是国学这个概念本身就太含糊了，这一点，需要很好地定义。

第三，由于现代人的反复实践和运用，这些留存的过去影响、制约着某一个地区、某一个群体的社会成员及其家庭的生活和行为。这种传统往往以这个群体的亚文化的形式和习俗的方式出现。我们现在听到的作为原生态民族文化面貌出现的苗乡侗寨的诸多民歌，也同样影响着现代的生活方式，并成为现代生活方式的一部分，也就是我们现在称为的"非物质文化遗产"。在这个意义上说，作为传统的原生态文化、民族文化，也是现代的一种发明。"原生态民族文化"作为一种被发明的"传统"，在现代生活当中发挥了重要的作用。比如说，社会整合剂的功能。

第四，作为一种传统的原生态民族文化，也像一切传统一样，既包含有生命力的东西，也包含缺乏生命力，或者丧失生命力的东西。譬如说，在汉族当中，像妇女缠足这样的陋习，曾经是传统，但现在它已经不是了。用活人祭神、猎头祭神的习俗等等，这都是死去了的东西。

第五，还有不为人所知的过去。譬如说，没有发掘的地下文物只是一种潜在的传统，一种潜在的原生态民族文化。只有把它发掘起来，经过鉴定、考证，赋予它现代的意义，它才能成为名副其实的传统和具有原生态意义的民族文化。

总之作为一种传统的原生态文化，源于过去，但它是一种能够活到现在的那一部分过去。它们往往蕴生着更加长久的社会趋势。作为传统的原生态民族文化，构成了现代开拓和成长的因素，构成了现代发展的一种资源。这也是作为传统的一种原生态民族文化的一种魅力和价值的所在。

彭兆荣："原生态"这个概念，其指向是对现代文明的一种反思。人们试图通过这个概念的隐喻，去检索、去追索、去怀旧，或者是去恢复某一种我们传统的东西。今天的原生态可以主张在同等的权利之下，所有的文化形态都可以有发展、独立存在的空间。最新出版的萨林斯的一本书《石器时代经济学》中译本，讲到布须曼昆人和澳大利亚土著人，作者把他们的生活形态当成今天现代文明的一种反思。意思就是说，我们人类要从远古的时代去找到治理人类命运的良方。

我们谈任何事情，不能背离特定的语境。与其说"国学热"是当下人们的一种践行方式，不如说是一种对发展的反思。国学中包含着不言而喻的、与自然节律合拍的景象：一种安居乐业、安步当车、安分守己、安身立命的态度和价值。所以，在我看来，"国学"在今天语境下的"走热"其实只是"象"，而"脉"却是在"国学"的温暖中追味、追求中国人几千年来——特别是农业民族习惯了的，真实的却又无法言尽的身体力行的价值，同时又表现出对现代社会快速发展覆水难收的怅然。在"国学"中寻找一种具有"中国特色"的治疗现代病的良方，这便是我说的"脉"。

对于这个脉，当然可以从"原"的角度对接。"原生态"是什么，我们不做绝对的定义，所有的文化都在变，但是我们有一个相对的"脉"。这个"脉"就是根植在每一个民族、每一个族群、每一个区域、每一个人群跟自然的关系之间。

主持人：彭兆荣讲得很好。"国学热"是一种表达，这种表达就是"象"。我们应该透过"象"去找到"脉"。同样，"原生态"也是一种表达，也是一种思想资源。中华文化正在恢复与复兴当中，正在重建、重构。拿什么来建？那就是要在我们原生态的文化当中去找到砖瓦，盖成21世纪现代中国的精神大厦。

二

叶舒宪：彭兆荣刚才举的这个布须曼昆人（Kung），在人类学教科书中是"生态人"的典范。在我们想象当中，原始人落后，有洪水猛兽，吃不饱。人类学家Richard B. Lee在那里做了几年，把那个部落生活完整地呈现出来。他用营养学分析了他们餐桌上的54种肉类食物，其营养价值远远超过当今世界平均水平，甚至不亚于美国人、北欧人。昆人五天玩，两天工作。生活主要就是串门、唱歌跳舞和送礼。人类学把这叫作"生态人"。没有人类学的报告以前，我们只知道说原始即落后，一定要走工业主义发展的那条道路。人类学给出了这些调查案例以后，西方震动非常大。现在要找没有陷入环境危机的人，找谁？那就是我们最新看到的"原生态"人。

主持人：他们是一面镜子。

叶舒宪：反观文明社会的镜子。那这个跟咱们说的国学、传统文化有什么关系？当然有关系。老庄所向往的"小国寡民"，后人都以为是想象，现在看到人类学给出的报告，才知道它不是想象。为什么说老庄有大智慧，他不是说有意地就是要"反"文化、"反"文明、"反"礼教。他有生态智慧在里边。你三百年的工业主义反生态阶段和三百万年的原生态狩猎进化史是无法相比的，完全不成比例。要认识原生态，首先要克服现代性价值及其所造成的短视和遮蔽。

郑杭生：它从实际出发有生态意识？我不赞成。

叶舒宪：道法自然，没有比这个更生态的了。

郑杭生：道法自然是这样，但是它的原始出发点，还是看到春秋战国那个乱世之乱。

叶舒宪：乱是眼下的。

郑杭生：怎么办？

叶舒宪：道家在文本中留下来的说法，就是一个"道法自然"，对于人则称"无为"。什么是原生态？道家以为自然的才是原生态。如今要用原生态理念，资源就可以在本土的国学里面找到。人类学的知识帮助我们发现，老庄背后确实带有一种逝去的文化记忆。庄子还说："上古之时，人民少而禽兽众。"这是典型的生态思想。指向人口与资源的比例关系，即人与自然之间的关系。

郑杭生：那时，人要生存下来嘛，就是靠把它们消灭，或为食物，或为安全。

叶舒宪：人生来就需要打仗么？在人口稀少而资源丰富的情况下根本不需要打仗。

郑杭生：否则没有人类嘛。

叶舒宪：没有人类学的报告，我们真是无法判断到底这些说法是虚构的还是真实的，但是人类学家的报告让我们明白了什么是人类的大传统。所以我对雷德菲尔德提出的大传统与小传统，做出反向改造。什么是大传统？文明以前，没有文字书写的，那才是真正的great tradition（大传统）。后来建构出来的才是小传统。在人们熟知的道家儒家背后，有一个过去所不知的深远的大传统，等着今日国学研究者去深入探讨。

郑杭生：道家那时候已经是大传统了。

叶舒宪：在我看来，两千多年是小传统。国学的视野原来受限制于汉字，无法看到五千年至一万年以上去。人类学通过它的考古实证，将旧石器时代、新石器时代这一套人类进化的完整过程还原出来了。刚才讲了道家，其实儒家也有原生态的思想，如孔子。今天我们讲"先进文化"，这个词从哪来的？《论语》里有一篇题目就叫"先进"，"先进于礼乐，野人也；后进于礼乐，君子也"。按通常的理解，孔子是最讲君子的，那他怎么会认为野人先进、君子后进？孔子还有一个判断，如果让他选择，"吾从先进"。他是站在野人这一方的。那野人是什么？就是咱们说的文明与野蛮（原始）的对照吧；也有人说指在朝在野。不管怎么说，孔子没有站在君子这一方。而且在孔子讲的古礼中，夏礼，夏朝的"礼"，"吾能言之"；殷礼，"吾能言之"。他说他全能以口头方式表述；写成文献的，对不起，"不足征"。这说明什么？说明儒家背后也牵连着一个大传统，那是十万年的口传文化传统。人类学让我们重新理解了国学背后那个失落已久的、大概有十万年之久的口传文化传统。孔子告诉人们，他"述而不作"；到孟子那儿，叫作"尽信书不如无书"；道家也是一样怀疑文字书写的。这些人对新建构的、文字书写权力的这个传统是不信任的，或者说是保持坚定的距离。就"论语"这俩字，一看从言字旁，就知全是oral（口头的），就是今天说的"口传与非物质文化"。在我看来，书写文字三千多年，是小传统；而原来被看成是小传统的、口传的文化，有十万年，那才是大传统。推崇音乐和诗歌的孔子，实际是维护大传统的价值观。儒家、道家，都源于大传统，就是国学背后的那个根脉，通过人类学，我们找到的是真正的大传统，那才是原生态。

三

徐新建：《论语》第一句话讲的是"学"和"习"的关系，强调一对并列概念。"学而时习之"的这个"习",是个非常重要的概念。它讲的就是实践,是发用,是身体力行。

在这样的层面上,怎么理解传统?我不同意继续用"大传统"和"小传统"来作区分。这是等级偏见。若硬要分的话,也该作结构性和中性的分。比如,传统的层面和表现形式不一样的,有"书面传统"、"文本性传统"以及"口头传统"和"践行性传统",也就是前几年我们谈到的"文本中国"跟"实践中国"那样的区别。对后一种传统,无论是被强调为草根也好、民间也好,或实践性与日常性也好,都是认知本土不可或缺的层面。对于"国学"应当由此而作全面观。在我看来,如果要说有一种"儒学精神"存在的话,其核心就是"学而时习之",强调的是内与外以及知与行的双向统一。

第二个话题是"礼"和"野"。有人讲到"礼和野"的关系是"求"的关系——"礼"失之后到"野"去求。可需要问的是:为什么要到"野"那里求?答案涉及更深的层面:礼产生于野。所以在失掉之后才可能,也只能从"野"里重新找回。所以就"礼"和"野"的关系来看,面对传统,我们的"礼"肯定已经没有了。怎么办?"求诸野"!

再者,所谓的"野"不一定是原住民,不一定是少数民族。作为与"礼"相对的存在,在"国学"自身的传统里面就有,我们不能把国学限于经典和精英。比如我们可以看一下《三字经》。《三字经》可视为一种习得的传统和实践的国学。其最初的两句话道出了很深的人与文化之道理:"人之初,性本善;性相近,习相远。"其中也有两对概念,就是"性"和"习",也突出了"习"的问题。对于这段话,我曾用了很长一段时间来作人类学阐释。它讲的"性"是汉语里面最重要的一个概念,关涉到性命问题。"性本善"的"善",不是伦理学意义上的那个"善",而是"完好"、"完备"的意思,也就是讲人之本性是否展开和完备。是则善,否则非。人之初,亦即所有人的开始、起头,皆是完整的状态,所以说"性"是"相近"的,人与人因性而"近",却因"习"而远离。这个"习",就是后天的习得、习惯,也可以说社会和文化,亦即文明的东西影响。习得不同,差异出现了,继而矛盾冲突也随之产生。

主持人: 多元化了。

徐新建: 国学的话语空间非常大。它是一个符号,但是不要被表面的两个字僵化了。"国",一个边界;"学",一种文本,若仅此而已,二者都会异化。国学作为一个符号,应是立体的诠释系统,包括刚才所讲的智慧、身体力行的实践层面以及不断演变的历史过程,应当包括心、性和见习等这样一种完整的知行合一形态。

许多人使用"原生态文化"这个词语的时候,把其假定为"传统"和"前现代",意味着认可了人类发展的单一维度和线性坐标,而且不可逆转。这种不可逆转的单线时间观是危险的。根据这种假定,人类社会一往无前,不可逆转,任何文化一旦改变就"回不去了"。于是本来可理解为本性展开还是异化的问题,就变成了社会形态在时间上可否逆转的问题。

郑杭生:但你得承认历史的确是回不去了。

徐新建:我说的不是回去。你看以前还有人说"返"、"归",都不是在说时间上的问题,而是在指出性命的"正"与否问题。比如说,有人今天犯了错,明天再改正过来,那当然是可以的。所以不是回去,而是恢复、复兴。一味提"回去、回不去"是很危险的,其结果会导致悲观和消极,甚至破罐子破摔:反正都回不去了,哪管它洪水滔天!这是一个很大的问题。

四

叶舒宪:从学理的意义上传统可以划分为原生和次生。我将一万年以前的,或者是五千年以前的传统看作原生态。汉字以来的书写传统为次生态,工业主义的为反生态。有了汉字,有了文明,有了城市,开始为国族而战争,叫次生态。相对当今的工业文明,农耕文明也能长时间发展。仰韶文化居然一两千年,进入文明史一个朝代平均寿命三百年。

主持人:发展慢的,持续时间长久。

叶舒宪:国学的传统中蕴涵着高度的智慧,而且是属于全世界的。只有这一个地方的传统延续至今,汉字还在用。但是没有自觉,没有世界的眼光重新去把握它。

主持人:按您的说法,那个跟次生态相对应的国学,本身是有缺陷的。今天的任务就是要建立跟这个次生态相对应的新的国学。

叶舒宪:回到多元的、复杂的、互动新生的那个传统上去。

郑杭生：如果这么说，我有一点提议，先秦这一套确实提出了几乎所有的问题，后面把它传承过渡下去。它毕竟是大传统，一直这样那样统治或影响着我们。先秦提出了问题，并没有解决问题。所以从儒学的发展，到宋的时候，那就是另外一套了。到王阳明的时候，又是另外一套了，这个大传统也是不断发展过来的。这个过程当中，各种民间的传说，各种各样的野史，都很丰富。这些小传统，同时推进了中国文明的前进。近代以来，要革命，主要是针对这种传统文化，特别是以孔家为代表，所以那时候要打倒孔老二，多少次都是以它为代表。儒释道，这三者有非常密切的联系。儒外道里，儒里道外，都有。

主持人：互相融合。

郑杭生：是互相融合，是这样一个东西，好多人都比较承认这个东西，你要说这个不是大传统，那改成次传统，好像很难接受。

叶舒宪：那我问你，三星堆你去过吗？

郑杭生：三星堆我去看过。

叶舒宪：距今三千年了，两米六高的青铜人，那是大传统还是小传统？

郑杭生：这个，看你怎么看了。

叶舒宪：你看它以前。

郑杭生：那你怎么看？

叶舒宪：我看是大传统，你看。

郑杭生：在中国，只能是小传统。

叶舒宪：你那是空间意义上的小传统。

郑杭生：不完全是。

叶舒宪：它的时代，比你讲的汉儒传统要早得多。

郑杭生：它对中国历史上没有起到那么大的作用。就现在，挖掘出来，很奇怪，怎么竟然有三星堆这样的东西，是一种发现，是一种传统的发现，它成不了大传统。

叶舒宪：你认为大小就是空间的概念？

郑杭生：不是空间的概念，而是看其对中国历史究竟起了什么作用来看。

叶舒宪：它比汉朝还早近千年，你怎么能说它是小传统？

郑杭生：在实际社会生活起什么作用，这是重要标准，不是空间的。三星堆，不管它多么新奇，没有在中国历史上起那么大的作用。

叶舒宪：你怎么知道没有？

郑杭生：你怎么知道它起了作用？我反问你。

叶舒宪：今天的学者正在探讨三星堆青铜文明的源流问题。

郑杭生：我们的正史里没有它的地位。

叶舒宪：是中原王朝史的视角中没有它，但它的重要性无可怀疑。

郑杭生：但它在我们实际生活当中没有起到那样的作用，即大传统的作用，它没有成为对历史起主导作用的传统。

叶舒宪：不知道不能说没有。

郑杭生：迄今我们不知道它对中国历史起了这样的作用，你根据什么说它起了作用？

叶舒宪：它是被书写给掩埋了。

郑杭生：那为什么会被掩埋？

叶舒宪：为什么被掩埋，被权力所淹没。

郑杭生：那它为什么被权力所淹没？它没有起那样的作用，而且它的作用很小，我敢说。而你说它的作用很大，它表现在哪里？

叶舒宪：表现在哪里，以它为代表的青铜文化，一直延续到马来半岛。

郑杭生：那是你现在说的。

叶舒宪：不是我现在说的。

郑杭生：当时历史上没有起到那么大的作用。对中国来说不是大传统。它为什么是大传统？这个事情，完全看你怎么说。事实上，人类学要完全平等是做不到的。历史上本身就是这样。我也不完全赞同对大传统小传统的区分，界定是可以的。一个传统在一个社会生活中究竟起什么作用。这是重要标准。

叶舒宪：我们说"大传统"，它就是一个时间的判断，什么叫"先进"？什么叫"后进"？先后之间有差别。三星堆有黄金王杖，而中原文明起初是没有黄金的，二里头也没有，殷墟妇好墓里面出了700多件玉器、400多件铜器，也没出现金器。三星堆和金沙遗址有这么大的金器，现在中国旅游文化遗产的标志就是金箔凤凰。这个文化从哪儿来

的？你说它是一个小传统，黄金的生产，五千年前，中亚、西亚、古埃及都开始了。

郑杭生： 都没有搞清楚它源自于哪儿。

叶舒宪： 对嘛！没有考古学证据，前人认识不到。

郑杭生： 你怎么肯定它是大传统？

叶舒宪： 我现在不是正在说着嘛。中国境内发现的最早的黄金，属于四坝文化，什么位置？甘肃玉门火烧沟，这就明白了吧？你跟三星堆这样一连，中原原先没有金，中亚、西亚五千年前就有金。从西北到中原，传播的迹象明显。

郑杭生： 它对中国历史起了什么作用？

叶舒宪： 文化传播。

郑杭生： 那它起到"大传统"的作用了吗？

叶舒宪： 肯定起作用了。这文明的三大标志，一是城市，二是文字，三是冶金技术。青铜冶炼技术。

郑杭生： 我们有青铜，青铜也是。

叶舒宪： 青铜，现在学界有观点认为青铜也是西边来的。中亚地区青铜早得多，从黑海到乌拉尔山，六千年前的铜矿都挖出来了。

郑杭生： 今天所有的青铜器，就像酒器，酒文化就很重要。

叶舒宪： 不是，这物质文化背后就是文化传播和影响，物也能叙事。

郑杭生： 问题是现在发现的，它没有实际起到大传统的作用。

（录音整理：石　甜、叶荫茵、韦小鹏）

附录

《光明日报》国学版"国学访谈"总目录[*]
（2006.1—2007.12）

儒道对话：如果没有道家	原载：国学版（光明日报2006.1.24第5版）
中国人从"和"而来	
——访中国人民大学张立文教授	原载：国学版（光明日报2006.2.21.第5版）
道家哲学是中国哲学的根基吗？	原载：国学版（光明日报2006.4.18第5版）
对话：儒家哪儿错了？	原载：国学版（光明日报2006.7.4第5版）
国学离开过我们吗	原载：国学版（光明日报2006.8.22第5版）
天涯并不遥远	
——杜维明与陈来纵论国学如何走向世界	
	原载：国学版（光明日报2006.9.5第5版）
南孔：一个值得寻味的文化符号	原载：国学版（光明日报2006.10.31第5版）
对话：走出"疑古"还是将"疑古"进行到底	
	原载：国学版（光明日报2006.11.28第5版）
中国古代的"普通话"	
——访音韵学家郑张尚芳	原载：国学版（光明日报2006.12.26第5版）
东学西渐的历史与未来	
——访成中英先生	原载：国学版（光明日报2007.1.11第9版）
来自人类学的声音	原载：国学版（光明日报2007.2.8第9版）
"实学"之三国"演义"	原载：国学版（光明日报2007.4.19第9版）
鲁迅的国学观	原载：国学版（光明日报2007.5.31第9版）
我教孩子学国学	原载：国学版（光明日报2007.6.14第9版）
司马迁离我们有多远	原载：国学版（光明日报2007.7.12第9版）
西方语境里的中国哲学	原载：国学版（光明日报2007.8.2第9版）
古籍整理："考文献而爱旧邦"	原载：国学版（光明日报2007.10.25第9版）

---

[*] 国学版于2006.1—2007.12期间刊载的"国学访谈"稿，曾以"原稿"方式结集出版（光明日报出版社，2008年1月）；本书所收录的"国学访谈"稿，以2008.2—2010.11为期限。特此说明。